böhlau

Joël Graf

Die Inquisition und ausländische Protestanten in Spanisch-Amerika (1560–1770)

Rechtspraktiken und Rechtsräume

2017
BÖHLAU VERLAG KÖLN WEIMAR WIEN

Zugleich Dissertation Ludwig-Maximilians-Universität München, 2016.

Bibliografische Information der Deutschen Nationalbibliothek:
Die Deutsche Nationalbibliothek verzeichnet diese Publikation in der
Deutschen Nationalbibliografie; detaillierte bibliografische Daten sind
im Internet über http://portal.dnb.de abrufbar.

Umschlagabbildung: Escudo de la Santa Inquisición – Wappen des Inquisitionstribunals von
Neu-Spanien (Mexiko-Stadt). Öl auf Leinwand, Anonym, 17. Jh.
Museo Nacional del Virreinato, Tepotzotlán/Mexiko

© 2017 by Böhlau Verlag GmbH & Cie, Köln Weimar Wien
Lindenstraße 14, D-50674 Köln, www.boehlau-verlag.com

Alle Rechte vorbehalten. Dieses Werk ist urheberrechtlich geschützt.
Jede Verwertung außerhalb der engen Grenzen des Urheberrechtsgesetzes ist unzulässig.

Korrektorat: Rainer Landvogt, Hanau
Umschlaggestaltung: Satz + Layout Werkstatt Kluth, Erftstadt
Satz: Bettina Waringer, Wien
Druck und Bindung: Hubert & Co GmbH & Co.KG,
Robert-Bosch-Breite 6, D-37079 Göttingen

Gedruckt auf chlor- und säurefreiem Papier
Printed in the EU

ISBN 978-3-412-50907-1

FÜR MEINE ELTERN

Inhalt

Dank 9

1 Einleitung 11
  1.1 Fragestellung und historiografische Tendenzen 11
  1.2 Toleranz durch Staatsräson? 20
  1.3 Rechtspraktiken und Rechtsräume 27
  1.4 Aufbau und Begriffsklärung 33
  1.5 Quellen 37

Erster Teil: Institutionelle, rechtliche und religiöse Grundlagen 43

2 Die frühneuzeitliche Inquisition im spanischen Imperium 45
  2.1 Entstehung, Struktur und Organisation 45
  2.2 Der Prozess 52
  2.3 Die Inquisition in den Indias 58
  2.4 Neue Pflanzen des Glaubens: Die indigene Bevölkerung 66
  2.5 Luther im Paradies: Perzeptionen
     des Protestantismus in der Neuen Welt 69

3 Ausländische Protestanten und internationale Abkommen 75
  3.1 ‚Ausländer' im spanischen Imperium 75
  3.2 Der Beginn der Protestantenverfolgung auf der Iberischen Halbinsel . 81
  3.3 Internationale Abkommen und Religion 85
  3.4 Internationale Abkommen in den Indias 101
  3.5 Exkurs: Methodologische Probleme
     quantitativ basierter Deutungsmuster 104

Zweiter Teil: Inquisitionspraktiken in den Indias 111

4 Korsaren und andere Feinde des Glaubens (1560–1604) 113
  4.1 Neuspanien 113
  4.2 Peru 122
  4.3 Zwischenfazit 126

5 Peace beyond the line? (1604–1650) 129
  5.1 Neuspanien 130
  5.2 Das Problem der Philippinen 142

5.3 Cartagena de Indias 147
5.4 Peru 155
5.5 Zwischenfazit 165

6 „Inquisitoren sollen in den Indias ohne jede Einschränkung prozessieren ..." (1650–1700) 171
   6.1 Cartagena de Indias 171
   6.2 Neuspanien 187
   6.3 Peru 208
   6.4 Zwischenfazit 212

7 Die Inquisition unter den Bourbonen (1700–1770) 215
   7.1 Neuspanien 216
   7.2 Peru 224
   7.3 Cartagena de Indias 233
   7.4 Zwischenfazit 237

8 Die asientos de negros 241
   8.1 Der Fall Balthasar Coymans 241
   8.2 Cartagena de Indias: Juden, Protestanten und ein Gouverneur . . . 250
   8.3 Havanna: Eigentum versus Seelenheil 254
   8.4 Santiago de Cuba: Ein skandalöser Verwalter 257
   8.5 Zwischenfazit 260

Dritter Teil: Schlussfolgerungen 263

9 Synthese 265
   9.1 Internationale Abkommen: Rechtsnormen und Rechtspraktiken . . 265
   9.2 Der hereje nacional 269
   9.3 Dissimulation, Inklusion und Exklusion 278

10 Epilog: War Amerika anders? 287

Anhang 291
   Abstract in English 291
   Grafiken 291
   Abkürzungsverzeichnis 291
   Glossar 292
   Literaturverzeichnis 295

Dank

Ich wurde immer mal wieder gefragt, wie ich auf das Thema meiner Dissertation gekommen sei. Sicher ist, dass mein Berner Mentor Heinrich Richard Schmidt eine wichtige Rolle gespielt hat. Ich erinnere mich noch gut daran, wie er mich zu Beginn meines Masterstudiums zu sich ins Büro bat und mir eine Stelle als studentische Hilfskraft anbot. So kam ich mit der Epoche der Frühen Neuzeit in Kontakt, die davor nicht im Zentrum meines Interesses gestanden hatte. Kurz vor Abschluss meines Studiums schenkte mir Heiner Schmidt ein Büchlein von Gerd Schwerhoff mit dem Titel: *Die Inquisition. Ketzerverfolgung in Mittelalter und Neuzeit.*

Nach meinem Studium ermunterte mich Arndt Brendecke, der soeben einen Ruf an die Universität Bern erhalten hatte, zu einer Promotion mit Schwerpunkt Spanisch-Amerika. Dass daraus eine Arbeit zu Inquisition und ausländischen Protestanten entstand, hat mit dem oben genannten Geschenk zu tun. Erst später ist mir bewusst geworden, dass wohl auch mein persönlicher Hintergrund eine Rolle gespielt hat: Mein Vater ist katholischer Theologe, meine aus den Niederlanden stammende Mutter kommt aus einem calvinistischen Umfeld. Berücksichtigt man zudem meine Liebe zu Lateinamerika – die mit einem Studentenaustausch in Buenos Aires begann –, so erscheint meine aus mitteleuropäischer Sicht eher exotisch anmutende Dissertation fast als logische Konsequenz persönlicher und äußerer Umstände.

Mit dieser kurzen Einführung in die Entstehungsgeschichte der vorliegenden Monografie sind bereits einige der wichtigsten Menschen, denen ich zu Dank verpflichtet bin, genannt. Zuallererst meine Eltern, die mich liebevoll immer und überall unterstützt haben. Ihnen ist dieses Buch gewidmet. Heinrich Richard Schmidt hat mich als Student in vorbildlicher Weise gefördert und unter anderem mit einem kurzen „Mach es!" davon überzeugt, meinem Doktorvater von Bern nach München zu folgen. Ich bin übrigens ziemlich sicher, dass ebendieser mit der Bezeichnung „Doktorvater" wenig anfangen kann: Arndt Brendecke verkörpert für mich geradezu das Gegenteil eines patriarchalisch auftretenden Hochschullehrers, hat er mir doch während der gesamten Dissertation die größtmögliche Freiheit gelassen. Gleichzeitig hatte er für jeden Vorschlag von meiner Seite ein offenes Ohr und unterstützte mich mit einer einzigartigen Großzügigkeit. Ich habe daraus Lehren fürs Leben gezogen. Ich danke meinen KollegInnen und FreundInnen, die mich in München begleitet und auf vielfältige Weise unterstützt haben: Martin Biersack, Dominik Burki, Susanne Friedrich, Jochen Gaab, Vitus Huber, Daniel Lingnau, Jorun Poettering, María Ángeles Romero, Hannes Ziegler sowie den Teilnehmenden des Doktorandenprogramms ProMoHist und Margit Szöllösi-Janze. Thomas Duve hat sich trotz seinen vielen Verpflichtungen als Zweitbetreuer meiner Dissertation zur Verfügung gestellt und mir in Frankfurt am Main einen Aufenthalt als Gastwissenschaftler am Max-Planck-Institut für europäische Rechtsgeschichte ermöglicht. Diese Frankfurter Zeit war für mich in vielerlei Hinsicht ein *eye-opener* und hat meine Arbeit in Bezug auf *rechts*historische Aspekte stark geprägt. Bernhard Teuber war bereit, für den leider verstorbenen Hispanisten Wulf Oesterreicher kurzfristig als Nebenfachprüfer einzuspringen. Er tat dies auf eine äußerst interessierte, wohlwollende und sympathische Weise.

Werner Thomas, dessen Standardwerk zu den ausländischen Protestanten in Spanien der Ausgangspunkt meiner Arbeit war, hat mich von Beginn an ermutigt. Großzügig ließ er mir unveröffentlichte Artikel und Rohdaten zukommen. Er war es auch, der mich mit Manuel Herrero Sánchez in Kontakt brachte. Manuel Herrero erwies sich als ein entscheidender Türöffner für meine Auslandsaufenthalte; er lud mich unter anderem nach Sevilla an die Universität Pablo de Olavide ein und ermöglichte Forschungsaufenthalte in Madrid (CSIC) und Mexiko-Stadt (Colegio de México). Der Doyen der deutschsprachigen Geschichtsschreibung zu Spanisch-Amerika, Horst Pietschmann, empfahl mir den Aufenthalt in der John Carter Brown Library in Providence, Rhode Island. Tamar Herzog verhalf mir zu einem kurzen, aber beeindruckenden Aufenthalt in Harvard.

Ich danke Jessica Fowler, Matthias Fries, Diego Navarro Bonilla, Eleonora Poggio Ghilarducci, Lukas Schmid, Thomas Schwitter, Julia Strebelow, Gabriel Torres Puga, Israel Ugalde Quintana und Thomas Weller; sie haben mich auf unterschiedliche Weise unterstützt.

Dank gebührt auch meinen Geldgebern, die mir ab 2013 die zahlreichen Reisen und Forschungsaufenthalte ermöglichten: dem Schweizerischen Nationalfonds, der Janggen-Pöhn-Stiftung sowie dem Max-Planck-Institut für europäische Rechtsgeschichte. Die UniBern Forschungsstiftung und der Friedrich-Emil-Welti-Fonds haben mich mit Druckkostenbeiträgen unterstützt. Nicht zu vergessen sind schließlich die MitarbeiterInnen jener Archive und Bibliotheken, in denen ich meiner Leidenschaft nachgehen durfte.

Laura Tejada hat mich auf all meinen Stationen begleitet. Ohne sie wäre die Zeit meiner Doktorarbeit nicht halb so schön gewesen.

1 Einleitung

1.1 Fragestellung und historiografische Tendenzen

Im Februar des Jahres 1625 verfasste der Inquisitor Juan de Mañozca y Zamora ein Schreiben an den Inquisitionsrat in Madrid. Mañozca befand sich zu diesem Zeitpunkt in Quito, wo er als Visitator den gleichnamigen Rechtsdistrikt *(Audiencia)* einer Amtsprüfung unterzog. Dort war er auf einige Ausländer gestoßen. Diese hatten kurz zuvor als Seemänner und Korsaren an einer niederländischen Expedition in den Pazifik teilgenommen, bei der verschiedene Städte des peruanischen Vizekönigreichs angegriffen und teilweise geplündert worden waren. Mañozca machte sich jedoch weniger Sorgen um die militärische Gefahr, die von den Ausländern ausging, als um die Tatsache, dass es sich bei ihnen um Protestanten handelte. Er teilte dem Rat mit, dass er den örtlichen inquisitorischen Kommissar dazu beauftragt habe, die religiösen Störenfriede zum Katholizismus zu konvertieren und dann in Konvente einzuschließen, um sie dort in die Geheimnisse des Glaubens einzuführen.[1]

Mañozcas Vorgehen war nicht unumstritten. So war es kurze Zeit davor in Lima zwischen ihm und seinem Kollegen Andrés Juan Gaitán zu einem Disput über das angemessene Prozedere gegenüber ausländischen Protestanten gekommen. Der Inquisitor Gaitán war der Meinung gewesen, dass gegen diese sogenannten *herejes nacionales* nicht prozessiert werden dürfe. Für diese Haltung gab es zwei Gründe: Erstens war es aus theologischer Sicht fraglich, inwieweit Personen, die aufgrund ihrer Herkunft und Erziehung im Glauben irrten, von der Inquisition bestraft werden sollten. Zweitens hatte sich Spanien in Friedensverträgen mit der englischen Krone und den niederländischen Generalstaaten dazu verpflichtet, deren Untertanen und Bürger zu dulden, solange diese für keinen religiösen Skandal sorgten.[2]

---

1 Juan de Mañozca an *Suprema*, 25.02.1625. AHN, Inq., lib. 1039, fol. 212r–213v.
2 „Andrés Juan Gaitán [...] decía [que] eran herejes nacionales, y que así no podían ser castiga-

Mañozca ließ sich von diesen Überlegungen nicht beeindrucken und plädierte für die Verfolgung der ausländischen Häretiker. In seinem Schreiben an den Inquisitionsrat argumentierte er, dass Protestanten zwar nicht Teil der katholischen Kirche waren, aber durch die Taufe trotzdem unter die Jurisdiktion der Inquisition fielen.[3] Das zweite Argument des Inquisitors war, dass „die religiösen Vereinbarungen der Friedensverträge [...] für die *Indias* nicht gelten" würden.[4] In Spanisch-Amerika sei die Gefahr protestantischer Häresie im Übrigen besonders groß, „da es hier viele Gegensätze gibt und die Menschen neugierig, klatschsüchtig und über alle Maßen abergläubisch sind".[5]

Diese kurze Episode wirft Fragen auf. Wie ging die Inquisition in Spanisch-Amerika mit Ausländern um, die sie des Protestantismus verdächtigte? Welche Rolle spielte dabei der Schutz der lokalen Bevölkerung, insbesondere der Indigenen? Konnte gegen *herejes nacionales*, die bereits als Kinder in der lutherischen ‚Häresie' unterrichtet worden waren, wie gegen *herejes formales* – also ordentliche Ketzer – vorgegangen werden? Welche Bedeutung kam den Konversionen zu? Und inwieweit boten europäische Friedensverträge Protestanten in den spanischen Überseegebieten Schutz vor religiöser Verfolgung? Darauf soll die vorliegende Untersuchung Antworten geben. Im Zentrum stehen die Rechtspraktiken der Inquisition gegen ausländische Protestanten in den *Indias*, den Überseegebieten der spanischen Krone. Der geografische Schwerpunkt liegt auf Spanisch-Amerika, wo es in Lima, Mexiko-Stadt und Cartagena de Indias Inquisitionstribunale gab. Der zeitliche Rahmen spannt sich von der zweiten Hälfte des 16. bis zur Mitte des 18. Jahrhunderts.

Die Arbeit soll damit zur *Religionsgeschichte* des spanischen Imperiums beitragen. Der Fokus auf den Protestantismus verspricht einen besonderen Erkennt-

---

dos". Juan de Mañozca an *Suprema*, 25.02.1625. AHN, Inq., lib. 1039, fol. 212r–213v, Zitat fol. 212r. Auf den Begriff des *hereje nacional*, der sich auf die „Herkunft" und „Geburt" ausländischer Protestanten bezieht, werde ich später vertieft eingehen.

3 „Porque aunque el hereje no está en la iglesia por razón de miembro o parte: pertenece a ella por razón de su promesa hecho en el bautismo". Juan de Mañozca an *Suprema*, 25.02.1625. AHN, Inq., lib. 1039, fol. 212r–213v, Zitat fol. 212v.

4 „A estas razones añadía, lo que nos pasó en Cartagena con Adán Edon, hereje protestante de nación inglés, que consultado con Vuestra Alteza nos mandó hiciésemos justicia porque lo pactado en las paces de España y Inglaterra, cerca de la religión no se extendía a las Indias". Juan de Mañozca an *Suprema*, 25.02.1625. AHN, Inq., lib. 1039, fol. 212r–213v, Zitat fol. 212v.

5 „[L]a gente es curiosa y novelera y envuelta en infinidad de supersticiones". Juan de Mañozca an *Suprema*, 25.02.1625. AHN, Inq., lib. 1039, fol. 212r–213v, Zitat fol. 213r.

nisgewinn. Bekanntlich ließ die kastilische Krone die Eroberung und Besiedlung der Neuen Welt durch Papst Alexander VI. legitimieren und verpflichtete sich im Gegenzug zur Missionierung der Ureinwohner.[6] Dieser Missionsauftrag erhielt im Zuge der Reformation eine besondere Brisanz. Die autochthone Bevölkerung Amerikas war unter allen Umständen vor der Lehre Martin Luthers zu schützen, was wiederum der Implementierung von Inquisitionstribunalen Vorschub leistete. Meine These ist, dass diesen Tribunalen gerade in den *Indias* eine wichtige Rolle für die gesellschaftliche Inklusion und Exklusion von Ausländern zukam. Ich schließe dabei an die Forschung von Tamar Herzog an, deren Monografie *Defining Nations* Bürgerrechtskonzepte in Kastilien und Spanisch-Amerika in den Blick nimmt. Herzog relativiert die Bedeutung formaler Akte für die Integration von Ausländern, und zwar sowohl im Hinblick auf das Bürgerrecht im lokalen Kontext *(vecindad)* als auch in Bezug auf die Zugehörigkeit zur übergeordneten Gemeinschaft eines Königreichs *(naturaleza)*. Ob eine Person die Rechte eines *vecino* oder eines *natural* ausüben konnte, hing in erster Linie davon ab, ob sie sich entsprechend *verhielt* und damit auf die Akzeptanz anderer *vecinos* oder *naturales* stieß. Allerdings funktionierte dieser Mechanismus in den spanischen Überseegebieten nur bedingt. Hier erfuhr das Konzept der *naturaleza* gegenüber der *vecindad* ab dem Ende des 16. Jahrhunderts eine deutliche Aufwertung, als die formelle Naturalisierung von Ausländern zu einer (rechtlichen) Voraussetzung für den Aufenthalt in der Neuen Welt wurde.[7] Herzog nennt zwar den Katholizismus als Grundbedingung für jegliche Integration, geht diesem Aspekt aber nur am Rande nach und schließt die Inquisition weitgehend aus ihren Überlegungen aus.[8] Hier kann die vorliegende Arbeit einen Beitrag leisten.

---

6 Der aus Valencia stammende Papst Alexander VI. erließ 1493 fünf Bullen (davon zwei unter dem Titel *Inter caetera*), in denen er der Krone von Kastilien und León alle Gebiete, die sich 100 Meilen westlich der Azoren und Kapverden befanden, übertrug. Die dortigen Bewohner waren in der christlichen Lehre und Moral zu unterweisen. PRIEN (1995), Las Bulas. Vgl. auch BRENDECKE (2009), Imperium und Empirie, S. 113. Vgl. zu den Bullen *Inter caetera* und *Eximiae Devotionis* ALEXANDER VI. (2004), The Bull Eximiae Devotionis (03.05.1493); ALEXANDER VI. (2004), The Bull Inter Caetera (03.05.1493); ALEXANDER VI. (2004), The Bull Inter Caetera (04.05.1493).
7 HERZOG (2003), Defining Nations.
8 In einem kürzlich erschienenen Aufsatz hat Herzog die Rolle der Religion für die gesellschaftliche Inklusion und Exklusion in Spanisch-Amerika deutlich stärker betont. HERZOG (2012), Can You Tell a Spaniard, insbes. S. 153–155. Vgl. dazu Kap. 10 (Epilog).

Mir geht es allerdings nicht in erster Linie um die protestantischen Ausländer *per se*. Damit erfolgt eine Abgrenzung gegenüber jenen Studien, die sich mit den Akteuren frühneuzeitlicher Mobilität und der damit einhergehenden Trans- und Interkonfessionalität beschäftigen.[9] Im Vordergrund stehen für mich vielmehr die inquisitorischen Praktiken, woraus sich wiederum die Anknüpfung an die *Rechtsgeschichte* ergibt. Die Funktionen der Inquisition sind nur vor dem Hintergrund ihrer juristischen Verfahrensabläufe zu verstehen. Begriffe wie *escándalo* (religiöser Skandal) oder *tolerancia* (Toleranz, Duldung) mögen auf den ersten Blick selbstverständlich erscheinen, basieren aber auf bestimmten Auslegungstraditionen des römischen oder kanonischen Rechts. Zwar wäre es tatsächlich „unfair, wenn Vertreter der Normengeschichte erwarten, diejenigen, die sich mit der Rechtspraxis beschäftigen, müssten im gleichen Maße die Rechtsliteratur und normative Quellen in ihre Untersuchungen einbeziehen wie andere Rechtshistoriker auch."[10] Trotzdem sollten Normen- und Praxisgeschichte wann immer möglich miteinander verbunden werden, zumal gerade für die Frühe Neuzeit zwischen „Norm und Normerläuterung" häufig keine klare Trennlinie gezogen werden kann.[11]

Schließlich ist die vorliegende Arbeit innerhalb der Geschichte der *europäischen Expansion* beziehungsweise der frühneuzeitlichen *Kolonialgeschichte* zu verorten. In Überblicksdarstellungen zum spanischen Kolonialreich wird die Rolle des *Santo Oficio* meist nur am Rande behandelt.[12] Gesamtdarstellungen zur Spanischen Inquisition beschränken sich wiederum auf die Iberische Halbinsel.[13] Umgekehrt nehmen Studien zur Inquisition in Spanisch-Amerika meist nur einzelne Tribunale in den Blick.[14] Insgesamt herrscht also ein Mangel an *vergleichenden* Untersuchungen. Hier kann die vorliegende Arbeit einen zwei-

---

9   Dazu u.a. WELLER (2010), Vom Kaufmann; WELLER (2012), Trading Goods; WELLER (2015), Heuchelei und Häresie (jeweils zu Spanien); POETTERING (2013), Handel (zu Portugal); BLOCK (2012), Ordinary Lives (zur Karibik).
10 OESTMANN (2014), Normengeschichte, S. 8.
11 OESTMANN (2014), Normengeschichte, S. 8.
12 MORA MÉRIDA (1994), Kirche und Mission, hier S. 396–398; BAKEWELL/HOLLER (2010), A History of Latin America, S. 182 f.; ELLIOTT (2006), Empires of the Atlantic World, S. 191; BARNADAS (1984), Catholic Church, S. 529–531.
13 THOMAS (2001), La represión; THOMAS (2001), Los protestantes; KAMEN (2014), The Spanish Inquisition.
14 Vgl. u.a. ALBERRO (1988), Inquisition et société; ÁLVAREZ ALONSO (1999), La Inquisición en Cartagena de Indias.

fachen Beitrag leisten: Einerseits als komparativ angelegtes Projekt, das die Tribunale in Cartagena de Indias, Lima und Mexiko-Stadt gleichermaßen berücksichtigt. Andererseits erlaubt der Fokus auf ausländische Protestanten, Phänomene zu beschreiben, die über das spanische Imperium hinausreichen und allgemeine Fragen der europäischen Expansion berühren. Dazu gehören der Umgang mit völkerrechtlichen Verträgen in den Kolonialgebieten oder religiöse Austauschprozesse im multikonfessionellen karibischen Raum.[15]

Die Historiografie zur Spanischen Inquisition ist stark ausdifferenziert und kaum zu überblicken. Im Folgenden gehe ich deshalb nur auf jene Literatur ein, die eine unmittelbare Relevanz für die Fragestellung der vorliegenden Untersuchung hat. Diesbezüglich sind zunächst die gegen Ende des 19. und zu Beginn des 20. Jahrhunderts entstandenen Arbeiten des Chilenen José Toribio Medina und des US-Amerikaners Henry Charles Lea zu nennen. Medina stützte sich in seinen Untersuchungen vor allem auf das spanische *Archivo General de Simancas*, in dem sich damals noch der Quellenbestand des Inquisitionsrates befand. Auf dieser Grundlage legte er synthetische Studien zur Inquisition in Cartagena de Indias, Mexiko-Stadt und Lima sowie zu Chile, der Region Río de la Plata und den Philippinen vor.[16] Daran knüpfte der Doyen der modernen Inquisitionsforschung, Henry Charles Lea, an. Neben seinen Arbeiten zur Inquisition auf der Iberischen Halbinsel verfasste er eine Monografie zu den Tribunalen in Amerika, Italien (Sizilien, Neapel, Mailand, Sardinien) und den Kanaren.[17] Die Arbeiten von Medina und Lea beeindrucken bis heute. Zwar verurteilten beide Autoren die Inquisition als repressive Institution und betonten dabei den ideologisch-programmatischen Charakter ihrer Forschung. Der empirischen Qualität ihrer Quellenarbeit tat dies jedoch keinen Abbruch. Für einzelne Fragen – etwa zur episkopalen Inquisition in Südamerika oder zur Inquisition in den Philippinen – sind es bis heute die einzigen Überblickswerke geblieben. Ihr universeller Anspruch führte allerdings dazu, dass Medina und Lea einen stark auf

---

15 Vgl. zu letzterem Punkt die Arbeit von BLOCK (2012), Ordinary Lives.
16 MEDINA (1899), La Inquisición en Cartagena de Indias; MEDINA (1952 [1905]), Historia del Tribunal de México; MEDINA (1887), Historia del Tribunal de Lima; MEDINA (1945 [1890]), Historia del Tribunal de Chile; MEDINA (1899 [1945]), La Inquisición en las provincias del Plata; MEDINA (1899), Historia del Tribunal en las Islas Filipinas. Zur frühen, episkopalen Inquisition s. MEDINA (1914), La primitiva Inquisición 1 und MEDINA (1914), La primitiva Inquisición 2.
17 LEA (1908), The Inquisition in the Spanish Dependencies.

Ereignisgeschichte ausgerichteten Ansatz verfolgten und für eine komparative Analyse kaum Platz blieb.

Erst Ende des 20. Jahrhunderts kam es wieder zu einem Versuch, die drei amerikanischen Tribunale gemeinsam in den Blick zu nehmen. Dieser war eingebettet in das Großprojekt eines Handbuchs zur Spanischen Inquisition. Der erste Band dieser *Historia de la Inquisición en España y América* wurde 1984 von Bartolomé Escandell Bonet und Joaquín Pérez Villanueva herausgegeben. Darin werden neben der Inquisition in Europa auch die Entwicklungen an den Tribunalen in Lima, Mexiko-Stadt und Cartagena de Indias nachgezeichnet. Der zweite Band (1993) behandelt die institutionellen Strukturen des *Santo Oficio* und nimmt dabei unter anderem die Prozessführung, die Finanzen und die personelle Zusammensetzung der Tribunale in den Blick. Im dritten Band (2000) geht es um inquisitorische Strategien, verfolgte Bevölkerungsgruppen (jüdische und muslimische Neuchristen) und die Buchzensur. Die *Indias* werden dabei nicht mehr systematisch berücksichtigt.[18] Insgesamt bietet das dreiteilige Handbuch zwar interessante Einblicke in einzelne Bereiche, beschränkt sich über weite Strecken jedoch auf die spanischsprachige Geschichtswissenschaft und bildet den internationalen *state of the art* nicht (mehr) ab. Einen aktuelleren, wenn auch knapperen Überblick bietet das 2010 erschienene Lexikon *Dizionario storico dell'inquisizione,* das unter der Leitung von Adriano Prosperi entstanden ist und unter anderem Artikel zum amerikanischen Raum beinhaltet.[19]

---

18 ESCANDELL BONET/PÉREZ VILLANUEVA (1984), Historia de la Inquisición 1; ESCANDELL BONET/PÉREZ VILLANUEVA (1993), Historia de la Inquisición 2; ESCANDELL BONET/PÉREZ VILLANUEVA (2000), Historia de la Inquisición 3.
19 PROSPERI (2010), Dizionario storico dell'Inquisizione. 4 Bde. Daneben gibt es einige Werke, die – zumindest im Titel – den Anspruch erheben, Synthesen zur Inquisition in Hispanoamerika vorzulegen. Juan Blázquez Miguel hat unter dem Einfluss des 500-jährigen Jubiläums der (Wieder-)Entdeckung Amerikas eine entsprechende Studie vorgelegt. Es ist ein interessanter Kurzüberblick, der aufgrund des begrenzten Umfangs keinerlei Anspruch auf Vollständigkeit erheben kann. Die Zahlen und Statistiken dürfen nur als Annäherung gesehen werden und sind mittlerweile überholt. BLÁZQUEZ MIGUEL (1994), La Inquisición en América. Die Beiträge im von Abelardo Levaggi herausgegebenen Sammelband beleuchten einzelne von der Inquisition verfolgte Delikte, wobei der Fokus auf die *Indias* nur teilweise gegeben ist. LEVAGGI (1997), La Inquisición en Hispanoamérica. Die Studien in PERRY/CRUZ (1991), Cultural Encounters beleuchten insbesondere sozialanthropologische Aspekte der amerikanischen Inquisition, gehen daneben aber auch auf die Verfolgung von Neuchristen ein. Spezialstudien, welche die Inquisition in den *Indias* in vergleichender Perspektive behandeln, sind selten. Die wenigen Beiträge beschäftigen sich insbesondere mit portugiesischen Neuchristen, die des Judaisierens angeklagt wurden. LEWIN (1962), La Inquisición en Hispanoamérica; ESCOBAR QUEVEDO (2008), Inquisición y judaizantes.

1.1 Fragestellung und historiografische Tendenzen

Für die vorliegende Arbeit von großer Bedeutung sind Überblicksdarstellungen zu einzelnen Tribunalen. Für Neuspanien ist zunächst die Monografie von Richard E. Greenleaf zu nennen, welche sich auf das 16. Jahrhundert beschränkt.[20] Solange Alberro hat Ende der 1980er-Jahre eine Studie zu demselben geografischen Raum vorgelegt, mit Schwerpunkt auf dem 17. Jahrhundert.[21] John Chuchiak hat in seinem Quellenband zur neuspanischen Inquisition deren institutionelle Strukturen und prozessuale Voraussetzungen vertieft diskutiert.[22] Die umfassendste Behandlung eines amerikanischen Tribunals bietet die dreiteilige Studie von Paulino Castañeda Delgado und Pilar Hernández Aparicio (Bände 1/2) sowie René Millar Carvacho (Band 3) zu Lima. Die Bände entstanden im Zeitraum zwischen 1989 und 1998 und basieren zu einem guten Teil unmittelbar auf der Archivarbeit der AutorInnen. Diese nehmen für die Jahre 1570–1820 sowohl die Organisation des Tribunals als auch dessen Aktivität in den Blick. 1999 hat Fermina Álvarez Alonso mit einem ähnlichen methodischen Vorgehen eine Dissertation zu Cartagena de Indias vorgelegt, die ihren Fokus auf dem 17. Jahrhundert hat.[23]

Der Verfolgung von Protestantinnen und Protestanten im frühneuzeitlichen Spanien schenkten Historikerinnen und Historiker lange Zeit verhältnismäßig wenig Aufmerksamkeit.[24] Werner Thomas hat 2001 diese Lücke mit seiner zweibändigen Studie zu einem guten Teil geschlossen. Im ersten Band fragt der Belgier zunächst nach den Voraussetzungen der sozialen Kontrolle der Inquisition. Er zeigt auf, wie wichtig die freiwillige Mitarbeit der lokalen Bevölkerung für das Funktionieren des *Santo Oficio* war. Damit widerlegt Thomas die vom französischen Historiker Bartolomé Bennassar vertretene These, die Inquisition habe die iberische Gesellschaft in erster Linie mittels einer „Pädagogik der Angst" kontrolliert.[25] Ausgehend von diesem Befund nimmt Thomas die Denunzierenden und Denunzierten in den Blick. Für die vorliegende Studie sind insbesondere die Ergebnisse zu den *Selbst*denunziantInnen von Interesse. Thomas zeigt

---

20 GREENLEAF (1995 [1969]), La Inquisición en Nueva España.
21 ALBERRO (1988), Inquisition et société.
22 CHUCHIAK (2012), The Inquisition in New Spain.
23 ÁLVAREZ ALONSO (1999), La Inquisición en Cartagena de Indias. Darauf beruhend: ÁLVAREZ ALONSO (1997), Herejes ante la Inquisición. Die Dissertation wurde von Paulino Castañeda Delgado betreut.
24 Vgl. allerdings SCHÄFER (1902), Beiträge.
25 THOMAS (2001), Los protestantes, S. 7–103. Zur „pédagogie de la peur" vgl. BENNASSAR (1979), L'inquisition espagnole, S. 105–141.

auf, dass ausländische Protestanten, die sich freiwillig einem Tribunal stellten, seit den 1570er-Jahren weitgehend straffrei zum Katholizismus konvertieren konnten. Die Zahl dieser sogenannten *espontáneos* nahm ab dem Ende des 16. Jahrhunderts stark zu, was Thomas mit der Außenpolitik der spanischen Krone und damit verbundenen internationalen Abkommen in Zusammenhang bringt.[26]

Im zweiten Band geht Thomas zunächst der Frage nach, weshalb die Reformation in Spanien nicht Fuß fassen konnte. Er verweist als wesentliche Faktoren auf die Reconquista, die religiöse Zweiklassengesellschaft, bestehend aus Alt- und konvertierten Neuchristen, und die damit zusammenhängende Angst vor einer reformiert-jüdisch-muslimischen Komplizenschaft. Anschließend behandelt Thomas die Geschichte des Protestantismus auf der Iberischen Halbinsel chronologisch, wobei er mit der Gründung der Inquisition beginnt (1478) und beim Frieden von Münster (1648) endet.[27] Ein besonderer Fokus liegt dabei wiederum auf der Bedeutung internationaler Abkommen für die inquisitorischen Praktiken.[28] Thomas stützt sich in seinen Studien in erster Linie auf Prozessakten *(causas de fe* und *relaciones de causas)* und bietet einen sowohl qualitativ als auch quantitativ einmaligen Blick auf das Verhältnis zwischen Protestanten und der Inquisition. Der von Thomas betonte Zusammenhang zwischen den Friedensverträgen und einer zunehmenden Toleranz (die Thomas auch als *convivencia* auslegt) ist jedoch aus verschiedenen Gründen nicht unproblematisch. Ich werde darauf später zurückkommen.[29]

Für Spanisch-Amerika fehlt bisher eine komparativ angelegte Arbeit zur Inquisition und protestantischen Ausländern. Der mexikanische Methodist Gonzalo Báez Camargo (auch bekannt unter dem Pseudonym Pedro Gringoire) hat jedoch mit seiner Übersicht über die Prozesse gegen Protestanten in Lima, Cartagena de Indias und Mexiko-Stadt eine hilfreiche Basis gelegt. Die Studie basiert in erster Linie auf Quelleneditionen sowie auf den Monografien von José Toribio

---

26 THOMAS (2001), Los protestantes, S. 489–615.
27 THOMAS (2001), La represión.
28 Vgl. dazu auch THOMAS (2014), The Treaty of London.
29 Neben Thomas hat sich insbesondere Francisco Fajardo Spínola mit der Thematik konversionswilliger Ausländer befasst. Sein 1996 herausgegebenes Buch zu den Protestanten auf den Kanarischen Inseln im 17. und 18. Jahrhundert zeigt viele Tendenzen auf, die sich als Vergleichsbasis für die amerikanischen Inquisitionspraktiken eignen. FAJARDO SPÍNOLA (1996), Las conversiones. Vgl. auch FAJARDO SPÍNOLA (2003), Las víctimas. Zu den Konversionen ausländischer Protestanten vor der Römischen Inquisition s. MATHEUS (2012), Konversionen.

Medina und Henry Charles Lea.[30] Neben den bereits genannten Werken zu den einzelnen amerikanischen Tribunalen bieten weitere Arbeiten wichtige Anknüpfungspunkte. Besonders hervorzuheben ist jene von Charles F. Nunn zu den ausländischen Immigranten in Neuspanien im 18. Jahrhundert. Nunn geht darin unter anderem auf den Zusammenhang zwischen Konversion, Integration und Inquisition ein.[31] Für Lima hat Jean Pierre Tardieu eine Studie zu den „ausländischen Häretikern" im 16. und 17. Jahrhundert vorgelegt, die fast ausschließlich auf den Quellen des spanischen *Archivo Histórico Nacional* basiert. Sie gibt einen hilfreichen summarischen Überblick über die verschiedenen Prozesse, vermag die Beziehung zwischen Inquisition und Protestantismus aber nur ansatzweise zu klären. Dies liegt nicht zuletzt am fehlenden Vergleich mit den anderen amerikanischen Tribunalen.[32] Alicia Mayer hat 2008 ein Buch zur Wahrnehmung Martin Luthers und des Protestantismus in Neuspanien veröffentlicht. Darin geht es um die Frage, wie Luther als Feindbild in Kunst, Literatur und Predigten dargestellt wurde. In diesem Zusammenhang geht Mayer auch auf die Rolle der Inquisition ein, deren Bedeutung sie vor allem in der Bekämpfung der Erinnerung an den deutschen Reformator sieht. Paradoxerweise trug das *Santo Oficio* damit aber gerade zur Erhaltung dieser Erinnerung bei, etwa durch die öffentlichen Ketzerverurteilungen (Autodafés).[33]

Zu erwähnen sind schließlich jene Monografien und Sammelbände, welche eine Einführung in die institutionellen Voraussetzungen der Spanischen Inqui-

---

30 BÁEZ CAMARGO (1961), Protestantes enjuiciados sowie GRINGOIRE (1961), Protestantes enjuiciados. Die Auflistung von Báez (alias Gringoire) stimmt weitgehend mit dem im spanischen *Archivo Histórico Nacional* verfügbaren Quellenbestand überein, berücksichtigt aber die – insbesondere für das 18. Jahrhundert zahlreichen – Quellen im mexikanischen *Archivo General de Nación* nicht. Der schweizerisch-französische Religionssoziologe Jean-Pierre Bastian konzentriert sich in seinem Überblickswerk zum Protestantismus in Lateinamerika auf das Tribunal in Neuspanien. Seine Ausführungen basieren teilweise auf eigener Quellenrecherche und bieten eine nützliche Ergänzung. BASTIAN (1995 [1990]), Geschichte des Protestantismus, insbes. S. 45–101. S. auch PRIEN (2013), Christianity.

31 NUNN (1979), Foreign Immigrants. Im Appendix I (S. 121–151) gibt es eine äußerst hilfreiche Auflistung von Ausländern, die im Zeitraum 1700–1760 mit der neuspanischen Justiz (u.a. der Inquisition) in Kontakt gekommen waren. Darauf greife ich insbesondere in Kap. 7.1 zurück. Die entsprechenden Quellen stammen aus dem mexikanischen *Archivo General de la Nación* (AGN).

32 TARDIEU (1995), L'Inquisition de Lima. Vgl. zu Cartagena de Indias und Neuspanien auch ÁLVAREZ ALONSO (1997), Herejes ante la Inquisición; GREENLEAF (1966), North American Protestants.

33 MAYER (2008), Lutero en el paraíso, hier S. 145–183.

sition geben. Die Studie von Henry Kamen gilt diesbezüglich (weiterhin) als Standardwerk und ist 2014 in der vierten Auflage erschienen. Kamen konzentriert sich fast ausschließlich auf Kastilien und Aragonien. Francisco Bethencourt hingegen macht einen „globalen" Anspruch geltend und behandelt die Römische, Spanische und Portugiesische Inquisition im Vergleich.[34]

Von dieser ersten historiografischen Verortung ausgehend ist nun zu fragen, wie das Verhältnis zwischen der Spanischen Inquisition und ausländischen Protestanten theoretisch und methodisch zu fassen ist.

1.2 Toleranz durch Staatsräson?

Im Jahre 1981 veröffentlichte der spanische Historiker Antonio Domínguez Ortiz einen Artikel mit dem Titel „Der erste Entwurf religiöser Toleranz im habsburgischen Spanien". Domínguez Ortiz vertrat darin die These, dass der 1604 geschlossene Friedensvertrag zwischen England und Spanien „eine Bresche in das verschlossene Klima religiöser Intransigenz" geschlagen habe.[35] Damit zielte der Historiker auf die Verfolgung von ausländischen Protestanten durch die Spanische Inquisition. Selbst ein solch frommer Katholik wie Philipp III. habe sich der „eisernen Staatsräson" nicht entziehen können und wider Willen häretische Engländer in seinem Reich tolerieren müssen.[36]

Zwanzig Jahre danach brachte der belgische Historiker Werner Thomas sein monumentales Werk zu den Protestanten auf der Iberischen Halbinsel heraus. Thomas kam wie Domínguez zu dem Schluss, dass internationale Verträge die Inquisitionspraxis maßgeblich veränderten: von einer religiösen Intransigenz hin zur Akzeptanz einer friedlichen Koexistenz *(convivencia)*. Diese Entwicklung sei von der Inquisition selbst nicht gewollt gewesen,

> vielmehr war es das Aufkommen [emanación] der Staatsräson, das aus Gründen der nationalen und/oder internationalen Politik eine Stärkung der Toleranz bedingte[37].

---

34 KAMEN (2014), The Spanish Inquisition; BETHENCOURT (2009), The Inquisition. Vgl. auch RAWLINGS (2006), The Spanish Inquisition; HENNINGSEN/TEDESCHI (1986), The Inquisition in Early Modern Europe; RODRÍGUEZ BESNÉ (2000), El Consejo de la Suprema.
35 DOMÍNGUEZ ORTIZ (1981), El primer esbozo, hier S. 19.
36 DOMÍNGUEZ ORTIZ (1981), El primer esbozo, hier S. 13.
37 „Por tanto, la paralización de la persecución de ciertas corrientes heterodoxas no necesaria-

Beide Beispiele verweisen somit auf ein Konzept, das etwas überspitzt als ‚Toleranz durch Staatsräson' bezeichnet werden kann. Zwar warnen sowohl Thomas als auch Domínguez Ortiz vor einer Überbewertung der religiösen Toleranz im frühneuzeitlichen Spanien.[38] Dass sie den Begriff trotzdem verwenden, ist allerdings symptomatisch für eine herrschende Tendenz in der einschlägigen Historiografie. Dort fungieren Toleranz und Staatsräson als beliebte Schlagworte zur Beschreibung und Deutung inquisitorischer Praktiken.[39] Obwohl die Begrifflichkeiten je nach Sprache verschiedene Konnotationen aufweisen,[40] geht es im Grundsatz fast immer (und meist implizit) um eine religiöse Toleranz, die durch die ökonomisch und politisch determinierte Staatsräson befördert wurde.[41]

---

mente refleja la posición del Santo Oficio; más bien era la emanación de la razón de Estado, que imponía más tolerancia por motivos de política nacional y/o internacional, y mucho menos de la voluntad inquisitorial." THOMAS (2001), La represión, S. 136.

38   Thomas bevorzugt den ebenfalls nicht unproblematischen Begriff der *convivencia*. THOMAS (2001), La represión, S. 308 f. Vgl. dazu auch DOMÍNGUEZ ORTIZ (1981), El primer esbozo, S. 18 f.

39   Für Spanien vgl. etwa GÓMEZ-CENTURIÓN JIMÉNEZ (1987), Pragmatismo económico; ROLDÁN PAZ (2006), Política „versus" religión. Der spanisch-amerikanische Herrschaftsraum wird im Hinblick auf ausländische Protestanten nicht als Sonderfall gesehen. Exemplarisch dafür sind die Ausführungen von Paulino Castañeda Delgado und Pilar Hernández Aparicio, die – auf den Aufsatz von Domínguez Ortiz zurückgreifend – den Friedensvertrag mit England als einen „religiösen Toleranzentwurf" deuten. CASTAÑEDA DELGADO/HERNÁNDEZ APARICIO (1989), La Inquisición de Lima 1, S. 465; 466, FN 62. Auch hier fällt der Begriff der „Staatsräson" (S. 454 f.); ebenso in der Monografie von Jean-Pierre Tardieu. TARDIEU (1995), L'Inquisition de Lima, S. 45. René Millar Carvacho erklärt, dass „politische und wirtschaftliche Umstände" die spanische Krone dazu veranlasst hätten, „Verträge mit europäischen Mächten abzuschließen, die eine religiöse Toleranz gegenüber deren Untertanen implementierte". MILLAR CARVACHO (1998), Judaísmo y protestantismo, S. 407. Für Cartagena de Indias spricht Fermina Álvarez Alonso von einer „gewissen Toleranz" der Inquisition gegenüber ausländischen Häretikern. ÁLVAREZ ALONSO (1997), Herejes ante la Inquisición, hier S. 259. Auch für Neuspanien wird der Begriff verwendet: Álvaro Huerga bezeichnet die Politik Philipps III. als Toleranz in Anführungszeichen, die rein wirtschaftlich bedingt gewesen sei. HUERGA (1984), El Tribunal de México (Felipe III), hier S. 978. Für die Römische Inquisition spricht Michaela Valente im Zusammenhang mit deutschen Studierenden an der Universität Padua im 16. Jahrhundert vom „Ernten der ersten Sprossen toleranten Gedankenguts" („raccoglievano i primi germogli del pensiero della tolleranza"). VALENTE (2002), Un sondaggio, hier S. 216.

40   So übersetzt etwa William Monter den von Domínguez Ortiz verwendeten Begriff *tolerancia* nicht mit *tolerance,* sondern mit *toleration.* MONTER (2002 [1990]), Frontiers of Heresy, S. 246.

41   Exemplarisch für die normative Auflading des Toleranzbegriffs ist ein Institut der spanischen Fernuniversität UNED für Studien zur „Intoleranz" *(Instituto de Historia de la Intolerancia).* Sein erklärtes Ziel ist es, mit der Erforschung der Inquisition einen Beitrag zum Respekt vor der Freiheit der Meinungsäußerung und den Menschenrechten zu leisten: „El Instituto tiene

Tatsächlich ist die Formel ‚Toleranz durch Staatsräson' ein durchaus gängiges Erklärungsmodell für die Geschichtsschreibung zum frühneuzeitlichen Europa. Gerade im deutschsprachigen Raum wird es gerne bemüht: Ulrich Scheuner hat bereits 1975 auf die Bedeutung der Staatsräson für die sich seit dem Augsburger Religionsfrieden entwickelnde Toleranz hingewiesen, die schließlich in einer „allgemeinen Toleranz im Zeichen der Gewissensfreiheit" gemündet habe.[42] Daran schließt ein Aufsatz von Wolfgang Weber an, in dem es vor dem Hintergrund des Westfälischen Friedens um den Beitrag der Staatsräson zur konfessionellen Toleranz geht.[43] Und auch Barbara Stollberg-Rilinger spricht für das 18. Jahrhundert von der Toleranz als „Gebot der Staatsräson".[44]

Während aber für das Alte Reich, die Niederlande und England dieses Prinzip intuitiv einleuchten mag, erscheint die Anwendung des Toleranzbegriffs auf die Iberische Halbinsel weit problematischer. Denn das frühneuzeitliche Spanien wird oft als die Verkörperung einer *persecuting society* wahrgenommen.[45] Exemplarisch für das sich hieraus ergebende Spannungsverhältnis ist die preisgekrönte Studie von Stuart B. Schwartz zur religiösen Toleranz im spanischen Imperium.[46] Schwartz nimmt dabei nicht etwa die Politik oder die Verwaltung in den Blick, sondern Personen, die von der Inquisition aufgrund ihrer religiösen Toleranz angeklagt worden waren. Sämtliche aus den Quellen gewonnenen Belege einer ‚toleranten' Mentalität in Spanien und Spanisch-Amerika setzen damit ein Verfahren der intoleranten Inquisition voraus. Somit ist jeder Beweis für die Toleranz zugleich ein Beweis für die Intoleranz.[47] Überhaupt lässt sich

---

por finalidad el estudio y enseñanza de la problemática de los fenómenos antiguos y modernos de intolerancia, promoviendo con ello, en el mundo de hoy, el respeto a la libertad de conciencia, los derechos humanos, el pluralismo en la convivencia democrática y la concordia civil. Entre esas manifestaciones históricas de la intolerancia, el Instituto dedica preferente atención a estudiar la historia de la Inquisición en Europa y América." Homepage des *Instituto de Historia de la Intolerancia,* UNED (URL: http://www.rajyl.es/organizacion/instituto-historia-intolerancia.aspx, Zugriff am 07.04.2017).

42 SCHEUNER (1975), Staatsräson, hier S. 404.
43 WEBER (2000), Staatsräson und konfessionelle Toleranz, hier S. 180.
44 STOLLBERG-RILINGER (2000), Europa, S. 97.
45 KAMEN (1988), Toleration and Dissent, hier S. 3.
46 SCHWARTZ (2008), All Can Be Saved. Vgl. auch KAMEN (1988), Toleration and Dissent; DOMÍNGUEZ (2014), Los progresos de la tolerancia.
47 Schwartz hat diesen Widerspruch selbst hervorgehoben: „There is a real epistemological or methodological problem here. I am dealing with people whose dissident statements resulted in their arrest and often punishment. [...] They were clearly not the majority in their societies;

die These, dass internationale Verträge im frühneuzeitlichen Spanien generell zu einer verstärkten Toleranz geführt hätten, bei einer Ausweitung der Perspektive kaum aufrechterhalten. Ein eindrückliches Beispiel dafür ist das Abkommen über den Zwölfjährigen Waffenstillstand zwischen Spanien und den Niederlanden im Jahre 1609. Am gleichen Tag, als Philipp III. dieses Vertragswerk unterzeichnete, verfügte er die Vertreibung aller von Muslimen abstammenden Christen aus Spanien. Dies hatte einen beispiellosen Exodus zur Folge, der jenen der Juden von 1492 um ein Vielfaches überstieg.[48]

Noch wichtiger als die Frage nach einem real existierenden Zusammenhang zwischen Toleranz und Staatsräson erscheint mir eine kritische Diskussion der Begrifflichkeiten selbst. Diese wird im Hinblick auf die Inquisition und den Protestantismus nicht oder nur oberflächlich geführt.[49] Die Problematik kristallisiert sich insbesondere im Spannungsverhältnis zwischen Analyse- und Quellenbegriffen heraus. Was bedeutete Toleranz beziehungsweise Tolerierung *(tolerancia; tolerare)* und Staatsräson *(razón de estado)* im zeitgenössischen Kontext? Diese Frage ist nur akteursabhängig zu beantworten. Oft genug bedeutete *tolerare* nicht nur das Dulden, sondern das Erdulden einer eigentlich unerwünschten Situation.[50] Für die Inquisition war *tolerancia* – wenig überraschend

---

there was no thriving underground of village skeptics simply awaiting a chance to proclaim their creed." SCHWARTZ (2008), All Can Be Saved, S. 6.

48   Zwischen 1609 und 1640 wurden ungefähr 300.000 *moriscos,* notabene getaufte Christen, des Landes verwiesen. SCHWERHOFF (2004), Die Inquisition, S. 73. Vgl. auch Castelnau (1993), Les étrangers protestants, S. 148. Benítez Sánchez-Blanco sieht in der Ausweisung der *moriscos* gerade einen „Triumph" der Staatsräson über die Religion, was die Problematik des Konzepts veranschaulicht. BENÍTEZ SÁNCHEZ-BLANCO (2012), Tríptico de la expulsión, insbes. S. 143–146. Paul C. Allen sieht das Projekt einer *Pax Hispanica* unter Philipp III. nicht zuletzt deshalb für gescheitert an, weil dieser die religiösen Ziele der Staatsräson übergeordnet habe. ALLEN (2000), Philip III, S. 244. Zur (fehlenden) Toleranz im Spanien des 18. Jahrhunderts s. KAMEN (2000), Inquisition, Tolerance and Liberty.

49   Thomas Weller warnt davor, den Begriff der (religiösen) Toleranz als Charakterisierung der Auswirkungen der im frühen 17. Jahrhundert abgeschlossenen Friedensverträge zu verwenden. WELLER (2010), Vom Kaufmann, hier S. 306. Da diese in der Praxis jedoch zu einer Zunahme der Mobilität von protestantischen Kaufleuten führten, seien daraus „wesentliche Voraussetzungen für ein friedliches Nebeneinander der Konfessionen geschaffen" worden. (S. 321). Vgl. auch THOMAS (2001), La represión, S. 309. Auffällig – und bezeichnend – ist, dass im Zusammenhang mit der Inquisition kaum auf den Toleranzbegriff des kanonischen Rechts verwiesen wird. Mir scheint, dass sich damit noch am ehesten analytisch arbeiten ließe. Dazu ROCA (2004), Der Toleranzbegriff.

50   KAPLAN (2007), Divided by Faith, S. 8; ROCA (2004), Der Toleranzbegriff, S. 550.

– negativ konnotiert. So wies etwa 1625 das Tribunal von Lima den Generalinquisitor auf die desaströsen Folgen einer Tolerierung von Niederländern in den *Indias* hin.[51] Ein Jahr später war es die *Suprema*, die vor einer Dissimulation und Toleranz *(disimulación y tolerancia)* gegenüber protestantischen Häretikern warnte.[52] Aber diese Haltung beschränkte sich keineswegs auf das *Santo Oficio*: König Karl II. erließ am 15. Februar 1699 eine *Real Cédula*, in der er das Problem ausländischer „Juden, Häretiker und anderer Ungläubiger" in Amerika aufgriff. Diese, so der Monarch, würden mit dem Vorwand, in königlichem Dienst zu stehen, ihre sektiererischen Riten ausüben und diese teilweise bis ins Landesinnere tragen. Darauf dürfe auf keinen Fall mit einer „verderblichen Toleranz" *(perniciosa tolerancia)* reagiert werden. Vielmehr seien diese Delikte den herrschenden Gesetzen gemäß zu verfolgen, ohne Rücksicht auf königliche Dienste und öffentliches Interesse *(bien público)*.[53]

Auch *razón de estado* ist als Quellenbegriff äußerst vieldeutig und deshalb nicht ohne Weiteres als analytischer Begriff verwendbar.[54] Francisco Retama, ein katholischer Niederländer, der längere Zeit im andalusischen Jerez de la Frontera gelebt hatte, warf 1619 seinen protestantischen Landesgenossen eine „teuflische Staatsräson" vor.[55] In Bezug auf die Frage der Legitimität eines Sklavenhandelsvertrags zwischen der Krone und einem niederländischen Protestanten unterschied die Inquisition zwischen guter und schlechter Staatsräson und hielt fest: „[E]s ist keine gute Staatsräson, wenn wir unseren [protestantischen] Feinden mehr Macht zugestehen".[56] Wenn es um wirtschaftliche oder militäri-

---

51 „Cuán perniciosa es en estas partes la asistencia de los extranjeros septentrionales tolerados por vía de composición y de otra manera y así mismo se entenderá como el Santo Oficio de la Inquisición no solo sirve para la extirpación de las herejías sino también para buena parte del sosiego temporal de la monarquía de Su Majestad". Tribunal von Lima an *Suprema*, 04.11.1625, AHN, Inq., lib. 1039, fol. 34r–43v, hier: fol. 35r–35v. Zur Datierung vgl. AHN, Inq., leg. 1647, exp. 7/2, fol. 1r–3r.
52 *Suprema* an Juan de Mañozca y Zamora, 21.03.1626, AHN, Inq., lib. 353, fol. 206r.
53 Karl II., *Real Cédula*, 15.02.1699, AHN, Inq., lib. 305, fol. 586r–586v. Im 18. Jahrhundert tauchte im Vokabular der Spanischen Inquisition der negativ konnotierte Begriff des „tolerantismo" auf, der die religiöse Toleranz im Kontext aufklärerischer Tendenzen bezeichnete. PÉREZ MARCHAND (1945), Dos etapas ideológicas, S. 120 f.
54 Dazu auch CASTELNAU (1993), Les étrangers protestants, S. 145, FN 3.
55 Bericht von Francisco Retama, 1619, AGS, Est., leg. 634, doc. 322. Vgl. auch ISRAEL (2002), Diasporas, S. 193.
56 „[N]o es buena razón de estado ni política el dar más poder a nuestros enemigos". *Suprema* an Karl II., 07.06.1686. AHN, Inq., lib. 267, fol. 105r–124v. In der gleichen Sache plädierte der

sche Aspekte ging, sprach die Inquisition auch von der *razón política*. Stand diese im Widerspruch zur Religion, so hatte sie sich Letzterer unterzuordnen. Allerdings hob das *Santo Oficio* diskursiv manchmal gerade die Übereinstimmungen zwischen *razón política* und Religion hervor; etwa dann, wenn es um das Verbot von Ausländern in den *Indias* ging.[57]

Schon ein kurzer Blick in die Quellen zeigt also die begriffliche Ambivalenz.[58] Ist es vor diesem Hintergrund sinnvoll, Toleranz und Staatsräson auf der Analyseebene zu verwenden und miteinander zu verknüpfen? Die französische Historikerin Charlotte de Castelnau hat zu dieser Frage in einem 1993 erschienenen Beitrag Stellung genommen. Darin relativiert sie den von Domínguez Ortiz verwendeten Toleranzbegriff, indem sie ihn historisiert und darauf hinweist, dass er eine Unterlassung (nämlich jene der Verfolgung protestantischer Häresie) und keineswegs eine Akzeptanz ausdrückt.[59] Vor allem aber plädiert sie dafür, dass Staatsräson und Religion in der spanischen Monarchie nicht als Gegensatzpaar gedacht werden können. Vielmehr sei die religiöse Einheit des Reiches als *Teil* der Staatsräson zu verstehen.[60] Die offenbar tolerantere Inquisitionspraxis deutet Castelnau dialektisch: Statt einer Exklusion ausländischer Protestanten, wie sie noch im 16. Jahrhundert üblich war, habe das *Santo Oficio* nun die Strategie der Integration gewählt, indem es nämlich Konversionen zum Katholizismus gefördert habe. Zumindest für eine kurze Zeit habe es die Inquisition dadurch geschafft, Staatsräson und Orthodoxie unter einen Hut zu bringen.[61] Ähnlich argumentiert der spanische Historiker Francisco Fajardo Spínola: Er interpretiert die Wirkung internationaler Verträge als eine *obligada no beligerancia,* als eine der spanischen Krone auferlegte Zurückhaltung. Diese habe aber die religiöse Konfrontation

---

Staatsrat dafür, aus Gründen der Staatsräson *(intereses de estado)* die Auflösung des Vertrages mit Coymans gegenüber den Niederländern nicht mit der Religion zu begründen. *Consejo de Estado* an Karl II., 31.08.1688. AGS, Est., leg. 4005, s. fol.

57 *Suprema* an Karl II., 07.06.1686. AHN, Inq., lib. 267, fol. 105r–124v, hier fol. 112r; 115v; 115r. Vgl. auch den Bericht des königlichen Beichtvaters Tomás Carbonell an Karl II., 28.04.1685, AGI, Indiferente, leg. 2844 (s. fol.) sowie den Bericht der Inquisition von Cartagena de Indias an die *Suprema,* 28.07.1716, AHN, leg. 1605, exp. 13.

58 Vgl. dazu auch TOMASELLI (2000), Intolerance, die eine ideengeschichtliche Kritik am Toleranzbegriff vornimmt.

59 CASTELNAU (1993), Les étrangers protestants, hier S. 148.

60 S. dazu auch USUNÁRIZ GARAYOA (2006), España y sus tratados, S. 251; ALBERRO (1988), Inquisición y sociedad, S. 152; WENDLAND (2006), Geistlicher Sachverstand, S. 154; MAYER (2008), Lutero en el paraíso, S. 387; STRADLING (2002 [1988]), Philip IV, S. 21.

61 CASTELNAU (1993), Les étrangers protestants, hier S. 162.

nicht einfach aufgelöst, sondern die Inquisition zur Anpassung ihrer Praktiken gezwungen, wozu Fajardo etwa die Förderung von Konversionen zählt.[62]

Benjamin J. Kaplan hat in seinem Buch *Divided by Faith* grundsätzliche Bedenken gegen die hermeneutische Verwendung des Toleranzbegriffs geäußert. Toleranz, so Kaplan, eigne sich nämlich hervorragend für das Erzählen einer Fortschrittsgeschichte:

> In telling the story we convey a moral, namely the timeless value of tolerance, and congratulate ourselves for practicing it more than any previous age.[63]

Damit spricht Kaplan ein Grundproblem der Frühneuzeitforschung an, nämlich das, was Arndt Brendecke als „Narrativ" oder auch als „Plot" der Moderne bezeichnet. Damit gemeint sind „Routinen der Benennung, Beschreibung und Erklärung, die [...] eine strukturelle Teleologie in sich tragen, weil sie stets Varianten einer einzigen Erzählung provozieren, nämlich derjenigen der Überwindung des Status Quo."[64]

Der Toleranzbegriff fügt sich nahtlos in diesen Plot der Moderne ein. Und dabei spielt das Jahr 1648 (beziehungsweise 1650) eine entscheidende Rolle:

> Explicit in textbooks, implicit usually in monographs, the story draws a sharp contrast between an ‚age of religious wars' that ended around 1650 and a succeeding age in which religious conflict ceased. From the bloody, futile struggles of the first age, it is said, Europeans grew disillusioned with religious dogma. Rulers no longer allowed their decision to be determined by its dictates, but instead calculated their political and economic interests, following *raison d'état* and enriching their lands through mercantilist policies.[65]

---

62 FAJARDO SPÍNOLA (2003), Las víctimas, S. 149 f. Vgl. auch FAJARDO SPÍNOLA (1996), Las conversiones, S. 9. Der Autor verzichtet mit wenigen Ausnahmen auf den Begriff der *tolerancia* (ebd., S. 99).
63 KAPLAN (2007), Divided by Faith, S. 6.
64 BRENDECKE (2013), Eine tiefe, frühe, neue Zeit, S. 39. Brendecke spricht für die frühe Neuzeit auch von einer „Defizitfalle": „Wer auch immer eine spezifische Modernität der Frühen Neuzeit behauptet, also zum Beispiel auf das frühe Auftauchen einer bestimmten Idee oder institutionellen Lösung hinweist, kann dies kaum tun, ohne schon über den eigenen Begriffsgebrauch die Messlatten der Moderne heranzutragen – und seinen Gegenstand dann, unwillkürlich, recht klein und defizitär aussehen zu lassen." BRENDECKE (2015), Von Postulaten zu Praktiken, hier S. 17.
65 KAPLAN (2007), Divided by Faith, S. 334. Für eine Kritik an einem 1648 gesetzten Ende des konfessionellen Zeitalters s. auch MATHEUS (2012), Konversionen, S. 430.

Dieses Muster lässt sich anhand der – ansonsten hervorragenden – Monografie von Werner Thomas gut belegen. Der Untersuchungszeitraum endet mit dem symbolträchtigen Jahr 1648. In einem Ausblick beschreibt Thomas die anschließende Entwicklung wie folgt:

> Der Vertrag von Münster bedeutete das endgültige Ende der massiven Verfolgung, die die Inquisition ab 1558 initiiert hatte. Mit Münster fand sich die Inquisition mit dem Modell der religiösen Koexistenz ab. [...] Die ‚Realpolitik' hatte sich gegenüber jener Politik durchgesetzt, die durch ideologische Motive gekennzeichnet war.[66]

Auch wenn Thomas dies sicher nicht intendiert hat, so erscheint seine Argumentation an dieser Stelle doch sehr teleologisch: hin zu einem Ideal der religiösen „Toleranz" oder „Koexistenz", das bis in die spanische Zeitgeschichte hinein oft genug unerfüllt blieb.[67]

1.3 Rechtspraktiken und Rechtsräume

‚Toleranz' und ‚Staatsräson' sind vor diesem Hintergrund als vorbelastete Begrifflichkeiten zu sehen, die nur in ständiger Abgrenzung zu gegenwärtigen Postulaten und der bestehenden Historiografie nutzbar zu machen wären. Für die vorliegende Untersuchung habe ich mich deshalb für eine alternative Herangehensweise entschieden, die ich mit den Begriffen „Rechtspraktiken" und „Rechtsräume" erläutern will. Dabei geht es weniger um die Kategorienbildung an sich als darum, das analytische Feld dieser Arbeit abzustecken, ohne in teleologische Fallen zu tappen.

---

66 „El Tratado de Münster significó el fin definitivo del modelo de persecución masiva organizada por la Inquisición en los años posteriores a 1558. Con Münster la Inquisición se conformó en un modelo de coexistencia religiosa. [...] La *Realpolitik* se había impuesto sobre la política dirigida por motivos ideológicos." THOMAS (2001), La represión, S. 381. Als weiteres prominentes Beispiel kann das Standardwerk von Kamen angeführt werden: „By that time [um das Jahr 1655] Protestant merchants had little to fear from the wrath of the inquisition, which had grown to respect the existence of bona fide trading communities where religion counted far less than the annual profit. To this extent the Holy Office was moving out of an intolerant age into a more liberal one." KAMEN (2014), The Spanish Inquisition, S. 344 f.

67 ProtestantInnen waren im Spanien der Franco-Diktatur teilweise massiven Repressionen ausgesetzt. Die Religionsfreiheit wurde erst mit der Verfassung von 1978 (wieder) garantiert. Vgl. VILAR (2001), Los protestantes españoles.

Der Bezug auf *Rechtspraktiken* ist als Alternative zum monolithischen Begriff der Rechtspraxis (zu dem es im Deutschen bezeichnenderweise keine Pluralform gibt) gedacht.[68] Es geht also um Formen der Rechtsprechung beziehungsweise Rechtsdurchsetzung und Rechtsaushandlung.[69] Da die Inquisition als Akteurin im Vordergrund steht, wird im Folgenden oft auch von *Inquisitionspraktiken* die Rede sein. So ist zu fragen, ob und wie Inquisitoren bestimmte Normen (etwa die Bestimmungen internationaler Verträge) in den Verfahren berücksichtigten und wie sie dies allenfalls begründeten. Zu achten ist aber auch auf weniger ‚sichtbare' Phänomene. So konnte etwa die bewusste Verzögerung eines Prozesses eine Rechtspraktik sein, mit der ein Angeklagter zermürbt werden sollte. Und manchmal kam es erst gar nicht zu einem Verfahren, weil die Inquisition dissimulierte – also einen eigentlich unerwünschten Zustand zu Gunsten anderer Interessen akzeptierte. Schließlich sind die Rechtsnormen selbst als Produkt von Rechtspraktiken zu sehen. Hier will ich unter anderem die Aushandlungsprozesse in den Blick nehmen, mit denen die Inhalte internationaler Verträge bestimmt wurden.[70]

---

68   Praktiken werden oft als Pluralform von Praxis verstanden. Tatsächlich gibt es zumindest vom Wortstamm her einen Unterschied zwischen einer Praxis (altgriechisch *prâxis*) und einer Praktik (mittellateinisch *practica*). Andreas Reckwitz macht in Bezug auf eine Theorie *sozialer* Praktiken folgende Unterscheidung: „‚Practice' (Praxis) in the singular represents merely an emphatic term to describe the whole of human action (in contrast to ‚theory' and mere thinking). ‚Practices' in the sense of the theory of social practices, however, is something else. A ‚practice' (Praktik) is a routinized type of behaviour which consists of several elements, interconnected to one other: forms of bodily activities, forms of mental activities, ‚things' and their use, a background knowledge in the form of understanding, know-how, states of emotion and motivational knowledge." RECKWITZ (2002), Toward a Theory, S. 249.

69   Der Begriff der „Rechtspraxis" wird in der Forschungsliteratur oft verwendet, aber auffällig selten definiert. So fehlt ein entsprechender Eintrag im Handwörterbuch zur deutschen Rechtsgeschichte. Peter Oestmann versteht unter der Geschichte der Rechtspraxis die Beschäftigung „mit verschiedenen Fragen zur Gerichtsbarkeit und Rechtsdurchsetzung" sowie „mit der Vertrags- und Urkundenpraxis". OESTMANN (2014), Normengeschichte, S. 5. Monika Dommann sieht die klassische Unterscheidung zwischen Rechtsnorm und Rechtsanwendung „durch das Konzept der Rechtsaushandlung gesprengt". DOMMANN (2014), Autoren und Apparate, S. 20 f.

70   Der hier skizzierte Begriff der Rechtspraktiken ist nur bedingt kompatibel mit dem Praktikenbegriff, wie er vor allem in den Sozialwissenschaften mit Verweis auf Autoren wie Pierre Bourdieu, Michel de Certeau oder Michel Foucault verwendet wird. Es gibt aber durchaus Anknüpfungspunkte: So interessierte sich Foucault stark für juristische Praktiken *(pratiques judiciaires)*. Dabei ging es ihm um Regeln, die festlegten, „dass bestimmte Verhaltensweisen als Vergehen galten, nach denen die Menschen verurteilt werden konnten; wie man von bestimmten Menschen für gewisse Taten eine Wiedergutmachung verlangte und anderen eine Strafe auferlegte".

Die Fokussierung auf Rechtspraktiken ist ein hermeneutischer Gegenentwurf zu auf Postulaten beruhenden Erklärungsansätzen. Dies bedeutet, dass ein historischer Untersuchungsgegenstand nicht oder zumindest nicht in erster Linie mit idealtypischen Modellen wie Konfessionalisierung, Säkularisierung oder Rationalisierung eingeordnet wird, sondern die Historisierung bestimmter Handlungsmuster im Vordergrund steht.[71] Ein Friedensvertrag ist dann nicht mehr das Symbol einer sich durchsetzenden religiösen Toleranz, sondern das Produkt bestimmter Aushandlungsprozesse, die durchaus auch den Status quo (etwa den Erhalt des katholischen Imperiums) unter veränderten Bedingungen zum Ziel haben konnten.

Um die Rechtspraktiken der Inquisition angemessen verstehen und beschreiben zu können, ist die Berücksichtigung der Pluralität des frühneuzeitlichen Rechts eine Voraussetzung. Das *Santo Oficio* war als Institution sowohl der spanischen Krone als auch dem Papst unterstellt und hatte neben dem kanonischen auch das kastilische Recht sowie die königlichen Dekrete zu berücksichtigen. Die Tribunale in den *Indias* waren zudem mit dem *Derecho Indiano* konfrontiert, also mit jenem Recht, das auf die Verhältnisse der Neuen Welt zugeschnitten war.[72] Und schließlich kam mit der Implementierung internationaler Abkommen eine weitere Ebene hinzu. Daneben stellte sich das Problem multipler Jurisdiktionen: Der Frage, ob protestantische Kriegsgefangene und Piraten der weltlichen, der inquisitorischen oder beiden Gerichtsbarkeiten unterstellt waren, kam insbesondere im 16. Jahrhundert eine wichtige Rolle zu, sie wurde aber auch danach immer wieder diskutiert. Es handelte sich dabei um ein strukturelles Problem. Ein ausländischer Protestant machte sich in Spanisch-Amerika nämlich potentiell zweifach strafbar: als sich illegal aufhaltender Ausländer und

---

FOUCAULT (2003), Die Wahrheit, S. 13. Die Pluralität der Rechtsanwendung weist im Übrigen Parallelen zur Theorie sozialer Praktiken auf, etwa in Bezug auf die von Reckwitz benannten Strukturmerkmale „der Routinisiertheit einerseits, der Unberechenbarkeit interpretativer Unbestimmtheiten andererseits". RECKWITZ (2003), Grundelemente einer Theorie, hier S. 294.

71 BRENDECKE (2013), Eine tiefe, frühe, neue Zeit, S. 42. Vgl. auch OESTMANN (2014), Normengeschichte. Die Begriffe „Toleranz" und „Staatsräson" scheinen mir dabei besonders wirkungsmächtige Postulate zu sein.

72 Es handelte sich hierbei um ein kasuistisches, plurales und flexibles Recht, das erst 1680/81 als systematisierte (aber unvollständige) Sammlung unter dem Namen *Recopilación de Leyes de los Reinos de las Indias* herausgegeben wurde. DUVE (2008), Ius singulare, S. 29–38; TAU ANZOÁTEGUI (1992), La ley „se obedece pero no se cumple", S. 82 f.; vgl. auch BRENDECKE (2009), Imperium und Empirie, S. 171; 245–247.

als Häretiker. Welches Recht anzuwenden war beziehungsweise Vorrang hatte, musste ständig überprüft und ausgehandelt werden.[73]

Als Beispiel für die in den *Indias* vorherrschende Rechtspluralität eignet sich der Fall des niederländischen Piraten Juan Grave. Dieser überfiel Mitte der 1650er-Jahre an der karibischen Küste ein spanisches Boot und nahm die sich darauf befindenden Reisenden vorübergehend gefangen. Grave machte sich vor ihnen über den Katholizismus lustig und bezeichnete die Jungfrau Maria als Prostituierte. Als der Pirat wenig später von den Spaniern gefasst werden konnte, stellte sich die Frage, ob er sich vor der Inquisition verantworten musste. Zweifellos handelte es sich bei Grave um einen Protestanten, der durch seine Blasphemien für einen Skandal gesorgt hatte. Konnte er also von der Inquisition ordnungsgemäß *(según derecho)* verurteilt werden? Oder fiel er unter den Schutz des niederländisch-spanischen Friedensvertrags von 1648? Aber galt dieser Vertrag auch für Spanisch-Amerika? Und wie war der Umstand zu werten, dass Grave sein Delikt auf dem Meer begangen hatte?[74] Mit solchen Überlegungen sahen sich die Inquisitoren immer wieder konfrontiert. Waren sie sich der Sache nicht sicher oder konnten sie sich untereinander nicht einigen, leiteten sie den Prozess an den Inquisitionsrat weiter. Manchmal machten die Inquisitoren dabei gleich selbst einen Lösungsvorschlag, der von der *Suprema* oder gar der Krone abgesegnet wurde und anschließend auch für andere Tribunale als Präzedenzfall galt. In solchen Situationen setzte sich somit eine „Rechtsfindung vor Ort, im

---

73 Wir haben es hier also mit einem relativen Autoritätsbegriff des Rechts zu tun. Vgl. DUVE (2003), Mit der Autorität gegen die Autorität?. Für Spanisch-Amerika wird diesbezüglich oft auf das Prinzip des *se obedece pero no se cumple* (man gehorcht, aber man führt nicht aus) verwiesen. Der Grundsatz stammt aus dem frühmittelalterlichen Kastilien und wurde erstmals von Ferdinand von Aragonien auf Amerika angewandt. Die auf den ersten Blick etwas irritierende Anordnung, einem Befehl zwar zu gehorchen, diesen aber nicht umzusetzen, ergab sich aus dem Informationsdefizit des Königs: Dieser war sich bewusst, dass seine Unkenntnis über die Neue Welt zu Situationen führen konnte, in denen sich seine eigenen Befehle als nicht umsetzbar oder gar kontraproduktiv herausstellen würden. In diesem Fall sollten seine Beamten vor Ort einen gewissen Spielraum haben. Sie mussten den König anschließend jedoch darüber informieren und konsultieren, damit dieser neue Anordnungen geben konnte. In der Theorie war damit sowohl die Autorität des Königs als auch das Regieren auf Distanz gesichert. In der Praxis wurde das Prinzip jedoch von den Konquistadoren missbraucht und später von der Krone nur noch ausnahmsweise zugelassen. TAU ANZOÁTEGUI (1992), La ley „se obedece pero no se cumple", S. 79–84; BRENDECKE (2009), Imperium und Empirie, S. 83 f.; BENTON (2010), A Search for Sovereignty, S. 24.

74 Der Fall von Juan Grave wird ausführlich in Kap. 6.1 behandelt.

Horizont eines normativen Angebots von relativer Autorität und unter ganz spezifischen institutionellen und kulturellen Bedingungen" durch.[75]

Neben „Rechtspraktiken" wird im Folgenden mit „Rechtsräumen" ein weiterer Begriff eingeführt. In der (deutschen) Geschichtswissenschaft wird die Frage eines *spatial turn* nach Karl Schlögels *Im Raume lesen wir die Zeit* intensiv diskutiert.[76] Im Wesentlichen geht es darum, dass HistorikerInnen räumliche Voraussetzungen wieder gleichberechtigt neben zeitliche Abläufe setzen und ganz allgemein über die gegenseitige Abhängigkeit von Zeit und Raum reflektieren sollten.[77] Auch die Rechtsgeschichte setzt sich mit dem Raumbegriff auseinander: Dabei spielt unter anderem die Überwindung eines monolithischen, auf Europa beschränkten Rechtskonzeptes eine wichtige Rolle.[78] Eine breit abgestützte Definition von Rechtsräumen gibt es bisher nicht.[79] Thomas Duve weist darauf hin, dass ein solcher Begriff immer in Bezug auf einen historischen Untersuchungsgegenstand gesetzt werden muss. Räume können dann beispielsweise imperial, religiös, wirtschaftlich oder diskursiv geprägt sein.[80] Barbara Dölemeyer bringt den Rechtsraum mit der Lehre der Rechtskreise in Verbindung, die „die Gesamtheit des globalen Rechtsstoffes nach bestimmten Kriterien in größere Gruppen von Rechtsordnungen einzuteilen" sucht.[81] Mit Rechtsräumen können „Rechtsordnungen in einem territorialen Zusammenhang [gegliedert werden], der auch andere Elemente wie Sprache oder Religion beinhalten kann."[82]

Die US-amerikanische Historikerin Laura Benton denkt bei Rechtsräumen an Rechtspluralität und imperiale Herrschaft. Sie stellt sich vor, wie eine entsprechende Landkarte aussehen könnte: Diese würde keine einfarbigen Flächen enthalten, sondern den europäischen Einfluss in kolonialen Gebieten als Flickenteppich mit unterschiedlichen Farben in verschiedenen Intensitäten dar-

---

75 DUVE (2012), Von der Europäischen Rechtsgeschichte, S. 37.
76 SCHLÖGEL (2003), Im Raume. Vgl. auch DÖRING/THIELMANN (2009), Einleitung.
77 Gemäß Ethington kann Zeit nur im Zusammenhang mit Orten existieren: „All action and experience *takes place,* in the sense that it requires place as a prerequisite, and *makes place,* in the sense of inscription. [...] Events are places and vice versa." ETHINGTON (2007), Placing the Past, S. 483.
78 DUVE (2013), European Legal History.
79 Eine Übersicht über die verschiedenen Ansätze findet sich in EHLERS (2016), Rechtsräume.
80 DUVE (2013), European Legal History, S. 21.
81 DÖLEMEYER (2010), „Rechtsräume, Rechtskreise", A. 1.
82 DÖLEMEYER (2010), „Rechtsräume, Rechtskreise", A. 28.

stellen.[83] Paul D. Halliday hält dem entgegen, dass wir von zweidimensionalen Abbildungen wegkommen sollten. Er schlägt einen kreativen Gegenentwurf vor:

> Perhaps we should think in terms of three-dimensional multimedia installations used as props in an improvisational dance. Thinking about jurisdictional politics in these terms, we begin to see that the spaces covered by the performance were less important than the people who performed and the things they made each time the performance occurred. Actual people – subjects and sovereigns – defined the early modern imperial state in its core and on its peripheries.[84]

Rechtsräume, so könnte man zusammenfassen, haben mit geografischen Räumen zu tun, sind physisch aber nicht klar abzugrenzen. Sie sind nicht einfach da, sondern müssen zunächst geschaffen werden.[85] Dies kann unter anderem durch religiöse, wirtschaftliche oder diskursive Praktiken geschehen. Rechtsräume sind deshalb nie statisch, sondern einem ständigen Wandel unterworfen und in diesem Sinne immer historisch zu verorten.[86] Damit sind sowohl die Stärken als auch die Schwächen des Konzepts beschrieben: Auf der einen Seite überwindet es die Vorstellung von geografisch klar abgrenzbaren ‚Containern' und weicht Teleologien aus. Andererseits stellt sich die Frage, inwieweit sich ein derart offenes Konzept noch für die Analyse eines konkreten Sachverhalts eignet beziehungsweise wie es operationalisierbar gemacht werden kann.

Ich plädiere hinsichtlich dieser Herausforderung für einen pragmatischen Ansatz, der auf zwei Grundvoraussetzungen basiert. Erstens: Rechtspraktiken sind von Rechtsräumen abhängig: Es gibt keine Praktiken ohne Raumbezug.[87] Zweitens: Eine scharfe Trennung zwischen verschiedenen Raumtypen ist unmöglich. So werden im Folgenden sowohl geografische, kulturelle, religiöse als auch

---

83 BENTON (2010), A Search for Sovereignty, S. 3.
84 HALLIDAY (2013), Law's Histories, S. 269.
85 „[I] ‚luoghi' non sono inerti porzioni di uno spazio meramente fisico, ma sono il precipitato di pratiche sociali." COSTA (2013), Uno spatial turn, S. 22.
86 Michel de Certeau unterscheidet zwischen „Orten" und „Räumen": „Ein Ort ist [...] eine momentane Konstellation von festen Punkten. Er enthält einen Hinweis auf eine mögliche Stabilität. Ein *Raum* entsteht, wenn man Richtungsvektoren, Geschwindigkeitsgrößen und die Variabilität der Zeit in Verbindung bringt. [...] Im Gegensatz zum Ort gibt es also weder eine Eindeutigkeit noch die Stabilität von etwas ‚Eigenem'."
87 Wobei es auch keinen Raum ohne Praktiken gibt. Vgl. dazu MÜLLER-MALL (2013), Legal Spaces, S. 95 f.

jurisdiktionelle Räume in den Blick genommen. Diese Räume werden in Bezug zu inquisitorischen Praktiken gesetzt, die maßgeblich auf juristischen Verfahren und Normen basieren. Daraus ergibt sich wiederum der Synthesebegriff der *Rechts*räume.

1.4 Aufbau und Begriffsklärung

Die vorliegende Arbeit ist in drei Teile gegliedert. In einem ersten Teil geht es um die institutionellen, rechtlichen und religiösen Grundlagen der Inquisition in den *Indias*. Zunächst diskutiere ich die Entstehung der Inquisition und ihre Implementierung in Spanisch-Amerika und berücksichtige dabei insbesondere die Bedeutung der indigenen Bevölkerung im Hinblick auf die protestantische Häresie (Kapitel 2). Anschließend komme ich auf die Ausländer im spanischen Imperium zu sprechen. Hier steht die Frage nach der Relevanz internationaler Verträge für den Umgang der Inquisition mit den Untertanen und Bürgern protestantischer Mächte im Vordergrund. Wie wurden entsprechende Abkommen ausgehandelt? Welche Rolle spielte dabei das *Santo Oficio*? Und inwieweit wurden die amerikanischen Rechtsräume davon beeinflusst? (Kapitel 3.1–3.4) Daran knüpft ein kurzer methodologischer Exkurs an (Kapitel 3.5), in dem ich zunächst die Probleme einer quantitativen Auswertung der inquisitorischen Quellen erläuterte. In der Folge lege ich mein eigenes Vorgehen für den zweiten Teil der Untersuchung dar.

In diesem zweiten Teil – dem Kernstück der vorliegenden Arbeit – analysiere ich in vier chronologisch geordneten Kapiteln (4–7) die Inquisitionspraktiken in den *Indias*. Innerhalb der Kapitel werden die Tribunale einzeln und aus Gründen der Narration in wechselnder Reihenfolge behandelt. Ich fasse die Ergebnisse jeweils in einem Zwischenfazit zusammen. Für die zeitliche Strukturierung war es notwendig, Eckpfeiler zu setzen: Das Jahr 1560, das den Beginn der Untersuchung markiert, ergibt sich aus den ersten Inquisitionsprozessen gegen französische Korsaren in Neuspanien. Der spanisch-englische Frieden von 1604 wird in der Historiographie jeweils als Wendepunkt in der Verfolgung ausländischer Protestanten gesehen und bietet sich deswegen als neuer Abschnitt an. Das Jahr 1650 verweist auf den Frieden von Münster und die sich daraus ergebenden internationalen Abkommen. Im Jahre 1700 starb mit Karl II. der letzte habsburgische König und es begann der Spanische Erbfolgekrieg, der mit der Machtübernahme der Bourbonen endete. Das Ende des Untersuchungszeitraums (1770) verweist auf die letzten von mir untersuchten Prozesse in den 1760er-Jahren. Die Auslassung der letzten ungefähr 50 Jahre amerikanischer Inquisitionstätigkeit hat sich einerseits aus arbeitsökonomischen Gründen ergeben. Andererseits veränderte sich in dieser Phase auch die Perzeption der Ausländer: Sie wurden vom *Santo Oficio* nun verstärkt aus politischen Gründen – insbesondere aufgrund aufklärerischen Gedankenguts – verfolgt.[88]

Die Gefahr einer solch chronologisch geordneten Kapitelstruktur liegt darin, gewisse Tendenzen *a priori* festzulegen. Ich will dieser Gefahr mit einer kritischen Hinterfragung etablierter Erklärungsmuster entgegentreten. So ist etwa zu prüfen, ob 1604 tatsächlich einen „ersten Toleranzentwurf" (Domínguez Ortiz) markiert oder sich die Inquisition nach dem Frieden von Münster „mit dem Modell der religiösen Koexistenz abfand" (Thomas).[89] Auch der um 1700 erfolgte Dynastiewechsel soll nicht einfach als der Beginn einer neuen Ära vorweggenommen werden. Vielmehr ist hier explizit nach den Kontinuitäten zu fragen.

Eine besondere Bedeutung für die inquisitorischen Rechtspraktiken erhielten die sogenannten *asientos de negros*. Hierbei handelte es sich um Sklavenhandelsverträge, mit denen die spanische Krone ab dem Ende des 17. Jahrhunderts erstmals protestantischen Ausländern den Aufenthalt in den *Indias* erlaubte. Anhand dieser *asientos* lässt sich beispielhaft aufzeigen, wie die Inquisition ihre Rolle in der Neuen Welt definierte und ihre Interessen durchzusetzen versuchte. Das entsprechende Kapitel (8) setzt den Schlusspunkt des zweiten Teils.

Die Ergebnisse dieser Arbeit werden im dritten Teil in einer Synthese (Kapitel 9) zusammengeführt und in drei Themenkomplexe gebündelt. Zunächst frage ich nach der übergeordneten Bedeutung internationaler Abkommen für die Rechtspraktiken der Inquisition. Anschließend gehe ich auf das Konzept des *hereje nacional* ein, das eine Schlüsselrolle für den Umgang mit ausländischen Protestanten spielte. Als wesentliche Merkmale der inquisitorischen Praktiken diskutiere ich sodann die Dissimulation, die Inklusion und die Exklusion. Ich beende meine Ausführungen in einem Epilog (Kapitel 10).

---

88 Dazu gehörte für die Inquisition insbesondere die Freimaurerei. Vgl. dazu Greenleaf (1969), The Masonic Movement; Millar Carvacho (1998), Otros delitos, S. 420–426.
89 Domínguez Ortiz (1981), El primer esbozo; Thomas (2001), La represión, S. 381.

1.4 Aufbau und Begriffsklärung

Schließlich sind noch einige Begriffsklärungen vorzunehmen. Wenn im Folgenden von ‚Protestanten' die Rede ist, so sind damit die Angehörigen der aus der Reformation entstandenen Konfessionen gemeint. Die Inquisition differenzierte zwar auf dem Papier manchmal zwischen *luteranos* und *calvinistas*, gerade in der frühen Phase konnte sie die wesentlichen Unterschiede aber kaum herausarbeiten. Das lag auch an den Angeklagten selbst, die oft nur oberflächlich in die Lehre ihrer ‚Sekte' eingeführt worden waren und deshalb nur sehr eingeschränkt auf entsprechende Fragen antworten konnten. Es finden sich in den Quellen keine Hinweise darauf, dass die inquisitorischen Rechtspraktiken wesentlich von der Differenzierung zwischen den reformierten Gemeinschaften beeinflusst worden wären.[90] Viel entscheidender war die Herkunft: Gegen einen Franzosen ging das *Santo Oficio* anders vor als gegen eine Niederländerin oder einen Engländer. In dieser Arbeit wird deshalb nur dann eine eindeutige Konfessionsbezeichnung vorgenommen, wenn diese in den Quellen zu finden ist *und* aufgrund des historischen Kontextes ausreichend plausibel erscheint.

Mit ‚Konversion' wird gemeinhin der Übertritt zu einer neuen Religionsgemeinschaft bezeichnet. In dieser Arbeit betrifft dies insbesondere den Wechsel von der protestantischen zur katholischen Konfession. Allerdings ist der Begriff nicht ganz unproblematisch. Die frühneuzeitliche römisch-katholische Kirche erkannte in der Regel die protestantische Taufe als gültig an. Daraus leitete sich auch der Jurisdiktionsanspruch der Inquisition über Protestanten ab. Letztere waren nach dieser Logik durch ihre Taufe bereits Teil der katholischen Kirche, wenn auch unfreiwillig beziehungsweise unwissentlich. Ziel des inquisitorischen Verfahrens gegen Protestanten war somit weniger ein Religionswechsel als eine ‚Wiederversöhnung' *(reconciliación)* eines oder einer Abtrünnigen mit der katholischen Gemeinschaft.[91] Dieser Aspekt wird für den weiteren Gebrauch des Konversionsbegriffs vorausgesetzt.

Bei den spanischen Überseebesitzungen handelte es sich aus juristischer Sicht nicht um Kolonien, sondern um der kastilischen Krone einverleibte Gebiete.[92] Sie wurden unter dem Begriff der *Indias* zusammengefasst. Dazu gehörten neben großen Teilen des amerikanischen Kontinents und den karibischen Inseln auch die Philippinen. Spanisch-Amerika wurde zunächst in die Vizekönigreiche

---

90   Dazu auch FAJARDO SPÍNOLA (1996), Las conversiones, S. 12 f.
91   Zum Begriff der *reconciliación* vgl. Kap. 2.2.
92   BRENDECKE (2009), Imperium und Empirie, S. 29.

Neuspanien (1535) und Peru (1542) eingeteilt, wobei die Verwaltungszentren in Mexiko-Stadt und Lima lagen. Das neuspanische Gebiet umfasste Mittelamerika und Teile Nordamerikas sowie die Karibik und die Philippinen. Zu Peru gehörten Panama sowie die spanischen Besitzungen in Südamerika. Im Zuge einer bourbonischen Verwaltungsreform wurde 1739 das Vizekönigreich Neu-Granada geschaffen, das den nördlichen Teil Südamerikas vereinte, namentlich die Rechtsdistrikte *(audiencias)* Bogotá, Panama und Quito. 1776 kam das Vizekönigreich Río de la Plata mit der Hauptstadt Buenos Aires dazu.

Auf die Jurisdiktion der Inquisition gehe ich im Detail später ein. Vorweggenommen wird lediglich, dass die Inquisitionstribunale in Lima und Mexiko-Stadt im Wesentlichen der Einteilung der peruanischen und neuspanischen Vizekönigreiche entsprachen. So unterstand die Inquisition auf den Philippinen dem Tribunal von Mexiko-Stadt. Dem 1610 errichteten Tribunal von Cartagena de Indias war ein Territorium zugeordnet, das in weiten Teilen jenem des späteren Vizekönigreichs Neu-Granada entsprach. Vor diesem Hintergrund ergibt sich der Gebrauch der verschiedenen geografischen Begrifflichkeiten: Mit den *Indias* ist jeweils das gesamte spanische Herrschaftsgebiet im asiatischen und amerikanischen Raum gemeint. Mit der spanisch-amerikanischen oder schlicht amerikanischen Inquisition beziehe ich mich auf die Tribunale dieses Kontinents. Für die Inquisition von Cartagena de Indias verwende ich auch das Adjektiv karibisch, für Lima und Mexiko-Stadt ist von peruanischen und neuspanischen Tribunalen die Rede.

Viele technische Begriffe lassen sich nur schwer ins Deutsche übersetzen. Sie werden jeweils eingeführt und dann in der Originalsprache (Spanisch und Latein) belassen. Eine entsprechende Auflistung mit Erläuterungen findet sich im Glossar. Die Spanische Inquisition wird auch als *Santo Oficio* bezeichnet, ihre römische Schwester als *Sant'Uffizio*. Der *Consejo de la Suprema y General Inquisición* wird abwechselnd Inquisitionsrat und in der spanischen Verkürzung *Suprema* genannt. Spanische Zitate wurden von mir für den Fließtext ins Deutsche übersetzt und finden sich in ihrer (modernisierten) Originalfassung in den Fußnoten. Ortsnamen werden jeweils auf Deutsch aufgeführt, Personennamen in der Regel auf Spanisch. Begrifflichkeiten wie ‚protestantische Sekte' oder ‚Häresie' spiegeln den historischen Sprachgebrauch und nicht meine persönliche Haltung wider.

Bei den in dieser Arbeit vorkommenden Personen handelt es sich überwiegend um Männer. Im spanischen Imperium spielten aber auch Frauen eine wichtige Rolle und waren bis hinauf in die höchste Regierungsstufe vertreten (man denke etwa an Isabel von Kastilien oder die Regentin Mariana von Habsburg). Die Inquisition verfolgte ihrerseits nicht nur Protestanten, sondern auch Protestantinnen. Und neben den Denunzianten gab es selbstverständlich Denunziantinnen. Ich benutze im Folgenden deswegen ab und zu die weibliche als generalisierende Form für Männer und Frauen.[93]

1.5 Quellen

Zur Spanischen Inquisition gibt es einen für frühneuzeitliche Verhältnisse reichen Quellenbestand. Dies liegt in erster Linie an der Administration des spanischen Imperiums, in der sich schon früh systematisierte Verfahrensabläufe durchsetzten.[94] Innerhalb der königlichen Verwaltung kam den Kronräten eine zentrale Funktion zu. Diese Institutionen hatten die Aufgabe, dem König beratend beizustehen und in ihrem jeweiligen Sachgebiet – etwa Finanzen oder Militär – die Verwaltung zu organisieren und Streitfälle juristisch zu regeln.[95] Für Fragen zur Inquisition amtierte der Inquisitionsrat als zentrale Instanz. Er war in ständigem Kontakt mit den einzelnen Tribunalen und korrespondierte intensiv mit anderen Räten. Bei wichtigen Fragen wandte sich die *Suprema* mittels sogenannter *consultas* direkt an den König. Dabei handelte es sich um Konsultationen, in denen die Ausgangslage eines Problems geschildert und gleichzeitig ein Lösungsvorschlag angeboten wurde. Der König brachte dann am Rand einer solchen *consulta* eine schriftliche Notiz an, in der er sich positiv *(está bien)* oder negativ *(no vengo en lo que se solicita)* dazu äußern beziehungsweise Vorbehalte anbringen konnte.[96] *Consultas* entstanden oft aufgrund von Anfragen einzelner Tribunale, bei denen sich der Inquisitionsrat nicht einig war oder die seine Kompetenzen überschritten.

Bei Angelegenheiten, die für alle Tribunale relevant waren, wandte sich der Inquisitionsrat mittels *cartas acordadas* an die Inquisitoren. Diese Verordnungen

---

93 STAHLBERG/SCZESNY (2001), Effekte des generischen Maskulinums.
94 BRENDECKE (2009), Imperium und Empirie, S. 28.
95 BRENDECKE (2009), Imperium und Empirie, S. 90.
96 BRENDECKE (2009), Imperium und Empirie, S. 162. Zur Bemerkung „no vengo en lo que se solicita" vgl. die *consulta* der *Suprema* an Karl III., 13.07.1767. AHN, Inq., lib. 269, fol. 294r–296r, hier 294r.

wurden im Zirkularverfahren versandt und galten grundsätzlich auch für den spanisch-amerikanischen Raum.[97] Am Fall ausländischer Protestanten kann aufgezeigt werden, dass solche generellen Instruktionen in den *Indias* nicht immer widerspruchslos umgesetzt wurden und die *Suprema* in einigen Fällen regionale Ausnahmeregelungen zuließ. Der König konnte seinerseits über *Reales Cédulas, Cartas Reales, Reales Provisiones, Reales Decretos* oder *ordenanzas* Befehle erteilen.[98]

Die Tribunale waren verpflichtet, den Inquisitionsrat regelmäßig über die Vorgänge in ihrer Jurisdiktion zu informieren. Diese Berichterstattung fand mittels *cartas* (Briefen) und *relaciones* (Berichten) statt. Für die vorliegende Arbeit von besonderem Interesse sind dabei die *relaciones de causas de fe,* also die Berichte zu den Glaubensprozessen. Hier fassten die Inquisitoren die wichtigsten Informationen zu den Angeklagten, ihren Vergehen und den Urteilen zusammen. Die *relaciones de causas* ersetzen somit teilweise die in vielen Fällen verloren gegangenen Prozessakten.[99] Dies gilt allerdings nur eingeschränkt für jene ausländischen Protestanten, die sich freiwillig denunzierten *(herejes nacionales espontáneos).* Für Spanisch-Amerika wissen wir, dass solche Fälle im 18. Jahrhundert – und vielleicht auch früher – nur selten in die *relaciones* aufgenommen wurden.[100] Weitere für die Inquisitionsforschung relevante, aber in dieser Arbeit nur am Rande konsultierte Quellen sind die Berichte von Visitatoren *(visitadores).* Dabei handelte es sich um von den Räten eingesetzte Sonderbeauftrage, die den Auftrag hatten, vor Ort eine Geschäftsprüfung vorzunehmen.[101]

---

97 GUIBOVICH PÉREZ (2003), Censura, libros e Inquisición, S. 20 f.
98 BRENDECKE (2009), Imperium und Empirie, S. 246.
99 CONTRERAS/HENNINGSEN (1986), Forty-four Thousand Cases, S. 125. Für Cartagena de Indias wurden die *relaciones de causas* der Jahre 1610–1660 komplett ediert. SPLENDIANI/SÁNCHEZ BOHÓRQUEZ/LUQUE SALAZAR (1997), Cincuenta años. 4 Bde. Es handelt sich dabei um die Bestände AHN, Inq., lib. 1020 sowie AHN, Inq., lib. 1021. Wenn ich im Folgenden diese Signaturen zitiere, so beziehe ich mich immer auf die Edition von Splendiani et al. Weitere Hinweise zu Inquisitionsprozessen geben die für das neuspanische Tribunal zum Teil erhaltenen *libros de votos,* in denen die Voten der Inquisitoren, *consultores* und *calificadores* gesammelt wurden. ARCHIVO GENERAL DE LA NACIÓN (1949), Libro primero de votos. Ergänzend kann für Neuspanien auch der *Índice general de las causas de fe* konsultiert werden, bei dem es sich um eine knappe, aber ziemlich vollständige Auflistung der verurteilten Personen und der entsprechenden Urteile handelt. AGN, Inq., vol. 1524, exp. 1.
100 MILLAR CARVACHO (1998), La actividad represiva, S. 313 f. Das Beispiel der Kanarischen Inseln zeigt, dass auch in Europa die Selbstanzeigen protestantischer Ausländer nicht systematisch vom Tribunal an die *Suprema* übermittelt wurden. FAJARDO SPÍNOLA (1996), Las conversiones, S. 26.
101 Zu den gesetzlichen Grundlagen der Visitationen vgl. u.a. *Que cuando conviniere se despachen*

1540 wurde im nahe Valladolid gelegenen Ort Simancas ein Staatsarchiv für die kastilische Krone gegründet. Dieses entwickelte sich im Verlauf der Frühen Neuzeit zum zentralen Archiv der spanischen Kronräte. Bis zum Beginn des 20. Jahrhunderts lagerten dort auch die Quellen der *Suprema*. Sie wurden 1914 nach Madrid ins *Archivo Histórico Nacional* (AHN) überführt.[102] Insgesamt gibt es im AHN fast 1500 *libros* (gebundene Dokumente) und über 5300 *legajos* (ungebundene Dokumente). Von einer vollständigen Erhaltung aller Papiere der *Suprema* kann zwar keine Rede sein. So sind etwa während der napoleonischen Invasion Quellen zerstört worden oder anderweitig verloren gegangen. Gerade für die Tribunale in Spanisch-Amerika lässt sich aber eine erstaunlich kontinuierliche Korrespondenz mit der *Suprema* nachweisen, die eine wichtige Grundlage meiner Untersuchung ist. Insgesamt stellt das AHN für die Inquisitionsforschung eines der bedeutendsten Archive dar.[103]

Auch wenn die Bestände der *Suprema* sich nicht mehr im *Archivo General de Simancas* (AGS) befinden, so habe ich dort zur Beantwortung meiner Fragestellung doch zahlreiche ergänzende Dokumente gefunden. Diese betreffen insbesondere den spanischen Staatsrat *(Consejo de Estado)*. Diese Institution bestimmte die spanische Außenpolitik maßgeblich mit und war in den Verhandlungen zu den internationalen Verträgen des 17. und 18. Jahrhunderts federführend. Für Verwaltungsangelegenheiten in Spanisch-Amerika war wiederum der Indienrat *(Consejo de Indias)* zuständig. Dessen Dokumentation lagerte ursprünglich ebenfalls in Simancas und wurde ab dem Ende des 18. Jahrhunderts nach Sevilla in das eigens dafür eingerichtete *Archivo General de Indias* (AGI) gebracht. Dort habe ich vor allem zu den Sklavenhandelsverträgen *(asientos de negros)* zwischen der spanischen Krone und ausländischen Protestanten gearbeitet. Ergänzendes Material habe ich in Madrid in der spanischen Nationalbibliothek *(Biblioteca Nacional,* BNE) sowie im Archiv der Königlichen Akademie für Geschichte *(Real Academia de la Historia,* RAH) gefunden.

---

visitadores de la Casa de Contratación y Audiencias Reales, precendiendo consulta del Rey. Philipp II., 02.08.1577. S.N. (1791 [1681]), Recopilación 1, S. 512–523 (Libro II, Título XXXIV, ley I). Daneben gibt es zahlreiche weitere Quellen, die über die verschiedenen Aspekte der Inquisitionstätigkeit informieren; etwa zur Finanzlage, zu den Gefängnissen oder zur Rekrutierung von Personal. Für einen Überblick s. SÁNCHEZ BOHÓRQUEZ (2003), Judíos, S. 714.

102 Dort finden sich heute zudem die Prozessakten der Tribunale von Valencia und Toledo.
103 PANIZO SANTOS (2014), Aproximación; PINTO CRESPO (1984), Los depósitos. Zum Prozess der frühneuzeitlichen Archivierung in Spanien vgl. das Beispiel des Indienrats in BRENDECKE (2009), Imperium und Empirie, S. 311–318.

Das vielleicht am vollständigsten erhaltene Archiv eines Tribunals der Spanischen Inquisition findet sich im *Archivo General de la Nación* (AGN) in Mexiko-Stadt. Die Sektion *Inquisición* verfügt über 1600 Schachteln mit Quellen zur neuspanischen Inquisition.[104] Deren (bruchstückhafte) Konsultation hat es mir erlaubt, die Korrespondenz zwischen Madrid und Mexiko-Stadt zu ergänzen und mittels Prozessakten Fälle zu vertiefen, die im AHN nur in den summarischen *relaciones de causas* überliefert sind. Dass der Bestand des AGN die mexikanischen Unabhängigkeitskämpfe weitgehend unbeschadet überstanden hat, kann als ein kleines Wunder betrachtet werden.[105] Dies zeigt der Vergleich mit den beiden anderen amerikanischen Tribunalen. Der chilenische Historiker René Millar Carvacho stellte unlängst für das peruanische Tribunal trocken fest: „L'archivio dell'Inquisizione di Lima è perduto."[106] Dies stimmt nicht ganz. Sowohl im peruanischen als auch im chilenischen Nationalarchiv (die ich beide nicht berücksichtigen konnte) finden sich Quellen des Tribunals von Lima. Neben der Korrespondenz mit dem Inquisitionsrat in Madrid sind dort insbesondere Dokumente zu finanziellen Angelegenheiten zu finden. Die Papiere zu Glaubensprozessen hingegen sind weitestgehend zerstört worden oder anderweitig verloren gegangen.[107]

Für Cartagena de Indias kann in Bezug auf die noch vorhandene Überlieferung auf dem amerikanischen Kontinent tatsächlich von einer katastrophalen Situation gesprochen werden. Dies hängt einerseits damit zusammen, dass dieses Tribunal im Gegensatz zu Mexiko-Stadt und Lima nicht das Zentrum eines Vizekönigreichs war. Vor allem aber wurde hier bereits zu Kolonialzeiten wichtiges Material vernichtet, sei es durch Piraten oder durch ökologische Umstände.[108] 1671 beklagten sich die Inquisitoren darüber, dass die Dokumentation mehrerer Jahre durch eine Termitenplage zerstört worden sei.[109] Vier Jahre später bat die *Suprema* die Regentin Mariana, das Tribunal von Cartagena de Indias nach Santafé de Bogotá zu verlegen, und begründete dies unter ande-

---

104 Weitere Bestände finden sich in der Sektion *Indiferente Virreinal*.
105 Vgl. dazu Torres Puga (2009), Inquisidores.
106 Millar Carvacho (2010), Lima, S. 907.
107 Das meiste Material findet sich im Archivo Nacional de Chile. Für einen Überblick über die dortigen Bestände s. Hampe Martínez (1998), La Inquisición peruana und Millar Carvacho (1997), El archivo del Santo Oficio. Zu den Beständen im Archivo Nacional de Peru s. Castañeda Delgado/Hernández Aparicio (1989), La Inquisición de Lima 1, S. xxii.
108 Böttcher (1995), Aufstieg und Fall, S. 24 f.
109 Cartagena de Indias an *Suprema*, 03.03.1671. AHN, Inq., lib. 305, fol. 376r–382r, hier fol. 376r.

rem mit dem feuchten Klima: Die Papiere seien zu einem guten Teil unleserlich. Als Beweisstück legte der Inquisitionsrat der *consulta* einen entsprechenden Fetzen Papier bei.[110] Ein Umzug nach Bogotá fand trotzdem nicht statt. Damit das Archiv in Cartagena de Indias einigermaßen Bestand hatte, ließen die Inquisitoren fortwährend Kopien anfertigen.[111] In Kolumbien finden sich heute nur noch ganz vereinzelt Quellen zum karibischen Tribunal.[112] Glücklicherweise sind jene Dokumente, die nach Madrid versandt wurden, zu einem guten Teil erhalten geblieben und konnten von mir im AHN konsultiert werden.

Die Aussagekraft inquisitorischer Quellen wird oft diskutiert, wobei meistens die Prozessakten im Vordergrund stehen. Tatsächlich stellt sich die Frage, inwieweit Aussagen von Angeklagten, die unter einem enormen psychischen und oft auch physischen Druck standen, als ‚wahr' angesehen werden können.[113] In einigen Fällen blieb zudem nicht nur für die Inquisition, sondern bleibt auch für die Historikerin oder den Historiker unklar, ob es sich bei einem mutmaßlichen ‚Häretiker' tatsächlich um einen Protestanten handelte oder nicht.[114] Gerade ausländische Händler und Seeleute bewegten sich in verschiedenen konfessionellen Umfeldern, was dazu beitragen konnte, dass sie sich nicht mehr nur *einer* Religion zugehörig fühlten.[115] Dass die Inquisitoren für solche Feinheiten wenig Verständnis hatten, liegt in der Natur der Sache; war doch für den Abschluss eines Prozesses ein möglichst eindeutiges und kategorisierbares Geständnis vonnöten. In diesem Sinne zielten die Verfahren vordergründig zwar auf die Wahrheitsfindung, waren in der Praxis aber nur bedingt ergebnisoffen.[116] Dies bedeutet jedoch noch lange nicht, dass der Wert der entsprechenden Quellen generell

---

110 *Suprema* an Regentin Mariana, 18.05.1675. AHN, Inq., lib. 266, fol. 287r–288r, hier fol. 287r–287v.
111 Cartagena de Indias an *Suprema*, 15.03.1700. AHN, Inq., lib. 305, fol. 574r–582v, hier fol. 580v.
112 Zu den Beständen im kolumbianischen Nationalarchiv in Bogotá und im Stadtarchiv von Cartagena de Indias s. BÖTTCHER (1995), Aufstieg und Fall, S. 24 f.
113 BLOCK (2012), Ordinary Lives, S. 103; BÖTTCHER (1995), Aufstieg und Fall, S. 21. Für eine sprachwissenschaftliche Untersuchung inquisitorischer Prozessquellen s. EBERENZ/TORRE (2003), Conversaciones.
114 Vgl. die Prozesse gegen Matías Enquer (AHN, Inq., leg. 1729, exp. 3), Nicolás Burundel (AHN, Inq., leg. 1621, exp. 3) und Pedro Fos (AHN, Inq., leg. 1649, exp. 39/2).
115 Vgl. hierzu u.a. die Beiträge in PIETSCH/STOLLBERG-RILINGER (2013), Konfessionelle Ambiguität und GREYERZ (2003), Interkonfessionalität.
116 Zum Wahrheitsbegriff bei Inquisitionsprozessen (im Gegensatz zu Akkusations- oder Infamationsprozessen) s. BRENDECKE (2009), Imperium und Empirie, S. 48 f.

in Abrede gestellt werden müsste.[117] Entscheidend sind – wie immer – die an das historische Material gestellten Forschungsfragen.[118] Ob Angeklagte ‚zu Recht' verurteilt wurden, ist nicht mein primäres Erkenntnisinteresse. Mir geht es vielmehr um die Beschreibung und Analyse einzelner Inquisitionspraktiken und deren Funktionen.

---

[117] Vgl. dazu NETANYAHU (1995), The Origins sowie die entsprechende Kritik von EDWARDS (1997), Was the Spanish Inquisition Truthful?
[118] Dazu OEXLE (2004), Was ist eine historische Quelle?, insbes. S. 179.

Erster Teil: Institutionelle, rechtliche und religiöse Grundlagen

2 Die frühneuzeitliche Inquisition im spanischen Imperium

2.1 Entstehung, Struktur und Organisation

Die Spanische Inquisition entstand in der zweiten Hälfte des 15. Jahrhunderts, in einer Zeit, die für die Iberische Halbinsel von großen politisch-dynastischen Umbrüchen geprägt war. Im Zentrum stand dabei die Heirat zwischen Isabel von Kastilien und Ferdinand von Aragonien (1469), die zur Matrimonialunion zwischen den aragonischen und den kastilischen Königreichen führte. Daraus konnte wiederum jenes Gebilde entstehen, das wir heute gemeinhin als das frühneuzeitliche Spanien bezeichnen.[1] Kurz nachdem Isabel 1474 zur Königin von Kastilien gekrönt worden war, gingen Angehörige der Bettelorden auf sie zu und warnten vor der Gefahr der *conversos,* den zum Christentum konvertierten Juden und deren Nachfahren.[2] Die Bettelmönche konnten die kastilische Königin davon überzeugen, dass viele dieser *conversos* in Wahrheit weiterhin den jüdischen Glauben praktizierten. Daraufhin wandte sich Isabel mit der Bitte an Rom, in ihrem Herrschaftsgebiet Inquisitoren einsetzen zu dürfen. 1478 kam Papst Sixtus IV. diesem Wunsch mit der Bulle *Exigit sincerae devotionis affectus* nach.[3]

---

1 Für eine Einführung zu den hier nur angedeuteten Entwicklungen s. EDELMAYER (2002), Die spanische Monarchie, S. 123–145 sowie BERNECKER/PIETSCHMANN (2005), Geschichte Spaniens, S. 29–71.

2 Diese Konversionen sind vor dem Hintergrund der allgemeinen politischen und sozialen Konjunktur des 14. und 15. Jahrhunderts zu verstehen. Die jüdische Präsenz auf der Iberischen Halbinsel geht bis in die Antike zurück. Im Mittelalter genossen Juden sowohl unter muslimischer als auch unter christlicher Herrschaft zunächst einen gewissen Schutz. Ab dem 14. Jahrhundert war die jüdische Bevölkerung vermehrt Angriffen ausgesetzt: In den 1350er-Jahren kam es in Kastilien zu gewaltsamen Übergriffen, dies wiederholte sich 1391, wobei nun auch Juden in Aragonien betroffen waren. In der Folge konvertierte ein großer Teil – möglicherweise über 50 Prozent – der jüdischen Bevölkerung zum Christentum. RAWLINGS (2006), The Spanish Inquisition, S. 48.

3 Zur Entstehung der Spanischen Inquisition s. RAWLINGS (2006), The Spanish Inquisition, S. 47–74 sowie KAMEN (2014), The Spanish Inquisition, S. 1–73. Für einen Kurzüberblick s. SCHWERHOFF (2004), Die Inquisition, S. 59–70.

Bereits in den 1480er-Jahren gründeten Isabel I. und Ferdinand II. mehrere Inquisitionstribunale in Kastilien und Aragonien, benannten den ersten Generalinquisitor (Tomás de Torquemada) und setzten den Inquisitionsrat ein *(Consejo de la Suprema y General Inquisición)*. Damit wurden in kürzester Zeit die institutionellen Grundlagen der Spanischen Inquisition geschaffen. Diese lehnte sich an die päpstliche Inquisition des Mittelalters an, die auch in Aragonien tätig gewesen war.[4] Das übergeordnete Ziel blieb die Erhaltung der katholischen Kirche und die Bekämpfung abweichender Lehren. Allerdings gab es zwischen der mittelalterlichen und der Spanischen Inquisition entscheidende Unterschiede. Erstens kam mit den *conversos* eine neue Zielgruppe hinzu, und zweitens waren es nun die Monarchen persönlich, die für die Ketzerverfolgung verantwortlich waren. Im Verlauf der Zeit gerieten weitere Gruppen in den Fokus des *Santo Oficio,* insbesondere konvertierte Muslime *(moriscos),* Protestanten und dem Mystizismus zugewandte *alumbrados.* Neben diesen Häretikern wurden Delikte wie Bigamie, Sodomie, Gotteslästerung und Aberglaube verfolgt.[5] Institutionell war die Spanische Inquisition bis in die Mitte des 16. Jahrhunderts einem stetigen Wandel unterworfen und wurde mehrmals in Frage gestellt.[6] Darauf soll hier jedoch nicht weiter eingegangen werden. Vielmehr will ich im Folgenden die strukturellen Voraussetzungen diskutieren, die für den vorliegenden Untersuchungszeitraum maßgeblich sind.

Das oberste Organ der Spanischen Inquisition war der bereits erwähnte Inquisitionsrat (kurz: *Suprema*).[7] Er bestand aus fünf bis sechs Mitgliedern und wurde vom Generalinquisitor präsidiert. Das Amt des Generalinquisitors war äußerst prestigeträchtig: Vielfach wurde es von Erzbischöfen oder Bischöfen besetzt, in einigen Fällen handelte es sich dabei um den persönlichen Beichtvater des spanischen Königs.[8] Es war die Krone, die den Generalinquisitor vorschlug, die eigentliche Amtseinsetzung erfolgte aber durch den Papst. Nur dieser konnte

---

4   In Kastilien wurde der Umgang mit Ungläubigen und Häretikern u.a. in der mittelalterlichen Gesetzessammlung *Siete Partidas* geregelt. REAL ACADEMIA DE LA HISTORIA (1807), Las Siete Partidas, S. 669–685. Partida VII, Título XXIV (zu den Juden); XXV, Ley I (zu den Muslimen); XXVI (zu den Häretikern).
5   GARCÍA MOLINA RIQUELME (1999), El régimen de penas, S. 32–73.
6   KAMEN (2014), The Spanish Inquisition, S. 74–91.
7   Die nachfolgenden Ausführungen basieren auf RAWLINGS (2006), The Spanish Inquisition, S. 21–46; KAMEN (2014), The Spanish Inquisition, S. 181–204; CHUCHIAK (2012), The Holy Office. Anderweitige Informationen werden separat nachgewiesen.
8   Dazu MARTÍNEZ PEÑAS (2007), El confesor del rey, S. 905–942.

eine allfällige Amts*enthebung* verfügen.⁹ Die übrigen Ratsmitglieder wurden in Absprache mit dem Generalinquisitor direkt vom König benannt. Es handelte sich dabei meist um Juristen mit Erfahrung in der spanischen Verwaltung. Oft waren sie bereits für das *Santo Oficio* tätig gewesen, etwa als Inquisitoren an einem Tribunal, oder hatten Kirchenämter innegehabt.¹⁰ Die Administration des Rates war in zwei Sekretariate unterteilt, wobei das eine für Kastilien und das andere für Aragonien, Sizilien und später auch für die *Indias* zuständig war. Diese Aufteilung überrascht, denn Spanisch-Amerika fiel unter die Jurisdiktion der kastilischen Krone. Offenbar spielte diese Tatsache keine entscheidende Rolle; vielmehr sollte das Sekretariat für Kastilien, das für eine Mehrzahl der Tribunale zuständig war, nicht noch stärker belastet werden.¹¹ Der König stellte der *Suprema* zudem zwei Vertreter aus dem Kastilienrat zur Seite, die beratend wirken sollten und gleichzeitig eine Kontrollfunktion ausübten. Ab 1614 war außerdem eine Ratsstelle für den dominikanischen Beichtvater des Königs reserviert.¹² Das Verhältnis zwischen dem Generalinquisitor und den übrigen Ratsmitgliedern wurde nie vollständig geklärt. Dies hängt gemäß Kamen damit zusammen, dass die Entscheidungen meist in einem kollegialen Verfahren gefällt wurden. Jedenfalls hatte der Generalinquisitor kein Vetorecht und musste sich den Mehrheiten im Rat beugen.¹³ Seine Sonderstellung war also weniger struktureller als symbolischer Natur. Er wurde vom Papst in sein Amt eingesetzt und war ein hoher Würdenträger mit besten Kontakten zur Krone. Oft richtete sich der König bei Fragen zur Inquisition direkt an den Generalinquisitor und dieser antwortete wiederum persönlich.¹⁴

Die Aufgabe des Inquisitionsrates war es, die einzelnen Tribunale zu überwachen und ihnen beratend zur Seite zu stehen. Zudem amtierte der Rat als Gerichtsbarkeit für Appellationen. Im 16. Jahrhundert begann ein Zentralisie-

---

9   GALVÁN RODRÍGUEZ (2013), ¿Puede el Rey cesar al Inquisidor General?
10   RODRÍGUEZ BESNÉ (2000), El Consejo de la Suprema, S. 51–55; 154 f.
11   Monter bezeichnet die Trennung der beiden Sekretariate als eine „bürokratische Formalität". MONTER (2002 [1990]), Frontiers of Heresy, S. xii.
12   BETHENCOURT (2009), The Inquisition, S. 93–95; MARTÍNEZ PEÑAS (2007), El confesor del rey, S. 914–922. Diese Regel galt bis zur Herrschaft der Bourbonen (ab 1700), deren Beichtväter überwiegend Jesuiten und später Franziskaner waren.
13   KAMEN (2014), The Spanish Inquisition, S. 184.
14   S. etwa Philipp II. an Generalinquisitor, 31.03.1559 (zur Gründung von Tribunalen in den *Indias*); Generalinquisitor an Philipp II., 16.01.1597 AGS, Est., leg. 178, s. fol. (zum Umgang mit den Händlern der deutschen Hanse).

rungsprozess, der bis ins 17. Jahrhundert fortdauerte. In der Folge mussten die Inquisitoren alle wesentlichen Entscheidungen der *Suprema* vorlegen und den Rat regelmäßig über ihre Tätigkeit informieren. Dies geschah etwa durch die alljährliche Zusammenstellung über die Glaubensprozesse *(relaciones de fe)*. Um ihre Arbeit zu bewältigen, trafen sich die Mitglieder des Inquisitionsrates jeweils halbtägig von Montag bis Samstag. Die Korrespondenz wurde vom Generalinquisitor diktiert. Nur bei Uneinigkeiten kam es zu einer Abstimmung.[15]

Die lokalen Inquisitionstribunale waren das wichtigste ausführende Organ des *Santo Oficio*. Hier wurden Denunziationen gesammelt, Verdächtige verhaftet und Prozesse geführt. Der Betrieb musste finanziell selbsttragend sein, die Haupteinnahmequellen waren Güterkonfiskationen und Kirchenpfründe.[16] Die Inquisitoren hatten also einen Anreiz, wohlhabende Personen zu enteignen, arme Angeklagte stellten hingegen einen Kostenfaktor dar. Dieser wirtschaftliche Aspekt ist nicht zu unterschätzen, lässt aber keine generellen Schlüsse zu und muss fallweise geprüft werden.

Die meisten kastilischen und aragonischen Tribunale entstanden im 15. Jahrhundert. In Spanisch-Amerika kam es 1569/70 in Lima und Mexiko-Stadt und schließlich 1610 in Cartagena de Indias zu entsprechenden Gründungen. Jedes Tribunal bestand aus zwei bis drei Inquisitoren, die entweder Juristen oder Theologen waren und in den meisten Fällen die Priesterweihe erhalten hatten.[17] Sie waren die Hauptverantwortlichen für den Betrieb eines Tribunals und federführend in den Prozessen. Zusätzlich mussten sie Teile ihres Jurisdiktionsgebiets regelmäßig persönlich bereisen und inspizieren. In der Praxis wurden solche Visitationen jedoch nur in beschränktem Maße durchgeführt. Die durchschnittliche Verweildauer eines Inquisitors an einem Tribunal betrug ungefähr fünf Jahre, danach wechselte er den Ort oder wurde in ein anderes Amt befördert.[18]

In enger Zusammenarbeit mit den Inquisitoren arbeitete der Ankläger *(fiscal* oder *inquisidor fiscal)*. Seine Funktion lässt sich mit der eines Staatsanwaltes vergleichen. Er musste offiziell Anklage gegen eine/n Verdächtige/n erheben und konnte gegen ein Urteil in Berufung gehen. Daneben war der *fiscal* der Hauptverantwortliche für das inquisitorische Archiv *(cámera del secreto)* und

---

15 RAWLINGS (2006), The Spanish Inquisition, S. 25 f.; LÓPEZ BELINCHÓN (2000), Olivares, S. 362.
16 KAMEN (2014), The Spanish Inquisition, S. 201–204.
17 Zur Voraussetzung der Priesterweihe vgl. CASTAÑEDA DELGADO/HERNÁNDEZ APARICIO (1995), La Inquisición de Lima 2, S. 8.
18 Vgl. auch LYNN (2013), Between Court and Confessional, S. 4 f.

für einen Teil der Berichterstattung an die *Suprema* zuständig. Das Gegenstück zum *fiscal* war der *abogado defensor,* der nominell als Verteidiger der Angeklagten fungierte, vor allem aber für einen möglichst effizienten Ablauf des Verfahrens sorgen musste. Die Sekretäre und Notare *(secretarios/notarios)* hatten die Aufgabe, die Arbeit des Tribunals schriftlich festzuhalten, zu beglaubigen und die anfallenden Akten zu organisieren. Daneben gab es weitere Ämter im Bereich der Finanzverwaltung und Gefangenenbetreuung.[19]

Eine Reihe von Funktionären wurden nicht direkt vom Tribunal bezahlt, waren aber für die inquisitorischen Verfahren unabdingbar. Dazu gehörten die *calificadores,* theologisch geschulte Gutachter, die das mutmaßliche Delikt einer der Häresie verdächtigten Person *vor* der formellen Anklage zu beurteilen hatten. Dann gab es die *consultores,* die als juristische Experten die Inquisitoren in der Urteilsfindung unterstützten. Sie konnten für ein bestimmtes Urteil votieren, ihr Stimmrecht war jedoch jenem der Inquisitoren untergeordnet.[20] Als Vertreter des Bischofs amtierte der *ordinario.* Er hatte einerseits die Aufgabe, die Anwendung der Folter zu überwachen, und war andererseits Teil jenes Gremiums, das über ein Urteil entschied. Die Stimme des *ordinario* hatte dabei neben der des Inquisitors formell das stärkste Gewicht.[21]

Damit die Inquisition Recht durchsetzen konnte, war sie stark von der Mitarbeit sogenannter *familiares* abhängig. Diese fungierten als eine Art Hilfspolizisten des Tribunals. Sie konnten bei Verhaftungen beigezogen werden oder bei der Suche nach belastendem Material behilflich sein. Ein *familiar* musste außer seiner altchristlichen Abstammung keine weiteren Qualifikationen mitbringen. Er profitierte von einer Reihe von Privilegien; so erhielt er Steuererleichterungen und durfte Waffen tragen. Vor allem aber war er der weltlichen Gerichtsbarkeit entzogen und durfte auch bei zivilen beziehungsweise strafrechtlichen Verfahren nur von der Inquisition abgeurteilt werden.[22]

---

19 RAWLINGS (2006), The Spanish Inquisition, S. 27 f.; CHUCHIAK (2012), The Holy Office, S. 15 f.
20 In den *Indias* hatten die *consultores* ein stärkeres Gewicht. Vgl. Kap. 2.3.
21 CHUCHIAK (2012), The Holy Office, S. 20 f.
22 CHUCHIAK (2012), The Holy Office, S. 21 f.; RAWLINGS (2006), The Spanish Inquisition, S. 28 f. In Portugal war es üblich, naturalisierte Ausländer der zweiten Generation zu *familiares* zu habilitieren. Die Inquisition verzichtete in diesen Fällen auf einen ausführlichen Nachweis der *limpieza de sangre.* Vgl. dazu POETTERING (2013), Handel, S. 135–138.

Schließlich muss noch auf die inquisitorischen Kommissare *(comisarios)* eingegangen werden.[23] Sie vertraten das *Santo Oficio* in jenen Provinzen, in denen es kein Tribunal gab. Gerade in Spanisch-Amerika waren sie von größter Bedeutung, da die Kontrolle dieses Gebietes unmöglich von den Inquisitoren allein ausgeübt werden konnte. Die Kommissare wurden aus dem Klerus rekrutiert. In den Hafenstädten war eine ihrer wichtigsten Aufgaben, ankommende Schiffe zu visitieren und nach verbotenen Schriften zu durchsuchen. Ansonsten nahmen sie Denunziationen entgegen und verhafteten Verdächtige. Sie führten erste Befragungen durch und informierten anschließend die Inquisitoren darüber. Wenn sich der Verdacht der Häresie erhärtete, wurde die betroffene Person mit der dazugehörigen Dokumentation an ein Tribunal überstellt.[24] Kommissare durften also keinen eigentlichen Prozess, sondern nur eine Voruntersuchung durchführen. Dies führte in der Praxis jedoch zu extrem langen und aufwendigen Verfahren. In bestimmten Fällen, etwa bei Konversionen ausländischer Protestanten, wurden die Kompetenzen der Kommissare deshalb erweitert.[25]

Die Spanische Inquisition war als ein Organ der Krone organisiert. Der Inquisitionsrat war direkt dem König unterstellt und musste dessen Anweisungen befolgen. Auch die Administration des *Santo Oficio* stand weitestgehend unter der Kontrolle der spanischen Monarchie.[26] Allerdings wäre es zu einfach, die Institution nur als ein Machtinstrument staatlicher Herrschaft zu sehen. Ihre Existenzberechtigung war vielmehr theologisch begründet und basierte auf der Lehre, dass sich das jenseitige Seelenheil nur im weltlichen Diesseits erlangen ließe.[27] Aus dieser Überzeugung leitete sich wiederum das Recht ab, religiöse Wahrheiten nötigenfalls mit Gewalt durchzusetzen. Die Inquisition war dann auch eng mit den römisch-katholischen Autoritäten verbunden. Es war der Papst, der den Generalinquisitor einsetzte. Und für dogmatische Fragen, die die Grund-

---

23 CHUCHIAK (2012), The Holy Office, S. 23–25.
24 Soweit ich weiß, verfügten die Kommissariate über kein geordnetes Archiv. Martin Nesvig vermutet, dass die Kommissare teilweise private Archive errichteten, die dann innerhalb der Familie weitervererbt oder in ein Kirchenarchiv überführt wurden. NESVIG (2011), The Inquisitorial Deputy, S. 84 f.
25 FAJARDO SPÍNOLA (1996), Las conversiones, S. 174–178.
26 Die Kulturanthropologin Irene Silverblatt beschreibt die Inquisition als eine rationalistisch-bürokratische Institution mit staatsbildender Funktion, die einem „Rassendenken" *(race thinking)* unterworfen war. Deshalb handle es sich bei der Inquisition um eine „moderne" Organisation. SILVERBLATT (2004), Modern Inquisitions, insbes. S. 5–19.
27 BLÁZQUEZ MARTÍN (2001), Herejía y traición, S. 23.

2.1 Entstehung, Struktur und Organisation

lage inquisitorischer Verfahren darstellten, waren Theologie und Kirchenrecht entscheidend. Zudem fielen Angehörige der Inquisition – etwa die *familiares* – nicht unter die weltliche Gerichtsbarkeit, sondern waren jener des *Santo Oficio* unterstellt. Gleichzeitig hatte die Inquisition die Möglichkeit, praktisch alle Untertanen der spanischen Krone zu verfolgen, vom einfachen Bauern über den Pfarrer bis hin zum Vizekönig. Lediglich die Bischöfe durften nicht belangt werden, sie unterstanden direkt dem Papst.[28] Die Inquisition trug somit sowohl säkulare als auch ekklesiastische Züge und wird deshalb teilweise auch als eine Institution „gemischter Natur" bezeichnet.[29] Die Angehörigen des *Santo Oficio* waren sich ihrer potentiellen Macht durchaus bewusst. So behauptete 1732 ein kubanischer Sekretär der Inquisition, der König persönlich habe sich unter die Jurisdiktion des *Santo Oficio* gestellt und dem Generalinquisitor Gehorsam gelobt.[30] Ähnlich äußerte sich 1734 ein *familiar* gegenüber einem englischen Sklavenhändler: Niemand sei von der inquisitorischen Jurisdiktion ausgenommen, sogar der König habe sich gezwungen gesehen, seinen Palast durch das *Santo Oficio* kontrollieren zu lassen.[31]

Ein wesentlicher Beitrag der vorliegenden Studie soll darin bestehen, vertikale Machtstrukturen des *Santo Oficio* auf allen Ebenen zu hinterfragen. So war der Inquisitionsrat zwar dem König hierarchisch unterstellt, wurde von diesem jedoch in wichtigen Fragen als beratende Institution hinzugezogen und konnte so seine Interessen durchsetzen. Vor allem der Generalinquisitor, der in einigen Fällen gleichzeitig der königliche Beichtvater war, konnte einen starken Druck auf den spanischen Monarchen ausüben, etwa indem er auf dessen Gewissen *(conciencia)* verwies.[32] Aber auch die lokalen Inquisitoren hatten die Möglichkeit, die Politik der *Suprema,* ja manchmal sogar jene des Königs zu beeinflussen.

---

28 KAMEN (2014), The Spanish Inquisition, S. 207–218.
29 Maqueda Abreu spricht von der Inquisition als einer Institution „gemischter [säkular-ekklesiastischer] Natur". MAQUEDA ABREU (2000), Estado, S. 37.
30 *Auto* des *secretario* Manuel Buzón, 02.05.1732, AHN, Inq., leg. 1599, exp. 14/1, fol. 44r–55r, hier fol. 48v.
31 *Declaración* von Joseph Pérez de la Rosa, AHN, Inq., leg. 1599, exp. 14, fol. 12v–15v, Zitat fol. 13v–14r.
32 Vgl. hierzu Kap. 3.3.

2.2 Der Prozess

Das Verfahren der Spanischen Inquisition baute auf den Prozessnormen der mittelalterlichen Inquisition auf, die ihrerseits auf dem kanonischen und dem römischen Recht, dem *ius commune* basierten.[33] Die ersten schriftlichen Anweisungen stammen aus dem 13. Jahrhundert, aber erst im 14. Jahrhundert erstellte der Aragonese Nicolaus Eymerich ein inquisitorisches Handbuch, das als „systematisch aufgebautes Wissenskompendium" angelegt war. Von Bedeutung für die frühneuzeitlichen Inquisitionspraktiken war es insbesondere in der vom Dominikaner Francisco Peña überarbeiteten und kommentierten Fassung, die erstmals in den 1570er-Jahren veröffentlicht wurde.[34] Bereits kurz nach der Gründung der Spanischen Inquisition im Jahre 1478 wurden spezifische Verfahrensgrundsätze ausgearbeitet, unter anderem durch den Generalinquisitor Tomás de Torquemada. Allerdings waren diese Anordnungen lückenhaft und unsystematisch, was zwischen den einzelnen Tribunalen zu divergierenden Rechtspraktiken führte. 1561 – unter dem Eindruck der Gegenreformation – ließ deshalb der Generalinquisitor Fernando de Valdés eine neue Rechtsgrundlage erstellen, die neben dem Prozess auch die Administration des *Santo Oficio* regelte.[35] Darauf aufbauend entstanden im 17. Jahrhundert angepasste und erweiterte Instruktionen, die in gedruckter Form weite Verbreitung fanden. Ein einheitliches Korpus gab es nicht und die Verfügbarkeit variierte von Tribunal zu Tribunal.[36]

Einen großen Einfluss auf die Inquisitionspraktiken hatten die *cartas acordadas*. Dabei handelte es sich um Rundschreiben, mit denen die *Suprema* ihren Tribunalen fallspezifische Anweisungen gab. Mit diesem Instrument konnte schnell auf sich verändernde Umstände reagiert werden.[37] So ordnete der Inqui-

---

33   LYNN (2013), Between Court and Confessional, S. 12. Für eine Übersicht zu den verschiedenen Rechtsquellen s. GACTO FERNÁNDEZ (2012), Estudios jurídicos, S. 35–37. Für die Prozessnormen der frühneuzeitlich-römischen Inquisition s. MAYER (2013), The Roman Inquisition, S. 155–205.
34   KAMEN (2014), The Spanish Inquisition, S. 186 f.; VOSE (2010), Introduction to Inquisitorial Manuals. Für das Zitat SCHWERHOFF (2004), Die Inquisition, S. 49.
35   VALDÉS (1630), Copilación.
36   NESVIG (2009), Ideology and Inquisition, S. 35–44; KAMEN (2014), The Spanish Inquisition, S. 187 f.; THOMAS (2001), La represión, S. 234 f.; LYNN (2013), Between Court and Confessional, S. 38 f.; VOSE (2010), Introduction to Inquisitorial Manuals.
37   GACTO FERNÁNDEZ (2012), Estudios jurídicos, S. 36 f.; RODRÍGUEZ BESNÉ (2000), El Consejo de la Suprema, S. 220–223.

sitionsrat 1605 in einer *carta acordada* an, dass die religiösen Bestimmungen des englisch-spanischen Friedens von 1604 zu befolgen waren. Als es 1625 zwischen den beiden Ländern zum Krieg kam, verkündete die *Suprema* wiederum mittels einer *carta acordada* die Aufhebung dieser Schutzbestimmungen – und setzte diese nach dem Friedensschluss von 1630 erneut in Kraft.[38]

Die schriftlichen Grundlagen für die Prozessführung wurden im „geheimen" Archiv, der *cámara del secreto,* aufbewahrt. Neben den bereits erwähnten Handbüchern, *cartas acordadas* und Instruktionen lagerten dort die Korrespondenz mit der *Suprema,* Prozessakten und Register. Der Zugang zum Archiv war mit drei Schlössern gesichert und ausschließlich den Inquisitoren, *fiscales* und *notarios* gestattet.[39] In den für die vorliegende Arbeit konsultierten Quellen zu den ausländischen Protestanten verwiesen die Inquisitoren und *fiscales* meist auf *cartas acordadas* und Instruktionen. Nur in Ausnahmefällen wurde explizit auf weiterführende Literatur – etwa zum kanonischen Recht – Bezug genommen.[40]

Da inquisitorische Verfahren auf Denunziationen und Zeugenaussagen beruhten, war das *Santo Oficio* maßgeblich auf die Mitarbeit Dritter angewiesen.[41] Mit einem Edikt des Glaubens *(edicto de fe)* machte es die Öffentlichkeit auf mögliche Verstöße gegen den Katholizismus aufmerksam. Die Bevölkerung wurde dadurch verpflichtet, verdächtige Personen zu melden. Die Inquisition rief explizit auch zu Selbstdenunziationen auf.[42] Für die „falsche und schädliche Sekte des Martin Luther" wurden im Edikt des Glaubens folgende Erkennungsmerkmale aufgelistet: das Ablehnen guter Werke zur Erlangung des Seelenheils, der priesterlichen Beichte, der Heiligenverehrung, des Bilderkults, der päpstli-

---

38 Carta acordada, 19.04.1605. AHN, Inq., lib. 497, fol. 259v–260r; Carta acordada, 29.05.1626. AHN, Inq., lib. 497, fol. 347r; Carta acordada, 28.01.1631. AHN, Inq., lib. 497, fol. 392v–398v.
39 VASALLO MOSCONI (2008), Los archivos; CASTAÑEDA DELGADO/HERNÁNDEZ APARICIO (1989), La Inquisición de Lima 1, S. 23.
40 Im Fall des Niederländers Juan Grave wies einer der Inquisitoren auf eine Bulle Gregors XIII. hin. Relación de causa von Juan Grave (1655–1659). Auto, 28.04.1655. AHN, Inq., leg. 1621, exp. 4/2, fol. 9v–10v. Vgl. Kap. 6.1.
41 Die Spanische Inquisition konnte zwar grundsätzlich auch ohne Denunziation, also *ex officio* ein Verfahren anstoßen. Tatsächlich wurden die Inquisitoren von der *Suprema* aufgefordert, regelmäßig ihren Distrikt zu visitieren und aktiv nach Häretikern zu suchen. Solche *visitas* waren jedoch mit großen zeitlichen und finanziellen Kosten verbunden und wurden nur sporadisch durchgeführt. In der Praxis kamen die meisten Prozesse durch Denunziationen Dritter oder Selbstdenunziationen zu Stande. Vgl. dazu CHUCHIAK (2012), The Holy Office, S. 34–36; THOMAS (2001), Los protestantes, S. 1.
42 CHUCHIAK (2012), Documents Concerning the Operations, S.107 f.

chen Autorität, des Fastengebots, des Zölibats sowie das Leugnen der Transsubstantiation und des Fegefeuers.[43]

Eine Denunziation hatte nicht automatisch einen Prozess zur Folge. Vielmehr suchte die Inquisition zunächst nach Zeugen, die den Anfangsverdacht erhärten konnten. Theologische Experten *(calificadores)* mussten entsprechende Vorwürfe als der Häresie verdächtig „qualifizieren". Erst dann ordnete die Inquisition eine Verhaftung an, die meistens mit der Güterkonfiskation einherging. In diesem Fall wurde der Angeklagte in das Geheimgefängnis des *Santo Oficio* gebracht oder – wenn ein solches nicht vorhanden war – vorübergehend in ein säkulares Gefängnis. Anschließend kam es zu einer Serie von mindestens drei Verhören *(audiencias)*. In der ersten Sitzung wurden die wichtigsten Personendaten aufgenommen, wozu Name, Beruf, Alter und Familie gehörten. Dann versicherte sich die Inquisition, dass der oder die Verdächtige getauft worden war und regelmäßig zur Beichte und zum Abendmahl ging. Diese Informationen waren entscheidend, da die Inquisition ihre Jurisdiktion nur über Christen ausüben konnte. Im weiteren Verlauf wurde geprüft, ob die Verdächtige die wichtigsten katholischen Riten (Bekreuzigen), Gebete (Vaterunser, Ave Maria, Salve Regina, Credo) und Lehrsätze (Zehn Gebote) kannte. Zudem wurde der Lebenslauf *(discurso de la vida)* abgefragt. Danach erkundigten sich die Inquisitoren bei der Verdächtigen, ob sie den Grund für die Verhaftung kenne. In den folgenden Sitzungen versuchte das *Santo Oficio,* ein möglichst umfassendes Geständnis zu erhalten.

Aufgrund der erhaltenen Informationen erstellte der Staatsanwalt *(fiscal)* eine Anklage, zu der die Verdächtige Stellung nehmen musste, wie auch zu den gegen sie getätigten Zeugenaussagen. Die Angeklagte konnte ihrerseits Zeugen und Zeuginnen zu ihrer Entlastung aufrufen. Schließlich kam es zur Urteilsfindung, bei der die Inquisitoren von theologischen und juristischen Beratern *(consultores)* sowie einem Vertreter der Bischofs *(ordinario)* unterstützt wurden. Bei Uneinigkeit musste der Inquisitionsrat konsultiert werden. Gegen das Urteil konnte sowohl vom *fiscal* als auch von der Angeklagten Berufung eingelegt werden.[44]

---

43   THOMAS (2001), La represión, S. 92 f. Der Protestantismus wurde erstmals 1530 in ein Edikt des Glaubens aufgenommen. Die Erkennungsmerkmale wurden im Laufe der Zeit nur unwesentlich angepasst (ebd., FN 107).

44   RAWLINGS (2006), The Spanish Inquisition, S. 32 f.; GUIBOVICH PÉREZ (2000), La Inquisición y la censura (zu den *calificadores*), S. 63–65; KAMEN (2014), The Spanish Inquisition, S. 249 f. (zur Möglichkeit der Berufung). Vgl. auch die Instruktion von Valdés, VALDÉS (1630), Copilación.

Eine besondere Form der Prozessführung kam bei der Selbstdenunziation zur Anwendung. Jemand, der sich dem Tribunal freiwillig – „spontan" – stellte, wurde als *espontáneo* bezeichnet. *Espontáneos* konnten mit deutlich milderen Strafen rechnen. Entsprechende Verfahren gegen ausländische Protestanten wurden ab dem Ende des 17. Jahrhunderts formalisiert und ausdifferenziert. Die einzige Anklage blieb dabei die Selbstdenunziation des *espontáneo*, deshalb intervenierte in der Regel weder ein *fiscal* noch ein Verteidiger. Kam es während des Prozesses zu keinen Komplikationen, war dieser meist innerhalb kürzester Zeit abgeschlossen.[45]

Mit dem inquisitorischen Urteil wurde erstens festgehalten, inwieweit eine religiöse Verfehlung nachgewiesen werden konnte. Zweitens ging es darum, die wegen Häresie verurteilte Person mit der katholischen Gemeinschaft zu versöhnen oder sie im Extremfall endgültig von dieser auszuschließen. Drittens beinhaltete das Urteil die Bestrafung des Delikts. Die Inquisition sprach eine Angeklagte nur in seltenen Fällen von allen Vorwürfen frei *(absolución total)*. Manchmal kam es aus Mangel an Beweisen zu einer Einstellung des Verfahrens *(suspensión)*. Dies implizierte jedoch die Möglichkeit, dass der Prozess zu jedem Zeitpunkt wieder aufgenommen werden konnte. Eine *absolución de la instancia* lag dann vor, wenn der Staatsanwalt *(fiscal)* seine Vorwürfe nicht erhärten konnte, die Inquisitoren jedoch trotzdem Zweifel an der Unschuld der Angeklagten hatten.[46] Einen Freispruch unter Vorbehalt stellte auch die Absolution *ad cautelam* dar.[47] Dieses Urteil wurde ab dem 17. Jahrhundert standardmäßig für jene ausländischen Protestanten ausgesprochen, die sich freiwillig bei der Inquisition denunzierten *(herejes nacionales espontáneos)*.[48] Die Absolution *ad cautelam* bezog sich in diesen Fällen nicht auf den Mangel an Beweisen für die Praktizierung der protestantischen Religion. Vielmehr verwies sie auf die sich mildernd auswirkende Selbstanzeige und vor allem auf die *beschränkte Schuldfähigkeit* protestantischer Ausländer.

---

45 FAJARDO SPÍNOLA (1996), Las conversiones, S. 173–181; FAJARDO SPÍNOLA (1999), La actividad procesal, S. 113; THOMAS (2001), Los protestantes, S. 492–500. Zur Römischen Inquisition vgl. BLACK (2013), Storia dell'Inquisizione in Italia, S. 111–116. Vgl. auch Kap. 3.3.
46 THOMAS (2001), La represión, S. 130 f.
47 Bei der Absolution *ad cautelam* handelte es sich um eine präventive Absolution, um weiteren Strafen (insbesondere der Exkommunikation) wegen *möglicher* religiöser Vergehen vorzubeugen. Vgl. dazu ORTIZ BERENGUER (1995–1996), La doctrina jurídica, S. 520.
48 FAJARDO SPÍNOLA (1999), La actividad procesal, S. 113. Zur Durchführung einer solchen Absolution s. ebd., S. 178 f.

Wenn gegen eine Angeklagte Indizien vorlagen, die auf ein (vorsätzliches) Delikt hinwiesen, Letzteres aber in der Urteilsfindung als nicht vollständig bewiesen angesehen wurde, konnte das *Santo Oficio* eine sogenannte *abjuración* verfügen. Mit der *abjuración* schworen die Verurteilten ihren Irrtümern ab, bekannten sich zum Katholizismus und gelobten, dem ‚wahren' Glauben nie mehr abtrünnig zu werden. Der Härtegrade einer *abjuración* richtete sich nach der Schwere des Häresieverdachts. Im Wesentlichen ist zu unterscheiden zwischen der relativ milden *abjuración de levi*, die in der Regel unter Ausschluss der Öffentlichkeit vorgenommen wurde, und der deutlich schwerer wiegenden *abjuración de vehementi*.[49]

Kam das *Santo Oficio* zum Schluss, dass ein Delikt zweifellos nachgewiesen werden konnte, spielte es eine entscheidende Rolle, ob die Angeklagte sich einsichtig und reuig zeigte. War dies der Fall, konnte sie sich mittels einer *reconciliación* mit der katholischen Kirche „aussöhnen". Hielt die Beschuldigte hingegen an ihrem ‚Irrglauben' fest oder war sie zum wiederholten Mal der Häresie überführt worden, so wurde sie aus der katholischen Gemeinschaft verstoßen und konnte den säkularen Autoritäten zur Hinrichtung übergeben werden *(relajación al brazo secular)*.[50]

Die hier erwähnten Mechanismen – *absolución, abjuración, reconciliación* und *relajación* – zielten darauf ab, Häretiker wieder in die katholische Gemeinschaft aufzunehmen oder sie endgültig aus dieser zu verbannen. Für die Sanktionierung des *Delikts* der Häresie, das nicht nur als Sünde, sondern auch als schwerer Verstoß gegen die gesellschaftliche Ordnung galt, konnten die Inquisitoren zusätzliche Strafen aussprechen.[51] Neben der Schwere der begangenen Tat spielten dabei Faktoren wie die Kooperationsbereitschaft der Angeklagten während des Prozesses oder die Frage, ob es durch das Delikt zu einem öffentlichen Skandal *(escándalo)* gekommen war, eine entscheidende Rolle. Je nachdem beinhaltete das Urteil lediglich spirituelle Auflagen, wie das Aufsagen von Gebeten, das Beichten oder den Messebesuch. Die Inquisitoren hatten jedoch auch die Möglichkeit, körperliche Bestrafungen zu verfügen, wozu insbesondere das Auspeit-

---

49 THOMAS (2001), La represión, S. 131; GARCÍA MOLINA RIQUELME (1999), El régimen de penas, S. 551–592.
50 THOMAS (2001), La represión, S. 131.
51 Thomas unterscheidet hier zwischen dem *foro interno* und dem *foro externo*. THOMAS (2001), La represión, S. 132. Vgl. auch PROSPERI (1995), El inquisidor como confesor, S. 77 f.

schen gehörte.[52] Ein Häretiker konnte zudem zu einer finanziellen Buße, zu Güterkonfiskation oder zu unbezahltem Galeerendienst verurteilt werden. Weitere Optionen waren das Einsperren in ein Gefängnis, der Landesverweis oder das Tragen eines Büßergewandes, des sogenannten *sambenito*.[53]

Für das Verständnis der Urteile ist es wichtig, sich nochmals die verschiedenen Aufgaben der Inquisition vor Augen zu halten. Letztere musste nicht nur die Deviation von katholischen Dogmen bestrafen, sondern gleichzeitig das individuelle Seelenheil des Delinquenten berücksichtigen und eine Versöhnung mit der christlichen Kirche und Gemeinschaft herbeiführen. In der Praxis war es jedoch schwierig, diese verschiedenen Elemente zusammenzubringen. Dies kann besonders gut anhand des Autodafés aufgezeigt werden.[54] Bei diesem „Akt des Glaubens" präsentierte die Inquisition die von ihr verurteilten Personen der Öffentlichkeit und verkündete die Verfehlungen dieser Personen und die entsprechenden Urteile. In vielen Fällen waren die Verurteilten verpflichtet, im *sambenito* zu erscheinen, der je nach Schwere des Vergehens über mehrere Jahre oder lebenslänglich getragen werden musste. Zudem konnte die Inquisition Häretikern verbieten, öffentliche Ämter auszuüben, Waffen und edle Kleider zu tragen oder als Zeugen aufzutreten[55] Aber auch jene von der Inquisition verfolgten Personen, die nicht an einem Autodafé teilnehmen mussten und ihren Irrtümern unter Ausschluss der Öffentlichkeit abschwören konnten, entkamen der Stigmatisierung nicht. Und sogar bei den wenigen, die für unschuldig befunden wurden, blieb der Makel des inquisitorischen Verfahrens haften.[56] Allerdings ist die exkludierende Wirkung der Prozesse zumindest für eine Gruppe zu relativieren: Für ausländische Protestanten konnte das *Santo Oficio* nämlich auch ein Instrument zur gesellschaftlichen *Inklusion* sein. Wie wir später sehen werden, spielte dieser Aspekt gerade für die spanischen Überseegebiete eine herausragende Rolle.

---

52 Vgl. zu dieser Strafe THOMAS (2001), La represión, S. 145.
53 Für einen umfassenden Überblick zu den verschiedenen Formen von Strafe und Sühne s. THOMAS (2001), La represión, S. 130–155; GARCÍA MOLINA RIQUELME (1999), El régimen de penas; CHUCHIAK (2012), The Holy Office, S. 29–52.
54 THOMAS (2001), La represión, S. 95 f.
55 RAWLINGS (2006), The Spanish Inquisition, S. 34–41; KAMEN (2014), The Spanish Inquisition, S. 248–260.
56 THOMAS (2001), La represión, S. 96.

2.3 Die Inquisition in den *Indias*

Die Inquisition war von Anfang an ein Bestandteil der Besiedelung und Eroberung der Neuen Welt. Bereits an der zweiten Amerikareise von Christoph Kolumbus (1493–1496) nahm mit dem Benediktiner Bernardo Boil ein apostolischer Vikar mit inquisitorischen Aufgaben teil. Von einer funktionablen Überwachung des Glaubens konnte jedoch in der Frühphase der *conquista* keine Rede sein. Deshalb plädierte der ehemalige *encomendero* und spätere Dominikanermönch Bartolomé de Las Casas 1516 für die Implementierung einer ordentlichen Inquisition in den *Indias*. Der Generalinquisitor Ximénez de Cisneros wollte daraufhin verschiedene Bischöfe auf Kuba, auf Hispaniola und sogar auf dem karibischen Festland (Santa María del Darién) als Inquisitoren einsetzen. Es war dann aber der Nachfolger des 1517 verstorbenen Cisneros, der dieses Projekt umsetzte: Der Kardinal und spätere Papst Adrian van Utrecht ernannte in den Jahren 1518/19 den Bischof von Puerto Rico, Alonso Manso, und den Dominikaner Pedro de Córdoba als Inquisitoren und stellte sie unter die Kompetenz der spanischen *Suprema*.[57] Córdoba starb bereits 1521, offenbar ohne seine Funktion ausgeübt zu haben. Manso hingegen führte einige Prozesse durch. Unter den Angeklagten befand sich unter anderem ein *maestre Juan*, ein Flame, der der ‚Sekte' des *hereje Martín Eleuterio* anhing. Leider ist über den Fall fast nichts bekannt. Es ist allerdings bemerkenswert, dass ihn der spätere Bischof von Puerto Rico, Don Rodrigo de Bastidas, gegenüber Karl V. als Beispiel für die Gefahr ausländischer Protestanten in den *Indias* verwendete.[58] Die *Suprema* versuchte derweilen, die Idee einer ordentlichen Inquisition in den *Indias* zu etablieren. Sie erarbeitete dafür 1524 einen Plan, in dem unter anderem die personelle Ausstattung und die entsprechende Besoldung eines amerikanischen Tribunals aufgezeigt wurden. Das Projekt wurde jedoch nicht in die Tat umgesetzt und so konnte sich das *Santo Oficio* in der Neuen Welt strukturell zunächst kaum verankern.[59]

Dies änderte sich 1536, als die spanische Krone den Bischof von Mexiko-Stadt, Juan de Zumárraga, zum ersten episkopalen Inquisitor Neuspaniens einsetzte.[60]

---

57 NESVIG (2009), Ideology and Inquisition, S. 104 f.
58 HUERGA (1984), La pre-Inquisición, S. 679 f.
59 HUERGA (1984), La pre-Inquisición, S. 668 f.
60 Von 1522 bis 1536 übernahmen zunächst Franziskaner und dann Dominikaner inquisitorische Funktionen. Dabei kam es bereits zu Todesurteilen, insbesondere gegen Indigene, denen Ido-

Der Franziskaner übte das Amt zehn Jahre lang aus. In dieser Zeit kam es zu über 150 Prozessen, wobei die meisten Anklagen Blasphemie und Aberglauben betrafen.[61] In immerhin 14 Fällen ging es um Idolatrie (Götzenanbetung), ein typisch indigenes Delikt. 1539 ließ Zumárraga gar einen Kaziken namens Don Carlos hinrichten. Dies führte in Spanien zu heftigen Reaktionen, und die *Suprema* ermahnte ihren Inquisitor, mit großer Milde gegen die erst gerade konvertierten amerikanischen Ureinwohner vorzugehen. Der Prozess gegen Don Carlos kostete Zumárraga letztlich das Amt und stellte einen Wendepunkt dar. Zwar gingen auch die nachfolgenden episkopalen Inquisitoren weiterhin gegen Indigene vor. Sie waren aber deutlich zurückhaltender und bestraften die Vergehen mit einer Buße oder suspendierten die Verfahren gleich ganz. Bei der großen Mehrheit der Angeklagten handelte es sich nun um Spanier, die wegen einfacher Vergehen gegen die katholische Lehrmeinung *(proposiciones)*, Bigamie und Blasphemie angeklagt wurden. Auf der Halbinsel Yukatan hingegen kam es noch in den 1560er- und 1570er-Jahren zu Kampagnen gegen Idolatrie. Verantwortlich dafür war der Franziskaner Diego de Landa. Wie sein Ordensbruder Zumárraga wurde de Landa von dem Willen zu einer radikalen Durchsetzung christlicher Normen getrieben. Daraus ergab sich eine paradoxe Situation: Einerseits nahmen die beiden Franziskaner den Missionsauftrag ernst und schützten Indigene vor den Übergriffen der Spanier, andererseits verfolgten sie die Ureinwohner wegen religiöser Vergehen.[62]

In Peru konnte sich das *Santo Oficio* weniger schnell etablieren. Zwar gab es auch hier seit den späten 1530er-Jahren formell eine bischöfliche Inquisition, allerdings war deren Wirkung aufgrund der anhaltenden militärischen Auseinandersetzungen beschränkt.[63] Besonders aktiv waren die ersten Inquisitoren in Cuzco: Medina spricht von rund 100 Prozessen, die dort vor der Errichtung eines ordentlichen Tribunals in Lima (1570) abgehalten wurden.[64] Auffällig ist, dass sich bereits in dieser frühen Phase einige Ausländer unter den Angeklagten

---

latrie vorgeworfen wurde. Der größte Teil der Prozesse betraf Blasphemie. CHUCHIAK (2012), The Holy Office, S. 9; KLOR ALVA (1991), Colonizing Souls, S. 8–10; GRAF (2015), „Herejes" versus „plantas nuevas", S. 116–124.

61 CHUCHIAK (2012), The Holy Office, S. 10.
62 GRAF (2015), „Herejes" versus „plantas nuevas", S. 116–129. Für eine Übersicht der Prozesse unter der Inquisition des Erzbischofs Alonso de Montúfar (1555–1571) s. NESVIG (2009), Ideology and Inquisition, S. 111.
63 HUERGA (1984), La pre-Inquisición, S. 696.
64 MEDINA (1914), La primitiva Inquisición 1, S. 376. Vgl. AHN, Inq., lib. 1027, fol. 4r.

befanden. So wurde 1548 in Lima ein Flame namens Juan Millar wegen *luteranismo* zum Tode verurteilt.[65] 1565 musste in der Provinz Charcas ein Korse wegen desselben Delikts an einem Autodafé teilnehmen,[66] und 1566 traf es den deutschen Konquistadoren Pedro (Peter) Lisperguer, der behauptet hatte, dass die Jungfrau Maria Jesus durch ihren Bauchnabel geboren habe.[67] Außer gegen die Ausländer gingen die bischöflichen Inquisitoren gegen fehlbare Kleriker und Spanier vor, von denen einige sich aktiv an der *conquista* beteiligt hatten.[68]

In den 1560er-Jahren wurden im spanischen Imperium und in Rom zunehmend Stimmen laut, die eine Reform der politischen Strukturen in den *Indias* forderten. Grund dafür war einerseits das Massensterben der indigenen Bevölkerung und damit einhergehend das potentielle Scheitern des spanischen Missionsauftrags. Andererseits spielten auch die militärischen und religiösen Gefahren ausländischer Korsaren sowie die verschiedenen innerspanischen Rebellionen in Amerika eine Rolle. Philipp II. ließ deshalb im Jahre 1568 eine Kommission *(Junta Magna)* gründen, die Vorschläge für eine Reform der Kolonialpolitik ausarbeiten sollte. Parallel dazu fand eine Visitation des Indienrates statt, die unter der Leitung von Juan de Ovando, einem Mitglied der *Suprema*, stand.[69] Eine der Empfehlungen der *Junta Magna* war die Gründung von Inquisitionstribunalen in Mexiko-Stadt, Lima, Neu-Granada und Florida. Begründet wurde dieser Schritt unter anderem mit den Angriffen von Engländern und Franzosen in den *Indias*.[70] Zudem gab es seit den 1550er-Jahren hugenottische Siedlungsversuche in Brasilien und Florida.[71] Philipp II. setzte den Vorschlag der *Junta* erstaunlich schnell um und ordnete bereits 1569 die Gründung von Inquisitionstribunalen in Neuspanien und Peru an. Noch im gleichen Jahr erreichten die ersten Inquisitoren Lima.[72] Im August 1570 gab der Generalinquisitor

---

65 MEDINA (1914), La primitiva Inquisición 1, S. 370.
66 MEDINA (1914), La primitiva Inquisición 1, S. 394.
67 Lisperguer schwor seinen Verfehlungen *de vehementi* ab; dieses Urteil wurde später von den Inquisitoren in Lima aufgehoben. MEDINA (1914), La primitiva Inquisición 1, S. 467–469. Vgl. auch CASTAÑEDA DELGADO/HERNÁNDEZ APARICIO (1989), La Inquisición de Lima 1, S. 292.
68 Vgl. dazu z.B. den Prozess gegen den Konquistadoren Francisco de Aguirre, MEDINA (1914), La primitiva Inquisición 1, S. 395–415. Zur Bekämpfung indigener Idolatrie s. DUVIOLS (2008 [1971]), La lutte, insbes. S. 81–134.
69 Vgl. dazu BRENDECKE (2009), Imperium und Empirie, S. 217–259.
70 POOLE (2004), Juan de Ovando, S. 133 f.
71 BASTIAN (1995 [1990]), Geschichte des Protestantismus, S. 50–53.
72 *De los tribunales del Santo Oficio.* Philipp II., 25.01.1569/16.08.1570, in: S.N. (1791 [1681]), Recopilación 1, S. 159 (Libro I, título IXX, ley I); GUIBOVICH PÉREZ (2003), Censura, libros e Inquisición, S. 13.

Diego de Espinosa Anweisungen zur Errichtung eines Tribunals in Mexiko-Stadt, welches ein Jahr später seine Funktion aufnahm.[73]

Die Verwaltung der spanischen Überseegebiete wurde maßgeblich von dem zu Beginn des 16. Jahrhundert gegründeten Indienrat *(Consejo de Indias)* organisiert, der für die Koordinierung der „Verwaltungs-, Justiz- und Regierungsgeschäfte" in den *Indias* zuständig war.[74] Später kamen mit der *Junta de Guerra* und der *Junta de Hacienda* zwei spezialisierte Gremien für Kriegs- und Finanzfragen hinzu. Die Kirche – die in der Neuen Welt aufgrund des Missionsauftrags eine herausragende Rolle spielte – war eigentlich von der weltlichen Organisation und Jurisdiktion ausgenommen. Allerdings hatte sich die Krone im Verlauf des 16. Jahrhunderts das Kirchenpatronat sichern können. Dies ging so weit, dass der Papst bereit war, „für alle kirchlichen Rechtsverfahren in Übersee den Indienrat als letzte Instanz anzuerkennen und Appellationen bei der Kurie auszuschließen".[75]

Die Rolle der Inquisition wird im Hinblick auf die Verwaltung der *Indias* oft nicht oder nur am Rande erwähnt.[76] Dabei verfügte sie als eine vom Indienrat unabhängige Instanz über einen beträchtlichen Einfluss. Theoretisch gehörten die Inquisitoren sogar zu den mächtigsten Männern Spanisch-Amerikas. Sie waren der weltlichen Gerichtsbarkeit nicht unterstellt, in ihre Jurisdiktion fielen jedoch – mit Ausnahme der Indigenen und der Bischöfe – alle Bewohner der Neuen Welt. Die Funktion der Inquisition beschränkte sich dabei nicht auf eine lokale Überwachung des Glaubens. Vielmehr machte sie Teil der Distanzherrschaft der spanischen Krone aus, indem sie als Beobachterin regelmäßig Informationen an den Madrider Hof versandte. Gleichzeitig war sie selbst Gegenstand ständiger Beobachtung und konnte – etwa bei Kompetenzüberschreitungen – von anderen Akteuren jederzeit denunziert werden.[77]

Der Einfluss der Inquisition hing stark von ihrem Prestige ab. Dieses manifestierte sich insbesondere an den öffentlichen Ketzerverurteilungen, den

---

73 ESPINOSA (2012), Instructions of Diego de Espinosa; HUERGA (1984), El Tribunal de México (Felipe II), S. 939.
74 BRENDECKE (2009), Imperium und Empirie, S. 159–168, hier S. 159.
75 MORA MÉRIDA (1994), Kirche und Mission, S. 376–380, Zitat S. 378.
76 Exemplarisch dazu etwa PIETSCHMANN (1994), Die politisch-administrative Organisation. In einer Grafik zur „Verwaltungsorganisation des spanischen Kolonialreichs" (S. 341) taucht dann die *Suprema* auch nicht auf, obwohl der Inquisitionsrat einen bedeutenden Teil der Jurisdiktion und Verwaltung der *Indias* ausmachte.
77 Dazu BRENDECKE (2009), Imperium und Empirie, S. 177–187.

Autodafés. Daran nahm neben den kirchlichen Würdenträgern auch die säkulare Elite, in Mexiko-Stadt und Lima der vizekönigliche Hof, teil.[78] Dass das *Santo Oficio* in der Bevölkerung ein hohes Ansehen genoss, zeigt sich in einer der aufsehenerregendsten Episoden der iberischen Kolonialgeschichte: der Absetzung des neuspanischen Vizekönigs Diego Carrillo de Mendoza y Pimentel, *Marqués* von Gelves. Gelves war vom Erzbischof von Mexiko-Stadt nach einem Streit exkommuniziert worden, worauf der Vizekönig die Ausweisung des kirchlichen Würdenträgers nach Spanien anordnete. Daraufhin kam es in der Bevölkerung zu tumultartigen Protesten, die am 15. Januar 1624 ihren Höhepunkt erreichten. Ein wütender Mob versuchte, den vizeköniglichen Palast zu stürmen, und beschimpfte Gelves unter anderem als „lutherischen Häretiker".[79] Was dann geschah, beschreibt der englische Historiker Jonathan Israel so:

> One part of the mob went to the Inquisition and called on the inquisitors to come out with the emblems of their office in support of the people. […] When the Inquisition appeared, the mob ceased its cries and hurling of stones and fell respectfully quiet. The inquisitors then bade the people extinguish the fire, which they did, and then entered the palace by a minor entrance.[80]

Derart eindrucksvoll konnte sich das *Santo Oficio* allerdings nicht immer in Szene setzen. Vielmehr waren Kompetenzstreitigkeiten mit den säkularen oder episkopalen Autoritäten an der Tagesordnung.[81] Dies galt nicht nur für die Inquisitoren, sondern auch für deren Stellvertreter in den Provinzen. Ein Kommissar von Havanna klagte beispielsweise im Jahre 1732, dass man gar nicht erst nach England gehen müsse, um als Vertreter des *Santo Oficio* Hass „erleiden und erdulden" *(sufrir y tolerar)* zu müssen.[82]

---

78 CHUCHIAK (2012), The Holy Office, S. 52; GUIBOVICH PÉREZ (2003), Censura, libros e Inquisición, S. 57; ÁLVAREZ ALONSO (1999), La Inquisición en Cartagena de Indias, S. 37.
79 ISRAEL (1975), Race, Class and Politics, S. 150.
80 ISRAEL (1975), Race, Class and Politics, S. 153.
81 Vgl. für Cartagena de Indias ÁLVAREZ ALONSO (1999), La Inquisición en Cartagena de Indias, S. 269–272; für Mexiko-Stadt GREENLEAF (1995 [1969]), La Inquisición en Nueva España, S. 188–197; für Lima CASTAÑEDA DELGADO/HERNÁNDEZ APARICIO (1989), La Inquisición de Lima 1, S. 97–137. S. auch KAMEN (2014), The Spanish Inquisition, S. 212 und MAQUEDA ABREU (2000), Estado.
82 Brief von Manuel Buzón an die *Suprema*, 24.04.1732, AHN, Inq., leg. 1599, exp. 14/1, (s. fol.).

Die amerikanischen Tribunale waren zwar nach dem Vorbild der Inquisition auf der Iberischen Halbinsel konzipiert, hatten jedoch wesentlich andere Voraussetzungen. So war der geografische Raum, den sie kontrollieren mussten, geradezu unvorstellbar groß. Die zusammengerechnete Fläche von Kastilien und Aragonien betrug ungefähr 500.000 Quadratkilometer, darauf befanden sich immerhin über ein Dutzend Inquisitionstribunale. Die Jurisdiktion des Tribunals in Mexiko-Stadt erstreckte sich hingegen über ein Gebiet von annähernd drei Millionen Quadratkilometern, im Fall Perus waren es sogar über vier Millionen Quadratkilometer.[83] Hält man sich die topografische Lage der Neuen Welt vor Augen und berücksichtigt die mangelhaften Verkehrsverbindungen, so wird offensichtlich, dass die Inquisition hier nur sehr punktuell Akzente setzen konnte.[84] Dies veranschaulicht ein Schreiben des Tribunals von Cartagena de Indias an den Inquisitionsrat aus dem Jahre 1650. Darin wiesen die Inquisitoren darauf hin, dass eine Visitation in ihrem Distrikt dringend nötig sei, nicht zuletzt deshalb, weil sich dort zahlreiche Franzosen, Engländer und Niederländer aufhielten. Sie mussten allerdings zugeben, dass sie eine solche Visitation noch nie durchgeführt hatten, und begründeten dies mit den großen geografischen Distanzen, dem Mangel an Personal, den schlechten Wegen, den klimatischen Bedingungen und der Gefahr von Piratenangriffen.[85] Die Tätigkeit der amerikanischen Inquisitoren konzentrierte sich dementsprechend auf die urbanen Gebiete und insbesondere auf jene Städte, in denen es ein Tribunal gab.[86]

Mit der zentralistischen Organisation des *Santo Oficio* kam ein weiteres Problem hinzu. Die amerikanischen Tribunale erhielten ihre Anordnungen direkt aus Madrid und mussten den Inquisitionsrat regelmäßig über ihre Tätigkeit informieren und konsultieren. Die Korrespondenz lief dabei in erster Linie über

---

83 ESCOBAR QUEVEDO (2008), Inquisición y judaizantes, S. 78; ALBERRO (1988), Inquisition et société, S. 34 f.; CHUCHIAK (2012), Regulations Concerning the Tribunals, S. 22–26.
84 Dies war auch für die Iberische Halbinsel der Fall. Dazu THOMAS (2001), Los protestantes, S. 52–66.
85 Cartagena de Indias an *Suprema*, 18.09.1650. AHN, Inq., lib. 1014, fol. 228r–229r.
86 In Cartagena de Indias wurden im Zeitraum von 1610 bis 1660 rund 450 Personen denunziert, davon knapp 40 Prozent in Cartagena de Indias selbst und ungefähr zehn Prozent in La Habana. *Reos denunciados ante el tribunal ... Distribución por procedencia.* (Grafik Nr. 8), in: SPLENDIANI/SÁNCHEZ BOHÓRQUEZ/LUQUE SALAZAR (1997), Cincuenta años 4, o.S. Für Neuspanien eignet sich als Indikator die Zahl der inquisitorischen Laienhelfer (*familiares*). Sie belief sich im Zeitraum von 1571 bis 1636 für die gesamte Jurisdiktion auf 208, wovon drei Viertel in Mexiko-Stadt tätig waren. CHUCHIAK (2012), The Holy Office, S. 26. Vgl. auch THOMAS (2001), Los protestantes, S. 16.

die spanische Handelsflotte *(carrera de Indias)*, die das Monopol auf die atlantische Schifffahrt besaß und alljährlich verschiedene Häfen Amerikas anlief.[87] Dieses System führte zu großen Verzögerungen in der Kommunikation. So dauerte es beispielsweise fast eineinhalb Jahre, bevor das Tribunal von Lima den Erhalt einer *carta acordada* zum spanisch-englischen Frieden von 1630 bestätigte, und es verging ein weiteres Jahr, bis diese Bestätigung Madrid erreichte.[88] Hinzu kam, dass regelmäßig Dokumente auf dem Weg nach Spanien verloren gingen oder zerstört wurden, etwa aufgrund von militärischen Angriffen oder weil die Feuchtigkeit die Papiere unleserlich machte.[89] Die langen Kommunikationswege hatten auch Auswirkungen auf die Haftdauer. Der Deutsche Matías Enquer saß bereits vier Jahre im Gefängnis, als das neuspanische Tribunal im April 1661 seinen Fall zur Konsultation an die *Suprema* sandte. Diese verfügte die Freilassung Enquers. Die Antwort erreichte Mexiko-Stadt allerdings erst im Juni 1664: Der Deutsche musste also über drei Jahre unschuldig in seiner Zelle ausharren.[90]

Eine Entlastung der Tribunale erfolgte insbesondere über die Ausklammerung der größten Bevölkerungsgruppe Amerikas, der Indigenen. Diese unterstanden ab 1570 religiösen Spezialgerichten, die allerdings strukturell schwach verankert waren.[91] Unter die Jurisdiktion des *Santo Oficio* fielen neben der weißen Bevölkerung auch die afrikanischstämmigen Sklaven und die Mischlinge. Auffällig ist die hohe Zahl angeklagter Ausländer. Schätzungen gehen davon aus, dass deren Anteil an allen drei amerikanischen Tribunalen für das 17. Jahrhundert durchschnittlich mehr als 20 Prozent ausmachte. Mehrheitlich handelte es sich dabei um Portugiesen, aber ein nicht unbedeutender Prozentsatz stammte aus anderen Gegenden Europas, etwa aus Frankreich, den Niederlanden und England. Im ersten Fall war das typische Delikt die jüdische, im zweiten Fall die protestantische Häresie.[92]

---

87   BÖTTCHER (2013), Kontinuität und Brüche, S. 54 f.
88   Lima an *Suprema*, 14.06.1632. AHN, Inq., lib. 1040, fol. 196r. Zur Rolle der geografischen Distanz im spanischen Imperium s. PARKER (1998), The Grand Strategy, S. 47–75.
89   *Suprema* an Lima, 16.05.1656. AHN, Inq., lib. 355, fol. 120v–121r. Vgl. auch BLÁZQUEZ MIGUEL (1994), La Inquisición en América, S. 278.
90   Zum Fall von Matías Enquer s. Kap. 6.2.
91   TRASLOSHEROS (2002), El tribunal eclesiástico; CHUCHIAK (2012), The Holy Office, S. 11 f.; GREENLEAF (1965), The Inquisition and the Indians sowie GREENLEAF (1978), The Mexican Inquisition and the Indians.
92   Für Lima: CASTAÑEDA DELGADO/HERNÁNDEZ APARICIO (1998), Recapitulación general, S.

2.3 Die Inquisition in den Indias

Die *Suprema* reagierte auf die Herausforderungen der Neuen Welt mit einer Kompetenzerweiterung der amerikanischen Tribunale, einem für die Durchsetzung imperialer Herrschaft typischen Mittel.[93] Die Inquisitoren hatten in der Auswahl ihres Personals weitgehend Handlungsfreiheit. Zudem gewährte ihnen der Inquisitionsrat einen vergleichsweise großen Ermessensspielraum in der Prozessführung. Dieser äußerte sich insbesondere dadurch, dass die Inquisitoren ihre Urteile – mit Ausnahme der Todesstrafe – ohne Rücksprache mit der *Suprema* fällen konnten. Dies wiederum barg die Gefahr, dass einzelne Inquisitoren ihre Macht missbrauchen konnten. Deshalb stärkte der Rat die Rolle der *consultores*, die in der Urteilsfindung *(votos)* den Inquisitoren gleichberechtigt gegenüberstanden.[94]

Nur eine Minderheit der Inquisitoren waren *criollos*, also in Amerika geborene Spanier. So stammten von den 20 Inquisitoren, die im Verlauf des 17. Jahrhunderts am Tribunal von Lima amtierten, nur vier aus der Neuen Welt.[95] Allerdings verfügten viele aus Spanien gebürtige Inquisitoren vor ihrer Benennung bereits über Erfahrungen in Übersee. Dort arbeiteten sie oft in untergeordneten Positionen, typischerweise als *fiscales*, bevor sie zu Inquisitoren befördert wurden. Manchmal wechselten diese dann nach einigen Jahren an ein anderes amerikanisches Tribunal, wobei Lima und Mexiko-Stadt über deutlich mehr Prestige verfügten als Cartagena de Indias. Als Beispiel mag die Karriere von Juan de Mañozca y Zamora dienen. Mañozca wurde um das Jahr 1577 im Baskenland geboren und kam als junger Mann nach Mexiko-Stadt. Dort lebte er bei einem Onkel, der seinerseits im Dienst des neuspanischen Tribunals stand. Mañozca studierte zunächst an der örtlichen Universität und ging dann zurück nach Spanien, wo er in Salamanca am prestigeträchtigen *Colegio Mayor de San Bartolomé* das Lizentiat in Kanonischem Recht erhielt. 1609 wurde er zum Inquisitor des neu gegründeten Tribunals in Cartagena de Indias ernannt, wo er bis 1622 amtierte. Ein Jahr später kam Mañozca als Inquisitor nach Lima und blieb dort 15 Jahre. Nach einem erneuten Aufenthalt in Spanien – wo er zeitweise als Ratsmitglied der *Suprema* tätig war – wurde der Baske 1643 zum Erzbischof von

---

483; für Cartagena de Indias: *Reos denunciados ante el tribunal … Distribución por nacionalidad* (Grafik Nr. 7), in: SPLENDIANI/SÁNCHEZ BOHÓRQUEZ/LUQUE SALAZAR (1997), Cincuenta años 4, o.S. Für Mexiko-Stadt: ALBERRO (1988), Inquisition et société, S. 237 f.
93 Vgl. BENTON (2010), A Search for Sovereignty, S. 31.
94 ESCANDELL BONET (1993), La peculiar estructura, S. 645–652. PIAZZA (2010), Messico, S. 1038.
95 CASTAÑEDA DELGADO/HERNÁNDEZ APARICIO (1995), La Inquisición de Lima 2, S. 4–6.

Mexiko-Stadt ernannt. In dieser Funktion (die er bis zu seinem Tod im Jahre 1650 ausübte) nahm er auch Einfluss auf das neuspanische Tribunal, vor allem über seinen Neffen Juan Sáenz de Mañozca y Murillo, der seinerseits als Inquisitor amtierte.[96]

Mañozcas Karriere zeigt exemplarisch, „how a politically adept inquisitor could best navigate Habsburg imperial administration, promoting both himself and his institution."[97] Die inquisitorischen Akteure sind immer in dieser Doppelrolle zu sehen: als Vertreter eines Amtes und als Personen, die dieses Amt als Möglichkeit zur Durchsetzung eigener Interessen nutzten.

2.4 Neue Pflanzen des Glaubens: Die indigene Bevölkerung

Bartolomé de Las Casas sprach sich schon früh für die Errichtung amerikanischer Inquisitionstribunale aus.[98] Dabei ging es dem späteren *Protector de los Indios* allerdings nicht etwa um die Verfolgung der Indigenen, sondern gerade um deren Schutz:

> Denn da, wo man den Glauben neu einpflanzen muss, wie eben in diesen [amerikanischen] Gebieten, gibt es vielleicht jemanden, der ein übles Unkraut der Häresie sät. [...] Und da diese *indios* einfache und leichtgläubige Menschen sind, könnte es sein, dass eine bösartige und teuflische Person ihnen ihre schädliche Lehre und häretische Bräuche beibringt. Denn möglicherweise haben sich in diesen Gebieten viele [aus Spanien kommende] Häretiker versteckt, sich dort in Sicherheit wähnend.[99]

---

96 LYNN (2013), Between Court and Confessional, S. 238–293.
97 LYNN (2013), Between Court and Confessional, S. 290.
98 Vgl. zu diesem Abschnitt GRAF (2015), „Herejes" versus „plantas nuevas".
99 „Y asimismo suplico a Vuestra Reverendísima Señoría [...] que mande enviar a aquellas islas de Indias la Santa Inquisición, de la cual creo yo que hay muy grande necesidad, porque donde nuevamente se ha de implantar la fe, como en aquellas tierras, no haya quizá quien siembre alguna pésima cizaña de herejía, pues ya allá se han hallado y se han quemado dos herejes, y por ventura quedan más de catorce; y aquellos indios, como son gente simple y que luego creen, pudiera ser que alguna maligna y diabólica persona los trajese a su dañada doctrina y herética pravedad. Porque puede ser que muchos herejes se hayan huido de estos reinos y, pensando en salvarse, se hubieran pasado allá." Bartolomé de Las Casas: Memorial de Remedios para las Indias (1516). Zitiert nach: DOMÍNGUEZ REBOIRAS (2010), La Inquisición española, S. 51 f. Las Casas wandte sich in späteren Schriften mit drastischen Worten gegen Luther. MAYER (2008), Lutero en el paraíso, S. 113–116. Dies dürfte nicht zuletzt damit zusammenhängen, dass der

Tatsächlich schloss die spanische Krone mit der Implementierung von Inquisitionstribunalen in Lima und Mexiko-Stadt (1569/70) die Indigenen aus der Jurisdiktion des *Santo Oficio* aus.[100] Begründet wurde diese Sonderbehandlung mit dem Argument, dass es sich bei den amerikanischen Ureinwohnern um eine erst gerade konvertierte Bevölkerungsgruppe handle, gegen die noch nicht mit voller Härte vorgegangen werden dürfe.[101] Diese *plantas nuevas de la fe* (neue Pflanzen im Glauben) sollten vielmehr „durch Liebe gewonnen werden".[102] Die Indigenen blieben somit der episkopalen Jurisdiktion unterstellt, was sich auch mit ihrem Status als mitleidswürdige Personen *(personae miserabilis)* begründen ließ.[103] Und obwohl die Bezeichnung *nuevas plantas* begrifflich auf einen zeitlich begrenzten Zustand hinweist, blieb die indigene Bevölkerung bis zum Ende der spanischen Herrschaft dem Zugriff des *Santo Oficio* entzogen.[104]

Für die Inquisition waren die Indigenen eine Quelle der Selbstlegitimation. Dies galt gerade für den Kampf gegen den Protestantismus. So warnte das neuspanische Tribunal 1574 vor gestrandeten englischen Korsaren, die eine Gefahr für die indigene Bevölkerung darstellten, da Letztere als „zarte Pflanzen des Glaubens" leicht der Häresie zum Opfer fallen könnten.[105] 1604 berichteten die neuspanischen Inquisitoren von einer großen Anzahl protestantischer und jüdischer Häretiker, die sich angeblich im Vizekönigreich aufhielten, wodurch ein „großer

---

Dominikaner den Protestantismus als eine potentielle Gefahr für den Glauben der Indigenen wahrnahm.

100 Vgl. dazu *Instrucciones del Ilustrísimo Señor Cardenal, Inquisidor General, para la fundación de la Inquisición en México* (18.08.1570), in: GARCÍA MOLINA RIQUELME (1999), El régimen de penas, S. 637–647, insbes. S. 645 *(ley 35)*. Die Indigenen unterstanden einer eigenen Inquisition, die aber strukturell schlecht verankert und wenig durchsetzungsfähig war. Vgl. dazu GREENLEAF (1965), The Inquisition and the Indians sowie GREENLEAF (1978), The Mexican Inquisition and the Indians.

101 Dieses Argument galt übrigens nicht für die afrikanischen Sklaven, die weiterhin unter die Jurisdiktion der Inquisition fielen. Vgl. ALBERRO (1988), Inquisición y sociedad, S. 26.

102 *Suprema* an Juan de Zumárraga, 22.11.1540. Abgedruckt in: HUERGA (1984), La pre-Inquisición, hier S. 690–692. Vgl. auch GRAF (2015), „Herejes" versus „plantas nuevas", S. 111. Diese Konzeption einer in religiöser Hinsicht unmündigen Gemeinschaft wurde auch in anderen Bereichen als Argument vorgebracht. So etwa bei der Priesterordination, zu der Indigene nicht zugelassen wurden. Dazu DUVE (2010), Derecho canónico.

103 Zum Status der Indigenen als *personae miserabiles* s. DUVE (2008), Ius singulare, insbes. S. 43–95 (zur bischöflichen Jurisdiktionsgewalt) und S. 166–204.

104 GRAF (2015), „Herejes" versus „plantas nuevas", S. 127 f. Vgl. auch HERZOG (2012), Can You Tell a Spaniard, S. 148 f.

105 Mexiko-Stadt an *Suprema*, 15.03.1574. AHN, Inq., lib. 1047, fol. 270r.

Schaden für die neuen Pflanzen" zu befürchten sei.[106] Mit dem gleichen Vokabular wies die *Suprema* den spanischen König 1621 auf die Anwesenheit portugiesischer Neuchristen im Gebiet des Río de la Plata hin: Letztere könnten durch ihre Kommunikation mit den „neuen Pflanzen" „große Schäden" anrichten.[107] 1634 warnte der *Conde* de Humanes Philipp IV. davor, den Niederländern Zugang zu den *Indias* zu gewähren. Neben wirtschaftlichen führte er auch religiöse Gründe an. Die Präsenz niederländischer Häretiker habe unabsehbare Folgen für das Seelenheil der amerikanischen Ureinwohner, „da diese Indigenen erst gerade zum Glauben konvertiert wurden und in Bezug auf die Religion derart unkultiviert und zweifelnd sind, dass sie [...] jeglicher Irrlehre folgen würden".[108] 1691 verwiesen die Inquisitoren von Cartagena de Indias auf die protestantischen Sklavenhändler und die Verbreitung des häretischen Virus über die versklavten Afrikaner auf die „zarten und unwissenden Pflanzen" des südamerikanischen Festlandes.[109] Die Wirkmächtigkeit dieses Diskurses manifestiert sich noch in der zweiten Hälfte des 18. Jahrhunderts: 1767 schlug die *Suprema* Karl III. vergeblich vor, dass zumindest ein Teil der Indigenen ihrer Jurisdiktion unterstellt werden sollte, da „die neuen Pflanzen zu robusten Bäumen geworden" seien.[110]

Um auf die räumliche Dimension der protestantischen Gefahr hinzuweisen, griff die Inquisition oft auf den Begriff der *tierra adentro* zurück. Damit meinte sie nicht einfach nur das Landesinnere, sondern gleichzeitig die dort ansässige Bevölkerung – je nach Region neben den eigentlichen Ureinwohnern auch Mestizen, Schwarze, Mulatten und andere Mischlinge. So warnte die *Suprema* im Jahre 1672 die Regentin Mariana, dass sich niederländische und englische Sklavenhändler von der Hafenstadt Cartagena de Indias aus ins Landesinnere *(tierra adentro)* begäben. Dadurch könne die katholische Religion großen Schaden nehmen.[111] Wenn es allerdings um katholische Ausländer ging, sahen Krone und Indienrat gerade einen Vorteil in deren Ansiedlung in *tierra adentro*. Denn dort

---

106 Mexiko-Stadt an Philipp III., 20.10.1604. AGI, México, leg. 278, s. fol.
107 *Suprema* an Philipp III., 01.02.1621. AHN, Inq., lib. 260, fol. 186v–187r, hier 187r.
108 „[P]or ser los indios naturales recién convertidos a la fe y tan barbaros y du[dos]os en materia de religión que [...] abrazarían cualquier error". Conde de Humanes an Philipp IV. AGS, Est., leg. 2152, s. fol.
109 Cartagena de Indias an *Suprema*, 22.05.1691. AHN, Inq., lib. 1019, fol. 325r–326r, hier fol. 325v.
110 „[L]as plantas que entonces eran novelas, han llegado a ser robustos arboles". *Suprema* an Karl III., 13.07.1767. AHN, Inq., lib. 269, fol. 294r–296r, hier fol. 295r.
111 *Suprema* an Mariana von Habsburg, 01.12.1672. AHN, Inq., lib. 266, fol. 239r–242v, hier fol. 239r.

waren die Möglichkeiten der Kommunikation gegen außen beschränkt – und damit auch die Gefahr von Spionage oder anderweitiger Zusammenarbeit mit dem Feind.[112]

2.5 Luther im Paradies: Perzeptionen des Protestantismus in der Neuen Welt

Weniger noch als auf der Iberischen Halbinsel konnte sich der Protestantismus in den *Indias* etablieren.[113] Trotzdem war Luther hier äußerst präsent. Alicia Mayer ist diesem Phänomen in ihrer Monografie *Lutero en el Paraíso* nachgegangen. Sie beschreibt darin, wie der deutsche Reformator als Feindbild zur Identitätsbildung Neuspaniens beitrug.[114] Bezüge auf Luther sind in vielen Bereichen zu finden, sei es in den frühkolonialen Chroniken, den Predigten, der Malerei oder den Quellen der Inquisition. Der Reformator wurde in Spanisch-Amerika bis ins 19. Jahrhundert als Inkarnation des Bösen zelebriert und war in diesem Sinne ein fester Bestandteil der kolonialen Gesellschaft.[115]

Dass Luther in den *Indias* ein derartiges Gewicht erhielt, hängt eng mit der religiösen Überhöhung der Neuen Welt zusammen, die außer von Spanien übrigens auch von den übrigen europäischen ‚Kolonialmächten' – teils unter anderen konfessionellen Vorzeichen – betrieben wurde. John H. Elliot spricht in diesem

---

112 Vgl. BRADLEY (2001), El Perú y el mundo, S. 622. Zu den Portugiesen vgl. BÖTTCHER (1995), Aufstieg und Fall, S. 138 f. sowie ESCOBAR QUEVEDO (2008), Inquisición y judaizantes, S. 183.
113 In Spanisch-Amerika wurden nur sehr wenige Spanier wegen Protestantismus verurteilt. Es gab zwar spektakuläre Prozesse, in denen der Vorwurf der lutherischen Häresie eine gewisse Rolle spielte, wie jene gegen Sebastián Alvarez und Pedro García de Arias, die 1659 in Mexiko-Stadt zum Tode verurteilt wurden. Sowohl García als auch Alvarez (der sich als Jesus Christus ausgab) waren offensichtlich psychisch verwirrte Außenseiter, die wenig oder nichts mit der protestantischen Konfession zu tun hatten. Vgl. dazu BÁEZ CAMARGO (1961), Protestantes enjuiciados, S. 66; 76 f.; MEDINA (1952), Historia del Tribunal de México, S. 254 f.; 267. In jenen Fällen, in denen tatsächlich protestantisches Gedankengut vorhanden war, handelte es sich um Spanier, die sich längere Zeit unter Ausländern aufgehalten hatten. *Relación de causa* von Pedro de León (1713). AHN, Inq., leg. 5345, exp. 5, fol. 6v–11r; *Relación de causa* von Domingo Hernández (1649–1650). AHN, Inq., lib. 1021, fol. 264r–266r; fol. 267v; fol. 296r–300r; *Relación de causa* von Juan de Estrada (1656–1657). AHN, Inq., lib. 1021, fol. 323v, 382v sowie AHN, Inq., lib. 1022, fol. 46v–49v.
114 MAYER (2008), Lutero en el paraíso, S. 17; 99.
115 MAYER (2008), Lutero en el paraíso, S. 27. Vgl. auch ALBERRO (1988), Inquisición y sociedad, S. 177.

Zusammenhang von einer „Sakralisierung des Raums".[116] Amerika wurde von katholischen Schriftstellern, Geistlichen und Gelehrten zu einem Gegenpol des dekadent gewordenen Europas stilisiert. Der alte Kontinent war von den islamischen, jüdischen und später auch protestantischen Lehren infiziert. In den *Indias* hingegen fand sich eine von diesen Irrlehren unberührte autochthone Bevölkerung. Diese galt es zunächst zu christianisieren und dann unter allen Umständen vor europäischen Häretikern zu schützen.[117] Für die spanische Krone war die Mission zudem eine wichtige Quelle der Legitimation für ihre expansive Politik. Papst Alexander VI. hatte 1493 mit seinen Bullen das Recht zur Eroberung und Besiedelung der Neuen Welt direkt mit der Christianisierung ihrer Bevölkerung verknüpft. Der päpstliche Missionsauftrag blieb für Spanien bis ins 18. Jahrhundert hinein eine bedeutende Grundlage seines Hegemonialanspruchs in den *Indias*.[118] Der Kampf gegen die protestantische Häresie lag darin bereits impliziert und wurde 1573 vom Papst Gregor XIII. in einer Breve nochmals explizit gefordert.[119]

Ende März 1559 brachte Philipp II. in einem Brief an den Generalinquisitor seine Sorge zum Ausdruck, dass die Indigenen durch spanische Kolonisten vom rechten Glauben abgebracht werden könnten. Der König verwies zudem auf die Gefahr häretischer Bücher, die nach Amerika gelangen könnten, und forderte, in der Neuen Welt die ordentliche Inquisition zu implementieren.[120] Dass dieses Schreiben mit dem Höhepunkt der Protestantenverfolgung auf der Iberischen Halbinsel zusammenfällt, ist kein Zufall. Es sollten jedoch noch mehr als zehn Jahre vergehen, bis es zur Gründung von Inquisitionstribunalen in Mexiko-Stadt und Lima kam.[121] In der entsprechenden Erklärung von Philipp II. heißt es:

---

116 ELLIOTT (2006), Empires of the Atlantic World, S. 184–218, hier S. 196.
117 Vgl. dazu beispielsweise die Ausführungen von Alicia Mayer zum Franziskaner Bernardino de Sahagún. MAYER (2008), Lutero en el paraíso, S. 116–118. Der italienische Gelehrte Giovanni Botero brachte Ende des 16. Jahrhunderts die Entdeckungsfahrten des Christoph Kolumbus in direkten Zusammenhang mit der Verbreitung des Protestantismus in England und Frankreich: Beide Länder hätten sich gegen das Projekt des Genuesen ausgesprochen, was nur durch die göttliche Vorsehung zu erklären sei, Amerika in die Obhut der spanischen Krone zu stellen. ELLIOTT (2006), Empires of the Atlantic World, S. 184.
118 PAGDEN (1998), The Oxford History of the British Empire 1, S. 39. Die erste umfassende Gesetzessammlung Spanisch-Amerikas, die *Recopilación de Leyes de los Reinos de las Indias*, beginnt entsprechend mit den Anordnungen zur Mission. Vgl. auch HERZOG (2012), Can You Tell a Spaniard, S. 153–155.
119 MAYER (2008), Lutero en el paraíso, S. 156.
120 Philipp II. an Generalinquisitor, 31.03.1559. AGI, Indiferente, leg. 738, n. 253.
121 Zur Bedeutung des Protestantismus für die Errichtung amerikanischer Inquisitionstribunale

Jene, die außerhalb des Gehorsams und der Zuneigung zu unserer heiligen römisch-katholischen Kirche stehen und hartnäckig an ihren Fehlern und Häresien festhalten, versuchen unaufhörlich, die gläubigen und devoten Christen zu verderben und von unserem heiligen katholischen Glauben zu entfernen. Und in ihrer Bosheit und ihrem Eifer arbeiten sie mit aller Hingabe daran, diese [Christen] für ihren schädlichen Glauben zu gewinnen, indem sie falsche Ideen und Häresien verkünden sowie verschiedene häretische und verbotene Bücher verteilen. Die wahre Abhilfe besteht darin, um jeden Preis die Kommunikation der Häretiker und [anderer] Verdächtigen zu unterbinden, sie zu bestrafen und ihre Fehler auszurotten. Dies, um zu verhindern, dass diese große Sünde gegen unseren Heiligen Glauben und die katholische Religion in jene Region eindringen kann und ihre Bewohner durch neue, falsche und verworfene Doktrinen und Fehler verdorben werden.[122]

Mit den „häretischen Büchern" waren insbesondere protestantische Schriften gemeint. Sie waren auf dem ersten spanischen Index aus dem Jahre 1559 prominent vertreten.[123] Die Frage nach protestantischen Büchern nahm in den frühen Prozessen des neuspanischen Tribunals dann auch eine wichtige Rolle ein.[124] Tatsächlich wurde nicht nur in Spanien, sondern auch in den *Indias* entsprechende Literatur gefunden. So tauchte 1628 in der Nähe von Buenos Aires ein Traktat auf, das an die Bewohner von Peru gerichtet war und diese zum Unge-

---

vgl. ESCOBAR QUEVEDO (2008), Inquisición y judaizantes, S. 77; PRIEN (2013), Christianity, S. 204; MILLAR CARVACHO (2003), La Inquisición de Lima, S. 252 f.; DUVIOLS (2008 [1971]), La lutte, S. 235.

122 „[L]os que están fuera de la obediencia y devoción de la Santa Iglesia Católica Romana, obstinados en sus errores y herejías, siempre procuran pervertir y apartar de nuestra Santa Fe Católica a los fieles y devotos Cristianos, y con su malicia y pasión trabajan con todo estudio de atraerlos a sus dañadas creencias, comunicando sus falsas opiniones y herejías, y divulgando y esparciendo diversos libros heréticos y condenados, y el verdadero remedio consiste en desviar y excluir del todo la comunicación de los hereges y sospechosos, castigando y extirpando sus errores, por evitar y estorbar que pase tan grande ofensa de la Santa Fe y Religión Católica a aquellas partes, y que los naturales de ellas sean pervertidos con nuevas, falsas y reprobadas doctrinas y errores". *De los tribunales del Santo Oficio.* Philipp II., 25.01.1569/16.08.1570, in: S.N. (1791 [1681]), Recopilación 1, S. 159 (Libro I, título IXX, ley I).

123 Vgl. auch die folgende Aufforderung Philipp II.: *Que los prelados, audiencias y oficiales reales reconozcan y recojan los libros prohibidos, conforme a los expurgatorios de la Santa Inquisición.* Philipp II., 09.10.1556, in: S.N. (1791 [1681]), Recopilación 1, S. 214 (Libro I, título IXX, ley VII).

124 NESVIG (2009), Ideology and Inquisition, S. 228.

horsam gegen Papst und Krone aufrief.[125] Es handelte sich dabei mit großer Wahrscheinlichkeit um die *Epístola a los Peruleros* des Deutschen Johann Avontroot.[126]

Avontroot wurde wohl um das Jahr 1559 im Herzogtum Kleve geboren und protestantisch erzogen. Über die Niederlande gelangte er als junger Mann auf die Kanaren, wo er unter anderem eine Zuckerrohrplantage verwaltete. 1589 wurde Avontroot vor dem inquisitorischen Tribunal als Häretiker denunziert und anschließend verhaftet. Der Deutsche beteuerte gegenüber dem *Santo Oficio* seinen katholischen Glauben und kam mit einer Geldstrafe und einer Verwarnung davon. Wenige Jahre später schaffte der wirtschaftlich erfolgreiche Avontroot das Kunststück, eine Lizenz für eine Überfahrt nach Spanisch-Amerika zu erlangen. 1597 gelangte er nach Peru, wo er mehrere Jahre lang erfolgreich im Handel tätig war. Nach der Rückkehr nach Spanien machte sich bei Avontroot zunehmend ein Sendungsbewusstsein bemerkbar. 1610 versuchte er, Philipp III. mit einem Schreiben zum Protestantismus zu bekehren. Anschließend begab sich der Deutsche in die Niederlande, von wo aus er weiter gegen den Katholizismus agitierte. 1623 versuchte Avontroot erstmals, protestantische Propaganda nach Spanisch-Amerika einzuführen. Vier Jahre später ließ er dann auf Kosten der niederländischen Generalstaaten mehrere Tausend Exemplare einer *Epístola a los Peruleros* drucken, die über die Westindien-Kompanie in die *Indias* geschmuggelt werden sollten.[127]

Obwohl dieses Unternehmen letztlich relativ erfolglos blieb – offenbar fanden nicht einmal hundert Exemplare einen Abnehmer – erlangte die protestantische Missionsschrift eine gewisse Bekanntheit. Die *Suprema* warnte jedenfalls noch 1668 davor.[128] Avontroot selbst reiste Anfang der 1630er-Jahre persönlich nach Spanien, um Philipp IV. zum Protestantismus zu bekehren. Er wurde 1633 in Toledo als Häretiker verbrannt.

Neben dieser aufsehenerregenden Geschichte finden sich vereinzelt weitere Hinweise auf protestantische Missionsversuche in den *Indias*. Gefürchtet war etwa die Verbreitung protestantischer Bibeln in spanischer Sprache. Das Tribunal von Cartagena de Indias wies 1620 darauf hin, dass in seiner Jurisdiktion

---

125 Lima an *Suprema*, 01.06.1628. AHN, Inq., lib. 1039, fol. 302r–303v.
126 Die folgenden Ausführungen stützen sich maßgeblich auf WELLER (2010), Vom Kaufmann.
127 S. dazu WELLER (2010), Vom Kaufmann; SCHMIDT (2001), Innocence Abroad, S. 197–203. Die Bezeichnung „Peruleros" bezieht sich auf die Einwohner des Vizekönigreichs Peru.
128 *Suprema* an Mariana von Habsburg, 25.01.1668. AHN, Inq., lib. 266, fol. 52r–53r.

diese Gefahr besonders groß sei, wimmle es hier doch von ausländischen Korsaren.[129] 1623 informierte der Inquisitor Juan de Mañozca, dass trotz aller Vorsichtsmaßnahmen in Deutschland gedruckte Bibeln nach Cartagena de Indias eingeführt worden waren.[130] 1709 warnte König Philipp V. vor in London gedruckten Bibeln in „amerikanischer Sprache". Diese seien von „protestantischen Häretikern" erstellt worden, um die „einfachen Indios von der wahren [katholischen] Religion abzubringen".[131] Viel wichtiger als der (vernachlässigbare) missionarische Effekt solcher Schriften war deren symbolische Funktion.[132] Sie trugen dazu bei, dass die *potentielle* Bedrohung des katholischen Glaubens in den *Indias* von der Inquisition als eine Konstante rezipiert und kommuniziert werden konnte.[133]

---

129 Cartagena de Indias an *Suprema,* 25[?].06.1620. AHN, Inq., lib. 1009, fol. 210r.
130 BÁEZ CAMARGO (1961), Protestantes enjuiciados, S. 14.
131 „[E]n la ciudad de Londres se ha impreso una biblia en idioma americano que es el antiguo y nativo de la América correspondiendo el sentido con adiciones erróneas y con depravada interpretación de los herejes protestantes, cuyo cuidado y estudio se dirigió a la referida impresión mezclada con sus errores con ánimo de que se divulgue en la América para apartar a los sencillos indios de la verdadera religión e inducirlos a que se abracen sus sectas". *Real Decreto,* 19.11.1709. AGI, Filipinas, leg. 129, n. 148, fol. 1r–2v.
132 S. NESVIG (2009), Ideology and Inquisition, S. 235.
133 Vgl. auch ALBERRO (1988), Inquisición y sociedad, S. 177.

3 Ausländische Protestanten und internationale Abkommen

3.1 ‚Ausländer' im spanischen Imperium

Die Verwendung des Begriffs ‚Ausländer' ist im Kontext des spanischen Imperiums aus mehreren Gründen problematisch. Zunächst deshalb, weil sich das Antonym ‚Inländer' nur schwer definieren lässt. So muss für Europa zunächst zwischen den eigentlichen Kerngebieten der spanischen Krone – Kastilien und Aragonien – und den übrigen Territorien unterschieden werden. Zu Letzteren gehörten bis 1714 die spanischen Niederlande, das Herzogtum Mailand sowie die Königreiche Sardinien, Sizilien und Neapel. Die Bewohner dieser Gebiete waren zwar Untertanen des spanischen Königs, blieben aber gleichzeitig Mailänder, Flamen oder Neapolitaner.[1] Portugal war ein Spezialfall: Das Königreich war nicht nur geografisch, sondern auch dynastisch und religiös eng mit der spanischen Monarchie verbunden und wurde von 1580 bis 1640 von den Königen Philipp II., Philipp III. und Philipp IV. in Personalunion regiert. Zwar hatten Portugiesen gegenüber anderen Ausländern zeitweise bestimmte Vorteile. So wurde in der zweiten Hälfte des 17. Jahrhunderts in manchen Fällen jenen Portugiesen, die *vor* 1640 nach Spanisch-Amerika gekommen waren, ein Aufenthaltsrecht gewährt. Einen generellen Anspruch auf den Verbleib in den spanischen *Indias* konnten die Portugiesen jedoch nicht geltend machen.[2]

Aber auch in Spanien selbst war die Sache keineswegs klar. Die Konstruktion einer ‚spanischen' Nation begann erst Anfang des 18. Jahrhunderts. Davor war das Land ein loser Zusammenschluss der sich weitgehend autonom verwaltenden Königreiche Kastilien und Aragonien. Tamar Herzog hat anhand von Kastilien zwei Konzepte von Bürgerrechten diskutiert: die *vecindad* und die *natu-*

---

1 HERZOG (2003), Defining Nations, S. 135.
2 HERZOG (2003), Defining Nations, S. 50; HERZOG (2015), Frontiers of Possession, S. 56–58; BÖTTCHER (1995), Aufstieg und Fall, S. 13 f.; 61 f.

raleza. Die *vecindad* bezog sich dabei auf das Bürgerrecht in einer lokalen Gemeinschaft. Grundsätzlich galt die Niederlassungsfreiheit, und jeder Mann hatte das Recht, *vecino* eines bestimmten Ortes zu werden. Er musste dafür nur seine entsprechende Absicht kundtun. Die Herkunft spielte dabei zunächst keine Rolle, auch Nichtspanier konnten *vecinos* sein. Sie erhielten dann das Recht zur Nutzung gemeinschaftlichen Landes und den Zugang zu bestimmten Ämtern. Umgekehrt verpflichteten sie sich zur Abgabe von Steuern und zur dauerhaften Niederlassung. Im Gegensatz zum Mittelalter war die *vecindad* in der Frühen Neuzeit an die Bedingung des Katholizismus geknüpft.[3]

Die *naturaleza* bezog sich auf die Zugehörigkeit zur Gemeinschaft der (vereinten) spanischen Königreiche, also auf Kastilien – zu dessen Krone auch Spanisch-Amerika gehörte – und Aragonien. Obwohl es begrifflich naheliegend scheint, wurde die *naturaleza* nicht einfach durch den Geburtsort determiniert, sondern war ein „soziales und legales Konstrukt", das sich immer wieder wandelte. Rechtlich war der Status der *naturaleza* nicht klar geregelt. Entscheidend waren die Absicht einer Person, sich dauerhaft auf spanischem Territorium niederzulassen, sowie die emotionale Bindung zur Gemeinschaft der spanischen Königreiche. Neben dieser impliziten Erlangung einer *naturaleza* hatte der spanische König die Möglichkeit, Ausländer in einem formellen Verfahren zu naturalisieren. Auch hier war die Zugehörigkeit zur römisch-katholischen Kirche eine *conditio sine qua non*. Die Bedeutung der *naturaleza* lag in den damit verbunden Vorrechten hinsichtlich der Ausübung bestimmter Ämter oder der Ansiedlung in den spanischen Überseegebieten.[4]

In Spanisch-Amerika war der Aufenthalt von ‚Ausländern' *(extranjeros)* grundsätzlich verboten.[5] Dies hatte neben wirtschaftlichen und politischen vor allem religiöse Gründe: Die amerikanischen Ureinwohner sollten nach ihrer Christianisierung vor islamischem, protestantischem und jüdischem ‚Irrglauben'

---

3 HERZOG (2003), Defining Nations, S. 18; 26–35.
4 HERZOG (2003), Defining Nations, S. 64–67; 94; 136.
5 Ausnahmen waren die Welser-Kolonie im heutigen Venezuela in der ersten Hälfte des 16. Jahrhunderts sowie die Sklavenhandelsverträge ab Ende des 17. Jahrhunderts, die es Ausländern in einem beschränkten Rahmen erlaubten, sich zeitweise in Spanisch-Amerika aufzuhalten. Auch ausländischen Geistlichen war der Aufenthalt in der Neuen Welt grundsätzlich untersagt. Allerdings erhielt die *Societas Jesu* die Erlaubnis, aufgrund mangelnden Nachschubs aus Spanien einen bestimmten Anteil an ausländischen Jesuiten zu rekrutieren. NUNN (1979), Foreign Immigrants, S. 42–46; REY FAJARDO (2007), Los jesuitas, S. 394–402.

geschützt werden.[6] Da die *Indias* der Krone von Kastilien einverleibt worden waren, war es zunächst sogar fraglich, ob sich die Untertanen Aragoniens dorthin begeben durften. Erst 1596 stellte Philipp II. klar, dass dies der Fall war.[7] Den Bewohnern der spanischen Provinzen in den Niederlanden und in Italien blieb der Zugang zu den *Indias* hingegen verwehrt.[8] Das war ein bedeutender Unterschied zu Kastilien, wo katholische Ausländer geduldet, ja geradezu erwünscht waren. All dies führte dazu, dass die Konzepte der *vecindad* und der *naturaleza* eine Veränderung erfuhren. Während Ausländer auf der Iberischen Halbinsel als *vecinos* anerkannt werden konnten, war dies in der Neuen Welt nicht mehr möglich.[9] Der Erhalt der *naturaleza* war in fast allen Fällen eine Voraussetzung für eine (legale) Überfahrt und Ansiedelung. Im 16. Jahrhundert konnte dieses Recht noch durch eine informelle Naturalisierung in Kastilien erworben werden. Ab Beginn des 17. Jahrhunderts mussten Ausländer eine formelle Anerkennung ihrer Naturalisierung durch den Indienrat erhalten. Die Auflagen für eine solche Anerkennung waren streng: Der Antragsteller musste bereits 20 Jahre in Spanien gelebt haben, verheiratet sein und über ein bestimmtes Vermögen verfügen.[10]

Ausländer konnten dieses Verbot auf verschiedene Weise umgehen. Eine Option war die Erlangung einer speziellen Lizenz aufgrund beruflicher Fähigkeiten, die in den *Indias* besonders gefragt waren – etwa im Bereich der Medizin oder der Ingenieurskunst.[11] Portugiesen hatten ab dem Ende des 16. Jahrhunderts die Möglichkeit, über Sklavenhandelsverträge *(asientos de negros)* nach Spanisch-Amerika zu gelangen.[12] Die nächstliegende Option war aber, sich ohne Lizenz und somit illegal in die Neue Welt zu begeben. Zwar visitierte die für den Handel und die Seefahrt zuständige Kontrollbehörde *Casa de la Contratación*

---

6 HERZOG (2012), Can You Tell a Spaniard, S. 153–155.
7 GAUDIN (2013), Expulser les étrangers, S. 11.
8 ELLIOTT (2006), Empires of the Atlantic World, S. 120 f.; STOLS (1971), De Spaanse Brabanders, S. 100.
9 HERZOG (2003), Defining Nations, S. 54.
10 HERZOG (2003), Defining Nations, S. 98 f. Die Zahl der Naturalisierungen nahm im 17. Jahrhundert trotzdem zu, insbesondere unter der Herrschaft Philipps IV. Vgl. LYNCH (1992), The Hispanic World, S. 245. Lizenzen konnten auch durch gefälschte Dokumente beschafft werden, wie der Fall des Hamburgers Matías Enquer zeigt. Dieser besorgte sich um das Jahr 1650 in Sevilla eine gefälschte Taufurkunde, die ihn als Spanier auswies. Damit erhielt er dann die benötigte Lizenz für die Überfahrt nach Neuspanien. Vgl. dazu die Ausführungen in Kap. 6.2.
11 VILA VILAR (1979), Extranjeros, S. 148 f.
12 BÖTTCHER (1995), Aufstieg und Fall, S. 13 f.

all jene Schiffe, die sich von Spanien aus nach Amerika aufmachten. Doch es gab zahlreiche Schlupflöcher. Ausländer versteckten sich beispielsweise während der Visitation[13] oder kamen über andere europäische Länder und deren Kolonien nach Spanisch-Amerika. Dort gab es keine effektiven Kontrollen zur Verhinderung der Einreise und die säkularen Autoritäten kümmerten sich kaum um die Umsetzung der zahlreichen Ausweisungsdekrete.[14]

Auch wenn es in den *Indias* keine systematische Verfolgung von Ausländern und Ausländerinnen gab, so waren diese doch immer dem Risiko der Repression ausgesetzt. Dies zeigt etwa das Beispiel des Deutschen Enrique Rodríguez, der dem Tribunal von Cartagena de Indias als Übersetzer diente. Er bat 1620 den zuständigen Inquisitor darum, ihn vor den Anschuldigungen säkularer Autoritäten zu schützen, die ihn aufgrund seiner Herkunft bereits mehrmals zu (Geld-)Strafen verurteilt hatten. Das Tribunal wandte sich daraufhin an die *Suprema* und verwies auf die Unverzichtbarkeit des Übersetzers, da die Region von Personen „verschiedener Nationen" bewohnt sei. Die *Suprema* nahm das Anliegen auf und bat den König, den Deutschen vor weiteren Repressalien zu schützen.[15] Ausländer hatten also ein Interesse daran, ihren Aufenthalt in den *Indias* zu legalisieren. Dies konnte unter anderem über das Instrument der *composición* gelingen. Hierbei handelte es sich um eine Geldstrafe, mit der sich Ausländer von einer weiteren Verfolgung freikaufen konnten. Allerdings war eine solche *composición* räumlich auf jenen Rechtsdistrikt beschränkt, in dem sie erworben wurde, und konnte auch zeitlichen Limitationen unterliegen.[16] Die Zugehörigkeit zur katholischen Kirche wurde in jedem Fall vorausgesetzt. Dies wiederum weist auf die Bedeutung hin, die Konversionen für die Verhinderung einer Ausweisung zukamen.[17]

---

13 Vgl. dazu den Fall von Adán Edon (Kap. 5.3).
14 POGGIO GHILARDUCCI (2011), Las composiciones, S. 189 f. Martin Biersack hat für die Region des Río de la Plata die Abläufe solcher Ausweisungen nachgezeichnet: Zunächst publizierte der zuständige Gouverneur den Befehl an alle Ausländer, sich zu melden. Dann wurde eine Namensliste erstellt, die wiederum die Basis für die Deportation darstellte. Die Effektivität dieser Maßnahmen war jedoch trotz zahlreicher Strafandrohungen äußerst gering. BIERSACK, Las prácticas de control.
15 *Petición* von Enrique Rodríguez an Cartagena de Indias, 23.06.1620. AHN, Inq., lib. 1009, fol. 236r–236v; Cartagena de Indias an *Suprema*, 28.06.1620. AHN, Inq., lib. 1009, fol. 233r–233v, Zitat fol. 233r. Vgl. auch Notiz der *Suprema*, 31.10.1620. AHN, Inq., lib. 1009, fol. 233r.
16 POGGIO GHILARDUCCI (2011), Las composiciones, S. 182 f.; HERZOG (2003), Defining Nations, S. 110 f.
17 HERZOG (2003), Defining Nations, S. 119–123; NUNN (1979), Foreign Immigrants, S. 47–69, insbes. S. 53.

Vereinfachend könnte man sagen, dass all jene Personen Ausländer waren, die nicht aus Aragonien, Kastilien oder Spanisch-Amerika stammten oder durch eine Naturalisierung zu Spaniern gemacht worden waren.[18] Mit dieser Sammelbezeichnung allein ist analytisch jedoch noch wenig gewonnen, unterschied sich doch die Perzeption des Nichtspaniers je nach Kontext maßgeblich. Wenn das *Santo Oficio* von den *extranjeros* sprach, waren damit nicht einfach alle Ausländer gemeint, sondern in erster Linie die *herejes extranjeros*, also die häretischen Ausländer.[19] Deshalb beklagten sich beispielsweise die Inquisitoren von Cartagena de Indias 1672 über die vielen Personen „de diferentes naciones *y religiones*" – und nicht etwa nur über die Ausländer im Allgemeinen.[20] Eine erste und naheliegende Unterscheidung muss deshalb zwischen den katholischen und den nichtkatholischen Ausländern vorgenommen werden. Während Iren, Mailänder oder Sizilianer von der Inquisition grundsätzlich als Anhänger des ‚wahren Glaubens' angesehen wurden, verdächtigte sie Niederländer, Engländer und Deutsche als Protestanten. Besonders deutlich kommt dies in einem an Philipp IV. gerichteten Brief aus dem Jahre 1626 zur Geltung, in dem der Generalinquisitor dem König mitteilte, dass er ein Edikt zur Ausweisung aller nichtkatholischen Engländer und Schotten hatte erstellen lassen. Der Generalinquisitor begründete dies mit dem Schaden, der durch die Kommunikation zwischen den Untertanen der englischen Krone und den Spaniern entstehen könnte, da es sich bei Ersteren um „derart verdorbene und dickköpfige Häretiker handelt, wie es bei den Untertanen *[naturales]* dieser [britischen] Reiche üblich ist".[21] Umgekehrt war die Krone bereit, katholischen Ausländern – etwa Italienern und Portugie-

---

18 Vgl. NUNN (1979), Foreign Immigrants, S. 2 sowie HERZOG (2003), Defining Nations, S. 26 f.; 64–82 (zu Kastilien); 94–118 (zu Spanisch-Amerika). Allerdings wurde ein in Spanien naturalisierter Ausländer in den *Indias* nicht automatisch als Spanier anerkannt (ebd., S. 105–110). Eine eingehende Diskussion zu den Begriffen *natural* und *extranjero* bietet Volker Manz. MANZ (2006), Fremde und Gemeinwohl, S. 22–32.

19 Dieses Prinzip galt auch für die Römische Inquisition, wie ein Brief des Kardinals von Santa Severina an den Inquisitor von Bologna zeigt: „*[N]on si procede contra gli Alemanni e Tedeschi per essere Alemanni e Tedeschi*, ma per quanto sono stati conosciuti e scoperti per Lutherani, Calvinisti, o altrimenti eretici, et che abbiano trattato di tali errori o eresie in Italia." Hervorhebung durch JG. Zitiert nach: TEDESCHI (1986), The Dispersed Archives, S. 31 [Endnote 55].

20 Cartagena de Indias an *Suprema*, 01[?].04.1672. AHN, Inq., lib. 1018, fol. 64r.

21 „[M]e hallo obligado en conciencia a procurar obviar los inconvenientes, y daños que pueden resultar a los católicos de la comunicación y trato con tan perniciosos y pertinaces herejes como son los naturales de aquellos reinos." Generalinquisitor an Philipp IV., 09.11.1625. AHN, Inq., lib. 260, fol. 239r–239v.

sen – beim Nachweis besonderer Qualifikationen Zugang nach Spanisch-Amerika zu gewähren.[22]

Die Verknüpfung von Nation und Religion findet sich auch in diversen Zeugenaussagen der Inquisition wieder.[23] So sagte 1652 ein Mann in Mexiko-Stadt gegen den Deutschen Matías Enquer aus: Er sei sich sicher, dass es sich bei ihm um einen Häretiker handle. Dafür habe er keine klaren Beweise *(sciencia cierta)*. Vielmehr sei sein Verdacht in einem generellen Misstrauen gegenüber Deutschen begründet.[24] 1690 beschuldigte ein Zeuge in Portobelo den Seemann Geronimo Fanguerda nur deswegen als Protestant, „weil er aus den Niederlanden stammt".[25] In den 1660er-Jahren wurde sogar der in Flandern geborene Gouverneur der Philippinen als Protestant verdächtigt, nicht zuletzt aufgrund seiner nordeuropäischen Abstammung. Ihm wurde nachgesagt, gar kein Flame zu sein, sondern ein „Niederländer, aus dem Land der Häretiker".[26] Auch Franzosen konnten Verdacht erregen, wie sich im Fall von Juan Baptista Moguer zeigt, der 1677 von einem Justizbeamten aufgrund seiner Herkunft der Häresie bezichtigt wurde.[27] Die oftmals von *conversos* abstammenden Portugiesen wurden wiederum als Juden verdächtigt. Gleichzeitig verfügten die Untertanen Portugals – welche den weitaus größten Teil der ‚ausländischen' Bevölkerung in den *Indias* ausmachten – über einen Sonderstatus, der sich auch diskursiv nachweisen lässt. So teilte im Jahre 1600 der peruanische Inquisitor Antonio Ordóñez der *Suprema* mit, dass in den Häfen seiner Jurisdiktion „viele Ausländer und Portugiesen [ankommen]; und wir glauben, dass die Ausländer durch die Irrlehren ihrer Heimat verdorben und die Portugiesen allesamt Juden sind."[28]

---

22   KONETZKE (1945), La legislación, S. 290 f.
23   Vgl. für Spanien THOMAS (2001), Los protestantes, S. 110–112.
24   *Proceso de fe* von Matías Enquer (1651–1663), Zeugenaussage von Damian Ossorio, 01.02.1652. AHN, Inq., leg. 1729, exp. 3/4, fol. 1r–171r, hier fol. 14v.
25   *Relación de causa* von Geronimo Fanguerda (1690). AHN, Inq., lib. 1023, fol. 491r–494v, hier fol. 491v. Am 15.07.1690 wurde Fanguarda in Portobelo als „nacional y hereje" qualifiziert, was ihn „vehemente sospechoso en la fe" machte. Ebd., fol. 491r.
26   Zeugenaussage von Sebastián Rayo Doria, 04.09.1668. AHN, Inq., lib. 1061, fol. 410r.
27   „[S]er hereje porque era francés". *Proceso de fe* von Juan Baptista Moguer (1677–1680), 1. *audiencia*, 06.07.1678. AGN, Inq., vol. 635, exp. 5, fol. 247r–251v, Zitat fol. 250v.
28   „[E]ntran por esos puertos gran cantidad de extranjeros y portugueses, a lo que creemos, los extranjeros inficionados de los errores que hay en sus tierras, y los portugueses, que son todos judíos". Lima an *Suprema*, 28.04.1600. Zitiert nach: MILLAR CARVACHO (1998), Inquisición y sociedad, S. 134. Der Gouverneur von Río de la Plata ordnete 1743 die Ausweisung aller „Portugiesen und sonstigen ledigen Ausländer" an und fügte hinzu, dass „kein Portugiese oder

Was ein *extranjero* (oder eine *extranjera*) im spanischen Imperium war und wie sich der Ausländerstatus auf die Rechtspraktiken auswirkte, lässt sich somit nicht durch festgelegte soziale oder juristische Kategorien, sondern nur kasuistisch und unter Berücksichtigung des räumlichen und historischen Kontextes bestimmen. Gerade Inquisitionsquellen bieten für eine solche Bestimmung eine gute Basis.

3.2 Der Beginn der Protestantenverfolgung auf der Iberischen Halbinsel

Der Protestantismus rückte eher spät in den Fokus der Spanischen Inquisition. Die erste Zeit der im letzten Drittel des 15. Jahrhunderts gegründeten Institution war geprägt von der Verfolgung der *conversos,* also der zum Christentum konvertierten Juden sowie deren Nachfahren. Diese Gruppierung war insbesondere nach dem Ausweisungsedikt von 1492 einer heftigen Repression ausgesetzt. Eine allumfassende, systematische Verfolgung der *conversos* fand zwar nicht statt, dafür waren der Zugriff der Inquisition auf die Bevölkerung und die zur Verfügung stehenden Mittel zu beschränkt. Zweifellos war dies jedoch die repressivste Phase in der Geschichte des *Santo Oficio*; Schätzungen gehen von rund 2000 Todesopfern aus. In den ersten 50 Jahren der Spanischen Inquisition wurden somit mehr Todesstrafen vollzogen als in den 300 Jahren danach.[29]

Nach 1530 nahmen die Prozesse gegen Neuchristen (vorerst) ab. Damit einher ging eine Verschiebung des inquisitorischen Blickes hin zu den konvertierten Muslimen – den sogenannten *moriscos* – und den Protestanten. In beiden Fällen kam es jedoch zu keinen unmittelbaren Verfolgungswellen. Die *moriscos* waren vor allem um Granada und Valencia angesiedelt, wo sie einen großen Teil der Bevölkerung ausmachten. Sie wurden von den spanischen Autoritäten zunächst noch geduldet. Die vorherrschende Meinung war, dass eine erfolgreiche Christianisierung vor allem eine Frage der Zeit sei.[30]

Diese Haltung änderte sich ab der zweiten Hälfte des 16. Jahrhunderts. Die *moriscos* folgten weiterhin den Traditionen ihrer Vorfahren, die religiöse Inte-

---

verheirateter Ausländer" einen Krämerladen besitzen dürfe. TAU ANZOÁTEGUI (1992), Una defensa, S. 282 f.
29 RAWLINGS (2006), The Spanish Inquisition, S. 58; KAMEN (2014), The Spanish Inquisition, S. 253 f.
30 BENÍTEZ SÁNCHEZ-BLANCO (1990), L'Église et les morisques, S. 74 f.

gration in die christliche Gesellschaft war fehlgeschlagen. Zudem wurde Spaniens Mittelmeerküste von nordafrikanischen Korsaren und osmanischen Türken bedroht, was bei der Krone Ängste vor einer muslimischen Verbrüderung mit Teilen der eigenen Bevölkerung weckte. In den 1560er-Jahren wurde zunächst in Granada und später auch im aragonischen Valencia der Druck auf die *moriscos* erhöht. Neue Gesetze, die eine strikte Assimilierung vorsahen und muslimische Traditionen unterdrückten, hatten heftige Gegenreaktionen zur Folge. Gleichzeitig nahmen die Inquisitionsprozesse rapide zu. Obwohl von verschiedenen Seiten versucht wurde, die Situation zu beruhigen – beispielsweise mit dem Vorschlag, Christianisierungsprogramme durchzuführen –, endete die Auseinandersetzung mit einem Eklat: Am 9. April 1609 verfügte Philipp III. die Ausweisung der Morisken aus Kastilien und Aragonien.[31]

Die inquisitorische Verfolgung des Protestantismus unterschied sich in wesentlichen Punkten von den hier skizzierten Entwicklungen. Sowohl der Islam als auch das Judentum hatten auf der Iberischen Halbinsel eine lange Tradition. Die zu Beginn des 16. Jahrhunderts aus Deutschland kommende lutherische Häresie hingegen stellte für das *Santo Oficio* eine neue Herausforderung dar: Die Leugnung der Autorität des Papstes, die Ablehnung der Heiligen- und Reliquienverehrung, die Zurückweisung des Sakraments der Beichte, die Rechtfertigungslehre – dies und vieles mehr stellte die Legitimität der römisch-katholischen Kirche auf einer christlichen Basis fundamental in Frage. Dass die ethnisch-biologische Abstammung im Gegensatz zu den Morisken und *conversos* bei den Protestanten keine Rolle spielte, verkomplizierte die Sache noch.[32]

An dieser Stelle muss kurz auf einige Voraussetzungen der inquisitorischen Verfolgung eingegangen werden. Zunächst ist darauf hinzuweisen, dass prinzipiell nur Christen unter die Jurisdiktion des *Santo Oficio* fielen.[33] Diese Bedingung erfüllten die Personen, die wegen Judaisierens oder der Praktizierung des Islams angeklagt wurden, da es sich dabei in den allermeisten Fällen um (zwangs-)konvertierte Juden und Muslime sowie deren Nachkommen handelte. Auch bei

---

31 RAWLINGS (2006), The Spanish Inquisition, S. 72–89; KAMEN (2014), The Spanish Inquisition, S. 158–180.
32 POETTERING (2013), Handel, S. 133. Vgl. auch WELLER (2015), Heuchelei und Häresie, S. 591–594 sowie WELLER (2016), Eine schwarze Legende?, S. 58.
33 Im 16. Jahrhundert versuchten die Päpste Paul IV. und Gregor XIII., Juden bei bestimmten Delikten der Römischen Inquisition zu unterstellen. Dazu auch BRECHENMACHER (2005), Der Vatikan und die Juden, S. 32–34.

spanischen Protestanten stellte sich die Frage der Gerichtsbarkeit nicht. Wie stand es jedoch um jene Ausländer, die nach protestantischem Ritus getauft worden waren? Tatsächlich erkannte die katholische Kirche in der Regel eine solche Taufe als gültig an.[34] Protestanten waren also Christen und – so dürfte man annehmen – zugleich Häretiker. Ein Häretiker war aber nach kanonischem Recht eine Person, welche die katholische Lehre *bewusst* in Frage stellte und auf ihren Irrtümern beharrte.[35] Hier tat sich für die Inquisitoren ein Dilemma auf: Inwieweit konnte beispielsweise ein Niederländer, der als Protestant getauft und erzogen worden war, als ‚vollwertiger' Häretiker *(hereje formal)* bezeichnet werden? Fielen bei faktischer Unkenntnis die wesentlichen Voraussetzungen einer bewussten Zuwiderhandlung gegen den Katholizismus nicht weg?

Lassen wir diese Fragen zunächst ruhen und kommen wir zurück zur frühen Bekämpfung des Protestantismus auf der Iberischen Halbinsel. Diese war in einer ersten Phase mit dem Kampf gegen spanische *alumbrados* und *erasmistas* verknüpft. Bei den *alumbrados* handelte es sich um eine dem Mystizismus zugewandte Bewegung, die stark auf die persönliche Begegnung mit Gott ausgerichtet war und sich von den großen, religiösen Zeremonien abwandte. Die *erasmistas* waren Anhänger der Lehren des Erasmus von Rotterdam. Diese Gruppierung verfügte innerhalb der spanischen Elite über einen bedeutenden Einfluss, so war der 1523 zum Generalinquisitor ernannte Alonso Manrique de Lara ein erklärter Anhänger des niederländischen Humanisten. Der inquisitorischen Tätigkeit gegen die *erasmistas*, aber auch gegen die *alumbrados* wohnte somit eine große

---

34 MATHEUS (2012), Konversionen, S. 43 f.; FAJARDO SPÍNOLA (1996), Las conversiones, S. 223 f. War sich die Inquisition nicht sicher, ob ein Angeklagter bzw. *espontáneo* nach einem von der katholischen Kirche akzeptierten Ritus getauft worden war, ordnete sie eine erneute Taufe *sub conditione* an. Diese zweite Taufe erhielt ihre Wirksamkeit nur *unter der Bedingung*, dass die erste nicht gültig gewesen war. Die Frage, ob die protestantische Taufe grundsätzlich als gültig anerkannt werden sollte, wurde von Seiten der amerikanischen Inquisitoren kaum thematisiert. Als einer der wenigen äußerte sich dazu Juan de Mañozca: „[O]bwohl der [protestantische] Häretiker nicht Mitglied oder Teil der Kirche ist, gehört er zu ihr durch sein in der Taufe gemachtes Versprechen". ("Porque aunque el hereje no está en la iglesia por razón de miembro, o, parte: pertenece a ella por razón de su promesa hecha en el bautismo"). Juan de Mañozca an *Suprema*, 25.02.1625. AHN, Inq., lib. 1039, fol. 212r–213r, hier fol. 212v. Fajardo Spínola zeigt für die Kanarischen Inseln auf, dass ab der zweiten Hälfte des 18. Jahrhunderts die Taufe *sub conditione* stark an Bedeutung gewann. FAJARDO SPÍNOLA (1996), Las conversiones, S. 233 f.
35 NESVIG (2009), Ideology and Inquisition, S. 44–46.

politische Sprengkraft inne.[36] Im Verlauf der 1530er-Jahre konnten sich die spanischen Traditionalisten jedoch endgültig gegen die auf Neuerungen bedachten Gruppierungen durchsetzen.

Alumbrados und *erasmistas* wurden vom *Santo Oficio* verdächtigt, mit der ‚Sekte' von Martin Luther zu sympathisieren. Neben inhaltlichen Übereinstimmungen – etwa im Hinblick auf die Kritik des Bilderkultes – lagen die Gemeinsamkeiten vor allem in einem generellen Reformanspruch. Die lutherische Lehre selbst drang dabei nur sehr beschränkt zur spanischen Bevölkerung durch. Die ‚echten' Protestanten waren fast immer Ausländer, vor allem Deutsche, Franzosen, Flamen und Engländer. Ab den 1540er-Jahren mehrte sich die Präsenz von *luteranos* bei den Autodafés, allerdings blieb ihr Anteil insgesamt auf einem tiefen Niveau. In den Jahren 1548–1550 wurden an den Tribunalen von Saragossa, Toledo, Granada und Valladolid 42 Personen des Protestantismus verdächtigt, davon waren immerhin ein gutes Drittel SpanierInnen.[37]

Spektakuläre Ereignisse beendeten diese eher schleichende Entwicklung. In den Jahren 1558 und 1559 entdeckte die Inquisition in Valladolid und Sevilla protestantische Gemeinden, deren Mitglieder zu einem guten Teil aus der religiösen und politischen Elite stammten. In den darauf folgenden Autodafés wurden über 200 Personen als Protestanten verurteilt.[38] Unter der Führung von Philipp II., der 1559 in Valladolid persönlich an einem Autodafé teilnahm, führten die spanischen Autoritäten anschließend eine eigentliche Kampagne gegen den Protestantismus. Hintergrund war die panische Angst vor einem Ende der Einheit des katholischen Glaubens und einer damit einhergehenden Spaltung des spanischen Imperiums. Die Ereignisse in den habsburgischen Niederlanden verstärkten diese Ängste. 1559 veröffentlichte der Generalinquisitor Fernando de Valdés den ersten spanischen Index verbotener Bücher. Derweilen vervielfachten sich die Prozesszahlen und für kurze Zeit befanden sich die spanischen Angeklagten gar in der Mehrheit. Allerdings waren es ab der Mitte der 1560er-Jahre wieder überwiegend Ausländer, die des Protestantismus beschuldigt wurden. Ab 1575 ebbte die Verfolgungswelle ab, Anklagen gegen spanische Protestanten stellten nunmehr eine Ausnahmeerscheinung dar.[39]

---

36 RAWLINGS (2006), The Spanish Inquisition, S. 91–101; THOMAS (2001), La represión, S. 157–160.
37 THOMAS (2001), La represión, S. 203 f.
38 RAWLINGS (2006), The Spanish Inquisition, S. 101–108.
39 THOMAS (2001), La represión, S. 253–299.

3.3 Internationale Abkommen und Religion

Das Konzept des ‚internationalen Rechts' wird für die Frühe Neuzeit meist mit Werken von Gelehrten wie Francisco de Vitoria oder Hugo Grotius in Zusammenhang gebracht.[40] Die Bedeutung internationaler Abkommen wird dagegen tendenziell unterschätzt.[41] Dabei waren sie es, die das Verhältnis zwischen den verschiedenen Mächten auf konkrete Weise regelten und dabei grundlegende Aspekte wie Eigentum, Reisefreiheit oder religiösen Schutz behandelten. Tatsächlich ging es hier formell nicht um inter-nationales Recht *(ius inter gentes)* sondern um ein Recht zwischen Fürsten *(ius inter principes)*. Verträge wurden also nicht zwischen einzelnen Staaten, sondern zwischen den Souveränen dieser Staaten – Königen, Prinzen, Fürsten – abgeschlossen.[42] Dieses Prinzip war für Spanien deshalb so entscheidend, weil es direkt das Gewissen *(conciencia)* des Herrschers betraf; insbesondere dann, wenn es um religiöse Fragen ging.

Internationale Abkommen waren prägend für die Entstehung und Entwicklung des spanischen Imperiums. So hängen die *conquista* und die anschließende Konsolidierung spanischer Herrschaft in Amerika eng mit den Verträgen von Alcáçovas (1479) und Tordesillas (1494) zusammen. Der Frieden von Cateau-Cambrésis (1559) symbolisiert die europäische Vormachtstellung Spaniens, der Waffenstillstand mit den Niederlanden (1609) das Ende der iberischen Hegemonie. Solche Verträge hatten nicht nur außenpolitische Folgen. Vielmehr bestimmten sie das Zusammenleben zwischen Spaniern und Ausländern auf der Iberischen Halbinsel maßgeblich mit. Dies galt vor allem dann, wenn die spanische Krone sich mit protestantischen Mächten arrangieren musste. Wie sollte mit niederländischen, deutschen und englischen Händlern umgegangen werden? Durfte die Inquisition hier uneingeschränkt vorgehen? Und falls nicht: Wo waren die Grenzen religiöser Duldung erreicht? Dies waren Kernfragen der diplomatischen Beziehungen und oft entschieden sie über den Erfolg oder das Scheitern von Verhandlungen.

Zu berücksichtigen ist dabei, dass die Religion für das Politik- und Rechtssystem des spanischen Imperiums eine geradezu strukturelle Relevanz besaß.

---

40 S. z.B. ANGHIE (2006), Imperialism, S. 13–31.
41 LESAFFER (2012), Peace Treaties, S. 71 f.
42 LESAFFER (2012), Peace Treaties, S. 81–83. Dies galt nicht nur für Monarchien; so schlossen die Niederlande ihre Friedensverträge im Namen der Generalstaaten und nicht der Republik ab (ebd.).

Die neuere Rechtsgeschichte hat dies anhand des Konzepts der *cultura jurisdiccional* aufgezeigt. Demnach bestanden Aufgabe und Legitimität politischer Herrschaft zu einem wesentlichen Teil darin, Recht zu sprechen und damit die bestehende, göttliche Ordnung zu erhalten. Diese Ordnung basierte ihrerseits auf normativen Texten wie der Bibel oder dem kanonischen Recht.[43]

Auf der Ebene der Handlungsmotive einzelner Akteure ist die Religion als „integrierender Teil der Lebensführung" zu berücksichtigen.[44] Auf die Bedeutung der *conciencia* wurde bereits hingewiesen: Vor dem Hintergrund des individuellen Seelenheils konnte das persönliche Gewissen einen unmittelbaren Einfluss auf Entscheidungsprozesse haben, was sich bei den spanischen Königen mit zahlreichen Beispielen belegen lässt.[45] Gleichzeitig war die *conciencia* aber auch auf die Öffentlichkeit ausgerichtet. Denn ein Herrscher, der in religiöser Hinsicht nicht gewissenhaft zu handeln schien, konnte sehr schnell unter Druck geraten. Die *Reyes Católicos* sicherten sich bei Gewissensfragen deshalb bei der Inquisition, ihren Beichtvätern oder theologischen Expertengremien, den sogenannten *juntas de teólogos*, ab.[46] Diesen Akteuren kam damit ein beachtlicher Einfluss zu, der sich auch in der Aushandlung internationaler Abkommen widerspiegelt.

Das Alba-Cobham Agreement (1575) und die Vereinbarungen mit Hamburg (1597)

Die inquisitorische Verfolgung protestantischer Häresie war von Anfang an eng mit den sich in Spanien aufhaltenden Ausländern verknüpft. Für die Krone und die *Suprema* war der Protestantismus damit auch eine außenpolitische Herausforderung. Bereits für die erste Hälfte des 16. Jahrhunderts gibt es Hinweise auf

---

43 S. GARRIGA (2004), Orden jurídico, S. 30 f.; AGÜERO (2007), Ley penal, S. 26; 37 f. Vgl. auch STRADLING (2002 [1988]), Philip IV, S. 343 f. Mir geht es nicht darum, den Religionsbegriff im Rahmen des Konfessionalisierungs- oder Säkularisierungsparadigmas zu verorten. Vgl. dazu PELIZAEUS (2013), Die Iberische Halbinsel. Zur These einer „reformierten Inquisition" s. SCHMIDT (2012), Inquisition im Reformiertentum.

44 HAHN (1997), Von der Erforschung der Säkularisierung, S. 18. Vgl. dazu auch STORRS (2009), The Role of Religion, S. 31: „The mindset, or *mentalité*, of many Spanish policy-makers was informed by a sense of divine ‚providence' and protection."

45 Zu Philipp II. vgl. das Kapitel *The king and God* in PARKER (2014), Imprudent King, S. 80–99; zu Philipp III. ALLEN (2000), Philip III, u.a. S. 150; 217 f.; zu Philipp IV. STRADLING (2002 [1988]), Philip IV, S. 269–276; zu Philipp V. KAMEN (2001), Philip V of Spain, S. 142.

46 WENDLAND (2006), Geistlicher Sachverstand; PARKER (2014), Imprudent King, S. 83 f.

eine diplomatische Intervention von Seiten Englands, das seine Untertanen auf der Iberischen Halbinsel vor religiöser Repression schützen wollte.[47] Gemäß Werner Thomas wurden die Engländer allerdings nicht systematisch verfolgt, sondern nur dann, wenn sie ihre Religion öffentlich praktizierten.[48] Diese Praxis ist deswegen bemerkenswert, weil sie die später vertraglich ausgehandelten Schutzbestimmungen vorwegnahm.

Die englische Königin Elisabeth I. drängte jedoch auf konkrete Zusicherungen. Im Sommer des Jahres 1575 schickte sie den Diplomaten Sir Henry Cobham als außerordentlichen Botschafter nach Spanien. Seine Aufgabe war es, Garantien für den Schutz englischer Untertanen vor inquisitorischer Verfolgung auszuhandeln. Vom Erfolg dieser Forderung machte Elisabeth I. ihre Haltung zur Rebellion in den Niederlanden abhängig.[49] Philipp II. verlieh daraufhin dem Herzog von Alba ein Verhandlungsmandat. In der Folge wurde auch der Generalinquisitor Gaspar de Quiroga konsultiert. Dieser befürwortete aus drei Gründen eine Einigung mit dem protestantischen England: erstens als militärische Absicherung gegenüber Frankreich, zweitens zur Unterbindung des Handels zwischen England und den rebellierenden Niederlanden und drittens zur Sicherung der Seefahrt in die Niederlande und die *Indias*.[50] Der Inquisitionsrat skizzierte daraufhin jene Prinzipien, die im Hinblick auf die Abkommen des 17. Jahrhunderts richtungsweisend werden sollten:

1. Englische Protestanten durften ihre Religion in Spanien in keiner Weise ausüben. Sie durften den Katholizismus nicht kritisieren und keine verbotenen Bücher besitzen.
2. Die Engländer mussten in der Öffentlichkeit der katholischen Religion Respekt zollen; etwa dann, wenn sie in eine Kirche eintraten oder wenn das Allerheiligste Sakrament, also die geweihte Hostie, während einer Prozession durch die Straßen getragen wurde.[51]

---

47 THOMAS (2001), La represión, S. 189–197.
48 THOMAS (2001), La represión, S. 273 f.
49 THOMAS (2001), La represión, S. 271–299.
50 Vgl. GÓMEZ-CENTURIÓN JIMÉNEZ (1987), Pragmatismo económico, S. 65.
51 Hier referierte der Inquisitionsrat explizit auf die aus dem Mittelalter stammende kastilische Gesetzessammlung *Siete Partidas*: „[L]as leyes de estos reinos […] disponen que los moros y judíos que en ellos estuvieren sean obligados a hacer el dicho acatamiento y reverencia". Gaspar de Quiroga an Philipp II. (1575), zitiert nach GÓMEZ-CENTURIÓN JIMÉNEZ (1987), Pragmatismo económico, S. 66. Vgl. REAL ACADEMIA DE LA HISTORIA (1807), Las Siete Partidas, S. 670; 675 f. Partida VII, Título XXIV, Ley II (zu den Juden) sowie Título XXV, Ley I (zu den

Philipp II. und der Staatsrat sorgten anschließend dafür, dass die Prinzipien noch etwas präzisiert beziehungsweise abgeschwächt wurden. So durfte die Inquisition jene Glaubensdelikte, die von englischen Untertanen *vor* ihrem Aufenthalt in Spanien verübt worden waren, nicht verfolgen.[52] Ebenso wenig sollten diese Ausländer verpflichtet werden, sich in eine katholische Kirche zu begeben. War ein Brite für eine Schiffsladung verantwortlich und wurde von der Inquisition verurteilt, so durfte Letztere nur die persönlichen Güter des Angeklagten konfiszieren.[53] Im Dezember 1575 wurde das Abkommen unterschrieben, wobei die spanische Seite die Mitwirkung des Generalinquisitors wohlweislich verschwieg.[54]

Es ist wichtig festzuhalten, dass diese später unter den Namen Alba-Cobham Agreement bekannt gewordene Vereinbarung nicht nur politisch, sondern auch theologisch legitimierbar war.[55] Zwar sah das kanonische Recht vor, dass gegen Häretiker nötigenfalls mit Gewalt vorgegangen werden musste. Denn diese waren vom ‚wahren Glauben' abgefallen und stellten eine Gefahr für die Gemeinschaft der Christen dar. Gleichzeitig galt aber der auf Thomas von Aquin und Ambrosius von Mailand zurückgehende Grundsatz, dass die Kirche nur gegen nach außen vermittelte Überzeugungen vorgehen konnte, nicht jedoch gegen das verborgene, innere Gewissen eines Menschen. Darüber konnte nur Gott richten.[56]

Muslimen). Vgl. dazu WELLER (2016), Eine schwarze Legende?, S. 46 f. Weller weist darauf hin, dass in den Siete Partidas kein expliziter Hinweis auf die Verehrung des Sakraments zu finden ist (ebd., S. 47, FN 25).

52 Dieses Prinzip galt offenbar zumindest in Ansätzen auch für die Römische Inquisition, wie ein Brief des Kardinals von Santa Severina an den Inquisitor von Bologna zeigt: „[N]on si procede contra gli Alemanni e Tedeschi per essere Alemanni e Tedeschi, ma per quanto sono stati conosciuti e scoperti per Luterhani, Calvinisti, o altrimenti eretici, *et che abbiano trattato di tali errori o eresie in Italia.*" (Hervorhebung durch JG). Zitiert nach: TEDESCHI (1986), The Dispersed Archives, S. 31 [Endnote 55].

53 GÓMEZ-CENTURIÓN JIMÉNEZ (1987), Pragmatismo económico, S. 67.

54 GÓMEZ-CENTURIÓN JIMÉNEZ (1987), Pragmatismo económico, S. 66, FN 34.

55 Vgl. dazu auch GÓMEZ-CENTURIÓN JIMÉNEZ (1987), Pragmatismo económico, S. 80.

56 BLÁZQUEZ MARTÍN (2001), Herejía y traición, S. 53 f. Inwieweit Häretiker, die ihre Überzeugungen gegen außen absolut geheim hielten, unter die inquisitorische Jurisdiktion fielen, war unter den theologischen Autoritäten umstritten. Der im 14. Jahrhundert wirkende Nicolaus Eymerich plädierte in seinem einflussreichen Inquisitionsmanual dafür, ebenso wie der dieses Manual im 16. Jahrhundert kommentierende Theologe Francisco Peña. Andere Autoritäten, wie Diego de Simancas (gest. 1583) und später auch Francisco Suárez argumentierten, dass die Verfolgung von Häresie nur bei gegen außen wahrnehmbaren Handlungen zulässig sei. NESVIG (2009), Ideology and Inquisition, S. 49–51; EYMERICH/PEÑA (1973), Le manuel des inqui-

Hinzu kam mit der Möglichkeit der Dissimulation *(dissimulatio)* ein zweites, theologisch begründetes Prinzip. Diesem zufolge konnte die Kirche über eine an sich unerwünschte Situation hinwegsehen (dissimulieren), wenn es sich dabei um das kleinere Übel handelte.[57] Daraus ergab sich der Spielraum, über den die spanische Krone und der Generalinquisitor im Hinblick auf jene ausländischen Protestanten verfügten, die sich vorübergehend in Spanien aufhielten und ihren Glauben nicht öffentlich praktizierten.[58]

Das Alba-Cobham Agreement bewährte sich in der Folge als Vorlage für andere Verhandlungen. So diente es Spanien 1597 als Entwurf für ein (formloses) Zugeständnis an die Hansestädte.[59] Der Krieg gegen die abtrünnigen Niederlande machte Hamburg für die spanische Krone zu einem besonders attraktiven Handelspartner. Allerdings waren die Bürger der Hansestadt mehrheitlich lutherisch. Philipp II. war zu religiösen Zugeständnissen bereit, ließ aber vor-

---

siteurs, S. 53. Grundsätzlich konnte ein Häretiker, der bei einem Beichtvater seine Verfehlungen gestand und danach die Absolution erhielt *(foro interno)*, bei einer Anklage durch die Inquisition trotzdem verurteilt werden *(foro externo)*. Vgl. PROSPERI (1995), El inquisidor como confesor, S. 77 f. Im spanisch-englischen Friedensvertrag von 1604 wurde dann der Begriff des *escándalo* (Skandals) eingeführt, um die gegen außen gerichtete Ausübung der Religion zu fassen. Vgl. dazu auch THOMAS (2001), La represión, S. 195; THOMAS (2001), Los protestantes, S. 352–354.

57 Die Frage, ob und in welchen Fällen das Dissimulieren zulässig ist, wurde unter den Kirchenvätern seit dem 4. Jahrhundert intensiv und kontrovers diskutiert. Hieronymus (ca. 347–420) war der Meinung, dass die Dissimulation in gewissen Fällen legitim war und stützte sich insbesondere auf eine Stelle aus dem neutestamentlichen Galaterbrief (Gal. 2: 11–14). Diese Interpretation rief heftige Proteste seitens Augustinus (354–430) hervor, der vehement bestritt, dass die Bibel Täuschen und Lügen legitimierte. Thomas von Aquin (ca. 1225–1274), der in dieser Frage zur wohl einflussreichsten Autorität wurde, sprach sich zwar ebenfalls dezidiert gegen die aktive Verbreitung von Unwahrheiten aus. Gleichzeitig betonte er, dass es in gewissen Situationen legitim sein konnte, nicht die ganze Wahrheit zu sagen bzw. ein Geheimnis mittels Dissimulation zu bewahren („Licet tamen veritatem occultare prudenter sub aliqua dissimulatione, ut Augustinus dicit". ZAGORIN (1990), Ways of Lying, S. 15–33, Zitat S. 30 f. (aus der *Summa Theologiae*, 2aae, q. 110, art. 3); SNYDER (2009), Dissimulation, S. 16–18. Zur (schwierigen) Unterscheidung des Dissimulations- vom (kanonischen) Toleranzbegriff s. SNYDER (2009), Dissimulation, S. 18 sowie ROCA (2004), Der Toleranzbegriff.

58 Allerdings hatte das Alba-Cobham Agreement zunächst wenig Einfluss auf die religiöse Verfolgung der Ausländer, was zu diplomatischen Verstimmungen führte. Daraufhin übte sich die Inquisition kurzzeitig in relativer Zurückhaltung, doch spätestens mit dem Ausbruch des spanisch-englischen Krieges 1585 nahm das *Santo Oficio* seine repressive Politik wieder auf. THOMAS (2001), La represión, S. 284–288.

59 THOMAS (2001), La represión, S. 297 f.

sichtshalber die *Suprema* konsultieren.[60] Der Generalinquisitor erklärte sich grundsätzlich damit einverstanden, die Prinzipien des Alba-Cobham Agreements auf die Hamburger auszuweiten. Die Forderung der Hansestadt, Konfiskationen und Schiffsvisitationen aus religiösen Gründen grundsätzlich zu verbieten, lehnte er jedoch klar ab.[61] Im Mai 1597 informierte die *Suprema* ihre Tribunale, dass Händler aus deutschen Hansestädten nicht zu ihrer Religion befragt werden sollten. Sie durften nur dann verfolgt werden, wenn sie ein Vergehen im spanischen Herrschaftsgebiet verübt hatten, und in diesem Fall waren nur persönliche Güter, nicht aber ganze Schiffsladungen zu konfiszieren. Die Schiffsvisitationen, und damit die Suche nach häretischen Büchern, sollten hingegen weiter durchgeführt werden.[62]

Zwei Monate später legte der Inquisitionsrat aufgrund einer Anfrage des Tribunals von Santiago de Compostela (Galizien) fest, wie mit Engländern, Flamen und anderen Ausländern aus „verdorbenen Reichen" *(reinos inficionados)* umgegangen werden sollte, die freiwillig ihren Verfehlungen abschwören wollten. Diese mussten mit großer Zuvorkommenheit *(con mucha blandura y suavidad)* empfangen und dann zu ihren religiösen Delikten befragt werden. Dabei ging es darum herauszufinden, ob die Angeklagten bereits über Kenntnisse des katholischen Glaubens verfügten oder diesem zeitweise angehangen hatten. War dies der Fall, so hatte eine Aussöhnung *(reconciliación en forma)* im Sitzungssaal des Tribunals vorgenommen zu werden, was einer (Wieder-)Aufnahme in die Gemeinschaft der Gläubigen gleichkam. Die *Suprema* untersagte den Inquisitoren ausdrücklich, eine Güterkonfiskation vorzunehmen. Sie sollten lediglich eine religiöse Buße *(penitencias saludables)* auferlegen. Gegen Ausländer, die noch nie in der katholischen Doktrin unterrichtet worden waren, musste hingegen anders vorgegangen werden. Die Inquisitoren sollten ihnen präventiv die Absolution gewähren *(absolución ad cautelam)* und dann geeigneten Instanzen zur

---

60 Dass die Inquisition erneut in den Verhandlungsprozess mit einbezogen wurde, ist bemerkenswert, bleibt aber in der Forschungsliteratur weitgehend unerwähnt. Vgl. u.a. THOMAS (2001), La represión, S. 297 f.; DOMÍNGUEZ ORTIZ (1981), El primer esbozo, hier S. 14.
61 Generalinquisitor an *Consejo de Estado,* 16.01.1597. AGS, Est., leg. 178, s. fol. 1607 versuchten die deutschen Hansestädte die gleichen religiösen Privilegien zu erhalten, wie sie England im Vertrag von 1604 zugestanden worden waren. Die spanische Krone ging auf diese Forderungen jedoch erst 1647 ein. Vgl. POETTERING (2013), Handel, S. 84; WELLER (2010), Ungleiche Partner, S. 353–355.
62 Entsprechende Anweisungen gingen im Mai 1597 an die verschiedenen Distrikte. *Carta acordada,* 17.05.1597. AHN, Inq., lib. 497, fol. 235r–235v.

Katechese übergeben. Sowohl im ersten als auch im zweiten Fall hatten die Angeklagten ihre Sünden zusätzlich einem Priester zu beichten, der dann seinerseits eine Absolution vornehmen konnte *(absolución sacramental)*.[63]

Diese Anweisungen bedeuteten, dass Ausländer – zumindest jene, die aus protestantischen Ländern stammten – bei einer Selbstanzeige mit minimalen Strafen davonkamen, und zwar selbst dann, wenn es sich faktisch um Apostaten handelte! Der Preis war die Konversion beziehungsweise die Rückkehr zum Katholizismus. Trotz der zeitlichen Nähe war die *carta acordada* vom Juli 1597 keine direkte Folge der Verhandlungen mit der Hanse, und es ist gut möglich, dass sie zunächst lediglich an das Tribunal von Santiago de Compostela gesendet wurde.[64] Dies zeigt, dass die *Suprema* auch ohne unmittelbaren Druck von außen zu einem zurückhaltenden Vorgehen gegenüber ausländischen Protestanten bereit war. Die *carta acordada* diente in der Folge als Muster für den Umgang mit nichtspanischen *espontáneos*. Damit wurde der rechtliche Spielraum für die inquisitorischen Praktiken immer klarer definiert.

Der englisch-spanische Friedensvertrag (1604)

Spanien kam gegen Ende des 16. Jahrhunderts finanziell, militärisch und politisch stark unter Druck. Der Kampf gegen die abtrünnigen Niederlande führte

---

63 „[L]as recibáis [...] con mucha blandura y suavidad y con ella los examináis en forma, preguntándoles que errores han tenido y seguido en las sectas de Lutero, y Calvino y otros cuales quiera herejes así en su tierra como fuera de ella y que cosas han hechos en su observancia, y con quien las han tratado, y comunicado, y si han tenido y tienen noticia de nuestra Santa Fe católica y sido instruidos en ella y cuando, donde, y por quien, y lo demás que os pareciere necesario para saber y entender la verdad y a los que estuvieren instruidos o en algún tiempo hubieren tenido y seguido la Santa Fe Católica y después apartadose de ella y sido herejes los admitiréis a reconciliación en forma en la sala de la audiencia sin hábito ni confiscación de bienes imponiéndoles algunas penitencias espirituales y a los que no hubieren sido ni estuvieren instruidos, las absolveréis enteramente tan solamente ad cautelam en la dicha audiencia sin reconciliación y daréis orden como en la parte donde están sean doctrinados y enseñados en la Fe, y religión cristiana, y a los unos y a los otros advirtiereis que han de confesar a los confesores que se les diere los errores y herejías que han tenido y creído y cosas que hubieren hecho en su observancia, para que los absuelvan sacramentalmente y si en algún caso se os ofreciere duda de consideración avisareis al Consejo." *Carta acordada*, 29.07.1597. AHN, Inq., lib. 497, fol. 237r–238v. Vgl. auch THOMAS (2001), Los protestantes, S. 496 f.; CONTRERAS (1982), El Santo Oficio, S. 620. Zum Umgang mit ausländischen Kriegsgefangenen s. *carta acordada*, 24.07.1598. AHN, Inq., lib. 497, fol. 238v–240r.
64 Für die amerikanischen Tribunale habe ich keine entsprechenden Hinweise gefunden.

zu einem massiven Ressourcenverschleiß. Eine gleichzeitige Auseinandersetzung mit England konnte sich die Krone nicht mehr leisten. Der ab 1598 regierende Philipp III. wurde deshalb von seinen Beratern zu einem Frieden gedrängt, der König selbst war dazu nur widerwillig bereit. Erste Verhandlungen um das Jahr 1600 scheiterten unter anderem an den Forderungen der Engländer nach weitgehendem religiösen Schutz.[65] Nach dem Tod von Elisabeth I. begannen 1603 neue Gespräche, wobei religiöse Aspekte wiederum eine entscheidende Rolle spielten. So wurden die spanischen Unterhändler dazu beauftragt, Garantien für die Duldung der Katholiken in England auszuhandeln.[66] Die englische Krone verlangte ihrerseits den Schutz ihrer Untertanen vor der Verfolgung durch die Inquisition. Neben der Religion war der Handelszugang zu den *Indias* ein weiterer Knackpunkt der Verhandlungen.[67] Es waren genau jene Themen, die auch in den nachfolgenden Verträgen zwischen Spanien und protestantischen Mächten immer wieder für Diskussionen sorgen sollten.

1604 unterzeichneten Philipp III. und Jakob I. das Friedensabkommen.[68] Artikel 21 (beziehungsweise 23) sah vor, dass Engländer, die auf spanischem Gebiet Handel trieben, nicht wegen ihres Gewissens *(por razón de conciencia)* verfolgt werden durften, solange sie nicht für einen religiösen Skandal *(escándalo)* sorgten. Der Begriff *conciencia* bezog sich auf den Glauben und war nicht zufällig gewählt worden. Vielmehr ging es hier um das bereits beim Alba-Cobham Agreement zum Tragen gekommene Prinzip des kanonischen Rechts, dass die persönliche Überzeugung, auch wenn sie der Kirchenlehre widersprach *(conciencia errónea)*, nur dann verfolgt werden durfte, wenn sie gegen außen wahrnehmbar wurde. Dann nämlich kam es zum *escándalo*, womit – ebenfalls nach kanonischem Recht – eine öffentlich begangene, Anstoß erregende Sünde gemeint war.[69]

---

65 THOMAS (2001), La represión, S. 301 f.
66 LOOMIE (1963), Toleration and Diplomacy.
67 ALLEN (2000), Philip III, S. 137 f.
68 Der spanische Text des Vertrages findet sich u.a. in S.N. (2006), El Tratado de Londres. Artikel 21 entspricht hier dem Artikel 23 im englischen Vertrag. Im spanischen Vertrag sind die englischen Artikel 10 und 11 in einem Artikel (10) zusammengeführt worden; der spanische Artikel 15 entspricht den englischen Artikeln 16 und 17. Zumindest die spanische Artikelnummerierung lässt sich in den Quellen belegen, vgl. etwa *Suprema* an Karl II., 02.03.1681. AHN, Inq., lib. 267, fol. 44r–51v.
69 Zur kirchenrechtlichen Dimension des *escándalo* (lat. *scandalum*) vgl. MEYER (2011), Das Publicum, hier S. 133. Für die protestantische Perzeption des Konzepts s. HODLER (1996), Protestant Self-Perception. Der Begriff des *escándalo* tauchte in Spanien in Zusammenhang mit ausländischen Protestanten bereits in den 1530er-Jahren auf. Dazu THOMAS (2001), La represión, S. 193–195.

Wie die religiösen Bestimmungen des Vertrags genau umgesetzt werden sollten, klärten die Vertragspartner in einem geheimen Zusatzprotokoll: Engländer durften nicht aufgrund von Glaubensdelikten verfolgt werden, die sie *außerhalb* des spanischen Reiches verübten. Des Weiteren mussten sie weder die Messe besuchen noch zur Kommunion oder Beichte gehen. Sollten sich die Engländer jedoch freiwillig in eine Kirche begeben, hatten sie sich gemäß den katholischen Riten zu verhalten. Und wenn bei einer Prozession das Allerheiligste durch die Straßen getragen wurde, mussten die englischen Protestanten entweder niederknien oder sich in einer Seitenstraße oder in einem Gebäude verbergen. Schließlich wurde vereinbart, dass im Falle eines Prozesses nur das Eigentum des Angeklagten von der Inquisition beschlagnahmt werden durfte, nicht aber die gesamte Schiffsladung.[70] Der Begriff des *escándalo* war von nun ein fester Bestandteil der internationalen Verträge, die Spanien mit protestantischen Mächten aushandelte. Zudem entwickelte er sich zu einem wichtigen Element des inquisitorischen Diskurses.

Im Gegensatz zum Abkommen von 1575 nahm die Inquisition dieses Mal offenbar keinen direkten Einfluss auf die Verhandlungen. Auf den ersten Blick mag dies als Ausdruck einer Schwächung des *Santo Oficio* erscheinen. Vergleicht man jedoch den Friedensvertrag von 1604 mit dem Alba-Cobham Agreement, so fällt auf, dass die Bestimmungen praktisch identisch blieben. Der qualitative Unterschied zwischen den beiden Abkommen lag vor allem in der Form begründet: Erstmals machte die spanische Krone einer anderen Großmacht in einem Friedensvertrag religiöse Zugeständnisse. Philipp III. war sich der Symbolkraft dieses Aktes durchaus bewusst. Er versuchte dann auch bis zuletzt, eine Schwächung der Inquisition zu verhindern.[71]

Die *Suprema* leitete die im Abkommen vereinbarten Regelungen zur Religion ihren Inquisitoren und Kommissaren weiter. Im Dezember 1604 forderte der Inquisitionsrat die Tribunale mittels einer *carta acordada* dazu auf, sich bei den Schiffsvisitationen *(visitas de navíos)* zurückzuhalten. Engländer und Schotten durften dabei nur zu ihrer Religion befragt werden, wenn ein konkreter Verdacht bestand, dass sie auf spanischem Gebiet gegen den Glauben verstoßen hatten.[72] Am 19. April 1605 verschickte die *Suprema* erneut ein Rundschreiben,

---

70 THOMAS (2001), La represión, S. 306–308.
71 SALYER (1950), Algunos aspectos, S. 381 f.
72 *Carta acordada*, 11.12.1604. AHN, Inq., lib. 497, fol. 256r–257r.

in dem der Artikel 21 des Friedensvertrages kommuniziert wurde.[73] Bereits drei Tage später folgten weitere Anordnungen. Dieses Mal ging es um Engländer, die sich freiwillig bei der Inquisition meldeten. Diesen protestantischen *espontáneos* musste gemäß der *Suprema* mit großer Milde begegnet werden. Jene, die bereits im Katholizismus unterrichtet worden waren oder diesen zeitweise gar praktiziert hatten, sollten im Sitzungssaal des Tribunals *(sala de la audiencia)* die Absolution *ad cautelam* erhalten und in die Gemeinschaft der Gläubigen (wieder-)aufgenommen werden. Diejenigen Engländer, die über keine Kenntnisse der katholischen Religion verfügten, sollten ebenfalls die Absolution *ad cautelam* erhalten, mussten aber vor ihrem endgültigen Übertritt zum Katholizismus einer Katechese unterzogen werden.[74] Diese Regelungen entsprachen somit exakt jenen Vorgaben, die die *Suprema* 1597 dem Tribunal von Santiago de Compostela gemacht hatte. Damit fand sowohl eine Verallgemeinerung als auch eine Einschränkung statt: Die Anordnungen wurden nun an *alle* Tribunale verschickt (während 1597 wohl nur das galizische Tribunal betroffen war), galten vordergründig jedoch nur noch für die Engländer. Eine wichtige Präzisierung nahm der Inquisitionsrat 1610 vor: Gegen die auf der Iberischen Halbinsel dauerhaft residierenden Engländer konnte weiterhin ohne Einschränkungen vorgegangen werden.[75] Damit wurde betont, dass Häretiker nur *vorübergehend* geduldet und als Fremdkörper in der spanischen Monarchie angesehen wurden. Jegliche Integration in die iberische Gesellschaft setzte hingegen eine Konversion zum Katholizismus voraus.[76]

---

73 *Carta acordada,* 19.04.1605. AHN, Inq., lib. 497, fol. 259v–260r. Im Oktober 1605 versandte der Inquisitionsrat dann präzisierte Anweisungen, die auf dem geheimen Zusatzprotokoll des Friedensvertrages beruhten. *Carta acordada,* 08.10.1605. AHN, Inq., lib. 497, fol. 264r–265v.
74 *Carta acordada,* 22.04.1605. AHN, Inq., lib. 497, fol. 260r–261r. Diese *espontáneos* mussten später nicht mehr vor einem Tribunal erscheinen, sondern konnten die Absolution direkt über den Kommissar erhalten. Vgl. dazu: *Carta acordada,* 28.01.1631. AHN, Inq., lib. 497, fol. 392v–398v, hier fol. 396r.
75 *Carta acordada,* 25.05.1610. AHN, Inq., lib. 497, fol. 283r–283v. Hier wird zwischen den dauerhaft ansässigen „ingleses de asiento" und den vorübergehenden Aufenthaltern, den „entrantes y salientes" unterschieden. Vgl. auch THOMAS (2001), La represión, S. 309 sowie MANZ (2006), Fremde und Gemeinwohl, S. 98–106. Manz unterscheidet für das 18. Jahrhundert zwischen „niedergelassenenen *(domiciliados)* und auf lokaler Ebene eingebürgerten oder als eingebürgert zu betrachtenden *(avecindados)* Ausländern und den nur vorübergehend im Land weilenden, echten Ausländern, den *transeuntes*".
76 Dazu auch HERZOG (2003), Defining Nations, S. 107.

3.3 Internationale Abkommen und Religion

Die *Suprema* setzte die Bestimmungen also weitgehend widerspruchslos um. Ohne Frage stand sie dabei unter dem Druck des Staatsrates.[77] Eine Rolle spielte sicher auch die Personalpolitik des Duque de Lerma, der innerhalb von zehn Jahren vier Generalinquisitoren einsetzte.[78] Entscheidend war aber, dass die religiösen Schutzklauseln des Friedensvertrags auf längst etablierten Normen beruhten und diese lediglich neu implementierten beziehungsweise verstärkten.[79] Zudem reagierte die *Suprema* geschickt auf die veränderten Umstände, indem sie die Konversion von protestantischen Engländern zu erleichtern suchte. Damit setzte das *Santo Oficio* neben der Repression vermehrt auf die Strategie der Inklusion.

Nach erfolglosen Versuchen, über eine Heirat der spanischen Infantin María mit dem britisch-protestantischen Thronfolger Charles eine dauerhafte Allianz zwischen der spanischen und der englischen Krone zu erreichen, kam es 1624/25 erneut zum militärischen Konflikt. In der Folge mussten Engländer und Schotten Spanien verlassen. Der Generalinquisitor persönlich bot Philipp IV. die Veröffentlichung eines Edikts an, das die religiöse Verfolgung aller protestantischen Engländer und Schotten proklamierte.[80] Mitte 1626 wurden die Tribunale von der *Suprema* dazu aufgefordert, wegen des „Vertragsbruchs" von Seiten der englischen Krone uneingeschränkt gegen deren Untertanen vorzugehen.[81] Aber schon fünf Jahre später wurde diese Anordnung aufgrund des Friedens von 1630 wieder zurückgenommen. In einer auf den 28. Januar 1631 datierten *carta acordada* fasste die *Suprema* die wesentlichen Regeln zusammen: Unter den Schutz des Friedens fielen ausschließlich jene Untertanen der englischen Krone, die sich nicht dauerhaft auf der Iberischen Halbinsel aufhielten. Die Inquisition durfte sie nur dann befragen, wenn es Hinweise darauf gab, dass diese auf spanischem Gebiet gegen die Gesetze der katholischen Religion verstoßen hatten. Untertanen der englischen Krone konnten nicht gezwungen werden, an katholischen Riten teilzunehmen. Taten sie es freiwillig, mussten sie sich an die entsprechenden Regeln halten. Die Einfuhr verbotener Bücher war streng verboten. Die

---

77 Vgl. z.B. das Schreiben vom *Consejo de Estado* an Philipp III., 23.12.1604. AGS, Est., leg. 2512, Doc. 13 (s. fol.).
78 THOMAS (2001), La represión, S. 312.
79 Vgl. GÓMEZ-CENTURIÓN JIMÉNEZ (1987), Pragmatismo económico, S. 80.
80 Generalinquisitor an Philipp IV., 09.11.1625. AHN, Inq., lib. 260, fol. 239r–239v.
81 „[P]or el quebrantamiento de las paces". *Carta acordada*, 29.05.1626. AHN, Inq., lib. 497, fol. 347r, Zitat ebd.

Güterkonfiskation hatte sich jeweils auf die angeklagte Person zu beschränken – Schiffsladungen durften also nicht pauschal beschlagnahmt werden. Konversionswillige sollten zuvorkommend behandelt werden. Untertanen der englischen Krone, die dauerhaft auf der Iberischen Halbinsel residierten, mussten überwacht werden.[82] Die *carta acordada* führte keine neuen Regeln ein, fasste die Bestimmungen jedoch zusammen und diente den Inquisitoren im Folgenden als wichtiger Referenzpunkt.[83]

Der niederländisch-spanische Waffenstillstand (1609) und der Vertrag von Münster (1648)

Anfang des Jahres 1608 begann Spanien offiziell Verhandlungen zu einem Waffenstillstandsabkommen mit den Niederlanden. Die Situation war vergleichbar mit jener, die einige Jahre davor zum Frieden mit England geführt hatte; wieder war es die militärische und finanzielle Lage, die die spanische Krone dazu zwang, sich außenpolitisch Luft zu verschaffen. Neu war hingegen, dass Spanien ein ehemaliges Untertanengebiet faktisch als souveräne Macht anerkennen musste.[84]

Die strittigen Punkte blieben die Religion und der Handel in den *Indias*. Dass es hierbei nicht um zwei isolierte Themen ging, machte dem König ein hochrangiger Diplomat deutlich: Sollte der Handel in den *Indias* zugelassen werden, so hätte dies desaströse Konsequenzen für die spanische Wirtschaft. Schlimmer sei aber, „dass sich hier die Tür zum Eintritt der Häresie in jene Provinzen öffnet." Dies wiederum schwäche das wichtigste Argument für den spanischen Exklusivanspruch auf die Neue Welt, nämlich die Verbreitung der katholischen Religion und die Sorge dafür, „dass in jenen Gebieten, die noch zu entdecken sind, nicht die Irrtümer aus Deutschland, England und Frankreich eingeführt werden, was jetzt [mit diesem Vertrag] geschehen wird; mit der evidenten Gefahr, dass diese Pest die dortigen Vasallen Ihrer Majestät befällt".[85]

---

82   *Carta acordada*, 28.01.1631. AHN, Inq., lib. 497, fol. 392v–398v. Der Text ist in Auszügen abgedruckt in FAJARDO SPÍNOLA (1996), Las conversiones, S. 277–279.
83   FAJARDO SPÍNOLA (1996), Las conversiones, S. 18. In einem Handelsvertrag wurde 1641 den Dänen die gleichen Rechte wie den Engländern und Schotten zugesichert (ebd., S. 19).
84   Vgl. zur Perspektive der Generalstaaten ISRAEL (1995), The Dutch Republic, S. 399–405.
85   „[Y] lo que peor es, que se abre puerta por donde entre en aquellas Provincias la herejía, que enflaquece mucho el principal título con que se excluyan de navegar allá los otros Príncipes, que era la conservación de Nuestra Santa Religión en las tierras descubiertas; y preservar que no se introdujesen en las que están por descubrir los errores de Alemania, Inglaterra, y Fran-

3.3 Internationale Abkommen und Religion

Neben dem Handelsverbot in den *Indias* verlangte Philipp III. Zusicherungen für die *katholischen* Niederländer. Die Generalstaaten wiederum wollten ihre Bürger in Spanien vor der Verfolgung der Inquisition schützen. Die Niederländer erhielten schließlich die gleichen Privilegien wie die Engländer im Frieden von 1604. Philipp III. musste dabei eine persönliche Niederlage hinnehmen: Für den Schutz der Katholiken in den Niederlanden wäre er so weit gegangen, seine Herrschaftsansprüche über die Generalstaaten aufzugeben. Es besteht kaum ein Zweifel, dass dieses Anliegen für den König nicht nur eine Frage des Prestiges, sondern auch des Gewissens war.[86] Die Niederländer waren jedoch unter keinen Umständen bereit, auf Druck des spanischen Königs den eigenen Bürgern religiöse Freiheitsrechte zuzusichern.[87] Am 9. April 1609 wurde der Vertrag von den habsburgischen und niederländischen Vertretern in Antwerpen unterzeichnet.[88] Philipp III. ratifizierte ihn – widerwillig – drei Monate später.[89]

Die Inquisition musste den NiederländerInnen nun dieselben Privilegien zugestehen wie den EngländerInnen. Entsprechende Anweisungen versandte die *Suprema* erst Anfang des Jahres 1612. Dabei betonte sie, dass dauerhaft auf der Iberischen Halbinsel residierende Bürger der Generalstaaten nicht von den religiösen Zugeständnissen profitieren konnten.[90] Die religiösen Folgen des Waffenstillstandes manifestierten sich jedoch zunächst vor allem in den südlichen Niederlanden, wo die in ihrem Selbstbewusstsein gestärkten Calvinisten die habsburgischen Autoritäten offen provozierten.[91] In Spanien selbst änderte sich vorerst wenig. Die meisten Händler aus den nördlichen Niederlanden hatten die Iberische Halbinsel im Zuge der kriegerischen Auseinandersetzungen bereits im 16. Jahrhundert verlassen. Zwischen 1598 und 1609 hatte die Inquisition keine protestantischen Niederländer mehr angeklagt und zwischen 1609

---

    cia, como se introducirán ahora, con evidente peligro de que toque esta pestilencia a los vasallos que por allá tiene Vuestra Majestad". Juan Fernández de Velasco y Tovar an Philipp III., 31.05.1609. AGS, Est., leg. 2138, n. 12/13, s. fol.
86 ALLEN (2000), Philip III, S. 217.
87 ALLEN (2000), Philip III, S. 213 f.
88 Der spanische Text des Vertrages findet sich u.a. in S.N. (2006), La tregua de Amberes.
89 ALLEN (2000), Philip III, S. 233. Es erstaunt kaum, dass der Waffenstillstand in der nationalistischen Historiographie der Franco-Zeit als ein Tiefpunkt des habsburgischen Königreichs gewertet wurde. Vgl. dazu RUBIO ESTEBAN (1937), Los ideales hispanos, insbes. S. 116–122.
90 *Carta acordada*, 18.02.1612. AHN, Inq., lib. 497, fol. 289r–289v.
91 THOMAS (2001), La represión, S. 341–345.

und 1648 waren es kaum ein Dutzend.[92] Dazu muss allerdings eine ähnlich hohe Anzahl von Selbstanzeigen gerechnet werden.[93] In Bezug auf das Strafmaß hat Thomas Hinweise gefunden, dass die Inquisition habsburgische Flamen deutlich härter bestrafte als deren nördlichen NachbarInnen.[94]

Das Ende des Waffenstillstandes im Jahre 1621 setzte die Bestimmungen des Abkommens von 1609 zwar außer Kraft, die Prozesse gegen Niederländer nahmen jedoch weiter ab. Dies galt auch für die Selbstanzeigen, die vor allem Jugendliche betrafen.[95] Der Krieg hatte also zumindest vordergründig auf der Iberischen Halbinsel keine größeren Anpassungen der Inquisitionspraktiken zur Folge.[96] Die religiösen Bestimmungen im niederländisch-spanischen Frieden von 1648 knüpften an den spanisch-englischen Vertrag von 1604 an: Die Protestanten waren vor inquisitorischer Verfolgung geschützt, solange sie nicht für einen *escándalo* sorgten. Umgekehrt mussten sich auch die Untertanen der spanischen Krone in den Niederlanden angemessen verhalten. Neu wurde den Generalstaaten zugesichert, dass sie ihre protestantischen Bürger in Spanien an einem würdigen Ort begraben durften.[97]

Die gescheiterten Verhandlungen mit Cromwell (1653–1655)

1653 verhandelten England und Spanien abermals über einen Friedensvertrag. Oliver Cromwell verlangte von Philipp IV. weitreichende Zugeständnisse, darunter die faktische Ausklammerung englischer Untertanen aus der inquisitorischen Jurisdiktion. Der spanische König beauftragte die *Suprema* daraufhin mit einer Stellungnahme. Darin begrüßte der Inquisitionsrat zwar grundsätzlich eine

---

92 THOMAS (2001), La represión, S. 347–352.
93 THOMAS (2001), Los protestantes, S. 523–527.
94 THOMAS (2001), La represión, S. 350 f. Etwas anders sah die Situation auf den spanischen Inseln aus. Das kanarische Tribunal verurteilte in den 1610er-Jahren zwei Niederländer zum Tode und auch auf Mallorca ging die Inquisition gegen mehrere Bürger der Generalstaaten vor. Thomas äußert die Vermutung, dass hier der fehlende diplomatische Druck ein härteres Vorgehen der Inquisitoren ermöglichte (ebd., S. 349–353). Insgesamt ging allerdings auf den Kanaren die Zahl der Anklagen aufgrund von Denunziationen Dritter gegen ausländische Protestanten noch stärker zurück, als dies auf dem spanischen Festland der Fall war. Die Selbstdenunziationen und Konversionen nahmen dagegen deutlich zu. FAJARDO SPÍNOLA (2003), Las víctimas, S. 52; 144 f. Vgl. auch RODRÍGUEZ GONZÁLEZ (2008), La diversidad, S. 44.
95 THOMAS (2001), Los protestantes, S. 523–527.
96 THOMAS (2001), La represión, S. 352 f.
97 Der spanische Vertragstext findet sich in S.N. (2006), La paz de Münster.

Erneuerung des Friedens von 1630, allerdings nur zu den damaligen Konditionen. Engländer sollten also weiterhin von der Inquisition verfolgt werden können, wenn sie durch skandalöses Verhalten auffielen. Nur bei der Forderung, den Engländern eigene Begräbnisstätten zuzuweisen, war die *Suprema* bereit, Konzessionen zu machen (dieses Recht hatten die Niederländer bereits 1648 erhalten).[98]

Zwei Jahre später legte Cromwell dem spanischen König einen konkreten Vertragsentwurf vor. Philipp IV. leitete diesen dem Generalinquisitor zur Prüfung weiter und beteuerte in der Tradition seiner Vorfahren, all seine Reiche und sogar sein eigenes Leben aufs Spiel zu setzen, um die Reinheit der römisch-katholischen Religion zu bewahren.[99] Dies war keinesfalls bloße Rhetorik. Vielmehr versuchte Philipp IV. seit der Trennung von seinem übermächtigen Günstling, dem Conde Duque de Olivares (1643), von der kurzfristigen, auf Reputation ausgerichteten Politik wegzukommen und stattdessen die Erhaltung des katholischen Glaubens stärker in den Vordergrund seiner Regierung zu stellen.[100] Vor diesem Hintergrund kam dem Vorschlag des englischen Lordprotektors eine besondere Sprengkraft zu: Artikel 23 sah vor, dass die spanische Krone allen EngländerInnen – also auch jenen, die sich dauerhaft auf der Iberischen Halbinsel aufhielten – Schutz vor religiöser Verfolgung und inquisitorischer Güterkonfiskation gewähren musste.[101]

Der Generalinquisitor Diego de Arce y Reinoso antwortete dem König mit einem umfangreichen Schreiben. Darin lehnte er die faktische Ausklammerung der Engländer aus der inquisitorischen Jurisdiktion rundweg ab. Er wies darauf

---

98 *Suprema* an Philipp IV., 31.03.1653. AHN, Inq., lib. 264, fol. 237r–239v. Interessanterweise ging aber auch der Indienrat, der sich mit der englischen Forderung nach dem Handelszugang zu Spanisch-Amerika befasste, auf die Religion ein und warnte vor dem totalen Ruin der spanischen Monarchie: „[P]orque además del mal intento que Ingleses llevan de alzarse la muchedumbre de sus navíos, introducirían luego sus falsos libros y errores y que atendiendo a todas estas consideraciones y al punto de la religión [...] Su Majestad debe negar a Ingleses la proposición que hacen, teniendo por menor inconveniente (sino hubiere otro medio) el romper con ellos que concederles la navegación y comercio en las Indias que piden". Bericht des Indienrates zur Erneuerung des Friedensvertrages (1653?). AGS, Est., leg. 2534, s. fol.

99 „[E]stoy con ánimo deliberado y constante de arriesgar antes todos mis Reinos y derramar la última sangre de mis venas, que ceder en esta alguna, que sea en deservicio de Dios, ni en perjuicio el menos de la pureza de mi sagrada religión". Philipp IV. an *Suprema*, 28.07.1655. AHN, Inq., lib. 264, fol. 337r–337v.

100 STRADLING (2002 [1988]), Philip IV, S. 269.

101 *Suprema* an Philipp IV., 18.08.1655. AHN, Inq., lib. 264, fol. 337r–340r, hier fol. 337v–338r.

hin, dass nur vorübergehend in Spanien wohnhafte Ausländer durch Friedensverträge geschützt sein sollten. Das Verbot der Güterkonfiskation, das Cromwell durchsetzen wollte, wies Arce kategorisch zurück und sprach dem König diesbezüglich jede Kompetenz für Zugeständnisse ab (sic). In seiner Argumentation berief sich der Generalinquisitor auf theologische Autoritäten, aber auch auf die Vorfahren Philipps IV. Mit eindringlichen Worten warnte er den König vor der Gefahr des Protestantismus.[102] Diese Haltung wurde wenig später vom gesamten Inquisitionsrat bestätigt.[103]

Die spanisch-englischen Verträge von 1667/70 und der Frieden von Utrecht (1713)

Die religiösen Forderungen Cromwells waren ein wesentlicher Grund dafür, dass die Friedensverhandlungen mit der spanischen Krone scheiterten.[104] In der Folge kam es zu einem neuen Krieg (1655–1660), der unter anderem zu einer verstärkten britischen Präsenz in der Karibik führte. Erst 1667/70 konnten sich Spanien und England auf neue Friedens- und Handelsverträge einigen, die in religiöser Hinsicht allerdings kaum Veränderungen brachten: Spanien sicherte der englischen Krone lediglich jene Rechte zu, die die Niederlande bereits im Vertrag von Münster erhalten hatten.[105] Mit dem Tod Karls II. und dem folgenden Erbfolgekrieg kam Spanien erneut in einen militärischen Konflikt mit den beiden protestantischen Mächten. Die *Suprema* teilte deshalb 1705 ihren Tribu-

---

[102] Diego de Arce y Reinoso an Philipp IV., 20.08.1655. AHN, Inq., lib. 264, fol. 325r–337r. Der Generalinquisitor wies u.a. auf die angebliche Nähe des Protestantismus zum Judentum hin und nannte als Beweis die Unterstützung, die Juden den Niederländern bei deren brasilianischen Expeditionen gewährt hatten (ebd., fol. 333v–334r).

[103] *Suprema* an Philipp IV., 18.08.1655. AHN, Inq., lib. 264, fol. 337r–340r.

[104] Zu den Gründen dieses Scheiterns s. den Bericht des spanischen Staatsrates an Philipp IV., 07.06.1659. AGS, Est., leg. 2534, n. 6: „La mayor dificultad que se ofreció en el tratado [...] para renovar la paz [de 1630...] sitió en la pretensión del comercio de las Indias y de que sus súbditos pudiesen tener en los dominios de Su Majestad el libre ejercicio de su religión" (ebd.). Vgl. auch KAMEN (2014), The Spanish Inquisition, S. 343.

[105] Hinzu kam eine zumindest implizite Ausweitung der Schutzklauseln auf jene Engländer und Schotten, die sich längerfristig in Spanien niederließen. Im entsprechenden Artikel 28 ist von den Engländern „que van, vienen o *queden*" die Rede (Hervorhebung durch JG). S.N. (1668), Tratado entre España y Gran Bretaña (1667), fol. 18v. Verfügbar über *Fondos digitales de la Universidad de Sevilla* (URL: http://fondosdigitales.us.es/fondos/libros/1900/1/tratado-para-la-conservacion-y-renovacion-de-paz-y-amistad-entre-las-coronas-de-espana-y-la-gran-bretana/, Zugriff am 15.10.2015).

nalen mit, dass Niederländer und Engländer nicht mehr durch die religiösen Bestimmungen von Friedensverträgen geschützt waren. Gleichzeitig wurden die Inquisitoren angewiesen, häretische Händler befreundeter Nationen weiterhin zuvorkommend zu behandeln.[106]

Im Frieden von Utrecht (1713) machte die spanische Krone England und den Niederlanden im Wesentlichen die gleichen religiösen Zugeständnisse wie in den vorhergehenden Verträgen des 17. Jahrhunderts. Ihre Untertanen und Bürger waren vor inquisitorischer Verfolgung sicher, solange sie ihre Religion nicht öffentlich praktizierten und für keinen *escándalo* sorgten. Dies galt nun explizit auch für jene Engländer und Niederländer, die sich dauerhaft in den spanischen Reichen niederließen *(residentes)*.[107]

3.4 Internationale Abkommen in den *Indias*

Neben der Religion war für Spanien der Handelszugang zu den *Indias* der zweite Kernpunkt seiner internationalen Beziehungen. Im Vertrag von London (1604) war vereinbart worden, dass freier Handel dort möglich war, wo er bereits vor Kriegsausbruch stattgefunden hatte. Spanien interpretierte dies als klares Verbot einer englischen Präsenz in den *Indias*.[108] Die Ausklammerung der Überseegebiete aus dem Abkommen von 1604 beförderte die Legitimierung von Kriegshandlungen außerhalb Europas. Dieses Phänomen wurde später von Teilen der Forschung unter der etwas missverständlichen Formel *No peace beyond the line* zusammengefasst.[109] Die 1609 vereinbarte Waffenruhe mit den Nieder-

---

106 *Carta acordada,* 16.10.1705. AHN, Inq., lib. 498, fol. 241r–242v.
107 S.N. (1843), Tratado de comercio y amistad (1713), Artikel 28; S.N. (1843), Tratado de paz (1714), Artikel 28.
108 ALLEN (2000), Philip III, S. 136; KEMPE (2010), Fluch der Weltmeere, S. 70 f.; 117–121.
109 Die Idee „No peace beyond the line" basiert ihrerseits auf der Vorstellung von „Freundschaftslinien" (sic), welche die Reichweite von Friedensverträgen beschränkt haben sollen. Solche „Freundschaftslinien" standen erstmals im spanisch-französischen Frieden von Cateau-Cambrésis (1559) zur Debatte. In der Forschung wird kontrovers darüber diskutiert, um welche *konkreten* Linien es dabei ging: „Zu identifizieren glaubt man sie meist im Westen entweder mit dem Azorenmeridian oder dem durch El Hierro gezogenen Meridian der Kanarischen Inseln, im Süden entweder mit dem Wendekreis des Krebses oder dem Äquator." (KEMPE [2010], Fluch der Weltmeere, S. 55). Vgl. KEMPE (2010), Fluch der Weltmeere, S. 54–58; SENNING (1983), Piracy, S. 198; MATTINGLY (1963), No Peace; BRIDENBAUGH/BRIDENBAUGH (1972), No Peace Beyond the Line, S. 103; 117–121; WILLIAMS (1990), The American Indian, S. 132–

landen galt hingegen explizit auch für die *Indias*. Ihre Umsetzung trat dort aufgrund der räumlichen Distanz mit einjähriger Verspätung in Kraft. Spanien konnte zwar ein Handelsverbot in seinen Überseebesitzungen durchsetzen, musste jedoch den Generalstaaten den Zugang zu jenen Gebieten gewähren, die nicht unter der effektiven Kontrolle der Krone standen (Artikel 4).[110] Das gab der niederländischen Expansion Auftrieb, und Spanien sah sich 1648 dazu gezwungen, die von den Generalstaaten eroberten Gebiete anzuerkennen. Die Krone beharrte aber weiterhin auf dem Handelsmonopol innerhalb ihres Imperiums.[111]

An diesem Anspruch konnte zunächst auch England nicht rütteln. Die Verträge von 1667/70 brachten dem Land zwar die Anerkennung seiner amerikanischen Kolonien, verboten aber explizit wirtschaftliche Beziehungen mit den spanischen Überseegebieten.[112] Der Aufenthalt von Engländern auf spanisch-amerikanischem Territorium blieb verboten. Es gab eine Ausnahme: Bei Schiffbruch, kriegerischen Handlungen mit Dritten oder sonstigen Notfällen durften englische Schiffe in die Häfen der *Indias* einlaufen. Den Schutzsuchenden war in diesem Fall Hilfe zu leisten.[113]

Eine substantielle Neuerung erfolgte 1713, als die spanische Krone im Zuge des Friedens von Utrecht mit England einen Sklavenhandelsvertrag abschloss. Mit diesem sogenannten *asiento de negros* erhielten die Briten das Recht, mittels ihrer Südseekompanie über bestimmte Häfen der spanisch-amerikanischen Atlantikküste Sklaven einzuführen. Zu diesem Zweck durften sich protestantische Engländer vorübergehend in den *Indias* aufhalten, wobei die Höchstzahl

---

134.
110 ALLEN (2000), Philip III, S. 232. Vgl. auch ISRAEL (1982), The Dutch Republic, S. 11 f. Laut dem französischen Diplomaten Pierre Jeannin, der bei den Verhandlungen zum Waffenstillstand beteiligt war, wurde zum Indienhandel ein geheimer Zusatzartikel vereinbart. In diesem soll den Niederländern von den Habsburgern ein faktisch unbeschränkter Zutritt zu den *Indias* garantiert worden sein. Die Echtheit dieses Dokuments wird von der Geschichtswissenschaft jedoch in Zweifel gezogen. Vgl. dazu ALLEN (2000), Philip III, S. 307, EN 72 sowie STOLS (1971), De Spaanse Brabanders, S. 110 f. Der angebliche Text des Artikels findet sich in ABREU Y BERTODANO (1740), Colección de los tratados I, S. 484–485.
111 LYNCH (1992), The Hispanic World, S. 258.
112 Der Vertragstext findet sich u.a. in CALVO (1862), Colección completa de los tratados, S. 162–172.
113 CALVO (1862), Colección completa de los tratados, S. 170 f. (Artikel 10/11). Eine ähnliche – allerdings nicht ausdrücklich auf die *Indias* bezogene – Klausel gab es bereits im spanisch-niederländischen Friedensvertrag von 1648 (Artikel 23). Vgl. dazu HERRERO SÁNCHEZ (2000), El acercamiento, S. 43.

auf sechs Personen pro Hafen festgelegt wurde (Artikel 11).[114] Dass sich Philipp V. der religiösen Tragweite des *asiento* bewusst war, zeigt sich darin, dass er den Inquisitionsrat konsultierte. Der Generalinquisitor und der Rat konnten erfolgreich durchsetzen, dass sich die englischen Sklavenhändler in religiöser Hinsicht absolut unauffällig zu verhalten hatten. Sollte es trotzdem zu einem *escándalo* kommen, so konnte die Inquisition gegen sie vorgehen (Artikel 1).[115] Diese Regelung stand in einem gewissen Widerspruch zu anderen Vereinbarungen. So wurde in Artikel 13 des *asiento* festgelegt, dass die englischen Verwalter *(factores)* bei rechtlichen Problemen von einem selbst gewählten spanischen Funktionär *(juez conservador)* – etwa einem Gouverneur – vertreten werden sollten. Damit verfügten die Engländer gewissermaßen über einen Anwalt, den sie entsprechend zu finanzieren hatten.[116] In Artikel 14 wurde es zudem jeglicher spanischen Gerichtsbarkeit untersagt, Schiffe des *asiento* zu beschlagnahmen und deren Abfahrt zu verhindern. Prompt kam es zwischen der Inquisition auf der einen und den Rechtsvertretern des *asiento* auf der anderen Seite zu Jurisdiktionskonflikten. Der *asiento de negros* wurde 1718 und 1727 aufgrund von militärischen Auseinandersetzungen jeweils kurzzeitig außer Kraft gesetzt. 1739 kam der *asiento* dann aufgrund des spanisch-englischen Kriegs *(War of Jenkins' Ear)* endgültig zum Erliegen.[117]

Zusammenfassend kann konstatiert werden, dass das frühneuzeitliche Spanisch-Amerika innerhalb des internationalen Vertragsrechts eine Sonderzone darstellte, in der nach Ansicht der spanischen Krone kein wirtschaftlicher Austausch mit ausländischen Mächten stattfinden durfte. Diese Regelung korrespondierte mit dem generellen Ausländerverbot in den *Indias*. Der fundamentale Unterschied zwischen Spanien und seinen Überseegebieten lag somit darin begründet, dass sich auf der Iberischen Halbinsel Protestanten legal aufhalten

---

114 Der Vertrag findet sich in S.N. (1843), Tratado del asiento de negros (1713).
115 Staatssekretär Joseph de Grimaldo an *Consejo de Indias*, 17.03.1713. AGI, Indiferente, leg. 2799, s. fol; Generalinquisitor an Staatssekretär Joseph de Grimaldo, 20.03.1713. AGS, Est., leg. 6822, n. 62, s. fol.
116 Vgl. auch SORSBY (1975), British Trade, S. 49.
117 Zwar wurde nach dem Frieden von 1748 (Aix-la-Chapelle) der *asiento* wieder für vier Jahre in Kraft gesetzt, England verzichtete jedoch aus praktischen Gründen auf einen erneuten (und aller Voraussicht nach unrentablen) Sklavenhandel. SORSBY (1975), British Trade, S. 130; 182. Vgl. auch FERNÁNDEZ DURÁN (2011), La corona española, S. 289–303; O'MALLEY (2014), Final Passages, S. 263.

konnten, in den *Indias* hingegen nicht.[118] Was bedeutete dies nun für die Anwendung der religiösen Schutzklauseln von Seiten der amerikanischen Inquisitoren? Historikerinnen und Historiker gingen bisher implizit oder explizit davon aus, dass diese Schutzklauseln auch in den *Indias* Geltungskraft entfalteten.[119] Inwieweit dies tatsächlich der Fall war, verdient einer vertieften Diskussion, die ich im weiteren Verlauf dieser Arbeit führen will.

3.5 Exkurs: Methodologische Probleme quantitativ basierter Deutungsmuster

Mit dem folgenden Exkurs will ich das methodisches Vorgehen für den zweiten Teil meiner Arbeit erläutern und begründen. Dabei soll es zunächst um die Möglichkeiten und Grenzen zahlenbasierter Aussagen zu Inquisitionsprozessen gehen. In den 1980er-Jahren entstanden verschiedene Forschungsbeiträge, die eine quantitative Auswertung entsprechender Quellen zum Gegenstand hatten. Insbesondere die *relaciones de causas* – also die jährliche Übersicht über die durchgeführten Verfahren an den einzelnen Tribunalen – wurden als Grundlage serieller Vergleiche hinzugezogen. Damit ließ sich die Anzahl bestimmter Delikte an einem bestimmten Ort über mehrere Jahrzehnte verfolgen. Zusätzlich konnten auch weitere Parameter wie das Strafmaß hinzugezogen werden.[120]

---

118 Auf die Ausnahme des *asiento de negros* wird später vertieft eingegangen.
119 ÁLVAREZ ALONSO (1999), La Inquisición en Cartagena de Indias, S. 158; CASTAÑEDA DELGADO/HERNÁNDEZ APARICIO (1989), La Inquisición de Lima 1, S. 465 f.; PRIEN (2013), Christianity, S. 208 f.; AUGERON (2009), Prêcher ou commercer?, S. 89 f.; TARDIEU (1995), L'Inquisition de Lima, S. 45–47. Herrero Sánchez und Poggio weisen in ihrem Beitrag zum Zwölfjährigen Waffenstillstand zwar auf das Ausländerverbot in Spanisch-Amerika hin. Sie behaupten aber, dass die Inquisition auch in den *Indias* verpflichtet war, die religiösen Klauseln des Vertrags zu implementieren. HERRERO SÁNCHEZ/POGGIO GHILARDUCCI (2012), El impacto de la Tregua, S. 259. Kristen Block wiederum wundert sich darüber, dass die Friedensverträge offenbar auch für die amerikanische Inquisition ihre Gültigkeit hatten: „[W]e often think of the Inquisition as merely an arm of the imperial state, a state that officially prohibited foreign settlement in the Americas and ignored peace treaties ‚beyond the line' of amity." BLOCK (2012), Ordinary Lives, S. 84. Auch sie geht dieser Frage aber nicht weiter nach.
120 DEDIEU (1983), Les quatre temps; CONTRERAS/HENNINGSEN (1986), Forty-four Thousand Cases. Eine rein quantitative Interpretation von Inquisitionsprozessen wurde verschiedentlich kritisiert. Vgl. dazu THOMAS (2001), La represión, S. 135–140; GREENLEAF (1995 [1969]), La Inquisición en Nueva España, S. 14; MAYER (2008), Lutero en el paraíso, S. 147; FAJARDO SPÍNOLA (1999), La actividad procesal, S. 114 f.

Auch in der jüngeren Inquisitionsforschung erfreute sich ein solch quantitatives Vorgehen großer Beliebtheit. Dass dies nicht immer unproblematisch ist, will ich hier am Beispiel der Verfolgung englischer Protestanten auf der Iberischen Halbinsel aufzeigen.[121] Werner Thomas weist für die Zeit zwischen 1559 und 1604 143 Prozesse nach, zwischen 1605 und 1648 waren es hingegen nur noch 37 (Grafik 1). Es liegt nahe, diese deutliche Abnahme der Verfahren direkt auf den Friedensvertrag von 1604 zurückzuführen.[122] Allerdings ist hier Vorsicht geboten: Ein Blick in die Statistik zeigt nämlich, dass die vergleichsweise hohe Zahl verfolgter Engländer in der zweiten Hälfte des 16. Jahrhunderts vor allem durch Ausreißer zu erklären ist. So wurden in den Jahren 1577, 1583, 1586, 1592 und 1596 insgesamt 86 Engländer angeklagt, was 60 Prozent aller Fälle im Zeitraum von 1559 bis 1604 umfasst.[123]

Für eine Interpretation der Zahlen muss man sich also diese Spitzenwerte ansehen. Im Jahre 1586 wurde von der Inquisition gegen 35 Engländer prozessiert. Die große Mehrheit davon stammte gemäß Thomas von gerade mal zwei Schiffsmannschaften.[124] Auch in den Jahren 1592 und 1596 ging es um Gruppenprozesse gegen einzelne Bootsbemannungen.[125] Thomas erklärt dieses Phänomen mit dem spanisch-englischen Krieg (1585–1604). In jener Zeit war den englischen Händlern der Aufenthalt auf der Iberischen Halbinsel grundsätzlich verboten. Wir haben es also mit einer Ausnahmesituation zu tun, die nur bedingt in eine längere Jahresreihe integriert werden kann.

Wenn wir nun zum Ausgangspunkt zurückkommen, also zum Vergleich zwischen den Zeitspannen 1559–1604 und 1605–1648, so erscheint die quantitative Aussagekraft der Prozesszahlen gering. Festgestellt werden kann zunächst nur, dass es in der zweiten Phase zu keinen größeren Gruppenanklagen gegen Engländer kam. Allerdings beginnt diese Entwicklung bereits 1597 und damit deutlich vor Abschluss des Londoner Vertrags. Ein direkter Zusammenhang

---

121 Der Friedensvertrag von 1604 galt für alle Untertanen des englischen Königs, also auch für die Schotten. Aus praktischen Gründen werden im Folgenden nur die Prozesse gegen Engländer berücksichtigt.
122 Vgl. dazu THOMAS (2001), La represión, S. 316. „Por tanto, en un período de veinte años el Santo Oficio actuó solamente en veintinueve ocasiones, mientras que en los veinte años anteriores al Tratado – veinte años de guerra abierta – todavía condenó a casi ochenta reos ingleses" (ebd.).
123 THOMAS (2001), La represión, S. 293.
124 THOMAS (2001), La represión, S. 287.
125 THOMAS (2001), Los protestantes, S. 188 f.

zwischen diesem Abkommen und einer Abnahme der Prozesse kann statistisch somit kaum nachgewiesen werden.

Hinzu kommt ein weiteres Problem. Thomas diskutiert zwar das Phänomen der Selbstdenunziantinnen in seinem ersten Band ausführlich.[126] In seinem zweiten Band klammert er diese Fälle jedoch aus den Statistiken zu den englischen Angeklagten aus.[127] Dabei sind die Zahlen vielsagend: Zwischen 1561 und 1604 zeigten sich 29 Engländer an, im Zeitraum von 1605 bis 1648 waren es 97, wobei kein eindeutiger Trendbruch um das Jahr 1604 feststellbar ist (Grafik 2). Zweifellos hatten Selbstanzeigen inquisitorische Verfahren zur Folge – weshalb sollten diese also nicht in die allgemeinen Prozesszahlen einfließen? Thomas selbst hat sich dazu in seiner Studie nicht eindeutig geäußert.[128] Francisco Fajardo Spínola, der seinerseits für eine Ausklammerung der Selbstanzeigen plädiert, hat dafür folgende Erklärung gegeben: Zwar würde es sich bei diesen Fällen „technisch gesehen" um inquisitorische Verfahren, nämlich die Versöhnung von Häretikern mit der katholischen Kirche *(reconciliaciones),* handeln. Und tatsächlich seien die Selbstdenunziationen ausländischer Protestanten in die *relaciones de causas* aufgenommen worden. Von einem tatsächlichen Strafprozess könne jedoch nicht die Rede sein, da es weder einen Ankläger *(fiscal)* noch einen Verteidiger gebe. Zudem würde der Einbezug von Selbstanzeigen die Statistik verzerren und zu einer Überbewertung der inquisitorischen Aktivität gegen den Protestantismus führen.[129]

Ich würde hier eher umgekehrt argumentieren: Das Auslassen von Selbstdenunziationen gibt ein verzerrtes Bild der inquisitorischen Aktivität wieder. Schaut man sich beispielsweise die Gesamtzahl der Denunziationen von Engländern an, also sowohl Denunziationen von dritter Seite als auch Selbstdenunziationen, kommt man für die Zeit zwischen 1561 und 1604 auf 167 und für die Jahre 1605–1648 auf 134 Prozesse (Grafik 3). Die Quantität inquisitorischer Interventionen hat sich nach dieser Berechnung also nicht wesentlich vermindert, wohl aber die Art und der Ausgang der Prozesse – Selbstdenunziationen hatten nämlich keine oder nur leichte Strafen zur Folge. Solche Erkenntnisse sollten keines-

---

126 THOMAS (2001), Los protestantes, S. 489–615.
127 Vgl. zu den englischen Angeklagten THOMAS (2001), La represión, S. 264 (Cuadro 12); S. 316 (Gráfico 6).
128 Er weist allerdings darauf hin, dass es sich bei Selbstanzeigen um ordentliche Verfahren der Inquisition handelte. Vgl. THOMAS (2001), Los protestantes, S. 490 f.
129 FAJARDO SPÍNOLA (1999), La actividad procesal, S. 113.

falls aus der Analyse ausgeklammert, sondern vielmehr in den Fokus gerückt werden. Denn gerade die ‚unspektakulären' Fälle von *espontáneos* erlauben einen neuen Blick auf die Inquisitionspraktiken.

Inquisitionsprozesse gegen ausländische Protestanten (1561–1648)

―――― Denunziationen von Dritten

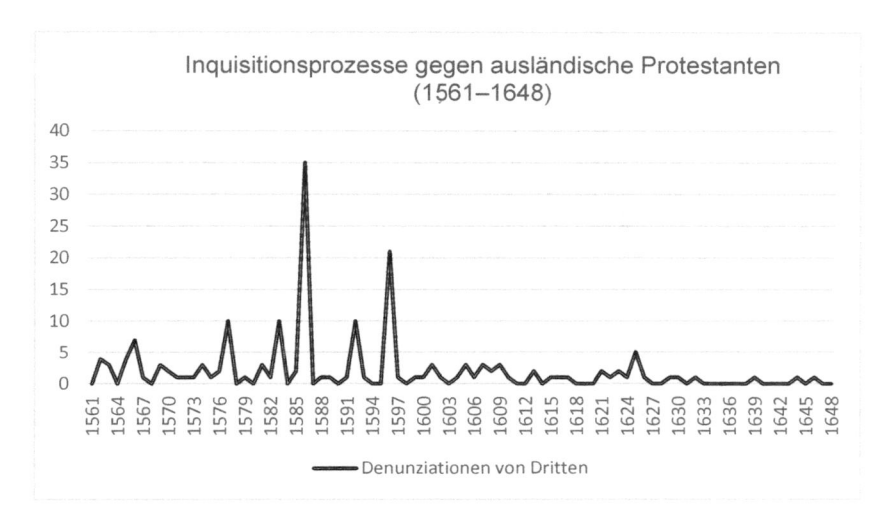

Grafik 1 Für die Zahlen zu 1605–1648 s. THOMAS (2001), La represión, S. 316. Die Zahlen zum Zeitraum von 1559 bis 1604 stammen aus einer unveröffentlichten Statistik von Werner Thomas, die er mir freundlicherweise zur Verfügung gestellt hat. Die einzelnen Daten finden sich nachfolgend (Denunziationen von dritter Seite gegen Engländer): [15]59: 2; 60: 3; 61: 0; 62: 4; 63: 3; 64: 0; 65: 4; 66: 7; 67: 1; 68: 0; 69: 3; 70: 2; 71: 1; 72: 1; 73: 1; 74: 3; 75: 1; 76: 2; 77: 10; 78: 0; 79: 1; 80: 0; 81: 3; 82: 1; 83: 10; 84: 0; 85: 2; 86: 35; 87: 0; 88: 1; 89: 1; 90: 0; 91: 1; 92: 10; 93: 1; 94: 0; 95: 0; 96: 21; 97: 1; 98: 0; 99: 1; [16]00: 1; 01: 3; 02: 1; 03: 0; 04: 1. Für eine Übersicht zu den entsprechenden Archivbeständen s. THOMAS (2001), La represión, S. 392–402.

Quantitative Analysen können hilfreich sein, Tendenzen inquisitorischen Handelns aufzuzeigen. Isoliert sind sie aber nur beschränkt aussagekräftig und verführen zu voreiligen Schlüssen.[130] Dies gilt insbesondere dann, wenn Zahlen mehrerer Tribunale vermischt werden und auf dieser Grundlage generelle Rück-

---

130 Werner Thomas hat dies methodisch ausführlich reflektiert und für seine Studien immer das Strafmaß als zusätzliche Variable sowie den historischen Kontext berücksichtigt. THOMAS (2001), La represión, S. 130–155.

Inquisitionsprozesse gegen ausländische Protestanten (1561–1648)

Denunziationen von Dritten — Selbstdenunziationen

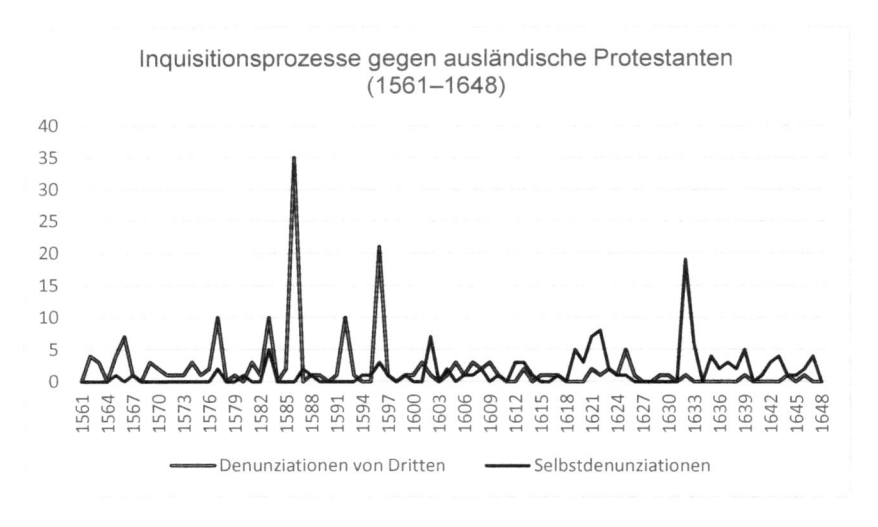

Grafik 2 THOMAS (2001), La represión, S. 337 f.; THOMAS (2001), Los protestantes, S. 513 (Gráfico 6).

Inquisitionsprozesse gegen ausländische Protestanten (1561–1648)

Total Denunziationen

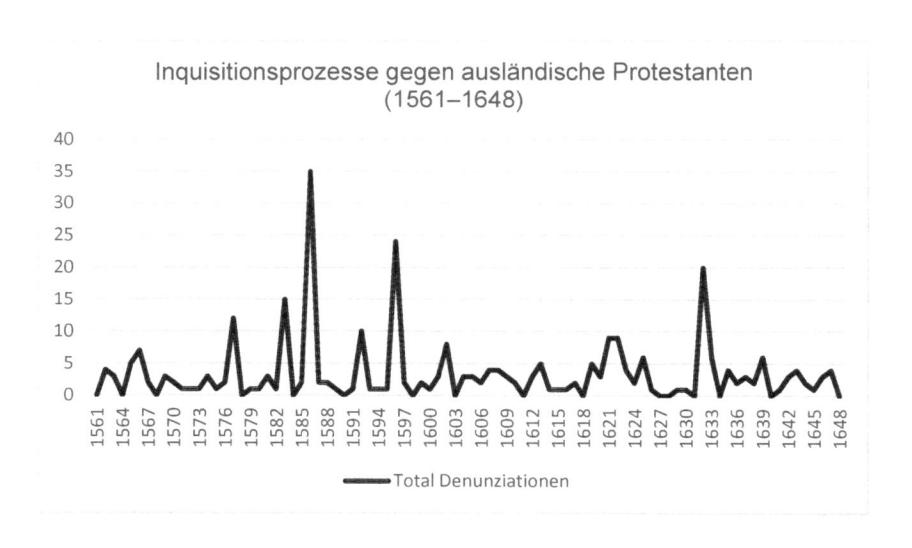

Grafik 3 Für die Quellenangaben s. Grafik 1 und 2.

schlüsse auf die Verfahren *der* Inquisition gezogen werden. Ich bin überzeugt, dass sich frühneuzeitliche Rechtspraktiken letztlich nur über eine vertiefte Analyse von Einzelfällen erfassen lassen. Aus diesem Grund fokussiere ich mich im zweiten Teil dieser Arbeit auf eine qualitative Auswertung der mir zur Verfügung stehenden Quellen. Neben den *relaciones de causas* und den Prozessakten nehme ich insbesondere die Korrespondenzen zwischen den einzelnen Tribunalen und der *Suprema* in den Blick. Dies erlaubt die Kontextualisierung von einzelnen Verfahren und Anordnungen und ermöglicht, Gemeinsamkeiten und Unterschiede zwischen den Tribunalen herauszuarbeiten.

Abschließend noch einige Bemerkungen zum Quellenkorpus. In Kapitel 4 wird stark auf bestehende Forschungsliteratur zurückgegriffen. Dies hat drei Gründe: Erstens gibt es für den Zeitraum von 1560 bis 1604 bereits einige Untersuchungen zu den Protestanten in der Neuen Welt. Zweitens war es arbeitsökonomisch nicht möglich, alle relevanten Quellen zu sichten. So wurden bei den Autodafés von 1574 und 1601 in Mexiko-Stadt sowie 1585 und 1595 in Lima über 80 Ausländer als *luteranos* angeklagt. Die vorliegende Arbeit kann hier einige Tendenzen aufzeigen, insgesamt stellt die Untersuchung dieser Autodafés aber weiterhin ein Forschungsdesiderat dar. Drittens spielten bis zum Beginn des 17. Jahrhunderts die für die Fragestellung zentralen, internationalen Abkommen noch keine große Rolle. Dieses Kapitel weist somit verschiedene Lücken auf und bietet zahlreiche Gelegenheiten zur Vertiefung. Als Ausgangspunkt für die weiteren Überlegungen ist es dennoch zentral.

Kapitel 5 und 6 haben einen größeren Anspruch auf Vollständigkeit. Hier habe ich systematisch alle *relaciones de causas*, Prozessakten und Korrespondenzen gesichtet, die mir für die Zeit zwischen 1604 bis 1700 zur Verfügung standen. Für Lima und Mexiko-Stadt sind für diese Jahre deutlich weniger Prozesse gegen des Protestantismus verdächtigte Ausländer überliefert als für das 16. Jahrhundert (insgesamt rund 50). Die meisten Anklagen erfolgten am 1610 gegründeten Tribunal von Cartagena de Indias (knapp 70). In Kapitel 5 werde ich zudem kurz auf die Situation in den Philippinen eingehen. Diese Inseln gehörten zur Jurisdiktion des neuspanischen Tribunals, bedürfen aber aufgrund ihrer peripheren und geostrategischen Lage einer gesonderten Betrachtung.

Für die Inquisition unter den Bourbonen (Kapitel 7) habe ich mich auf die Jahre 1700 bis ca. 1770 konzentriert. An allen drei amerikanischen Tribunalen dominierten in diesem Zeitraum die Selbstanzeigen. Für Lima und Cartagena de Indias nimmt die Zahl der überlieferten Prozesse nach dem ersten Drittel des

18. Jahrhunderts deutlich ab, für Neuspanien bleibt sie bis zum Ende des Kolonialreichs hoch. Dies hat in erster Linie mit der besonderen Archivsituation zu tun: Für das Vizekönigreich Peru sind wir hier fast vollständig auf das Archivo Histórico Nacional (AHN) in Madrid angewiesen; also auf jene Korrespondenz, die von Lima und Cartagena de Indias an die *Suprema* weitergeleitet wurde. Der Bestand für Neuspanien findet sich hingegen sowohl im AHN als auch im mexikanischen Archivo General de la Nación (AGN). Letzteres verfügt über eine, wenn auch nicht lückenlose, so doch sehr gut erhaltene Quellensammlung. Für das neuspanische Tribunal habe ich mich neben dem Studium der Primärquellen insbesondere auf die Monografie von Charles F. Nunn gestützt.[131]

Den Einfluss der *asientos de negros* auf die Inquisitionspraktiken behandle ich in Kapitel 8. Im Mittelpunkt steht hier der Fall des niederländischen Sklavenhändlers Balthasar Coymans (Kapitel 8.1), der sich in erster Linie in Sevilla und am spanischen Hof in Madrid abspielte. Der Fall ist auch deshalb so interessant, weil er außergewöhnlich gut und aus verschiedenen Perspektiven (Inquisitionsrat, Indienrat, Staatsrat und Krone) dokumentiert ist. Neben den Archiven in Simancas, Sevilla und Madrid würden hier – und in anderen Fällen – auch Quellensammlungen außerhalb der iberischen Hemisphäre interessante Einblicke verschaffen.[132] Damit sind die Möglichkeiten, aber auch die Beschränkungen der vorliegenden Arbeit benannt.

---

131 Nunn (1979), Foreign Immigrants.
132 Im Fall von Coymans etwa das niederländische Nationaal Archief in Den Haag.

Zweiter Teil:
Inquisitionspraktiken in den *Indias*

4 Korsaren und andere Feinde des Glaubens (1560–1604)

Als 1570 in Lima und Mexiko-Stadt Inquisitionstribunale errichtet wurden, war in Spanien der Schock über die Entdeckung von Protestantengemeinden in Sevilla und Valladolid immer noch spürbar. In den *Indias* häuften sich die Angriffe von französischen und englischen Korsaren, die nicht nur eine militärische, sondern auch eine religiöse Gefahr für die „neuen Pflanzen des Glaubens" darstellten. Daneben hatten sich in der Neuen Welt trotz diverser Verbote Ausländer niedergelassen. Sie stammten aus Frankreich, Flandern oder Deutschland und somit aus Regionen, die von der lutherischen Häresie ‚infiziert' waren. Vor diesem Hintergrund stellte der Protestantismus eine große Herausforderung für die ersten amerikanischen Inquisitoren dar. Wie würden sie darauf reagieren?

4.1 Neuspanien

In Neuspanien kam es erstmals um das Jahr 1560 zur Verfolgung einer größeren Gruppe von Protestanten durch die Inquisition.[1] Es handelte sich dabei um Franzosen, die unter dem Kommando des Korsaren Martin Cote spanische Siedlungen in der Karibik geplündert hatten. Einige von ihnen strandeten in Honduras, andere flohen vor einer spanischen Armada auf das Festland von Yukatan und gelangten nach Mérida. Dort ergaben sie sich mit Verweis auf den eben geschlossenen Frieden von Cateau-Cambresis (1559) den Autoritäten. Als die Spanier merkten, dass die Korsaren den protestantischen Glauben praktizierten, schalteten sie die Inquisition ein. Diese wurde von Angehörigen des lokalen Klerus (einem Vikar in Honduras und einem Franziskaner in Mérida) repräsentiert. Während die vier Franzosen in Honduras hart bestraft wurden – in einem Fall sprach der zuständige Vikar die Todesstrafe aus –, kamen die zwölf Korsaren in

---

1   Die wohl erste Anklage unter der episkopalen Inquisition (1536–1569) betraf einen Böhmen, der 1536 zum Tragen eines *sambenito*, zu Güterkonfiskation und zu Ausweisung aus den *Indias* verurteilt wurde. In den nächsten 25 Jahren wurden nur zwei weitere Personen angeklagt: ein vielleicht aus Milan stammender Italiener und ein Südniederländer. GRINGOIRE (1961), Protestantes enjuiciados, S. 163; 170; 172.

Mérida mit dem einjährigen Tragen des *sambenito* davon. Ein ebenfalls angeklagter Engländer erhielt zusätzlich 100 Peitschenhiebe, da er in Cartagena de Indias eine silberne Monstranz aus der Kathedrale entwendet hatte. Die säkulare Gerichtsbarkeit spielte in den Prozessen offenbar keine Rolle, obwohl auf Piraterie die Todesstrafe stand. Auffällig ist, dass die Verurteilten nicht nach Spanien ausgewiesen wurden und sich in Mérida und Mexiko-Stadt niederließen. Später wurde dem *alcalde mayor* von Yukatan, Diego Quijada, dann auch vorgeworfen, die mutmaßlichen Protestanten geschützt und gegen das Ausländerverbot verstoßen zu haben. Quijada wehrte sich mit dem Hinweis, dass die Rückkehr der Franzosen nach Europa ein militärisches Sicherheitsrisiko dargestellt hätte, da sie über genaue Kenntnisse der neuspanischen Golf- und Karibikküste verfügten.[2]

Die Prozesse in Mérida und Honduras fielen zeitlich mit der Entdeckung von Protestantengemeinden auf der Iberischen Halbinsel zusammen und waren mit ein Grund für die spätere Errichtung eines Inquisitionstribunals in Mexiko-Stadt.[3] Dessen Jurisdiktion erstreckte sich über ein Gebiet von annähernd drei Millionen Quadratkilometern und umfasste das gesamte Vizekönigreich Neuspanien. Dazu gehörten neben den spanischen Besitzungen in Nord- und Mittelamerika auch die karibischen Inseln (bis 1610) sowie die Philippinen. Zur Durchsetzung seiner Gerichtsbarkeit ließ das neuspanische Tribunal in den größeren Städten inquisitorische Kommissariate gründen. Die Kommissare wurden wiederum von Subkommissaren und lokalen *familiares* bei ihrer Arbeit unterstützt. Die Bevölkerung setzte sich zu ungefähr 80 Prozent aus Indigenen zusammen, die allerdings nicht unter die Jurisdiktion der Inquisitionstribunale fielen. Daneben gab es Spanier und afrikanische Sklaven sowie eine wachsende Gruppe von Mischlingen *(castas)*. Trotz verschiedener Verbote war die ausländische Präsenz eine Konstante in der neuspanischen Gesellschaft. Die größte Gruppe stellten die Portugiesen, daneben gab es zahlreiche weitere Nichtspanier aus Nord- und Südeuropa. Die meisten Ausländer befanden sich in Mexiko-Stadt, wo um das Jahr 1560 rund 100.000 Menschen lebten. Andere ließen sich in Hafenstädten

---

2   GRINGOIRE (1961), Protestantes enjuiciados, S. 172–175; GREENLEAF (1995 [1969]), La Inquisición en Nueva España, S. 103–110; HUERGA (1984), La pre-Inquisición, S. 693 f.; RUIZ MARTÍNEZ (2011), Corsarios franceses, S. 70–113; GRUNBERG (1997), Corsaires français; ADAMS (1969), The Franciscan Inquisition.
3   Vgl. GRUNBERG (1997), Corsaires français, S. 88; RUIZ MARTÍNEZ (2011), Corsarios franceses, S. 44 f.

(Veracruz, Acapulco) oder Bergbaugebieten (San Luis Potosí, Guanajuato) nieder.[4]

1574 kam es in Mexiko-Stadt zu einem großen Autodafé, an dem 33 ausländische Protestanten teilnehmen mussten.[5] Dabei handelte es sich neben einigen französischen Freibeutern um einen Teil der Mannschaft des englischen Korsaren John Hawkins. Hawkins war im Jahre 1568 vor Veracruz in einen Kampf mit einer spanischen Flotte geraten. Ihm selbst gelang zwar die Flucht, er musste jedoch einige seiner Männer auf dem amerikanischen Festland zurücklassen. Diese in der Historiografie als *abandonados* (Verlassene) bezeichneten Engländer[6] wurden zunächst von Indigenen und dann von den Spaniern attackiert. Die Überlebenden wurden gefangen genommen und dem neuspanischen Vizekönig Martín Enríquez de Almansa übergeben, der sie unter der lokalen Oberschicht verteilte.[7] Erst mit der Implementierung des Inquisitionstribunals kam es zu Prozessen. In der Folge wurden einige Engländer hingerichtet oder mit langer Haft, Auspeitschung und Galeere bestraft. Andere wurden lediglich zu einem ein- bis dreijährigen Aufenthalt in einem Konvent verurteilt, wo sie arbeiten und im Katholizismus unterrichtet werden sollten.[8]

Diese zur letzten Gruppe gehörenden Angeklagten wurden von HistorikerInnen auch als *afortunados* (Beglückte) bezeichnet. Dabei handelte es sich um junge Männer, die über ein gewisses soziales Prestige verfügten.[9] Die rechtliche Begründung für die milden Strafen findet sich in den Voten des Inquisitors Alonso Hernández de Bonilla. Dieser plädierte jeweils für einen Freispruch unter Vorbehalt *(absolución de la instancia)* mit anschließender Unterweisung im

---

4   Alberro (1988), Inquisition et société, S. 34–38; Chuchiak (2012), Regulations Concerning the Tribunals, S. 22–26; Israel (1975), Race, Class and Politics, S. 110–131; Burkholder (2000), An Empire Beyond Compare, S. 129.
5   Die Zahl basiert auf Gringoire (1961), Protestantes enjuiciados, S. 164; 172–175. Gringoire geht von 34 Protestanten aus, führt aber irrtümlich den Fall des Engländers William Orlando auf, der bereits 1569 in Haft gestorben war.
6   Bromber (2000), Abandonados and afortunados, S. 302.
7   Job Hortop, einer der englischen Gefangenen, verfasste später einen Erlebnisbericht. Darin behauptete er, dass Almansa zunächst vergeblich versucht habe, ihn und seine Mitgefangenen durch die bischöfliche Inquisition verurteilen zu lassen. Hortop (1963), Viajes de Job Hortop, S. 164 f.
8   Die Untersuchung des Autodafés von 1574 stellt weiterhin ein Forschungsdesiderat dar. Vgl. für eine Übersicht der Prozesse Báez Camargo (1961), Protestantes enjuiciados, S. 23–64 sowie Ruiz Martínez (2011), Corsarios franceses, S. 209–212.
9   Bromber (2000), Abandonados and afortunados, S. 306–310.

katholischen Glauben. Er argumentierte, dass sich bei den Angeklagten kein Nachweis für eine vorsätzliche Häresie *(herejía formal)* finden ließe, da diese nie in der katholischen Doktrin unterwiesen worden seien.[10] Bonilla setzte sich mit dieser Ansicht vorerst zwar nicht durch.[11] Im Jahre 1589 bat das neuspanische Tribunal die *Suprema* aber seinerseits um die Rehabilitierung der *afortunados*. Die neuspanischen Inquisitoren wiesen darauf hin, dass die Engländer durch ihre Eltern zu Häretikern geworden seien, und implizierten damit eine verminderte Schuldfähigkeit. Die *Suprema* gab dem Gesuch statt.[12] Dass Nachkommen von Häretikern mit einer gewissen Milde begegnet wurde, entsprach dabei durchaus den gängigen Normen inquisitorischen Rechts.[13]

Nach dem Massenprozess von 1574 gerieten die Neuchristen ins Visier der Inquisition und es kam nur noch vereinzelt zu Anklagen gegen ausländische Protestanten. Dies änderte sich um die Jahrhundertwende. Im Februar 1599 landete eine spanische Flotte mit rund 50 englischen Kriegsgefangenen im Hafen von Veracruz. Als die Inquisitoren darüber informiert wurden, wandten sie sich hilfesuchend an den neuspanischen Vizekönig. Ihr Tribunal verfügte nämlich nicht annähernd über die Kapazitäten, gegen eine solche Menge potentieller Häretiker zu prozessieren. Aber auch der Vizekönig wollte hier keine Verantwortung übernehmen. Die Inquisitoren verfügten daraufhin, die Engländer

---

10 *Voto* zu Juan de Sámano, alias John Evens, 04.02.1574. In: ARCHIVO GENERAL DE LA NACIÓN (1949), Libro primero de votos, S. 34 f.
11 Die Frage, weshalb einige Besatzungsmitglieder aus Hawkins' Mannschaft von der Inquisition relativ mild behandelt wurden, andere hingegen harte Strafen erhielten, wird in der Historiografie kontrovers diskutiert. James A. Williamson hält diesbezüglich fest, dass „[t]hose who had been small children when Elizabeth came to the throne, and had therefore never had any Catholic instruction, were for the most part sentenced to a period of menial service in a monastery, where they could be taught their new faith." WILLIAMSON (1969), Hawkins of Plymouth, S. 153. Robert Bromber argumentiert hingegen, dass für die *afortunados* nicht in erster Linie das Alter entscheidend war, sondern der soziale Status sowie politische und familiäre Beziehungen. Vgl. BROMBER (2000), Abandonados and afortunados, S. 308 f.
12 „[M]irado el tiempo de su reconciliación y culpa en que incurrieron por la inherencia [?] de sus padres y mayores como nacidos y criados en aquella secta parece que sería cosa justa y digna de la misericordia del Santo Oficio habilitarlos para que con esta honra olvidasen su pena y se animasen a preservar en la verdadera religión en que han sido instruidos". Mexiko-Stadt an *Suprema*, 25.05.1589. AHN, Inq., lib. 1048, fol. 249r–249v, hier fol. 249r. Die Annahme des Antrags von Seiten der *Suprema* (30.03.1590) findet sich ebd., fol. 249r.
13 So hatte etwa Tomás de Torquemada gegen Ende des 15. Jahrhunderts auf dieses Prinzip hingewiesen. Vgl. TORQUEMADA (1484), Instrucciones del Oficio, fol. 5r (Art. ix). Allerdings bezog sich Torquemada hier auf Minderjährige (bis 20 Jahre).

zunächst in Veracruz zu lassen und sie dort von der lokalen Bevölkerung zu isolieren. Danach sollten sie an das Tribunal von Sevilla überstellt werden. Die neuspanischen Inquisitoren baten die *Suprema* um Anweisungen, wie sie fortan in solchen Fällen vorzugehen hätten. Sie wiesen insbesondere auf die Gefahren der protestantischen Häresie für die Neue Welt *(tierra nueva)* und deren indigene Bewohner *(plantas nuevas)* hin.[14] Der Inquisitionsrat antwortete im Mai 1600. Er ermahnte das Tribunal in Mexiko-Stadt, nur dann gegen Engländer und andere Ausländer vorzugehen, wenn diese *innerhalb* des spanischen Imperiums ein religiöses Delikt begangen hatten.[15] Dabei bezog er sich auf die Bestimmungen zum Umgang mit den deutschen Hanseaten aus dem Jahre 1597.[16]

Mittlerweile hatten die neuspanischen Inquisitoren rund 30 Personen als Lutheraner oder Calvinisten angeklagt und beim Autodafé vom 25. März 1601 öffentlich verurteilt. Darunter befanden sich vier englische Korsaren, die zwangsbekehrt wurden und lange Gefängnisstrafen erhielten. Bei den restlichen Angeklagten handelte es sich um Flamen, Niederländer und Deutsche, die sich seit längerem in Neuspanien aufhielten und größtenteils untereinander vernetzt waren.[17] Innerhalb dieser Gruppe wurden sechs Männer zu einer *abjuración de levi* verurteilt. Die Inquisition warf ihnen Affinität zum Protestantismus und Beihilfe zur Häresie vor.[18] In den übrigen Fällen verfügte das *Santo Oficio* jeweils eine *reconciliación* mit Güterkonfiskation und sprach das Verbot aus, Neuspanien zu verlassen. Letztere Auflage ist besonders interessant, hatten doch die säkularen Autoritäten in den *Indias* von Philipp II. den Auftrag erhalten, alle durch die Inquisition Verurteilten nach Verbüßung ihrer Strafe nach Spanien

---

14 Mexiko-Stadt an *Suprema*, 19.03.1599. AHN, Inq., lib. 1049, fol. 351r–351v.
15 *Suprema* an Mexiko-Stadt, 06.05.1600. AHN, Inq., lib. 352, fol. 261r–262r, hier fol. 261r–261v.
16 Dies geht aus der Randbemerkung der an die *Suprema* versandten Anfrage der neuspanischen Inquisitoren hervor. Mexiko-Stadt an *Suprema*, 19.03.1599. AHN, Inq., lib. 1049, fol. 351r–351v, hier fol. 351r.
17 Die Fälle finden sich als *relaciones de causas* in AHN, Inq., lib. 1064, fol. 243r–424v. Eddy Stols schätzt die Zahl der Flamen in Neuspanien auf mehrere Hundert. STOLS (2009), Artesanos, S. 21. Eleonora Poggio weist auf die verschiedenen Gründe für die Anwesenheit der (Süd-)Niederländer in Neuspanien hin; im Vordergrund stand eine mehr oder weniger zufällige Migration, in einigen Fällen waren es auch unfreiwillige Aufenthalte, u.a. aufgrund von Schiffbruch. POGGIO GHILARDUCCI (2007), La migración, S. 475. Vgl. auch STOLS (1966), The Haarlem Printer; STOLS (1988), Nederlanders. Eine umfassende Studie zum Autodafé von 1601 gibt es bisher nicht.
18 Die Anklage lautete jeweils „sospechoso en la secta de Lutero [o Calvino] y por fautor y encubridor de herejes luteranos [o calvinistas]". Vgl. die Fälle in AHN, Inq., lib. 1064, fol. 243r–246v.

auszuweisen.[19] Eine solche Maßnahme barg jedoch ein doppeltes Risiko: Erstens konnten Ausländer bei ihrer Rückkehr nach Europa mit anderen Mächten kooperieren und diesen wirtschaftlich und militärisch relevante Informationen über die Neue Welt liefern. Zweitens war in Spanisch-Amerika die Gefahr kleiner, dass die zum Katholizismus Bekehrten wieder in ihren ‚häretischen' Glauben zurückfallen würden.

Neben den Kollektivauflagen der *reconciliación,* der Güterkonfiskation und des Ausreiseverbots sprachen die neuspanischen Inquisitoren individuelle Strafen aus, deren Maß stark variierte: Die Urteile reichten von einer halbjährigen Unterrichtung im Katholizismus[20] bis hin zur Todesstrafe[21]. Für das Strafmaß ausschlaggebend waren Faktoren wie die Zusammenarbeit mit dem *Santo Oficio,* die gezeigte Reue sowie die Frage, ob der Angeklagte aktiv gegen den Katholizismus vorgegangen war – sei es mit Worten oder mit Taten wie der Zerstörung von Bildern und der Entweihung von Kirchen. Auffällig ist der in den *relaciones de causas* fast durchgehend zu findende Vorwurf, dass die Protestanten *bewusst* in ihrer ‚Sekte' verharrt hätten, wohl wissend, dass sie damit gegen die Lehre der katholischen Kirche verstoßen würden. So heißt es etwa im Prozess gegen den aus Gent stammenden Flamen Joseph de la Haya:

> Er gestand […], dass er, seit er denken konnte, ein calvinistischer Häretiker war. Er folgte seiner Sekte im Wissen, dass dies gegen das evangelische Gesetz unseres Herrn Jesus Christus verstieß.[22]

Wie konnte Joseph de la Haya, der von Kindheit an als Protestant erzogen worden war, *wissentlich* gegen die katholische Religion verstoßen haben? Vielleicht deshalb, weil de la Haya als Flame ein Untertan des spanischen Königs war und spätestens seit seinem Aufenthalt in Neuspanien Kenntnis von der ‚einzig wahren' Religion gehabt haben musste. Bei anderen Angeklagten griff dieses Argument

---

19 *Que los Virreyes* […] *hagan salir de las Indias a los penitenciados por el Santo Oficio, si no estuvieren cumpliendo sus penitencias.* Philipp II., 23.12.1595; Philipp III., 12.12.1619. In: S.N. (1791 [1681]), Recopilación 1, S. 166 (Libro I, título XXX, ley IX).
20 *Relación de causa* von Diego del Valle (1601). AHN, Inq., lib. 1064, fol. 265v.
21 *Relación de causa* von Zegbo Vanderbec, alias Simón de Santiago. AHN, Inq., lib. 1064, fol. 286v–287v.
22 „Confesó en la primera audiencia ser hereje calvino y haber guardado su secta, sabiendo que era contraria a la ley evangélica del nuestro señor Jesús Cristo desde que tuvo uso de razón hasta aquel punto". *Relación de causa* von Joseph de la Haya (1601). AHN, Inq., lib. 1064, fol. 266v.

jedoch nicht: Der 27-jährige Juan de Ascato, beispielsweise, stammte aus London und war als Korsar nach Neuspanien gekommen. Er gab an, dass ihn seine Eltern als Protestanten erzogen hätten und er dieser Religion immer gefolgt sei. Ascato hatte offensichtlich keine Gelegenheit gehabt, längere Zeit unter Katholiken zu leben. Doch auch hier hielten die Inquisitoren in der *relación de causa* fest, dass Ascato *bewusst* gegen die Lehre der katholischen Kirche verstoßen habe.[23]

Die inquisitorische Praktik, den Angeklagten nicht den mildernden Umstand der Unwissenheit zuzugestehen, hat zweifellos mit dem politischen Kontext des Autodafés zu tun. In vielen *relaciones* finden sich Hinweise auf den Krieg zwischen Spanien und den abtrünnigen Niederlanden und die Raubzüge englischer Korsaren. Oft wurden diese Konflikte von den Inquisitoren in Verbindung mit der Profanierung von katholischen Kirchen und ikonoklastischen Handlungen gebracht. Daneben spielten auch wirtschaftliche Interessen eine Rolle: In Mexiko-Stadt hatte sich ein potentes Netzwerk flämischer und deutscher Händler entwickelt, das in Konkurrenz zur lokalen spanischen Elite stand.[24] Zudem erlaubten die Güterkonfiskationen, die inquisitorischen Kassen zu füllen.

Die harten Urteile unterschieden sich von den Inquisitionspraktiken auf der Iberischen Halbinsel, wo es seit dem Ende der 1590er-Jahre nur noch zu wenigen Prozessen gegen Protestanten kam.[25] Auch die Anweisung der *Suprema*, protestantische Ausländer nur für Delikte *innerhalb* des spanischen Imperiums zur Rechenschaft zu ziehen, zielte auf Zurückhaltung ab.[26] Jedenfalls hielten es die neuspanischen Inquisitoren für nötig, ihr Vorgehen zu rechtfertigen. Im März 1602 betonten sie in einem Schreiben an den Inquisitionsrat, dass die verurteilten Protestanten *wissentlich* gegen die katholische Religion verstoßen hätten beziehungsweise vor ihrer Teilnahme am Autodafé in diese eingeführt worden seien.[27]

---

23 *Relación de causa* von Juan de Ascoto (1601). AHN, Inq., lib. 1064, fol. 269v.
24 Einer der Auslöser für die Prozesswelle war die Verhaftung eines Deutschen namens Zegbo Vanderbec, alias Simón de Santiago. Ein anderer Deutscher spielte ebenfalls eine entscheidende Rolle: Enrico Martínez war Übersetzer des *Santo Oficio* und fungierte gleichzeitig als Spitzel innerhalb der deutsch-flämischen Gemeinschaft. Simón de Santiago wurde 1601 zum Tode verurteilt. GREENLEAF (1995 [1969]), La Inquisición en Nueva España, S. 203–218.
25 THOMAS (2001), La represión, S. 298 f.
26 Allerdings bestätigten die neuspanischen Inquisitoren den Erhalt dieser Anordnungen erst, als das Autodafé bereits durchgeführt worden war. Mexiko-Stadt an *Suprema*, 12.05.1601. AHN, Inq., lib. 1049, fol. 394r.
27 „[N]o se reparó en las que tocaban a los extranjeros que fueron admitidos a reconciliación por

Auffällig ist, dass zumindest einige der Angeklagten sich nach Verbüßung der Strafe in die neuspanische Gesellschaft (re-)integrieren konnten. So brachte es der Niederländer Cristóbal Miguel zu einem gewissen ökonomischen Wohlstand. Bereits ein Jahr nach seiner Verurteilung erlaubten ihm die Inquisitoren, sich seines *sambenito* zu entledigen.[28] Generell scheinen die 1601 ausgesprochenen Urteile nicht mit aller Härte umgesetzt worden zu sein: 1604 beklagten sich fünf *reconciliados*, darunter der Engländer Thomas Day und der Flame Rodrigo Jacobo, beim neuspanischen Tribunal darüber, dass ihnen der Vizekönig den Verkauf von Waren in Mexiko-Stadt verboten hatte.[29] Sowohl Jacobo als auch Day waren 1601 zu lebenslänglichen Gefängnisstrafen verurteilt worden, befanden sich drei Jahre später aber schon wieder auf freiem Fuß.[30]

Selbstanzeigen von Protestanten spielten im 16. Jahrhundert praktisch keine Rolle. Erst zu Beginn des 17. Jahrhunderts kam es zu entsprechenden Fällen. Es handelte sich um den aus dem pommerschen Greifenberg stammenden Simon Knobloch, die Hamburger Pedro Mayborn und Geraldo de la Cruz, den Lübecker Juan Fors und den Schotten Guillermo Calderón. Alle fünf *espontáneos* denunzierten sich im Zeitraum von 1603 bis 1605. Sie wurden zur *reconciliación* zugelassen, ohne bei einem Autodafé erscheinen zu müssen. Aus den Quellen

---

las sectas de Lutero y Calvino en decir que tenían noticia de nuestra sancta fe católica pareciéndonos que se cumplía con decir que sabían eran contrarias a ella, y para mayor claridad avisamos a V.S. a que todos tuvieron bastante noticia y los más fueron instruidos en ella". Mexiko-Stadt an *Suprema*, 04.03.1602. AHN, Inq., lib. 1049, fol. 457r.

28 GREENLEAF (1995 [1969]), La Inquisición en Nueva España, S. 203–221; BÁEZ CAMARGO (1961), Protestantes enjuiciados, S. 65 f. Vgl. auch den bereits genannten Fall des Druckers Cornelio Adrian Cesar. STOLS (1966), The Haarlem Printer.

29 *Petición* von Rui Díaz, Marco Antonio, Jorge Fernández, Rodrigo Jacobo und Thomas Day an Mexiko-Stadt, März 1604. AGN, Inq., vol. 368, exp. 52, fol. 196r. Vgl. auch *Relación de causa* von Thomas Day (1601). AHN, Inq., lib. 1064, fol. 269r; *Relación de causa* von Duarte Holandés alias Rodrigo Jacobo (1601). AHN, Inq., lib. 1064, fol. 266r–266v.

30 Diese Praktik war durchaus üblich. Dedieu spricht davon, dass eine von der Inquisition verfügte „lebenslängliche Gefängnisstrafe" *(cárcel perpetua)* in der Regel maximal vier Jahre dauerte. DEDIEU (1983), Les quatre temps, S. 39 f. Hingegen wurden an einem Autodafé im Jahre 1603 vier Männer, die zwei Jahre zuvor als Protestanten verurteilt worden waren und danach flohen, hart bestraft: Sie wurden (erneut) zu einer lebenslänglichen Gefängnisstrafe verurteilt, ausgepeitscht und auf die Galeere geschickt. *Relación de causa* von Miguel Faques (1601/03). AHN, Inq., lib. 1064, fol. 269v–270r; 337r; *Relación de causa* von Pedro Pedro (1601/03). AHN, Inq., lib. 1064, fol. 295r–295v; 327r–327v; *Relación de causa* von Juan Thames (1601/03). AHN, Inq., lib. 1064, fol. 266r; 336v–337r. *Relación de causa* von Juan del Campo (1601/03). AHN, Inq., lib. 1064, fol. 266v; 337v.

wird nicht eindeutig ersichtlich, was die Gründe für diese plötzliche Häufung von Konversionsgesuchen sind. Fors gab an, dass ihn ein deutscher Artillerist in Neuspanien davon überzeugt habe, zum Katholizismus überzutreten. De la Cruz war angeblich durch seine Aufenthalte in Spanien und Portugal zu der gleichen Entscheidung gekommen.[31] Es ist gut möglich, dass die Selbstanzeigen im Zusammenhang mit dem Autodafé von 1601 stehen, welches ausländischen Protestanten die Gefahr einer religiösen Verfolgung eindrücklich aufzeigte. Ein direkter Zusammenhang mit dem Frieden von London (1604) kann hingegen aus chronologischen Gründen ausgeschlossen werden.[32]

---

31 *Relación de causa* von Simon Knobloch (1603). AHN, Inq., lib. 1064, fol. 342r. *Relación de causa* von Juan Fors (1604–1605). AHN, Inq., lib. 1064, fol. 407v–408r; *Relación de causa* von Pedro Mayborn (1604–1605). AHN, Inq., lib. 1064, fol. 408r–408v; *Relación de causa* von Guillermo Calderón (1604–1605). AHN, Inq., lib. 1064, fol. 408v–409r; *Relación de causa* von Geraldo de la Cruz (1605). AHN, Inq., lib. 1064, fol. 423r–423v, vgl. hierzu auch die Prozessakten in AGN, Inq., vol. 916, exp. 8. Der 65-jährige Portugiese Antonio Gómez wurde 1603 zum Tode verurteilt. Er hatte zugegeben, viereinhalb Jahre lang als Protestant gelebt zu haben. Zunächst sollte er zur *reconciliación* zugelassen werden, als aber immer neue Anschuldigungen kamen, drohte ihm die Höchststrafe. Allerdings konnte sich Goméz im letzten Moment durch ein umfangreiches Geständnis retten. Anschließend zeigte er Anzeichen von Reue und wurde 1605 rekonziliiert und zu Güterkonfiskation und lebenslanger Gefängnisstrafe verurteilt. *Relación de causas* von Antonio Gómez (1603/1605). AHN, Inq., lib. 1064, fol. 330v–333v; 401r–402r. 1605 wurde ein Ire namens Tubal de Nash als Protestant denunziert und zu einer lebenslangen Haftstrafe mit Güterkonfiskation verurteilt. Der Ire hatte öffentlich den Katholizismus in Frage gestellt und so für einen Skandal gesorgt. Zudem hatte er zur Gewalt gegen Spanier und zur Eroberung Havannas aufgerufen. Nash konnte trotz seiner bereitwilligen Konversion zum Katholizismus die Strafe kaum abmildern. Immerhin ersparte ihm die Inquisition den Galeerendienst und die Auspeitschung. Neben der Konversion trug dazu auch die dem Iren attestierte potentielle Vorbildfunktion für andere Häretiker bei. *Relación de causas* von Tubal de Nashe (1605). AHN, Inq., lib. 1064, fol. 398r–401r.
32 Die *carta acordada* zum zuvorkommenden Umgang mit englischen und schottischen *espontáneos* kam frühestens in der zweiten Hälfte des Jahres 1605 in Mexiko-Stadt an. Sie bestimmte im Übrigen, nur dann eine *reconciliación* vorzunehmen, wenn der *espontáneo* bereits über Kenntnisse der katholischen Religion verfügte. *Carta acordada*, 22.04.1605. AHN, Inq., lib. 497, fol. 260r–261r.

4.2 Peru

Mit der Gründung eines Tribunals in Lima im Jahre 1570 endete die episkopale Inquisition in Peru.[33] Wie ihre neuspanischen Kollegen hatten die peruanischen Inquisitoren ein gesamtes Vizekönigreich unter ihrer Jurisdiktion, das sich vom Río de la Plata bis zum Isthmus von Panama erstreckte und über vier Millionen Quadratkilometer umfasste.[34] Allerdings war auch hier die größte Bevölkerungsgruppe, nämlich die Indigenen, vom Zugriff der ordentlichen Inquisition ausgeschlossen.[35] Als die spanische Krone 1610 in Cartagena de Indias ein weiteres Tribunal errichten ließ, fielen Teile des karibischen Festlands sowie Mittelamerikas aus der Gerichtsbarkeit der peruanischen Inquisition heraus.

Die Zahl der Einwohner Limas wird für das Jahr 1590 auf ungefähr 13.000 geschätzt. 1614 hatte sich die Bevölkerung fast verdoppelt, ein Vorgang, der sich gemäß einer zeitgenössischen Schätzung bis ins Jahr 1640 wiederholte. Zu Beginn des 17. Jahrhunderts machten Schwarze fast die Hälfte der Bewohner aus, was auf die Bedeutung des Sklavenhandels in der peruanischen Metropole hinweist. Verlässliche Zahlen zur ausländischen Präsenz gibt es nicht. Studien, welche auf *composiciones* beruhen, sind in quantitativer Hinsicht wenig verlässlich, da sie nur jene Ausländer erfassen, die ihren Aufenthalt legalisierten. Sicher ist, dass sich im peruanischen Vizekönigreich Personen aus verschiedensten europäischen Regionen befanden: in erster Linie Portugiesen, aber auch Nordeuropäer, Franzosen, Italiener und Griechen. Sie hielten sich nicht nur in Lima, sondern auch in der (deutlich größeren) Bergbaustadt Potosí und vor allem in Buenos Aires auf.[36]

Schon kurz nach der Aufnahme ihrer Arbeit verurteilten die neu eingesetzten Inquisitoren Servando de Cerezuela und Antonio Gutiérrez de Ulloa zwei

---

33   Der erste peruanische Prozess wegen Protestantismus fand unter dem Erzbischof Gerónimo de Loaisa in Lima statt. Der Angeklagte war ein Flame namens Jan Millar, der 1548 zum Tode verurteilt wurde. Bis zur Implementierung eines ordentlichen Tribunals kam es noch zu mindestens einem weiteren Prozess: Der Korse Juan Bautista wurde 1565 unter der bischöflichen Inquisition von La Plata (Sucre) verurteilt und dann 1573 ein weiteres Mal in Lima von den neu eingesetzten ordentlichen Inquisitoren. Báez Camargo (1961), Protestantes enjuiciados, S. 26 f.; 46. Medina (1914), La primitiva Inquisición 1, S. 370; 394. Vgl. Kap. 2.3.
34   Escobar Quevedo (2008), Inquisición y judaizantes, S. 78.
35   Zur Bevölkerungsentwicklung s. Pieper (1994), Die demographische Entwicklung; Mörner (1994), Die sozialen Strukturen, hier S. 455–460.
36   S.N. (2002), Pedro de León Portocarrero's Description of Lima, S. 185 f.; Bradley (2001), El Perú y el mundo.

Franzosen wegen Protestantismus.[37] Das Tribunal nahm diese Fälle 1573 zum Anlass, um sich bei der *Suprema* darüber zu beschweren, dass es im Vizekönigreich „viele Ausländer gibt [...], die von den neuen Häresien befallen sind". Um die Religion zu schützen, sei es unbedingt nötig, die verschiedenen königlichen Verfügungen *(reales cédulas)* umzusetzen, die den Aufenthalt von Nichtspaniern in der Neuen Welt untersagten. Die säkulare Gerichtsbarkeit versage hier.[38] Die peruanischen Inquisitoren setzten ihrerseits ein Zeichen, indem sie einen der Franzosen als „unbelehrbaren Häretiker" *(hereje pertinaz)* hinrichten ließen.[39]

1579 hakte das Tribunal nach. Es informierte den Inquisitionsrat, dass Franzosen, Griechen und Flamen auf Schiffen in die Häfen Perus kämen und sich von dort ins Landesinnere *(tierra adentro)* begäben. Die säkulare Gerichtsbarkeit gehe das Problem immer noch nicht an und deshalb werde sich nun die Inquisition selbst darum kümmern. Den Inquisitoren schwebte vor, über ihre Kommissare allen Ausländern die Einreise nach Südamerika zu verwehren – und zwar unabhängig davon, ob Letztere sich eines religiösen Delikts schuldig gemacht hatten oder nicht *(solo por ser extranjeros)*.[40] Dies ging der *Suprema* jedoch deutlich zu weit. Sie rief die Inquisitoren im Januar 1580 dazu auf, nur dann aktiv zu werden, wenn es um Fragen des Glaubens ging.[41] Der Inquisitionsrat bestätigte diese Haltung 1595 in einem Schreiben an das neuspanische und peruanische Tribunal. Darin wurde den Vizekönigen die Kompetenz zugesprochen, über die Ausweisung jener durch die Inquisition verurteilten Ausländer zu entscheiden, die ihre Strafe verbüßt hatten.[42]

Die Zeit zwischen 1580 und 1595 war von Prozessen gegen englische Korsaren geprägt.[43] Bereits Anfang der 1570er-Jahre hatte ein anonymer Autor aus

---

37 BÁEZ CAMARGO (1961), Protestantes enjuiciados, S. 45 (Joan de León); S. 54–56 (Mateo Salado). Vgl. auch CASTAÑEDA DELGADO/HERNÁNDEZ APARICIO (1989), La Inquisición de Lima 1, S. 457.
38 Lima an *Suprema*, 14.04.1573. AHN, Inq., lib. 1033, fol. 195r–195v.
39 Dabei handelte es sich um Mateo Salado. BÁEZ CAMARGO (1961), Protestantes enjuiciados, S. 54–56, Zitat S. 56.
40 Lima an *Suprema*, 26.04.1579. AHN, Inq., lib. 1034, fol. 13r–22r, hier fol. 16v–17v.
41 BÁEZ CAMARGO (1961), Protestantes enjuiciados, S. 7 f.
42 *Suprema* an Mexiko-Stadt und Lima, 22.12.1595. AHN, Inq., lib. 352, fol. 228r. Vgl. auch CASTAÑEDA DELGADO/HERNÁNDEZ APARICIO (1989), La Inquisición de Lima 1, S. 459.
43 Zu nennen sind hier die Expeditionen von John Oxnam (Oxenham) (1581), Thomas Cavendish (1587) und Richard Hawkins (1594). Vgl. TARDIEU (1995), L'Inquisition de Lima, S. 26–28.

der Nähe von Cuzco (mit propagandistischer Absicht) davor gewarnt, dass ausländische Piraten

> in den Häfen auftauchen und viele Meilen weit ins Landesinnere *[tierra adentro]* vordringen [...]. Dort bauen sie Festungen, um ihre ruchlose und unsinnige Sekte bei den [dort lebenden] Armseligen auszusäen. Und diese nehmen sie womöglich an, denn sie [die Sekte] ist garstig und dumm und sie haben [ebenfalls] viel von einer solchen Sinnesart.[44]

Daneben fürchteten sich die spanischen Autoritäten auch vor einer militärischen Allianz zwischen europäischen Mächten und rebellierenden Indigenen.[45]

Beim Autodafé von 1581 wurden drei Engländer von der Inquisition zur *reconciliación* zugelassen und anschließend vom Vizekönig wegen Piraterie zum Tode verurteilt. In den 1580er-Jahren klagten die Inquisitoren mindestens 18 weitere Ausländer an. Bei den meisten von ihnen handelte es sich um Piraten.[46] In den frühen 1590er-Jahren gingen die Prozesse im selben Stil weiter: Drei Engländer, die unter dem Freibeuter Thomas Cavendish gedient hatten, wurden von der Inquisition als Protestanten zum Tode verurteilt, vier weitere Korsaren mussten ihren Verfehlungen bei einem Autodafé abschwören.[47]

Mitte der 1590er-Jahre änderten sich diese auf Repression und Exklusion ausgerichteten Rechtspraktiken. 1594 konnten die Spanier auf dem Pazifik eine Gruppe von Korsaren, die unter der Führung des Engländers Richard Hawkins standen, gefangen nehmen. Die meisten von Hawkins' Männern wurden zum Galeerendienst nach Spanien beordert. Der Rest, darunter Hawkins selbst, wurde zur Aburteilung nach Lima gebracht. Der Vizekönig wollte die Gefangenen nicht dem *Santo Oficio* übergeben, aber die peruanischen Inquisitoren konnten

---

44 Anonymus von Yucay (1575), mit stilistischen Anpassungen zitiert nach der deutschen Übersetzung aus: BASTIAN (1995 [1990]), Geschichte des Protestantismus, S. 77. Der anonyme Text war gegen Bartolomé de las Casas gerichtet. Für eine kritische Edition s. PÉREZ FERNÁNDEZ (1995), hier S. 135.
45 Dies galt vor allem in Bezug auf Chile, wo der Widerstand der Ureinwohner besonders stark war. DUVIOLS (2008 [1971]), La lutte, S. 149 f.
46 Eine Auflistung der Fälle findet sich bei BÁEZ CAMARGO (1961), Protestantes enjuiciados, S. 23–64. Vgl. auch CASTAÑEDA DELGADO/HERNÁNDEZ APARICIO (1989), La Inquisición de Lima 1, S. 458 f. sowie LEA (1908), The Inquisition in the Spanish Dependencies, S. 415 f.
47 BÁEZ CAMARGO (1961), Protestantes enjuiciados, S. 23–64. Vgl. auch CASTAÑEDA DELGADO/ HERNÁNDEZ APARICIO (1989), La Inquisición de Lima 1, S. 459.

sich vorerst durchsetzen. Die *Suprema* wies das Tribunal in einem Schreiben vom Oktober 1595 an, im Fall von Hawkins Milde walten zu lassen, denn dieser sei „von Geburt an in der Sekte der Protestanten, die in seinem Land praktiziert wird, erzogen und unterrichtet worden – ohne dass er dabei in unseren Heiligen Katholischen Glauben eingeführt worden wäre." Da der Engländer offenbar bereit sei, zum Katholizismus überzutreten, solle er durch einen Geistlichen in die Geheimnisse des Glaubens eingeweiht werden und anschließend die Absolution *ad cautelam* erhalten. Das gleiche Vorgehen sei auch gegenüber den anderen Piraten anzuwenden.[48] Diese erstaunliche Anordnung hatte sicherlich mit dem Prestige zu tun, das Hawkins sowohl in Amerika als auch in Spanien genoss. Der Entscheid kann jedoch keinesfalls losgelöst von seiner theologischen Legitimierung verstanden werden. Diese basierte darauf, dass viele ausländische Protestanten keine oder nur mangelnde Kenntnisse der katholischen Lehre hatten und deshalb nicht als starrköpfige Häretiker *(herejes formales)* behandelt werden durften.[49]

Ob die Abnahme von Prozessen gegen Protestanten ab 1595 unmittelbar mit dem Fall Hawkins zusammenhängt, ist schwer abzuschätzen. In jedem Fall gab es für die Inquisition bereits im 16. Jahrhundert gute Gründe, gegenüber ausländischen Protestanten zurückhaltend vorzugehen. Dass dies nicht für alle Ausländer galt, illustriert der Prozess gegen den Franzosen Juan Montañéz. Dieser hatte sich mit einigen unvorsichtigen Äußerungen zur Inquisition und zum Bilderkult verdächtig gemacht. Montañéz war auch unter Folter zu keinem Geständnis bereit und wurde 1600 zu einer *abjuración de vehementi*, 100 Peitschenhieben sowie der Ausweisung nach Spanien verurteilt.[50] Das hohe Strafmaß lässt sich unter anderem durch die Herkunft von Montañéz erklären: Auch auf der Iberischen Halbinsel wurden Franzosen deutlich härter bestraft als andere Aus-

---

48 *Suprema* an Lima, 15.10.1595 [?]. AHN, Inq., lib. 352, fol. 217r–217v, Zitat ebd. Vgl. auch CASTAÑEDA DELGADO/HERNÁNDEZ APARICIO (1989), La Inquisición de Lima 1, S. 459–462; BÁEZ CAMARGO (1961), Protestantes enjuiciados, S. 41 f. TARDIEU (1995), L'Inquisition de Lima, S. 83; 86.

49 Als die *carta* in Lima ankam, hatten die Inquisitoren die Männer Hawkins' allerdings bereits verurteilt. Deshalb profitierte zunächst nur der Kapitän selbst von den Anweisungen aus Madrid. Einige seiner Leute wurden erst 1600 auf erneutes Geheiß der *Suprema* freigelassen. CASTAÑEDA DELGADO/HERNÁNDEZ APARICIO (1989), La Inquisición de Lima 1, S. 460 f.

50 *Relación de causa* von Juan Montañéz (1600). AHN, Inq., lib. 1029, fol. 26r–32v. CASTAÑEDA DELGADO/HERNÁNDEZ APARICIO (1989), La Inquisición de Lima 1, S. 463.

länder.⁵¹ Zudem war Montañéz aus eigenem Willen nach Peru gekommen und hatte dort längere Zeit unter Katholiken gelebt.

Für den Zeitraum von 1570 bis 1604 sind bloß drei Fälle überliefert, in denen sich ein Protestant freiwillig stellte. Die wohl erste Selbstanzeige war jene des Flamen Matías de Amberes. Dieser war bereits einmal von der episkopalen Inquisition in Cuzco angeklagt gewesen, damals wurde das Verfahren jedoch eingestellt. Jahre danach meldete sich Amberes von sich aus bei den Inquisitoren in Lima und musste 1578 an einem Autodafé teilnehmen. Er wurde zu einer *abjuración de levi* verurteilt, was für diese Zeit als eine milde Strafe gewertet werden kann.⁵² Ende der 1590er-Jahre denunzierte sich ein junger Niederländer namens Richard Burggraaf (Richarte Burgrave). Er war von einem Jesuiten zur Konversion überredet worden und stellte sich daraufhin dem Tribunal. Dieses verurteilte den Niederländer lediglich zu einer *reconciliación en secreta* (also unter Ausschluss der Öffentlichkeit) und verzichtete auf eine Güterkonfiskation. Die Inquisitoren beriefen sich hierbei auf einen Präzedenzfall aus dem Jahre 1572.⁵³ Dabei handelte es sich um den Prozess gegen einen Jesuiten, der sich selbst des Praktizierens der jüdischen Religion beschuldigt hatte.⁵⁴ Die Inquisitoren stellten bei Burggraaf also weder das Delikt noch die Herkunft in den Vordergrund, sondern würdigten vielmehr die Tatsache, dass er sich selbst angezeigt hatte. Adrian Adán, ein weiterer konversionswilliger Niederländer, erhielt 1603 die Absolution *ad cautelam*.⁵⁵

4.3 Zwischenfazit

Die Frühphase des **neuspanischen Tribunals** war geprägt von der Aktivität gegen englische und französische Korsaren. Hier gab es eine Kontinuität zur episkopalen Inquisition, unter der in den 1560er-Jahren bereits mehrere Prozesse gegen ausländische Protestanten durchgeführt worden waren. Damals waren die Inqui-

---

51   THOMAS (2001), La represión, S. 294.
52   CASTAÑEDA DELGADO/HERNÁNDEZ APARICIO (1989), La Inquisición de Lima 1, S. 457.
53   *Relación de causa* von Richard Burggraaf alias Richarte Burgrave (1595). AHN, Inq., lib. 1028, fol. 364r–367r. Vgl. auch CASTAÑEDA DELGADO/HERNÁNDEZ APARICIO (1989), La Inquisición de Lima 1, S. 461 f.
54   *Suprema* an Lima, 28.02.1572. AHN, Inq., lib. 352, fol. 52v–55r, hier fol. 53v.
55   *Relación de causa* von Adrian Adán (1603). AHN, Inq., lib. 1029, fol. 125r–126v.

sitoren in Mérida und Honduras bei einer ähnlichen Ausgangslage zu divergierenden Urteilen gekommen, was auf einen großen Handlungsspielraum der lokalen Akteure hinweist. Beim Autodafé von 1574 wurde erstmals explizit die beschränkte Schuldfähigkeit ausländischer Protestanten diskutiert. Ob die zuvorkommende Behandlung einiger Engländer auf deren soziales Prestige zurückzuführen ist oder in erster Linie religiösen Motiven entsprang, bleibt offen. Entscheidend ist, dass hier Rechtspraktiken zur Anwendung kamen, die sich im 17. und 18. Jahrhundert als Standard für den Umgang mit ausländischen Häretikern durchsetzen sollten. Zwar kam es beim Autodafé von 1601 nochmals zu vergleichsweise harten Urteilen, die allerdings weniger den religiösen als den politischen und wirtschaftlichen Umständen geschuldet waren.[56]

Wie in Neuspanien standen auch in **Peru** Korsaren im Fokus der Inquisition. Sie wurden zunächst hart bestraft. Dies änderte sich mit dem Fall des Kapitäns Richard Hawkins, den die *Suprema* zum Anlass nahm, die peruanischen Inquisitoren zu einem zurückhaltenden Vorgehen gegen ausländische Häretiker zu ermahnen. Es ist bemerkenswert, dass sich die Inquisitionstätigkeit trotz einer relativ bedeutenden Anzahl von sich in Peru aufhaltenden Ausländern fast ausschließlich gegen Kriegsgefangene richtete.[57] Dies weist darauf hin, dass es nur selten zu Denunziationen aus der Bevölkerung kam. Protestanten, die sich dem Tribunal freiwillig stellten, konnten mit einem milden Urteil rechnen.

---

56 Die Untersuchung des Autodafés von 1601 stellt immer noch ein Forschungsdesiderat dar. Eine entsprechende Studie von Eleonora Poggio (Universidad Pablo de Olavide, Sevilla) steht noch nicht als Publikation zur Verfügung. Festgehalten werden kann, dass es sich hier um ein singuläres Ereignis in der Geschichte der amerikanischen Inquisition handelt. Im Gegensatz zu den portugiesischen Händlern, bei denen es im 16. und 17. Jahrhundert immer wieder zu Gruppenanklagen wegen Judaisierens kam, wurden dauerhaft in den *Indias* residierende Nordeuropäer nach 1601 nur noch vereinzelt verfolgt.
57 TARDIEU (1995), L'Inquisition de Lima, S. 20 f.

5 Peace beyond the line? (1604–1650)

Historikerinnen und Historiker sind davon ausgegangen, dass die völkerrechtlichen Verträge der ersten Hälfte des 17. Jahrhunderts einen beträchtlichen Einfluss auf die Rechtspraktiken der Inquisition in den *Indias* hatten. Für die Tribunale in Lima und Mexiko-Stadt wurde darauf verwiesen, dass die Zahl der verfolgten Protestanten ab dem Friedensschluss von London (1604) rapide sank.[1] Darüber hinaus wurde in der Historiografie mit den Rechtsnormen argumentiert, namentlich den *cartas acordadas*, in denen die *Suprema* zu einem zurückhaltenden Vorgehen gegen die Untertanen der spanischen Vertragspartner aufrief. Diesen Anweisungen hätten die Inquisitoren „gehorcht".[2]

Gab es also durch die europäischen Friedensschlüsse auch einen Frieden zwischen der Inquisition und protestantischen Ausländern in den *Indias;* einen ‚Peace beyond the line'?[3] Kam es damit vielleicht sogar zu einem „ersten Toleranzentwurf"?[4] Diese Fragen sind der Ausgangspunkt der folgenden Ausführungen. In den Blick nehmen will ich dabei ausdrücklich auch jene Phänomene, bei denen sich *kein* unmittelbarer Zusammenhang zwischen den völkerrechtlichen Verpflichtungen der spanischen Krone und den Rechtspraktiken ihrer Inquisitoren feststellen lässt.

---

1 HERRERO SÁNCHEZ/POGGIO GHILARDUCCI (2012), El impacto de la Tregua, S. 258 f.; STOLS (1988), Nederlanders, S. 202; PIAZZA (2010), Messico, S. 1039; PRIEN (2013), Christianity, S. 208 f.
2 „Ahí estaba la provisión. Y a eso obedecía [gemeint ist das neuspanische Tribunal]". HUERGA (1984), El Tribunal de México (Felipe III), S. 977 f., Zitat S. 978.
3 Vgl. zum Konzept „No peace beyond the line" Kap. 3.4. Die Überschrift „No peace beyond the line" findet sich in der deutschen Übersetzung auch in KEMPE (2010), Fluch der Weltmeere, hier S. 117.
4 CASTAÑEDA DELGADO/HERNÁNDEZ APARICIO (1989), La Inquisición de Lima 1, S. 465. Trotz der programmatischen Kapitelüberschrift „un esbozo de tolerancia religiosa" weisen Castañeda und Hernández darauf hin, dass bereits in den letzten Jahren der Herrschaft Philipps II. die Inquisitionspraxis gegen ausländische Protestanten „milder" wurde (ebd). Vgl. auch TARDIEU (1995), L'Inquisition de Lima, S. 45–47.

5.1 Neuspanien

Die *carta acordada* mit den religiösen Bestimmungen zum Friedensvertrag von 1604 traf wohl Ende 1605 in Mexiko-Stadt ein.[5] Ein erster Hinweis auf das Abkommen findet sich für das Jahr 1606. Der Kommissar von Veracruz teilte dem neuspanischen Tribunal mit, dass sich ein konversionswilliger Engländer bei ihm gemeldet habe, und bat um Anweisungen zum korrekten Vorgehen. Die Inquisitoren in Mexiko-Stadt verwiesen auf die *carta acordada* vom 22. April 1605, in der die *Suprema* Leitlinien zum Umgang mit englischen *espontáneos* aufgestellt hatte.[6] Es ist gut möglich, dass es in Veracruz anschließend zu weiteren Konversionen kam – diese lassen sich jedoch in den von mir untersuchten Quellenbeständen nicht nachweisen. In Mexiko-Stadt erfolgten jedenfalls zunächst keine weiteren Aktionen gegen Protestanten. Bemerkenswert ist, dass die *Suprema* 1607 die Begnadigung zweier Engländer verfügte, die 1601 zu langen Gefängnisstrafen und dem Tragen von *sambenitos* verurteilt worden waren. Der Inquisitionsrat gab für diesen Entscheid „gute Gründe" an *(justos respectos)*, führte diese aber gegenüber dem neuspanischen Tribunal nicht weiter aus.[7] Tatsächlich ging die Aktion auf eine Intervention des englischen Botschafters in Madrid, Charles Cornwallis, zurück. Dieser hatte von der Gefangenschaft der beiden Engländer erfahren und Philipp III. erfolgreich um eine Begnadigung gebeten. Der Botschafter wandte sich anschließend an die *Suprema*, die wiederum die neuspanischen Inquisitoren informierte.[8] Aus einer Notiz zuhanden des Inquisitionsrates geht hervor, dass die spanischen Autoritäten

---

5   Auffällig ist, dass die *carta acordada* der *Suprema* vom 19.04.1605 offenbar erst am 19.07.1605 an das neuspanische Tribunal verschickt wurde. *Suprema* an Mexiko-Stadt, 19.07.1605. AGN, Inq., vol. 1483, exp. 2, fol. 46r.

6   AGN, Inq., vol. 471, exp. 37, fol. 117r–117v; *Carta acordada*, 22.04.1605. AHN, Inq., lib. 497, fol. 260r–261r.

7   *Suprema* an Mexiko-Stadt, 06.07.1607. AHN, Inq., lib. 352, fol. 318r–318v. Bei den Engländern handelte es sich um Thomas Day und Rodrigo Jacobo. Day wurde um das Jahr 1589 geboren und stammte aus der Nähe von London. Er war als Korsar nach Neuspanien gekommen und wurde 1601 von der Inquisition zu einer lebenslangen Haft verurteilt. Spätestens 1604 befand er sich wieder auf freiem Fuß. *Relación de causa* von Thomas Day (1601). AHN, Inq., lib. 1064, fol. 269r. Über einen in Mexiko-Stadt verurteilten Engländer namens Rodrigo Jacobo ist hingegen nichts bekannt. Zwar wurde 1601 ein Mann gleichen Namens von der Inquisition verurteilt, dabei handelte es sich allerdings um einen Flamen. Vgl. dazu *Relación de causa* von Duarte Holandés alias Rodrigo Jacobo (1601). AHN, Inq., lib. 1064, fol. 266r–266v.

8   Charles Cornwallis an Generalinquisitor, 20.06.1607. AHN, Inq., lib. 1064, fol. 218r.

die Freilassung direkt mit dem Friedensvertrag von 1604 in Verbindung brachten.[9] Wahrscheinlich erhielten die neuspanischen Inquisitoren Ende 1612 eine weitere *carta acordada*, die den Bürgern der niederländischen Generalstaaten aufgrund des Waffenstillstands mit Spanien den gleichen Schutz wie den Engländern gewährte.[10] Ob dies die neuspanischen Inquisitionspraktiken beeinflusste, lässt sich aufgrund der fehlenden Prozesse nur vermuten. Es kam zunächst offenbar auch zu keinen weiteren Selbstdenunziationen. Erst für das Jahr 1619 ist wieder ein entsprechender Fall überliefert: Ein aus Emden stammender Calvinist hatte sich von einem Jesuiten überzeugen lassen, sich dem Tribunal zu stellen. Der Fall war innerhalb kürzester Zeit abgeschlossen und endete mit der Konversion *(reconciliación en forma)* sowie einigen spirituellen Auflagen.[11] Im gleichen Jahr verurteilte die Inquisition den Hamburger Enrique de Haz als Protestanten. Auch Haz konvertierte und musste fortan einen *sambenito* tragen. Diese Strafe wurde ihm 1622 dank der Fürsprache einiger Jesuiten, in deren Gemeinschaft sich der Deutsche wohl zwecks Unterrichtung im katholischen Glauben befunden hatte, von der *Suprema* erlassen.[12]

Die bisherigen Ausführungen könnten vermuten lassen, dass sich die religiösen Bestimmungen der völkerrechtlichen Verträge problemlos in Neuspanien implementieren ließen. Es finden sich jedoch auch Hinweise, dass die spanischen Akteure der Besonderheit der amerikanischen Rechtsräume Rechnung trugen. So versuchte die Krone zu Beginn des 17. Jahrhunderts in Neuspanien eine restriktive Ausländerpolitik durchzusetzen und erließ verschiedene Ausweisungsedikte. Dies war ein Kontrapunkt zur Entwicklung in Spanien, wo der Aufenthalt von (protestantischen) Ausländern mit dem Frieden von 1604 deutlich erleichtert wurde.[13] Dass die Inquisitoren ihrerseits die Gültigkeit religiöser

---

9   Notiz an den Generalinquisitor, o.D., erhalten am 05.07.1607. AHN, Inq., lib. 1064, fol. 219r.
10 *Carta acordada*, 18.02.1612. AHN, Inq., lib. 497, fol. 289r–289v.
11 *Proceso de fe* von Juan Giraldo (1619). AGN, Inq., vol. 306, exp. 5, 1r–12r. 1620 kam es zu einer weiteren Selbstdenunziation von einem Franzosen namens Esteban Mesti. *Índice general de las causas de fe*. AGN, Inq., vol. 1524, exp. 1, fol. 59r.
12 *Índice general de las causas de fe*. AGN, Inq., vol. 1524, exp. 1, fol. 59r; *Suprema* an Mexiko-Stadt, 28.06.1622. AHN, Inq., lib. 353, fol. 155r; Mexiko-Stadt an *Suprema*, 09.01.1622. AHN, Inq., lib. 1052, fol. 38r–38v. Báez Camargo nennt als Jahr der *reconciliación* 1621. BÁEZ CAMARGO (1961), Protestantes enjuiciados, S. 67. Haz – über den ansonsten wenig bekannt ist – denunzierte später den niederländischen Ingenieur Adrian Boot als Häretiker (s.u.).
13 Vgl. POGGIO GHILARDUCCI (2007), La migración, S. 472 f.; POGGIO GHILARDUCCI (2011), Las composiciones, S. 188 f.

Schutzklauseln für die *Indias* in Frage stellten, zeigt ein um das Jahr 1618 verfasster Entwurf für eine Instruktion zu den Schiffsvisitationen *(visitas de navíos)*. Darin wurden die Kommissare Neuspaniens dazu aufgefordert, die Schiffe mit größerer Vorsicht zu untersuchen, da es vermehrt zu einer „Invasion" von (protestantischen) Häretikern und deren Büchern gekommen sei.[14] Besonders interessant ist der letzte Abschnitt dieses Dokuments, in dem es explizit um den Frieden von 1604 geht:

> In dieser Instruktion gibt es kein Kapitel zum Umgang mit den Schiffen von Engländern und Schotten […], wie dies in Europa aufgrund der Bestimmungen des Friedensvertrags [mit der englischen Krone] üblich ist. Denn in diesen [Bestimmungen] wird es den erwähnten Engländern und Schotten verboten, sich in die *Indias* zu begeben. Tun sie dies trotzdem, dann verletzen sie den Friedensvertrag und es muss gegen sie gleich wie gegen alle anderen [Häretiker] vorgegangen werden.[15]

Die Inquisitoren[16] machten an dieser Stelle also einen klaren Unterschied zwischen Europa und Amerika und damit – um die Metapher zu benutzen – zwischen einem *within* und einem *beyond the line*. Für sie war klar, dass die religiösen Schutzklauseln in ihrer Jurisdiktion keine Gültigkeit hatten, da der Friedensvertrag von 1604 den Engländern den Zutritt in die von Spanien kontrollierten Überseegebiete untersagte.[17]

Das neuspanische Tribunal ließ den Entwurf der *Suprema* zukommen, die ihrerseits einen *fiscal* mit der Prüfung des Dokuments beauftragte. Dieser empfahl im April 1619, die Instruktion zu genehmigen, die anschließend in gedruckter Form an die Kommissare verschickt wurde.[18] Dies zeigt, dass die amerikanischen Inqui-

---

14 *Instrucción para la visita de los navíos en los puertos de la Nueva España, y distrito de la Inquisición de México* [1618?]. AHN, Inq., lib. 1051, fol. 162r–164v, hier fol. 162r.

15 „No se pone en esta instrucción capítulo tocante al estilo que se guarda en Europa con los navíos de Ingleses, y Escoceses, vasallos del Rey de Inglaterra, conforme a los capítulos de las paces con Su Majestad, porque por los mismos están prohibidos, los dichos Ingleses y Escoceses, de navegar para las Indias, y así cuando vienen a ellas es en contravención de las dichas paces, y se ha de tener con ellos la misma regla que con los demás." *Instrucción para la visita de los navíos en los puertos de la Nueva España, y distrito de la Inquisición de México* [1618?]. AHN, Inq., lib. 1051, fol. 162r–164v, hier fol. 164v.

16 Es handelte sich dabei um Juan Gutiérrez Florez und Francisco Bazán de Albornoz.

17 Vgl. dazu Kap. 3.4.

18 Stellungnahme des *fiscal* der *Suprema*, 09.04.1619 [?]. AHN, Inq., lib. 1051, fol. 176r. Die Instruktion (und die Klausel zu den Engländern) wurde noch im 18. Jahrhundert rezipiert. Vgl.

sitoren die Anweisungen der *cartas acordadas,* die die religiöse Verfolgung von Engländern einschränkten, erfolgreich in Frage ziehen und sich dadurch Spielräume verschaffen konnten. Dass Akteure in den *Indias* den Anordnungen übergeordneter Autoritäten nicht einfach Folge leisteten, sondern aufgrund ihrer Kenntnis vor Ort Modifikationen vorschlugen, war durchaus üblich und sogar erwünscht.[19] Das Überraschende an der Initiative der neuspanischen Inquisitoren ist jedoch, dass sie sich dabei nicht auf die üblichen Rechtsnormen (kanonisches Recht, *Derecho Indiano*) beriefen, sondern auf einen völkerrechtlichen Vertrag Bezug nahmen.

In der Praxis spielte die Frage der internationalen Verträge zunächst keine Rolle mehr. Zwischen 1620 und 1650 kam es nur selten zu Prozessen wegen Protestantismus.[20] Das Beispiel des Niederländers Adrian (Adriaan) Boot zeigt allerdings, dass Ausländer in Neuspanien weiterhin in den Fokus der Inquisition geraten konnten.[21]

---

dazu eine Anfrage des Kommissars von Veracruz an die neuspanischen Inquisitoren zu Franzosen, die verbotene Bücher verkauften (1702). AGN, Inq., vol. 721, exp. 8, fol. 152r–159r. Die Instruktion von 1619 ist hier in gedruckter Form beigelegt (ebd., fol. 154r–156v).

19 S. etwa TAU ANZOÁTEGUI (1992), Casuismo y sistema, S. 83–138.

20 1625 kam es zu einem Prozess gegen den aus Antwerpen stammenden Flamen Isac Telburuerg, der wahrscheinlich mit der niederländischen Flotte des (zu diesem Zeitpunkt bereits verstorbenen) Jacques L'Hermite nach Acapulco gekommen war. Der Katholik Telburuerg wurde der Apostasie angeklagt, dann aber lediglich zu einer Absolution *ad cautelam* verurteilt. Er starb kurz darauf in einem säkularen Gefängnis. AGN, Inq., vol. 353, exp. 3, fol. 9r–13v. Weitere Verfahren wurden gegen die Engländer Cristóbal Toromburu und Cristóbal Boden (1643 bzw. 1644) geführt, die sich freiwillig gestellt hatten. *Proceso de fe* von Christóbal Toromburu (1643). AGN, Inq., vol. 418, exp. 42, fol. 302r–304r. Zu Cristóbal Boden gibt es lediglich einen Verweis im *Índice general de las causas de fe*. AGN, vol. 1524, exp. 1, fol. 38v. Ein weiterer mutmaßlicher Engländer namens Ricardo Noris ist im gleichen Index als *hereje* aufgeführt. AGN, vol. 1524, exp. 1, fol. 209r. 1649 musste der des Protestantismus verdächtigte Franzose Francisco Razen an einem Autodafé teilnehmen und seine Verfehlungen *de vehementi* abschwören. MEDINA (1952), Historia del Tribunal de México, S. 203.

21 Adrian Boot wurde um das Jahr 1579 in Delft geboren. Mit zehn Jahren begann er in Leiden zu studieren, u.a. Grammatik bei Justus Lipsius, der ein Freund der Familie war. Bereits mit zwölf Jahren wurde Boot von seinem Vater für einen Sprachaufenthalt nach Frankreich geschickt. Dort lebte Boot vier Jahre bei einer katholischen Familie, die ihn in ihrem Glauben unterrichtete und zur Messe mitnahmen. Danach kehrte er in die Niederlande zurück und lebte bis zum Jahr 1607 als Calvinist mit seinem Vater und seinem Großvater zusammen. Boot ließ sich zum Ingenieur ausbilden und war unter Moritz von Oranien am Krieg gegen Spanien beteiligt. Er verheiratete sich mit einer Katholikin, die nach der Vermählung zum Calvinismus konvertierte. *Relación de causa* von Adrian Boot (1637–1638). 1. *audiencia,* 19.09.1637. AHN, Inq., lib. 1065, fol. 287r–305r, hier fol. 291v–294v. Boot behauptete, dass ihn 1607 ein Freund davon

Boot hatte 1612 vom Indienrat den Auftrag erhalten, in Mexiko-Stadt ein Entwässerungssystem zu entwickeln. Frühere Projekte – etwa jenes des deutschstämmigen Enrico Martínez – waren gescheitert und es hatte sich weder in den *Indias* noch auf der Iberischen Halbinsel ein geeigneter Fachmann finden lassen. Schließlich konnte die spanische Krone Boot über ihren Botschafter in Frankreich rekrutieren.[22] Als königlicher Ingenieur kam der Niederländer 1614 nach Neuspanien.[23] Er machte nicht nur in der Wasserverwaltung von sich reden, sondern wurde auch für Festungsarbeiten angestellt. Nachdem der niederländische Seefahrer Joris van Spilbergen 1615 in den Hafen von Acapulco gelangen konnte, beauftragten die spanischen Autoritäten ausgerechnet dessen Landsmann Boot, die Befestigung der Stadt zu verbessern. 1621 war Boot in gleicher Mission in Veracruz tätig.[24]

Am 18. Mai 1624 wurde der niederländische Ingenieur vom Deutschen Enrique de Haz vor dem Inquisitionstribunal denunziert. Enrique de Haz war selbst ein ehemaliger Gefangener der Inquisition und war 1619 zum Katholizismus konvertiert. Er kannte Adrian Boot wohl nur flüchtig. Mindestens ein Mal hatte er ihn in seinem Haus in Mexiko-Stadt besucht und dabei beim Lesen eines Buches ertappt, das Boot daraufhin schnell versteckte. De Haz verwies für weitere Informationen auf den flämischen Artilleristen Julio Rodríguez, den Boot später als seinen „Todfeind" bezeichnen sollte.[25]

    überzeugte, zum Katholizismus überzutreten. Anschließend machte er sich auf nach Frankreich, wo er bis zum Jahre 1612 Heinrich IV. als Ingenieur diente. In dieser Zeit ließ sich Boot in der katholischen Lehre unterrichten, hatte dafür nach eigenen Aussagen jedoch aufgrund seiner Arbeit wenig Zeit. Er ging aber angeblich mindestens einmal zur Beichte, um seine häretische Vergangenheit zu gestehen. Daraufhin gab ihm der Priester die Absolution. 1612 erhielt Boot den Ruf Philipps III. und ging nach Madrid. *Relación de causa* von Adrian Boot (1637–1638). AHN, Inq., lib. 1065, fol. 287r–305r, hier fol. 291v–294r. Zeugen behaupteten später, der Niederländer habe mit Kleidern gehandelt und nach einem Bankrott nach Frankreich auswandern müssen. Dort habe er sich mit dem Korsaren Simon de Danser angefreundet, sei mit ihm zur See gefahren und habe dem Piraten bis zu dessen Gefangennahme als Hehler gedient. Boot bestätigte, kurz mit dem Piraten zu tun gehabt zu haben, stritt jedoch ab, mit ihm zur See gefahren zu sein. Zeugenaussagen von Enrique de Haz, 18.05.1624. AHN, Inq., lib. 1052, fol. 186r–187r sowie von Julio Rodríguez, Acapulco, 22.08.1624. AHN, Inq., lib. 1052, fol. 187r–189v.

22 MARLEY (1984), Adrian Boot, S. 74–77.
23 *Relación de causa* von Adrian Boot (1637–1638). AHN, Inq., lib. 1065, fol. 287r–305r, hier fol. 392v.
24 MARLEY (1984), Adrian Boot, S. 74–77, vgl. auch SLUITER (1948), Dutch-Spanish Rivalry, S. 165–196.
25 Zeugenaussage von Enrique de Haz, 18.05.1624. AHN, Inq., lib. 1052, fol. 186r–187r.

Rodríguez hatte Boot längere Zeit als Übersetzer gedient. Er beschuldigte ihn gegenüber der Inquisition zwar nicht direkt des Protestantismus, aber er nannte Indizien: So sei ihm aufgefallen, dass Boot nur über beschränkte Kenntnisse der katholischen Religion verfügte. Er – Rodríguez – habe dem Ingenieur daraufhin einen Rosenkranz geschenkt. Zur Beichte oder zum Abendmahl habe er ihn nie gehen sehen, hingegen habe der Niederländer in Acapulco viele Kontakte mit Landsleuten gehabt. Darüber hinaus habe Boot verlauten lassen, dass ihn der Präsident des Indienrats vor seiner Abreise nach Neuspanien persönlich über den Glauben befragt und dabei versichert habe, dass er auch als Protestant die Lizenz für die Reise in die *Indias* erhalten würde.[26]

Das Tribunal in Mexiko-Stadt leitete diese Informationen der *Suprema* weiter. Zwar gaben die neuspanischen Inquisitoren zu, dass sie für eine Anklage nicht reichten, sie sahen Boot aber sowohl in religiöser als auch in militärischer Hinsicht als potentielle Bedrohung an. Sie baten die *Suprema* deshalb zu prüfen, ob der König die Ausreise von Boot veranlassen könnte.[27] Der Inquisitionsrat versprach, den Vizekönig Neuspaniens zu kontaktieren, und wies das Tribunal an, Boot hinsichtlich seiner Religion im Auge zu behalten.[28]

Es dauerte gut zehn Jahre, bis der Fall wieder aufgenommen wurde. Eine entscheidende Rolle spielte dabei der Vizekönig Lope Díez de Aux de Armendáriz, der Anfang Juli 1636 von den neuspanischen Inquisitoren über die Verdächtigungen gegen Boot informiert worden war. Der Vizekönig hatte sich bereits davor über die ungenügenden Ingenieurkünste Boots beschwert und nahm die religiösen Vorwürfe zum Anlass, den Niederländer bei Philipp IV. anzuschwärzen. Der König gab ihm daraufhin freie Hand, gegen Boot vorzugehen.[29] Anfang

---

26   Boot beteuerte gegenüber dem Präsidenten des Indienrats, „Christ" zu sein: „[E]l presidente del Consejo de Indias le había preguntado si era cristiano, porque aunque no lo fuese le darían licencia y permiso, para pasar a este reino, y le había respondido que era cristiano." Zeugenaussage von Julio Rodríguez, Acapulco, 22.08.1624. AHN, Inq., lib. 1052, fol. 188v–189r. Auch der aus Lucar stammende Italiener Vicencio Vecoli wurde verhört. Er war ein Freund von Boot und hatte mit ihm in Sevilla und Mexiko-Stadt zusammengelebt. Vecoli wollte den Niederländer offenbar nicht belasten. Er gab jedoch zu, dass Boot bei Gelegenheit seinen Freunden und Verwandten in die Niederlanden schrieb. Auch die Beziehung zwischen Boot und dem Korsaren Simon de Danser bestätigte Vecoli, ebenso Kontakte mit diversen Flamen. Vecoli erzählte, dass Julio Rodríguez Boot um das Jahr 1620 als Häretiker bezeichnet habe, da ihm der Niederländer Geld geschuldet habe. Zeugenaussage von Vicencio Vecoli, Veracruz, 26.09.1624. AHN, Inq., lib. 1052, fol. 189v–190v.
27   Mexiko-Stadt an *Suprema*, 29.11.1624. AHN, Inq., lib. 1052, fol. 184r–184v.
28   *Suprema* an Mexiko-Stadt, 19.06.1625. AHN, Inq., lib. 353, fol. 200v–201r.
29   *Real Cédula*, 01.12.1636. AGN, Reales Cédulas originales, vol. 1, exp. 194, fol. 363r–364v.

September 1637 verlangte Armendáriz von den Inquisitoren unverhohlen die Gefangennahme des Niederländers, ohne jedoch Beweise für religiöse Verfehlungen vorlegen zu können. Vielmehr hoffte der Vizekönig, durch die Güterkonfiskation an belastendes Material gegen Boot zu kommen. Er wollte den Niederländer unbedingt loswerden und kündigte an, ihn nach dem Inquisitionsprozess in ein säkulares Gefängnis zu stecken.[30]

Um den Niederländer belasten zu können, suchte die Inquisition daraufhin nach Zeugen. Ein Flame namens Guillermo Enriquez – selbst ehemaliger Häftling der Inquisition – sagte aus, dass Boot einige Jahre zuvor Zweifel an der leiblichen Präsenz Christi im Abendmahl geäußert habe. Zudem sei Boot aufgrund seiner Herkunft verdächtig, denn er stamme aus Holland, wo es zahlreiche Calvinisten und Lutheraner gebe.[31] In die gleiche Kerbe schlug ein weiterer Zeuge, der aussagte, dass er eine schlechte Meinung von Boot habe, da die meisten Niederländer Häretiker seien.[32] Am 9. September 1637 wurde Boot von sieben *calificadores* als mutmaßlicher Anhänger der lutherischen und calvinistischen Häresie bezichtigt. Am selben Tag folgte der Haftbefehl, der eine Woche später vollzogen wurde.[33] Die Auflistung der konfiszierten Güter zeigt, dass der Niederländer zu diesem Zeitpunkt über ein beachtliches Vermögen verfügte. Unter anderem gehörten ihm eine Sklavin und zwei Sklaven, eine Uhr sowie zahlreiche Möbel. Sein Lohn belief sich auf 100 Dukaten pro Monat. Allerdings gab Boot an, aufgrund von Unterhaltszahlungen für seine Familie und diversen Krankheiten viel Geld verloren und Schulden zu haben. Von besonderem Interesse für die Inquisition waren die über 200 Bücher in niederländischer, deutscher, französischer, spanischer und lateinischer Sprache. Darunter befand sich auch ein calvinistischer Katechismus.[34]

---

30   Vizekönig an Inquisition von Mexiko-Stadt. *Autos*, 03.09.1637. AGN, Inq., vol. 489, exp. 6, fol. 75r–76v.

31   *Relación de causa* von Adrian Boot (1637–1638). Zeugenaussage von Guillermo Enrriques, o.D. AHN, Inq., lib. 1065, fol. 287r–305r, hier fol. 289r.

32   „[P]or ser holandés [lo] tenía en mala opinión porque los más de ellos son herejes". *Relación de causa* von Adrian Boot (1637–1638). Zeugenaussage von Juan de la Barzena, o.D. AHN, Inq., lib. 1065, fol. 287r–305r, hier fol. 290v. Die Aussage wurde *nach* der Gefangennahme Boots getätigt.

33   *Relación de causa* von Adrian Boot (1637–1638). *Calificación* und *voto de prisión* (09.09.1637); Einweisung ins Gefängnis (17.09.1637). AHN, Inq., lib. 1065, fol. 287r–305r, hier fol. 289v.

34   *Inventario de Adrian Boot* (1637). AGN, Inq., vol. 383, exp. 10, s. fol.

Am 19. September wurde Boot zum ersten Mal verhört. Der Niederländer behauptete, 1608 zum Katholizismus übergetreten zu sein. Tatsächlich konnte er die vier wichtigsten Gebete auf Latein aufsagen und kannte sich auch sonst gut in der katholischen Doktrin aus. Boot behauptete zudem, mehrere Kreuzzugsbullen *(Bulas de la Santa Cruzada)* gekauft zu haben.[35] In einem weiteren Verhör mutmaßte Boot, dass ein Deutscher ihn aufgrund eines Tischgespräches denunziert haben könnte, bei dem es um die Frage der Einsetzung eines päpstlichen Nuntius in Den Haag gegangen war. Viel pikanter war jedoch Boots Geständnis, im Jahre 1634 in Veracruz verschiedene Niederländer beherbergt zu haben, die ihm als Bezahlung unter anderem eine niederländische Ausgabe des Neuen Testaments und der Psalmen Davids gegeben hätten sowie einen calvinistischen Katechismus und ein protestantisches Gebetbuch. Nach eigenen Aussagen las Boot diese Schriften regelmäßig.[36]

Anfang Oktober 1637 kam es zur Anklage, die 24 Anschuldigungen enthielt. Boot antwortete geschickt, gab vieles zu, aber nichts, was ihn wirklich belasten konnte: Er habe in Neuspanien zwar durchaus Kontakt mit seinen Landsleuten gehabt, auch mit den Piraten von Acapulco, er sei aber dem spanischen König immer treu geblieben, was der Vizekönig bestätigen könne. Was seine calvinistische Kindheit und Jugend betraf, so habe er sich nach seiner Konversion in Frankreich die Absolution geben lassen. Da er an seiner häretischen Vergangenheit keine Schuld trage, sei weder eine Absolution noch *reconciliación* durch die Inquisition nötig. Boot gab allerdings zu, ungenügend im katholischen Glauben unterwiesen worden zu sein. Er bat die Inquisition deshalb um eine entsprechende Unterrichtung.[37]

Das Tribunal gab sich mit diesen Erläuterungen jedoch nicht zufrieden und setzte nach: Es wusste nämlich vom konkubinischen Leben des Niederländers, der in Mexiko-Stadt mit einer Frau fünf Kinder hatte. Boot stritt dies auch gar nicht erst ab, sondern wies darauf hin, dass er seiner Freundin die Heirat ver-

---

35 Die *Bula de la Santa Cruzada* war ursprünglich zur Unterstützung der mittelalterlichen Kreuzzüge konzipiert worden, später finanzierte die spanische Krone damit auch andere religiöse und säkulare Projekte. Der Kauf der Bulle war nicht obligatorisch, konnte aber zur Steigerung des sozialen Ansehens führen und galt als Bekenntnis zum Katholizismus. Dem Käufer oder der Käuferin wurden religiöse Privilegien zugesichert. THOMAS (2001), La represión, S. 107 f.; THOMAS (2001), Los protestantes, S. 77 f.
36 *Relación de causa* von Adrian Boot (1637–1638). AHN, Inq., lib. 1065, fol. 287r–305r, hier fol. 294v.
37 *Relación de causa* von Adrian Boot (1637–1638). AHN, Inq., lib. 1065, fol. 287r–305r, hier fol. 300r.

sprochen habe, die stattfinden solle, sobald er über den Tod seiner Frau in den Niederlanden informiert werde. Boot gab an, jede Strafe akzeptieren zu wollen. Er bat jedoch darum, das Urteil nicht in der Öffentlichkeit zu vollziehen, da er seine Fehler aus Unwissenheit und nicht aus Arglist gemacht habe. Im Dezember 1637 nahm Boot zu den Zeugenaussagen Stellung und konnte viele von den Urhebern identifizieren. Anfang Januar 1638 überarbeitete Boot seine Verteidigungsschrift. Er fügte unter anderem an, dass er aufgrund seiner ausländischen Herkunft immer wieder angefeindet worden sei.[38]

Am 13. Februar beschloss das Tribunal, den Fall vorläufig zu suspendieren und Boot die Absolution *ad cautelam* zu gewähren, mit der Auflage, sich zwei Monate in einem Konvent unterrichten zu lassen. Zudem durfte der Niederländer die Stadt nicht ohne die Erlaubnis der Inquisitoren verlassen. Seine Güter wurden ihm nach seiner Unterrichtung durch Jesuiten zurückerstattet.[39] Die Gründe für die Suspension des Verfahrens sind nicht klar. Wahrscheinlich war das Ziel – nämlich die Diskreditierung Boots – bereits erreicht und bestand von Seiten der Inquisitoren kein Interesse, den Fall weiterzuverfolgen. Dass der Niederländer seine Güter zurückerhielt, weist darauf hin, dass er immer noch über ein gewisses Prestige verfügte.

Prestige alleine schützte aber nicht in jedem Fall vor einem harten Urteil. Dies musste William Lamport erfahren, der 1611 im irischen Wexford als Sohn katholischer Eltern geboren wurde. Für seine Erziehung siedelte er nach London über, wo ihn ein protestantischer Lehrer in Mathematik und Sprachen unterrichtete. Um das Jahr 1630 floh Lamport aufgrund seiner Agitationen gegen den englischen König nach Spanien, wo er seinen Namen in Don Guillén de Lombardo umwandelte. In Madrid knüpfte er Kontakte an den Hof und begann ein Studium. Er diente anschließend dem spanischen König im Feldzug gegen Schweden (Nördlingen) und nahm nach eigenen Angaben auch an der Schlacht um Fuen-

---

38 *Relación de causa* von Adrian Boot (1637–1638). AHN, Inq., lib. 1065, fol. 287r–305r, hier fol. 300v.
39 *Relación de causa* von Adrian Boot (1637–1638). *Voto definitivo*, 13.02.1638. AHN, Inq., lib. 1065, fol. 287r–305r, hier fol. 304v–305r; Adrian Boot an Inquisition von Mexiko-Stadt, 19.04.1638. AGN, Inq., vol. 383, exp. 10, s. fol. Weitere Ausländer folgten Boot als Ingenieure im Festungsbau. Der Flame Marcos Lucio (Marcus Lucius) wurde ebenfalls verhaftet und Anfang der 1670er-Jahre als Verräter nach Spanien gebracht. Der Deutsche Jakob Franck (Jaime Frank) arbeitete gegen Ende des 17. Jahrhunderts als Ingenieur in Campeche. Er verübte angeblich Selbstmord. MARLEY (1992), Pirates and Engineers, S. 29 f.

terrabía teil. Im Jahre 1640 machte sich Lamport nach einer gescheiterten Beziehung mit einer Spanierin auf in die Neue Welt.[40]

In Neuspanien versuchte Lamport mit Hilfe der indigenen Bevölkerung und afrikanischer Sklaven einen Aufstand gegen die spanische Krone zu initiieren. Dieser sollte in der Unabhängigkeit des Vizekönigreichs münden, mit Lamport als Herrscher. Der Ire, der sich als Halbbruder von Philipp IV. bezeichnete, hatte Großes vor: Er wollte Sklaven und Indigene aus ihrer Knechtschaft befreien und den Handel mit anderen europäischen Staaten erlauben. Doch die Pläne von Lamport wurden verraten und er wurde bei der Inquisition angezeigt. Diese warf ihm unter anderem vor, Drogen zu konsumieren und einen Pakt mit dem Teufel eingegangen zu sein. Schwerer wog jedoch die Beschuldigung, einen Aufstand gegen den spanischen König vorzubereiten. Dieser letzte Punkt wäre eigentlich in die säkulare Gerichtsbarkeit gefallen, die Inquisition argumentierte jedoch, dass in diesem Fall ein öffentlicher Prozess schaden würde.[41]

Lamport wurde 1642 in ein inquisitorisches Gefängnis gesteckt. Trotz seiner hervorragenden Kontakte in Spanien blieb der Ire acht Jahre in Gefangenschaft. 1649 sollte das Urteil gefällt werden, die Inquisitoren konnten sich jedoch nicht einigen. 1650 gelang Lamport die kurzzeitige Flucht, die er nutzte, um die Inquisition mit Pamphleten bloßzustellen. Kurze Zeit später wurde der Ire wieder gefangen genommen und Philipp IV. über den Fall informiert. Der König kannte Lamport persönlich und war nicht bereit, ein hartes Vorgehen gegen ihn zuzulassen. Trotzdem verfolgte die neuspanische Inquisition den Prozess weiter und Lamports psychischer Zustand verschlechterte sich zusehends. 1659 wurde er schließlich zum Tode verurteilt und im November bei einem Autodafé hingerichtet.[42]

Die Anklage umfasste alle denkbaren Vergehen: vom Pakt mit dem Dämon und der Astrologie über die Kollaboration mit Juden bis zum Protestantismus. Die Inquisitoren nannten dabei nicht nur die „Sekte" von Luther, sondern beschuldigten den Iren auch als Anhänger von Calvin, Pelagio, Hus und Wycliffe.[43] Tat-

---

40 *Relación de causa* von William Lamport alias Guillen Lombardo (1642–1659). AHN, leg. 1731, exp. 52/26, fol. 1r–592r. S. zu diesem Fall auch CLINE (2010), William Lamport.
41 *Relación de causa* von William Lamport alias Guillen Lombardo (1642–1659). Urteil vom 07.11.1659. AHN, leg. 1731, exp. 52/26, fol. 1r–592r, hier fol. 558v–589r.
42 *Relación de causa* von William Lamport alias Guillen Lombardo (1642–1659). Urteil vom 07.11.1659. AHN, leg. 1731, exp. 52/26, fol. 1r–592r, hier fol. 558v–589r.
43 *Relación de causa* von William Lamport alias Guillen Lombardo (1642–1659). Urteil vom 07.11.1659. AHN, leg. 1731, exp. 52/26, fol. 1r–592r, hier fol. 558v–589r.

sächlich scheint in diesem Fall der Vorwurf des Protestantismus kaum haltbar zu sein: Lamport stammte aus einem katholischen Umfeld und keineswegs aus einer „von der Häresie infizierten Nation", wie die neuspanischen Inquisitoren behaupteten. Dass der Ire längere Zeit in England gelebt hatte und von einem protestantischen Lehrer unterrichtet worden war, mag ihn offener gegenüber anderen Konfessionen gemacht haben. Es gab aber keine Hinweise darauf, dass Lamport deshalb vom Katholizismus abgefallen wäre.[44]

Letztlich handelte es sich beim Verfahren gegen Lamport also um einen politischen Prozess, bei dem der Protestantismus als Vorwand für eine religiös begründete Verurteilung diente. Dazu passt, dass die *Suprema* vorgängig nicht über das Todesurteil unterrichtet worden war. Die Mitglieder des neuspanischen Tribunals wurden von ihr dann auch scharf zurechtgewiesen und zum Teil schwer bestraft.[45]

Es ist zu Vergleichszwecken interessant, einen kurzen Blick auf das inquisitorische Vorgehen gegen die Portugiesen zu werfen. Dabei handelte es sich um die größte Ausländergruppe des Vizekönigreichs; ihre Mitglieder waren oft jüdischer Abstammung. Ende des 16. Jahrhunderts gerieten diese Neuchristen verstärkt in den Fokus der Inquisition.[46] 1605 erwirkten portugiesische *conversos* eine Generalamnestie für ihre Gemeinschaft. Eine entsprechende Anweisung der *Suprema* erreichte Mexiko-Stadt im Dezember dieses Jahres. Die Inquisitoren reagierten umgehend und ließen zwei gefangene Portugiesen frei.[47] In den nächsten 30 Jahren kam es nur noch vereinzelt zu Anklagen wegen Judaismus. Ab 1635 nahm die Aktivität wieder zu und ab 1642 kam es zu Massenverhaftungen. Zwischen 1646 und 1648 verurteilte die Inquisition über 80 mutmaßliche

---

44 *Relación de causa* von William Lamport alias Guillen Lombardo (1659). AHN, Inq., lib. 1065, fol. 390r–400r, Zitat fol. 393r. Der Bruder Lamports, der sich ebenfalls in Neuspanien aufhielt, war gar ein dominikanischer Mönch.
45 CLINE (2010), William Lamport. Als es jedoch 25 Jahre später darum ging, den *asiento de negros* von Balthasar Coymans zu bekämpfen, nannte der Inquisitionsrat den Fall Lamport als Beweis für die Bedeutung der amerikanischen Inquisition in der Bekämpfung protestantischer Häresie. *Suprema* an Karl II., 07.06.1685. AHN, Inq., lib. 267, fol. 105r–124v, hier fol. 111r–111v.
46 ESCOBAR QUEVEDO (2008), Inquisición y judaizantes, S. 85–88; GREENLEAF (1995 [1969]), La Inquisición en Nueva España, S. 181–184.
47 Mexiko-Stadt an *Suprema*, 03.01.1606. AHN, Inq., lib. 1050, fol. 169r. Bereits 1601 erlaubte Philipp III. portugiesischen Neuchristen die Übersiedlung nach Spanien. Die Krone erhielt dafür den Betrag von 170.000 *cruzados*. 1610 wurde die Reisefreiheit wieder eingeschränkt. Vgl. LÓPEZ BELINCHÓN (2000), Olivares, S. 500.

Juden. 1649 kam es zum größten Autodafé der neuspanischen Geschichte: 109 Personen wurden verurteilt, 70 davon zum Tode (wobei ein großer Teil der Angeklagten zu diesem Zeitpunkt flüchtig oder verstorben war).[48]

Der Hintergrund der Verfolgung waren die Spannungen zwischen Spanien und Portugal. Die beiden Länder wurden seit 1580 von den spanischen Königen in Personalunion regiert. Ende 1640 kam der portugiesische Adel in Aufstand und forderte die Unabhängigkeit von der spanischen Krone. Philipp IV. ordnete daraufhin Repressionen gegen die Portugiesen in Spanisch-Amerika an. In diesem politischen Klima traten zwei Persönlichkeiten in Erscheinung, die einige Jahre davor in Lima unerbittlich gegen portugiesische Neuchristen vorgegangen waren: Juan de Mañozca y Zamora, ehemaliger Inquisitor von Peru und Mitglied des Inquisitionsrates, sowie sein Neffe Juan Sáenz de Mañozca y Murillo, ehemaliger Funktionär des peruanischen Tribunals. Sáenz de Mañozca kam 1642 als Inquisitor nach Neuspanien, sein Onkel wurde ein Jahr später zum Erzbischof von Mexiko-Stadt ernannt und nahm als *visitador* erneut großen Einfluss auf die Inquisitionspraktiken. Beide waren überzeugt davon, dass ihre Vorgänger viel zu lax vorgegangen waren. Die portugiesischen Neuchristen waren die ideale Gemeinschaft, um ein Exempel zu statuieren.[49] Während es zwischen den Portugiesen Limas und Cartagena de Indias zahlreiche Handels- und familiäre Verbindungen gab, waren die *conversos* in Neuspanien eine davon weitgehend abgekoppelte Gruppierung, die ihre Kontakte vor allem in Sevilla hatte.[50] Zwischen 1646 und 1649 wurden fast 200 Personen verurteilt, die meisten wegen Judaisierens.[51] Andere Ausländer waren von dieser Repressionswelle kaum betroffen. Das Beispiel der Portugiesen zeigt, wie stark die inquisitorischen Praktiken von den politischen Umständen, vor allem aber von der Initiative einzelner Akteure abhingen.

---

48 Escobar Quevedo (2008), Inquisición y judaizantes, S. 183–189. Für eine chronologische Übersicht s. Alberro (1988), Inquisition et société, S. 269–297.
49 Escobar Quevedo (2008), Inquisición y judaizantes, S. 183–189; Lynn (2013), Between Court and Confessional, S. 277 f.
50 Escobar Quevedo (2008), Inquisición y judaizantes, S. 186 f.
51 Escobar Quevedo (2008), Inquisición y judaizantes, S. 188 f.

5.2 Das Problem der Philippinen

Die Philippinen – 1521 durch Fernando de Magallanes „entdeckt" – wurden ab dem letzten Drittel des 16. Jahrhunderts von den Spaniern kolonisiert. Die Inseln waren dem Vizekönigreich Neuspanien zugeordnet und die örtliche Inquisition unterstand dem Tribunal in Mexiko-Stadt. Das *Santo Oficio* hatte gleich zwei Herausforderungen zu meistern: Erstens spielte der Islam auf den Philippinen seit dem Ende des 14. Jahrhunderts eine wichtige Rolle. Und zweitens tauchten um 1600 vermehrt niederländische Kriegs- und Handelsschiffe vor der Küste auf, von denen Teile der Bemannung an Land und damit in Kontakt mit der lokalen Bevölkerung gerieten. Ausländische Protestanten stellten für die Spanier fortan ein ständiges Ärgernis dar. Ihre Präsenz wurde wiederholt zum Anlass genommen, die Krone (erfolglos) um die Errichtung eines eigenen philippinischen Tribunals zu bitten.[52]

Bereits 1602 sandten die Inquisitoren Neuspaniens ihrem Kommissar in Manila Anordnungen zum Umgang mit ausländischen Protestanten. Sofern diese sich freiwillig stellten, sollten sie zur *reconciliación secreta* zugelassen werden, konnten also zum Katholizismus konvertieren, ohne an einem Autodafé teilnehmen zu müssen.[53] Katholische Ausländer, die – meist als Seeleute – längere Zeit unter Protestanten gelebt hatten, sollten die Absolution *ad cautelam* erhalten.[54] Diese Anordnungen sind beachtlich, folgten sie doch unmittelbar auf das 1601 in Mexiko-Stadt abgehaltene Autodafé, bei dem das *Santo Oficio* hart gegen ausländische Häretiker vorgegangen war.

Im ersten Drittel des 17. Jahrhunderts machten Niederländer, Engländer und auch einige Deutsche regen Gebrauch von der Möglichkeit der Selbstdenunzia-

---

52 Bischof von Manila [?] an *Suprema*, 30.06.1606. AHN, Inq., lib. 1037, fol. 65r–65v; Pedro de San Cristóbal (*Procurador* der Philippinen) an *Suprema*, 1749. AHN, Inq., leg. 2281, s. fol. Als Überblickswerk zur Inquisition auf den Philippinen immer noch grundlegend: MEDINA (1899), Historia del Tribunal en las Islas Filipinas.

53 Auf diese Anweisungen referierten die philippinischen Kommissare regelmäßig, u.a. im Prozess gegen den Engländer Juan Ric. Manila, 23.04.1620. AGN, Inq., vol. 352, exp. 12, fol. 303r–303v. Eine entsprechende *carta* ist auf den 16.01.1602 datiert. Ihr Inhalt lässt sich über eine kurze Randnotiz bei der Selbstanzeige des Niederländers Juan Alberto rekonstruieren: „Respondido en el cuaderno de cartas de este año de 1602 que el comisario los admita a reconciliación secreta". Prozessakten zu Juan Alberto (Manila, 1601). AGN, Inq., vol. 263, exp. 1C, fol. 10r–10v.

54 Diese Praxis wurde wohl um das Jahr 1620 veranlasst. Vgl. dazu die *Relación de causa* von Diego Timensen (1621). AGN, Inq., vol. 336, fol. 31r–32v.

tion.⁵⁵ Der Nutzen der Konversion war dabei ganz konkreter Natur: So bat etwa der Engländer Thomas Woolley 1621 den Kommissar in Manila um ein Zertifikat, das seine Konversion zum Katholizismus beweisen sollte. Ansonsten werde ihm der neuspanische Vizekönig die Lizenz verweigern, auf spanischen Schiffen als Seemann zu arbeiten. Der Engländer erhielt umgehend die gewünschte Bescheinigung.⁵⁶ 1623 berichteten die neuspanischen Inquisitoren von jährlich rund 20 Protestanten, die jeweils vom philippinischen Kommissar zum Tribunal geschickt wurden.⁵⁷ Das ist bemerkenswert, findet sich doch in Spanisch-Amerika für diese Zeit keine vergleichbare Anzahl von *espontáneos*.

Allerdings waren diese Konversionen der neuspanischen Inquisition ein Dorn im Auge. Als besonders problematisch befand sie die entsprechenden Gesuche von niederländischen Kriegsgefangenen, die sich dauerhaft auf den Philippinen niedergelassen und teilweise gar geheiratet hatten. Die Inquisitoren in Mexiko-Stadt rügten ihren Kommissar in Manila für dessen Passivität – er solle nicht abwarten, bis die Niederländer zu ihm kämen, sondern proaktiv gegen sie vorgehen. Die *Suprema* plädierte ihrerseits dafür, den Untertanen der Generalstaaten zunächst mit Milde zu begegnen. Sollten sie sich jedoch nicht kooperativ verhalten und an ihren Häresien festhalten, dann könne die ganze Härte des Gesetzes angewandt werden. Die neuspanischen Inquisitoren überlegten derweilen, ob sie ganz einfach alle zum Katholizismus konvertieren Ausländer ausweisen sollten, verwarfen dann aber den Gedanken, da er nicht dem „Stil" *(estilo)* des *Santo Oficio* entsprach. Darüber hinaus hätte ein solches Vorgehen kontraproduktive Folgen haben können, denn möglicherweise hätten sich die Protestanten aus Angst nicht mehr freiwillig bei der Inquisition gemeldet. Das neuspanische Tribunal schlug deshalb vor, jeweils den Vizekönig im Geheimen über die Fälle ausländischer Konvertiten zu unterrichten, damit dieser dann mit Berufung auf das Aufenthaltsverbot deren Ausweisungen veranlassen würde. Die Inquisitoren nutzten somit erneut den Handlungsspielraum, der ihnen durch die spezielle Rechtslage der *Indias* gegeben war. Die *Suprema* war mit dem Vor-

---

55 Die Fälle finden sich u.a. in AGN, Inq., vol. 289; AGN, Inq., vol. 336; AGN, Inq., vol. 337; AGN, Inq., vol. 352; AGN, Inq., vol. 355.
56 *Relación de causa* von Thomas Woolley (1621). AGN, Inq., vol. 352, fol. 331r–331v. Vgl. auch POGGIO GHILARDUCCI (2009), Garder la foi, S. 37.
57 Mexiko-Stadt an *Suprema*, 13.02.1623. AHN, Inq., lib. 1052, 105r–107r. Vgl. dazu insbesondere die Bestände in AGN, Inq., vol. 336; AGN, Inq., vol. 352. Vgl. für die inquisitorischen Praktiken gegen ausländische Protestanten um 1648 SALES COLÍN (2009), Apuntes, S. 173–175.

gehen grundsätzlich einverstanden.[58] Sie verfügte weiter, dass jene Ausländer, die ihren Aufenthalt durch eine *composición* legalisiert hatten, ohne jede Einschränkung verfolgt werden konnten.[59]

Aber nicht nur ausländische Protestanten stellten auf den Philippinen ein Problem dar, sondern auch spanische Soldaten, die aufgrund der schlechten Versorgungslage desertierten. Sie schlossen sich den Niederländern oder den lokalen muslimischen Herrschern an und konvertierten anschließend zum Protestantismus oder Islam.[60] Exemplarisch ist der Fall des Spaniers Julio Gutiérrez Florez, der sich am 9. April 1620 in Mexiko-Stadt als Renegat denunzierte. Gutiérrez war im Alter von ungefähr 16 Jahren als Soldat auf die Philippinen gekommen. Dort verliebte er sich in eine Muslimin. Diese konvertierte zwar zum Christentum, erhielt aber vom spanischen Gouverneur nicht die Lizenz, mit Gutiérrez weiterzuziehen. Der Spanier kam mit seiner Kompanie auf die Insel Tidore (Molukken), wo er sich wiederum mit einer Muslimin anfreundete. Da es der einheimischen Bevölkerung in diesem Gebiet gemäß ihren eigenen Gesetzen unter Todesstrafe verboten war, sich mit Christen zu vermischen, floh Gutiérrez 1614 mit seiner Freundin auf eine von Niederländern besetzte Insel. Gutiérrez kämpfte mit diesen gegen die Spanier und tötete dabei einige seiner Landsleute.[61]

Gutiérrez gab zu, an protestantischen Gottesdiensten teilgenommen zu haben, wenn auch zunächst gegen seinen Willen. Die Niederländer hatten ihm eine Bibel in spanischer Sprache ausgehändigt. Nach einigen Monaten konvertierte Gutiérrez zum Calvinismus. Der Spanier wies darauf hin, dass er einige Elemente des Katholizismus beibehielt, so den Glauben an das Fegefeuer und das Beten des Rosenkranzes. Nach einigen Jahren bereute Gutiérrez, zu den Niederländern übergelaufen zu sein. Er entschloss sich, zurück auf spanisches Gebiet zu fliehen. Ein entsprechender Versuch scheiterte jedoch, woraufhin ihn die Niederländer zum Tode verurteilten. Im letzten Moment wurde die Strafe in einen Landesverweis umgewandelt. Gutiérrez begründete den Begnadigungsakt einerseits mit den Fürsprachen niederländischer Soldaten, andererseits mit den Friedensschlüs-

---

58 Mexiko-Stadt an *Suprema*, 20.05.1620. AHN, Inq., lib. 1051, fol. 260r–262v; 274r; *Suprema* an Mexiko-Stadt, 02.10.1620. AHN, Inq., lib. 353, fol. 137r.
59 *Real Cédula*, 18.05.1619. AHN, Inq., lib. 1052, fol. 17r–18v.
60 *Suprema* an Mexiko-Stadt, 09.10.1619. AHN, Inq., lib. 353, fol. 127r–127v.
61 *Relación de causa* von Sebastian Gutiérrez Florez (1620). AHN, Inq., lib. 1051, fol. 263r–273v.

sen zwischen den Generalstaaten und der spanischen Krone.[62] Über Angola und Hispaniola kam Gutiérrez im Jahre 1619 nach Neuspanien, wo er sich dem Tribunal stellte. Die Inquisitoren konstatierten, dass Gutiérrez die katholischen Glaubenssätze kannte. Dann gewährten sie ihm die Wiederaufnahme in die Gemeinschaft der katholischen Kirche. Außer mit einigen spirituellen Auflagen und einer Meldepflicht wurde Gutiérrez nicht weiter bestraft.[63]

Das milde Urteil mag zunächst erstaunen. Tatsächlich waren sich die neuspanischen Inquisitoren über das angemessene Vorgehen gegen spanische Renegaten unsicher. Einerseits, so argumentierten sie in einem Schreiben aus dem Jahre 1619, wäre eine harte Strafe angebracht. Andererseits würde dies jene abtrünnigen Soldaten abschrecken, die sich freiwillig bei der Inquisition melden wollten.[64] Sowohl den neuspanischen Inquisitoren als auch der *Suprema* war klar, dass der Grund für die vielen Desertationen die schiere Notlage der unterversorgten Soldaten war.[65]

Wie viel Spielraum den Akteuren der Inquisition an den Rändern des Imperiums zukam, zeigt der Prozess gegen Diego de Salcedo. Die spanische Krone ernannte Salcedo 1663 zum Gouverneur der Philippinen. Drei Jahre später eröffnete der Dominikaner José de Paternina Samaniego, der das Amt eines inquisitorischen Kommissars innehatte, gegen Salcedo ein Verfahren. Dieses beruhte im Wesentlichen auf persönliche Ressentiments. Das wichtigste Argument Paterninas war die flämische Herkunft Salcedos: Der Kommissar warf ihm vor, mit Niederländern zu kooperieren und selbst ein Calvinist zu sein. Die *Suprema* ordnete 1667 zwar die Suspension des Falles an, allerdings eröffnete der Kommissar sogleich ein neues Verfahren und ließ den Gouverneur 1668 gefangen nehmen.[66]

Wiederum stand die nordeuropäische Abstammung Salcedos im Zentrum der Verdächtigung. Die Zeugenaussage des Generals Sebastián Raio Doria belegt

---

62 „[P]or las paces que aquellas islas tenían hechos con Su Majestad visto que allá habían de dar libertad a este se la dieron ahí por ruegos e intercesiones". Der Spanier wies jedoch darauf hin, dass die Todesstrafe bei anderen Landsleuten trotzdem vollstreckt worden sei. *Relación de causa* von Sebastian Gutiérrez Florez (1620). AHN, Inq., lib. 1051, fol. 263r–273v, hier fol. 265r.
63 *Relación de causa* von Sebastian Gutiérrez Florez (1620). AHN, Inq., lib. 1051, fol. 263r–273v.
64 Mexiko-Stadt an *Suprema*, 25.05.1619. AHN, Inq., lib. 1051, fol. 219r–219v.
65 *Suprema* an Mexiko-Stadt, 09.10.1619. AHN, Inq., lib. 353, fol. 127r–127v.
66 LEA (1908), The Inquisition in the Spanish Dependencies, S. 312 f. Die ausführlichste Beschreibung des Falles findet sich bei MEDINA (1899), Historia del Tribunal en las Islas Filipinas, S. 83–130. Die Prozessakten befinden sich in AHN, Inq., leg. 1729, exp. 11.

dies exemplarisch. Er hatte keinerlei direkte Beweise gegen Salcedo vorzubringen, sondern stellte einfach fest, es sei „allgemein bekannt", dass Diego de Salcedo ein Häretiker sei. Dieser sei angeblich auch gar kein Flame, sondern ein Niederländer und stamme somit aus dem „Land der Häretiker".[67] Der Pfarrer Miguel Ibortoz beschuldigte Salcedo, seine Flucht in die niederländische Kolonie Batavia vorzubereiten, und fügte an: „[M]an sagt öffentlich, dass Don Diego ein Häretiker ist, denn er hat sich durch Häretiker aus Batavia bedienen lassen und dort Handel getrieben".[68]

Der Gouverneur Salcedo starb 1670 während der Überfahrt nach Mexiko, wo er dem Tribunal übergeben werden sollte. Nachträgliche Zeugenaussagen entlasteten ihn. So beteuerte Francisco de Coloma, der Präsident der philippinischen *audiencia*, die Unschuld des Flamen. Coloma war gemeinsam mit Salcedo von Madrid in die *Indias* gekommen. Er beschrieb, wie bereits kurze Zeit nach der Ankunft des Gouverneurs in Manila Vorwürfe wegen Häresie laut wurden. Dies hatte – so Coloma – in erster Linie mit der flämischen Abstammung Salcedos zu tun.[69] Die Nachrichten über den Tod des philippinischen Gouverneurs sorgten in Madrid für einen Aufruhr: Insbesondere der Indienrat beklagte sich über das Vorgehen des Kommissars. Das Tribunal in Mexiko-Stadt wusch seine Hände in Unschuld und wies die Verantwortung für den Skandal dem Kommissar der Philippinen zu. Die Inquisitoren gaben zu, dass die Beweise gegen Salcedo ungenügend waren. Allerdings merkten sie an, dass der Gouverneur es seinen Feinden leicht gemacht habe: Ein guter Christ sei er sicherlich nicht gewesen.[70] Der Indienrat forderte seinerseits, dass den inquisitorischen Funktionären klare Anweisungen zum Umgang mit solch hochrangigen Personen gegeben werden sollten.[71] Die *Suprema* enthob Paternina seines Amtes und rehabilitierte Salcedo posthum.[72]

---

67 „[Es] de opinión común [... que Diego de Salcedo] es hereje y lo comprobaría su modo de obrar. Item, que unos holandeses cocheros de Don Diego, dijeron a Doña Clara de Molin, no era Don Diego Flamenco, sino Holandés de los países de los herejes, y que pequeño se crió en Flandés." Zeugenaussage von Sebastián Raio Doria, 04.09.1668. AHN, Inq., lib. 1061, fol. 410r.

68 „[S]e dice públicamente, que Don Diego es hereje; porque se ha servido de herejes de Batavia, y ha introducido y tenido comercio con ellos allá, y no hay quien cuide del modo que viven los holandeses que vienen, porque están ahí con toda libertad." Zeugenaussage von Miguel Ibortoz, 24.09.1668. AHN, Inq., lib. 1061, fol. 442r.

69 Zeugenaussage von Francisco de Coloma, 14.12.1671. AGN, Inq., vol. 518, exp. 35, fol. 392r–406r.

70 MEDINA (1899), Historia del Tribunal en las Islas Filipinas, S. 115.

71 LEA (1908), The Inquisition in the Spanish Dependencies, S. 314 f.

72 PICAZO MUNTANER (2013), Rivalidades; LEA (1908), The Inquisition in the Spanish Dependencies, S. 311–317; MEDINA (1899), Historia del Tribunal en las Islas Filipinas, S. 121 f.; 127–129.

5.3 Cartagena de Indias

Bereits kurz nach der Gründung des Tribunals von Lima wurden Stimmen laut, die eine Entlastung der peruanischen Inquisitoren forderten. 1610 kam Philipp III. dieser Bitte nach und ließ in Cartagena de Indias ein weiteres Tribunal gründen. Der Stadt kam eine strategische Schlüsselrolle zu: Sie verfügte über einen Hafen, der von der spanischen Handelsflotte im Zuge der *carrera de Indias* alljährlich angelaufen wurde. Zudem konnten von Cartagena de Indias aus sowohl die karibischen Inseln als auch das südamerikanische Hinterland erreicht werden. Die Jurisdiktion des Tribunals umfasste einerseits die Karibikinseln Santo Domingo und Kuba sowie die Kleinen Antillen, andererseits die *audiencia* von Santafé de Bogotá und Teile Mittelamerikas (Panama und Nicaragua).[73]

Cartagena de Indias verfügte um das Jahr 1600 über eine geschätzte weiße Bevölkerung von rund 500 Personen, 1630 waren es dann knapp über 1500. Zahlenmäßig dominierten die mehreren Tausend afrikanischstämmigen Einwohner, was die Bedeutung der karibischen Stadt als Zentrum des Sklavenhandels vor Augen führt. Die indigene Bevölkerung hielt sich vorwiegend in der ländlichen Provinz auf und war im Laufe des 16. Jahrhunderts stark dezimiert worden. Cartagena de Indias verfügte über eine vergleichsweise große Gruppe von Ausländern, insbesondere Portugiesen, die im Sklavenhandel tätig waren. Im Laufe des 17. Jahrhunderts dürfte die Zahl anderer europäischer Nichtspanier aufgrund der steigenden Präsenz von Niederländern, Engländern, Dänen und Franzosen in der Karibik deutlich zugenommen haben.[74]

Cartagena de Indias unterschied sich stark von den anderen amerikanischen Tribunalen. Während Lima und Mexiko-Stadt die Machtzentren zweier Vizekönigreiche darstellten, handelte es sich bei Cartagena lediglich um den Hauptort einer *provincia menor*, mit einer dünnen spanischen Elite. Das war eine denkbar schlechte Ausgangslage für eine Institution, die auf die Rekrutierung gut ausgebildeter Juristen und Theologen angewiesen war. Die Inquisitoren hatten dann auch von Anfang an personelle und finanzielle Probleme. Zudem litten sie unter dem tropischen Klima, das Krankheiten beförderte und Dokumente manchmal schon nach wenigen Wochen unleserlich machte.[75] Dass Cartagena de Indias

---

73 BÖTTCHER (1995), Aufstieg und Fall, S. 109–113.
74 BÖTTCHER (1995), Aufstieg und Fall, S. 38–45; BLOCK (2012), Ordinary Lives, S. 21; VILA VILAR (1979), Extranjeros.
75 ÁLVAREZ ALONSO (1999), La Inquisición en Cartagena de Indias, S. 38–40; BÖTTCHER (1995),

trotzdem als Sitz eines Inquisitionstribunals bestimmt wurde, hängt entscheidend mit dem Kampf gegen die jüdische und protestantische Häresie zusammen. Die Stadt war als Einfallstor für unerwünschte Ausländer bekannt. Neben Portugiesen sollte das *Santo Oficio* insbesondere Engländern, Niederländern und Deutschen einen Riegel vorschieben.[76]

Die *Suprema* setzte 1610 Pedro Mathe de Salcedo und den Basken Juan de Mañozca y Zamora als erste Inquisitoren ein.[77] Diese führten 1613 einen Prozess gegen den Franzosen Juan Mercader, der des Protestantismus angeklagt worden war. Der aus der Normandie stammende Mercader war wahrscheinlich katholisch getauft worden, hielt sich aber seit seiner Kindheit in einem gemischtkonfessionellen Umfeld auf. Er kam um das Jahr 1611 nach Cartagena de Indias und arbeitete dort als Krämer. Ihm wurde vorgeworfen, den Kauf einer Kreuzzugsbulle verweigert und sich selbst als Protestanten bezeichnet zu haben. Mercader verteidigte sich mit dem Hinweis auf seine Ignoranz und stritt auch unter Folter den Vorwurf ab, Protestant zu sein. Er musste im Autodafé des Jahres 1614 seine Fehler *de vehementi* abschwören und erhielt 200 Peitschenhiebe. Zudem durfte er sich vier Jahre nicht aus der Stadt entfernen, zwei Jahre davon musste er in einem Konvent zur Unterrichtung im katholischen Glauben verbringen.[78] Die *Suprema* kritisierte dieses Urteil als übertrieben hart. Sie verfügte, dass die Inquisitoren Mercader bei einem weiteren Vergehen nicht als Rückfälligen *(relapso)* qualifizieren durften.[79] Dies weist darauf hin, dass die *Suprema* den Franzosen aufgrund seines Lebenslaufs nur als beschränkt schuldfähig erachtete.[80]

Aufstieg und Fall, S. 24; BÖTTCHER (2013), Kontinuität und Brüche, S. 57 f.; ESCOBAR QUEVEDO (2008), Inquisición y judaizantes, S. 105 f.

76 *Suprema* an Philipp III., 16.03.1610. AHN, Inq., lib. 288, fol. 42r. Vgl. auch BÖTTCHER (1995), Aufstieg und Fall, S. 109–113; PÉREZ VILLANUEVA (1984), La ampliación, S. 986 f. Das Gleiche gilt für Pläne, Tribunale in Buenos Aires und den Philippinen zu gründen; vgl. u.a. MEDINA (1899), Historia del Tribunal en las Islas Filipinas, S. 35–38.

77 Beide Männer waren Juristen mit Schwerpunkt auf kanonischem Recht. ÁLVAREZ ALONSO (1999), La Inquisición en Cartagena de Indias, S. 64 f.

78 *Relación de causa* von Juan Mercader (1613–1614). AHN, Inq., lib. 1020, fol. 6r–6v; 15v; 29r–31v. Die Quellenbestände der Signaturen AHN, Inq., lib. 1020 sowie AHN, Inq., lib. 1021 finden sich als Transkriptionen in SPLENDIANI/SÁNCHEZ BOHÓRQUEZ/LUQUE SALAZAR (1997), Cincuenta años 2 sowie SPLENDIANI/SÁNCHEZ BOHÓRQUEZ/LUQUE SALAZAR (1997), Cincuenta años 3. Ich beziehe mich bei den *libros* 1020 und 1021 im Folgenden auf diese Quellenedition.

79 *Relación de causa* von Juan Mercader (1613–1614). AHN, Inq., lib. 1020, fol. 29v.

80 Vgl. auch den Fall des Franzosen Juan de Buenafe (1613–1615). AHN, Inq., lib. 1020, fol. 101v–104r.

In anderen Fällen waren die karibischen Inquisitoren zurückhaltender. Am Weihnachtstag des Jahres 1615 legte im Hafen von Cartagena de Indias ein Schiff an, auf dem sich ungefähr 60 Franzosen befanden.[81] Bei der anschließenden Visitation durch das *Santo Oficio* denunzierte der spanische Steuermann vier Männer als Hugenotten. Salcedo und Mañozca stellten weitere Nachforschungen an, nahmen die Verdächtigen jedoch nicht fest. Letztere meldeten sich Ende Januar 1616 „freiwillig" *(de su voluntad)* vor dem Tribunal; es ist allerdings wahrscheinlich, dass ihnen dieser Schritt nahegelegt wurde. Zwei der Männer waren Katholiken. Sie gaben zu, unter Druck ihres hugenottischen Arbeitgebers an protestantischen Gottesdiensten teilgenommen zu haben. Die Inquisition verurteilte die beiden zu einer *abjuración de levi*, erteilte ihnen eine Verwarnung und verpflichtete sie zur Unterweisung in einem Kloster.[82] Ein weiterer Franzose war in einem gemischtkonfessionellen Umfeld groß geworden, ohne dass aus den Quellen hervorgeht, ob er katholisch oder protestantisch getauft worden war. Er behauptete jedenfalls, als Katholik zu leben. Die Inquisitoren verurteilten ihn zu einer Absolution *ad cautelam* unter der Auflage, sich in einem Kloster der Stadt im Katholizismus unterrichten zu lassen und seine häretischen Sünden zu beichten.[83] Das gleiche Verfahren wurde beim einzigen Angeklagten angewandt, der zweifellos als gebürtiger Protestant identifiziert werden konnte. In diesem Fall hielten die Inquisitoren explizit fest, dass sie sich an den *cartas acordadas* zum Umgang mit konversionswilligen Engländern und Niederländern orientierten.[84] Entscheidend war hier offenbar nicht die ‚Nationalität' des

---

81 Hierbei handelte es sich um die Männer einer französischen Expedition, in deren Verlauf im Jahre 1612 im Nordosten Brasiliens das Fort Saint Louis gegründet worden war, das bereits drei Jahre später in die Hand der Portugiesen fiel. Die Franzosen waren angeblich auf dem Rückweg nach Frankreich und legten wegen eines Lecks in der karibischen Hafenstadt an. *Relación de causa* von Pedro Mozón (1615–1616). AHN, Inq., lib. 1020, fol. 104r–106r.

82 *Relación de causa* von Pedro Mozón (1615–1616). AHN, Inq., lib. 1020, fol. 104r–106r; *Relación de causa* von David Mingan (1616). AHN, Inq., lib. 1020, fol. 118r–119v. Interessanterweise war es nun die *Suprema*, die ein härteres Vorgehen forderte: Beide Angeklagten hätten unter Folter zu ihren Aussagen befragt werden müssen (ebd.).

83 *Relación de causa* von Pedro Hebert (1616). AHN, Inq., lib. 1020, fol. 119v–120v.

84 „[P]orque aunque conforme a derecho con semejantes delincuentes se ha de guardar lo que está dicho por cartas acordadas del Señor Inquisidor General y Señores del Consejo, está mandado se guarde lo mismo con los ingleses y escoceses y holandeses y parece corre la misma razón con este confitente por ser como es francés". *Relación de causa* von David Mingan (1616). AHN, Inq., lib. 1020, fol. 118r–119v, Zitat fol. 118v–119v. Zu den erwähnten *cartas acordadas* vgl. Cartagena de Indias an *Suprema*, 16.07.1612. AHN, Inq., lib. 1008, fol. 36r–38r, hier fol. 36v.

Angeklagten, sondern die Tatsache, dass er als Häretiker geboren und erzogen worden war.[85]

An Ostern des Jahres 1620 kamen fünf Engländer nach Cartagena de Indias. Sie behaupteten, Deserteure eines Piratenschiffes zu sein. Zunächst wurden sie von den Spaniern freundlich aufgenommen, man gewährte ihnen sogar eine Stadtführung. Aufgrund ihres Verhaltens verdächtigte sie der Gouverneur jedoch der Spionage und ließ sie einsperren. Ein Jesuit meldete dem Tribunal wenig später, bei den Engländern handle es sich um konversionswillige Protestanten. Daraufhin wurde die Versetzung der Männer in das Gefängnis der Inquisition angeordnet. Sie erhielten alle die Absolution *ad cautelam* und wurden danach wieder der Gerichtsbarkeit des Gouverneurs übergeben.[86] Wenig später kam es zu einem ähnlichen Vorfall: Im Dezember 1620 trugen die Spanier in einer Schlacht gegen fünf Piratenschiffe vor der Insel Hispaniola den Sieg davon. Sie erbeuteten drei feindliche Schiffe und brachten sie nach Cartagena de Indias. Auf einem davon befanden sich protestantische Engländer und Niederländer. Der Gouverneur forderte sie zur Beichte auf, da er sie hängen wollte. Acht von ihnen waren konversionswillig und wurden vor das Inquisitionstribunal gebracht. Es handelte sich um sieben Niederländer und Flamen sowie um einen Engländer, die alle bereits in die Grundzüge des Katholizismus eingeführt worden waren. Die Inquisitoren verhörten sie im Januar 1621 und erteilten die Absolution *ad cautelam*. Anschließend wurden die Piraten dem Gouverneur zurücküberstellt.[87]

Die Inquisitoren Mañozca und Salcedo eröffneten somit nur noch dann ein

---

85 Der erste englische *espontáneo* meldete sich 1618 beim Tribunal. Es handelte sich um einen jungen Mann namens Juan Elbes, der aus einer wohlhabenden protestantischen Familie stammte. Aus Abenteuerlust hatte er sich auf ein Schiff begeben, das zunächst nach Brasilien fahren sollte, um dort Holzhandel zu betreiben Dieser Plan wurde aufgegeben und die Mannschaft widmete sich stattdessen der Piraterie in der Karibik. Elbes verließ das Schiff im Juli 1617 auf Jamaica und bat den örtlichen Kommissar um eine Konversion. Dieser ließ den Engländer zunächst im Katholizismus unterrichten und verwies ihn dann nach Cartagena de Indias. Dort kam Elbes im März 1618 an und wurde sogleich befragt. Die Inquisitoren verfügten eine Absolution *ad cautelam* und die Fortführung der katholischen Katechese. *Relación de causa* von Juan Elbes (1617/18). AHN, Inq., lib. 1020, fol. 158r–160r.

86 *Relación de causas* (1620). AHN, Inq., lib. 1020, fol. 175r–177r; *Relación de causa* von Juan de Arsell (1620). AHN, Inq., lib. 1020, fol. 177r–179r; *Relación de causa* von Esteban Brun (1620). AHN, Inq., lib. 1020, fol. 179r–180r; *Relación de causa* von Nicolás Arentón (1620). AHN, Inq., lib. 1020, fol. 180r–181r; *Relación de causa* von Roberto Bar (1620). AHN, Inq., lib. 1020, fol. 181r–182v; *Relación de causa* von Tomas de Sutin (1620). AHN, Inq., lib. 1020, fol. 182v–183v.

87 *Relaciones de causas* (1621). AHN, Inq., lib. 1020, fol. 196v–197v.

Verfahren gegen ausländische Kriegsgefangene, wenn sich diese freiwillig beim Tribunal meldeten. Ansonsten waren diese ausschließlich der Jurisdiktion der weltlichen Autoritäten unterstellt. Dieses Vorgehen unterschied sich von jenem der peruanischen und neuspanischen Inquisitoren im 16. Jahrhundert, die noch *ex officio* gegen Korsaren vorgegangen waren.[88]

Im Jahre 1619 tauchte im ungefähr 300 Kilometer östlich von Caracas gelegenen Ort Cumaná ein Fremder auf. Dieser machte sich aufgrund seiner ausländischen Herkunft und der Tatsache, dass er kaum am religiösen Leben der Gemeinschaft teilnahm, verdächtig. Der Mann wurde deshalb von 14 Personen beim örtlichen Inquisitionskommissar denunziert und dem Tribunal von Cartagena de Indias überstellt. In der Befragung gab er sich als Engländer namens Adán Edon zu erkennen.[89]

Edon wurde um das Jahr 1590 in einem Dorf im Süden Englands geboren und protestantisch getauft. Mit 14 Jahren kam er nach London, wo ihn ein Gewürzhändler in Dienst nahm. Dieser übergab Edon nach einiger Zeit das Geschäft. Der junge Mann hatte bald Schulden und beschloss deshalb, die britische Insel zu verlassen. Anfangs des Jahres 1618 reiste der mittlerweile fast 30-jährige Edon nach Sevilla. Dort kannte er einen Landsmann, der ebenfalls im Gewürzhandel tätig war. Dieser schickte Edon bereits nach wenigen Monaten nach Venezuela, um vor Ort die Möglichkeiten des Handels mit Tabak auszuloten.[90] Im Sommer 1618 fand Adán Edon einen Kapitän, der bereit war, ihn nach Amerika mitzunehmen. Allerdings fiel der Engländer schon bald negativ auf. Als sein Schiff kurz vor der Abfahrt im Auftrag der *Casa de Contratación* kontrolliert wurde, versteckte er sich. Auf der Überfahrt selbst beteiligte sich Edon nicht an den gemeinsamen Gebeten der Schiffsmannschaft und sträubte

---

88   Mitte der 1640er-Jahre kam es in Cartagena de Indias erneut zu einer Reihe von Selbstanzeigen englischer Protestanten. Das Tribunal verpflichtete die Engländer zur Unterweisung im Katholizismus und gewährte ihnen die Absolution *ad cautelam*. *Relación de causa* von Diego Hais (1644). AHN, Inq., lib. 1021, fol. 81r–81v; *Relación de causa* von Juan Juanes (1644). AHN, Inq., lib. 1021, fol. 81v–82r; *Relación de causa* von Roberto Mortiño (1644). AHN, Inq., lib. 1021, fol. 82v–83r; *Relación de causa* von Thomas Maren (1644). AHN, Inq., lib. 1021, fol. 83r–83v; *Relación de causa* von Juan Tor, Juan Horsnel und Alberto Martín (1645). AHN, Inq., lib. 1021, fol. 89r–90v; *Relación de causa* von Isac Doni (1646). AHN, Inq., lib. 1021, fol. 95r–95v.
89   *Relación de causa* von Adán Edón (1622). AHN, Inq., lib. 1020, fol. 204r–208v.
90   *Relación de causa* von Adán Edón (1622). AHN, Inq., lib. 1020, fol. 204r–208v. Der Zweck der Reise war kein Umstand, der die Inquisitoren versöhnlich stimmte; sie bezeichneten den Tabak als ein Kraut des Teufels. Cartagena de Indias an *Suprema*, 10.07.1619. AHN, Inq., lib. 1009, fol. 28r–29v.

sich dagegen, das Bildnis der Jungfrau Maria zu küssen. Er war auch nicht bereit, für eine Messe zu spenden, die zum Zwecke einer sicheren Reise abgehalten wurde.[91] Im August 1618 kam das Schiff an der karibischen Küste an und lief in den Hafen von Cumaná ein. Von dort gelangte Edon weiter nach Caracas, wo ihn der örtliche Gouverneur verhaften und befragen ließ. Nach dem Verhör wurde Edon gegen eine Kaution von 1000 Dukaten dem Kapitän des Schiffes übergeben, mit der Auflage, sich innerhalb eines Jahres bei der *Casa de Contratación* zu melden. Edon reiste daraufhin zurück nach Cumaná, wo er sich mehrere Monate aufhielt und schließlich denunziert wurde.[92]

Die Inquisitoren von Cartagena de Indias erkundigten sich nach der Lizenz für die Amerikareise, die Edon nicht vorweisen konnte. In der weiteren Befragung wurde schnell klar, dass es sich bei Edon um einen Protestanten handelte. Als der Engländer gefragt wurde, ob er zum Katholizismus übertreten wolle, antwortete dieser ausweichend, dass er des Spanischen kaum mächtig sei. Daraufhin stellten ihm die Inquisitoren einen Übersetzer zur Verfügung, und verschiedene Geistliche versuchten, ihn von seinen Fehlern zu überzeugen. Bald stellte sich heraus, dass Edon nicht bereit war, seinem Glauben abzuschwören.[93]

Für die Inquisitoren ergab sich daraus ein Dilemma. Sie hatten nämlich Anweisungen erhalten, aufgrund der religiösen Schutzklauseln des spanisch-englischen Friedens von 1604 zurückhaltend gegen die Untertanen der englischen Krone vorzugehen.[94] Zwar wies die Tatsache, dass Edon von Dritten denunziert worden war, auf sein skandalöses Verhalten hin. Allerdings hatte Edon unter anderem ausgesagt, dass er, „wenn er bei einer Kirche vorbeikam und sich davor Menschen befanden, seinen Hut lüftete, um für keinen Skandal zu sorgen [sic], und ihn nur dann aufbehielt, wenn er alleine war."[95] Der Engländer behauptete also, sich an die im Friedensvertrag vereinbarten Regeln gehalten zu haben.

Dies veranlasste die Inquisitoren Salcedo und Mañozca im Juli 1619 zu einer Anfrage an die *Suprema*. In einem entsprechenden Schreiben baten sie darum, die

---

91 *Relación de causa* von Adán Edón (1622). AHN, Inq., lib. 1020, fol. 204r–208v.
92 *Relación de causa* von Adán Edón (1622). AHN, Inq., lib. 1020, fol. 204r–208v.
93 *Relación de causa* von Adán Edón (1622). AHN, Inq., lib. 1020, fol. 204r–208v.
94 Die Inquisitoren bestätigten den Erhalt der entsprechenden *carta* im Juli 1612. Cartagena de Indias an *Suprema*, 16.07.1612. AHN, Inq., lib. 1008, fol. 36r–38r, hier fol. 36v.
95 „[Q]ue cuando pasaba por las iglesias habiendo gente, se quitaba el sombrero por no escandalizar, más cuando no, se pasaba sin quitarle." *Relación de causa* von Adán Edón (1622). AHN, Inq., lib. 1020, fol. 204r–208v, hier fol. 208r.

religiösen Schutzklauseln in den *Indias* nicht berücksichtigen zu müssen. Interessanterweise begründeten die karibischen Inquisitoren dieses Anliegen mit dem Friedensvertrag selbst, der ihrer Meinung nach den Aufenthalt der Engländer in Spanisch-Amerika untersagte. Sie forderten deshalb, gegen Edon ohne Vorbehalt prozessieren zu dürfen, und zwar selbst dann – und das ist entscheidend –, wenn das Verhalten Edons *nicht* als *escándalo* gewertet würde, also alleine aufgrund seines protestantischen Glaubens.[96] Die Inquisitoren aus Cartagena de Indias betonten, dass es sich bei Edon um einen gebildeten Mann *(bachiller)* handle, der über gute religiöse Kenntnisse verfüge. Überhaupt seien die protestantischen Ausländer

> eine der größten Gefahren für den katholischen Glauben in den *Indias,* denn einer dieser Häretiker könnte in ein Gebiet eindringen, in dem es im weiten Umkreis keinen Gelehrten gibt, der den Betrug aufdecken könnte. Bevor die Inquisition verständigt würde, hätte er [der Häretiker] das Gift schon verbreitet.[97]

In ihrem Antwortschreiben folgte die *Suprema* dieser Argumentation und hielt ausdrücklich fest, dass Engländer und Niederländer in den *Indias* keinen Schutz vor religiöser Verfolgung in Anspruch nehmen konnten. Gegen Edon und weitere Protestanten, so die Schlussfolgerung des Rates, solle deshalb ohne Einschränkung vorgegangen werden.[98] Für den Engländer bedeutete diese Entscheidung das Todesurteil: Trotz zahlreicher Versuche ließ er sich nicht zum Katholizismus konvertieren. Am 13. März des Jahres 1622 wurde er anlässlich eines Autodafés zum Scheiterhaufen geführt. Edon setzte sich freiwillig auf den Holzstapel und ließ sich widerstandslos verbrennen. Dieses Verhalten brachte ihm von den Zuschauern Bewunderung ein, der Inquisitor Mañozca hingegen sah darin einen weiteren Beweis für die Gefahr des Protestantismus.[99]

---

96 Cartagena de Indias an *Suprema*, 10.07.1619. AHN, Inq., lib. 1009, fol. 28r–29v. Vgl. auch BLOCK (2012), Ordinary Lives, S. 84 f.
97 „[La entrada de herejes en las Indias] es uno de los más evidentes peligros que puede tener la fe católica en ellas pues tal vez caería [?] uno de estos en provincias donde en muchísima leguas no hallen persona de letras que le pueda deshacer su embeleco y antes que venga a noticia de la Inquisición puede derramar su ponzoña". Cartagena de Indias an *Suprema*, 10.07.1619. AHN, Inq., lib. 1009, fol. 28r–29v.
98 „[Al Consejo] ha parecido que el dicho capítulo de las paces no se entiende ni debe entender con los que pasaren a las Indias y así haréis [...] justicia en esta causa y en las demás que se ofrecieran." *Suprema* an Cartagena de Indias, 14.03.1620. AHN, Inq., lib. 353, fol. 132v.
99 Cartagena de Indias an *Suprema*, 16.03.1622. AHN, Inq., lib. 1009, fol. 326r–327r, hier fol. 326r–326v.

Obwohl es sich bei Adán Edon augenscheinlich um einen Präzedenzfall handelte und die Inquisitoren sich in ihrer Argumentation auf den gesamten Raum der *Indias* bezogen hatten, versandte die *Suprema* keine entsprechenden Anordnungen nach Lima und Mexiko-Stadt. Trotzdem hatte der Fall zumindest für die peruanischen Inquisitionspraktiken Folgen. Dafür sorgte der jüngere Inquisitor von Cartagena de Indias, Juan de Mañozca, der 1623 nach Lima versetzt wurde. Darauf ist später zurückzukommen.

Da Mañozcas Kollege Pedro Mathe de Salcedo bereits 1621 gestorben war, mussten in den 1620er-Jahren beide Stellen neu besetzt werden.[100] Die neuen Inquisitoren schienen der protestantischen Gefahr wenig Relevanz beizumessen.[101] Nun rückte mit den Portugiesen eine neue Ausländergruppe in den Vordergrund. Diese formte in Cartagena de Indias eine starke Kaufmannschaft, die insbesondere im Sklavenhandel tätig war. Viele Portugiesen waren Neuchristen, stammten also von zum Christentum konvertierten Juden ab. Obwohl ihnen aufgrund ihrer religiösen und geografischen Herkunft der Aufenthalt in den *Indias* untersagt war, konnten sie sich in verschiedenen Städten etablieren. Ihr Status blieb jedoch prekär. So wurde Anfang der 1630er-Jahre aus Spanien der Verdacht gemeldet, dass sich in Cartagena de Indias mehrere Portugiesen aufhielten, die insgeheim den jüdischen Glauben praktizierten. Als 1635 die „große Verschwörung" *(gran complicidad)* in Lima ‚aufgedeckt' wurde (s.u.), kam es in den anschließenden Prozessen auch zu Beschuldigungen gegen Neuchristen in Cartagena de Indias. Die karibischen Inquisitoren hatten bis dahin wenig Interesse an einer systematischen Verfolgung mutmaßlicher Juden gezeigt, wurde nun aber aus Peru – insbesondere durch den dortigen Inquisitor Juan de Mañozca – so stark unter Druck gesetzt, dass sie in Aktion traten.[102] 1636 ließ

---

100 Eine gewisse Konstanz garantierte Domingo Vélez de Asás y Argós, der von 1617 bis 1626 *fiscal* des Tribunals war und danach zum Inquisitor befördert wurde. Diese Funktion nahm Vélez bis 1637 ein. ÁLVAREZ ALONSO (1999), La Inquisición en Cartagena de Indias, S. 61.

101 Bis Mitte der 1640er-Jahre kam es nur noch zu einem bedeutenden Prozess: Der aus Antwerpen stammende Federico Cuperes war 1624 ein erstes Mal wegen Calvinismus und Arianismus verurteilt worden. Er wurde u.a. zum Tragen eines *sambenito* verurteilt. Die damit verbundene soziale Ächtung führte dazu, dass Cuperes 1626 seine Aussagen widerrief und Zeugen bedrohte. Das Tribunal verfügte daraufhin, dass der Flame den *sambenito* ein weiteres Jahr tragen musste. Zudem erhielt er 100 Peitschenhiebe. *Relación de causa* von Federico Cuperes (1624–1626). AHN, Inq., lib. 1020, fol. 258v. Für eine Übersicht zur Aktivität des Tribunals s. SPLENDIANI/SÁNCHEZ BOHÓRQUEZ/LUQUE SALAZAR (1997), Cincuenta años 4, o.S. (Anhang, Grafik Nr. 5).

102 ESCOBAR QUEVEDO (2008), Inquisición y judaizantes, S. 168.

das karibische Tribunal ungefähr 20 Portugiesen verhaften, die als Anhänger des Judaismus verdächtigt wurden. 1638 und 1642 kam es zu Autodafés mit entsprechenden Verurteilungen, die Strafen waren aber im Vergleich zu Lima weniger drastisch.[103] Nach 1642 nahmen die Prozesse wegen Judaisierens ab.[104]

5.4 Peru

Die Anordnungen zum Frieden mit England erreichten Lima im November 1605.[105] Vier Jahre später äußerten die Inquisitoren Pedro Ordoñez Flores und Francisco Verdugo Carmona gegenüber der *Suprema* erste Zweifel. Zwar beteuerten sie, ihren Kommissaren Anweisungen gegeben zu haben, konversionswillige Untertanen der englischen Krone zuvorkommend zu behandeln. Sie gaben aber zu bedenken, dass „eines der Kapitel des Friedensvertrags besagt, dass [Engländer] nicht in die *Indias* kommen dürfen und ihnen der Handel und der Aufenthalt in den Häfen verboten ist".[106]

Ungeachtet dieses Vorbehaltes gingen die Inquisitoren zunächst äußerst zurückhaltend gegen ausländische Protestanten vor. So hatte der aus der Nähe von Antwerpen stammende Cornieles Jors 1610 versucht, einem Pfarrer auf der Straße eine geweihte Hostie zu entwenden und diese auf den Boden zu werfen. Damit sorgte Jors für einen öffentlichen Skandal. Trotz eines gegenteiligen Gutachtens wurde er von der Inquisition für unzurechnungsfähig erklärt und 1613 in ein Irrenhaus eingewiesen.[107] Der Däne Pablo Xaningo, geboren um das Jahr

---

103 BÖTTCHER (1995), Aufstieg und Fall, S. 116–118; ÁLVAREZ ALONSO (1999), La Inquisición en Cartagena de Indias, S. 115–141; ESCOBAR QUEVEDO (2008), Inquisición y judaizantes, S. 167 f.
104 BÖTTCHER (1995), Aufstieg und Fall, S. 118.
105 Lima an *Suprema*, 26.11.1605. AHN, Inq., lib. 1037, fol. 59r–59v. Die Anweisungen wurden von der *Suprema* am 22.02.1604 [?], 19.07.1605 und 08.10.1605 verschickt. Vgl. MILLAR CARVACHO (2003), La Inquisición de Lima, S. 272, FN 52.
106 „[P]orque uno de los capítulos de las paces es que no puedan venir ni contratar en las Indias, ni llegar a sus puertos". Lima an *Suprema*, 08.01.1609. AHN, Inq., lib. 1037, fol. 172r–172v. Zwei Jahre später baten die gleichen Inquisitoren um mehr Kompetenzen im Kampf gegen „portugiesische Juden und andere Ausländer". Der Vizekönig persönlich hatte das Tribunal hierbei um Unterstützung gebeten. Die *Suprema* antwortete sehr zurückhaltend und warnte die peruanische Inquisitoren, sich nicht in die Dinge der säkularen Autoritäten einzumischen. Lima an *Suprema*, 26.04.1611. AHN, Inq., lib. 1037, fol. 191r–191v.
107 *Relación de causa* von Cornieles Jors (1611–1613). AHN, Inq., lib. 1029, fol. 457v. Vgl. auch TARDIEU (1995), L'Inquisition de Lima sowie AHN, Inq., lib. 1038, fol. 64r.

1578, gab zwar zu, in einem lutherischen Umfeld aufgewachsen zu sein, beteuerte aber gleichzeitig seine katholische Taufe und Erziehung. Die Inquisitoren beschlossen, ihm die Absolution *ad cautelam* zu gewähren und ihn zur religiösen Unterrichtung in einen Konvent zu schicken. Diese Maßnahme weist darauf hin, dass das Tribunal keineswegs vom katholischen Glauben des Dänen überzeugt war.[108]

Ein expliziter Verweis auf die Friedensverträge findet sich im Prozess gegen Alexandre Benacla. Benacla stammte aus Antwerpen und wurde um das Jahr 1571 geboren. Seine Mutter war Protestantin, sein Vater katholisch. Einen guten Teil seines Lebens verbrachte er in einem gemischtkonfessionellen Umfeld und besuchte sowohl calvinistische als auch katholische Gottesdienste (tatsächlich konnte Benacla die wichtigsten Gebete auf Latein rezitieren). Er gelangte über Sevilla nach Neuspanien und von dort nach Peru, wo er sich in der Region Lambayeque niederließ und als Arzt arbeitete.[109] 1611 wurde Benacla von zwei Zeugen vor dem Tribunal in Lima denunziert. Angeblich hatte er sich über die Verfolgung von Ausländern in Panama beklagt und behauptet, Flamen hätten die gleichen Bürgerrechte wie Spanier; Karl V. habe ja auch aus Gent gestammt. Zudem hatte Benacla verkündet, dass alle oder doch zumindest die meisten Getauften in den Himmel kämen.[110] Die Inquisition qualifizierte dieses Verhalten als mutmaßliche Häresie und steckte Benacla 1612 ins Gefängnis. In der Befragung gab Benacla zu, sich in protestantischen Gebieten über die „Papisten" lustig gemacht zu haben. In spanischen Gebieten, so Benacla, habe er sich katholisch benommen, so wie dies alle Häretiker täten, die sich dort aufhielten.[111]

Benacla erklärte sich bereit, zum Katholizismus zu konvertieren. Daraufhin verfügte das Tribunal lediglich eine mehrmonatige religiöse Katechese in einem Konvent. In der Urteilsbegründung hielten die Inquisitoren fest, dass der Fall „entsprechend den Anordnungen und Schreiben Ihrer Heiligkeit [des Generalinquisitors] beurteilt [wurde], die sich auf Ausländer beziehen, die noch nicht

---

108 *Relación de causa* von Pablo Xaningo (1610–1611). AHN, Inq., lib. 1029, fol. 457r; 468r–471r. Vgl. auch TARDIEU (1995), L'Inquisition de Lima, S. 65.
109 *Relación de causa* von Alexandre Benacla (1611–1612). AHN, Inq., lib. 1029, fol. 471v–473v.
110 *Relación de causa* von Alexandre Benacla (1611–1612). AHN, Inq., lib. 1029, fol. 471v–473v, hier fol. 471v.
111 *Relación de causa* von Alexandre Benacla (1611–1612). AHN, Inq., lib. 1029, fol. 471v–473v, hier fol. 473r.

[im Katholizismus] unterrichtet sind."[112] Damit verwies das Tribunal in erster Linie auf die *carta acordada* vom 22. April 1605, in der die *Suprema* den Umgang mit englischen *espontáneos* regelte.[113] Vor diesem Hintergrund überrascht das zurückhaltende Vorgehen gegen Benacla gleich mehrfach: Erstens handelte es sich bei ihm um einen habsburgischen Flamen und somit um einen Untertanen der spanischen Krone, was Benacla ja selbst betont hatte. Zweitens hatte er bereits längere Zeit unter den Spaniern gelebt und verfügte offensichtlich über Kenntnisse der katholischen Religion. Drittens war höchst zweifelhaft, ob er für seinen Aufenthalt in den *Indias* über eine Lizenz verfügte. Schließlich war Benacla von dritter Seite denunziert worden, es handelte sich bei ihm also nicht um einen *espontáneo*. Die peruanischen Inquisitoren schienen die Anordnungen der *Suprema* somit als Aufforderung zu interpretieren, den des Protestantismus beschuldigten Ausländern *generell* entgegenzukommen.

Auch ‚Deutsche' profitierten von den milden Inquisitionspraktiken. Im Jahre 1615 meldeten sich zwei Besatzungsmitglieder der Flotte von Joris van Spilbergen vor dem peruanischen Tribunal.[114] Andrés Endriquez stammte aus der ostfriesischen Stadt Emden, wo er um das Jahr 1583 geboren wurde. Der zehn Jahre jüngere Ysbran war aus dem preußischen Königsberg gebürtig. Beide waren mit Spilbergen an die pazifische Küste Perus gekommen und hatten sich vor Chile abgesetzt. Jesuiten führten die beiden in die Lehre der katholischen Kirche ein. Später schickte sie der Kommissar von Chile nach Lima, wo sie vor dem

---

112 „Esta y la causa precedente [gemeint ist wohl der Fall von Pablo Janingo] se votaron en esta forma en conformidad de las ordenes y cartas de Vuestra Señoría que tratan de estos extranjeros que no estuvieren instruidos." *Relación de causa* von Alexandre Benacla (1611–1612). AHN, Inq., lib. 1029, fol. 471v–473v, hier fol. 473v.

113 *Carta acordada*, 22.04.1605. AHN, Inq., lib. 497, fol. 260r–261r. Zum Erhalt dieser *carta acordada* s. Lima an *Suprema*, 08.01.1609. AHN, Inq., lib. 1037, fol. 172r–172v. In Erinnerung gerufen werden soll an dieser Stelle, dass der Inquisitionsrat dem peruanischen Tribunal bereits 1595 entsprechende Anordnungen gab. *Suprema* an Lima, 15.10.1595 [?]. AHN, Inq., lib. 352, fol. 217r–217v.

114 Der flämisch-niederländische Seefahrer Joris van Spilbergen (1568–1620) erhielt von der niederländischen Ostindienkompanie den Auftrag, über die Straße von Magellan nach Ostasien zu gelangen. Auf dieser Reise, die 1614 mit sechs Schiffen begann, sollte er spanische Besitzungen angreifen. 1615 kam die niederländische Flotte an die peruanische Küste, wo sie sich im Juli zunächst gegen zwei spanische Kriegsschiffe durchsetzte. Der Versuch, die Küstenstadt Callao einzunehmen, misslang jedoch. Danach fuhr Spilbergen mit seinen Schiffen u.a. nach Acapulco und vor die Philippinen. Die Expedition endete 1617 in den Niederlanden. LANE (2015 [1998]), Pillaging the Empire, S. 79–84.

Tribunal aussagen mussten. Endriquez behauptete zunächst, katholisch getauft und erzogen worden zu sein. Tatsächlich konnte er einige Gebete auf Spanisch rezitieren, andere jedoch nur auf Deutsch. Die Übersetzer des *Santo Oficio* meldeten heftige Zweifel am Katholizismus von Endriquez an. Dieser gab schließlich zu, zunächst Lutheraner gewesen zu sein – dann aber die Wahrheit der katholischen Kirche erkannt zu haben. Die Inquisitoren verziehen Endriquez seine widersprüchlichen Aussagen und verfügten, ihn zur religiösen Unterrichtung in einen Konvent zu schicken. Danach wurde ihm wohl gemeinsam mit dem Preußen Ysbran die Absolution *ad cautelam* erteilt.[115]

Ein weiterer Teilnehmer der Spilberg'schen Expedition, der Franzose Nicolás de la Porta, kam weniger glimpflich davon. De la Porta wurde um das Jahr 1591 in Paris geboren und katholisch getauft und erzogen. Mit zwölf Jahren verließ er sein Elternhaus und bereiste verschiedene französische Städte. Später kam er nach Flandern, in die Niederlande und nach Deutschland, wo er unter anderem als Soldat im Einsatz war. 1615 fuhr er mit der Flotte von Spilbergen nach Callao. Dort setzte sich de la Porta ab, angeblich, um wieder unter Katholiken leben zu können. Er wurde der Inquisition übergeben, da ihn Zeugen, die in Brasilien von Piraten gefangen genommen worden waren, wiedererkannt haben wollten. Sie warfen de la Porta vor, kein Franzose, sondern ein häretischer Niederländer zu sein. Er habe unter anderem im Kampf Spanier getötet und die Katholiken als „papistische Hunde" bezeichnet.[116] De la Porta widersprach auch unter Folter dem Verdacht, während seiner Reise mit Protestanten vom Katholizismus abgefallen zu sein. Trotzdem wurde er 1616 aus den *Indias* ausgewiesen und bis zur Urteilsvollstreckung im Jahre 1617 zu unbezahltem Galeerendienst verurteilt. Er musste seinen Verfehlungen *de levi* abschwören und eine Messe *en forma de penitente* hören. Die *Suprema* gestand de la Porta zu, freiwillig zu den Spaniern übergelaufen zu sein, und fand das Urteil zu hart. Sie ordnete deshalb an, dem Franzosen die Galeerenstrafe zu erlassen.[117]

1623 wurde der Inquisitor Francisco Verdugo zum Bischof von Humanga ernannt. Zu seinem Nachfolger bestimmte die *Suprema* den Inquisitor von Cartagena de

---

115 *Relación de causa* von Andrés Endriquez (1615–1616). AHN, Inq., lib. 1030, fol. 165r–167r; *Relación de causa* von Ysbran (1615–1616). AHN, Inq., lib. 1030, fol. 167r.
116 *Relación de causa* von Nicolás de la Porta (1615). AHN, Inq., lib. 1030, fol. 71r–77v sowie TARDIEU (1995), L'Inquisition de Lima, S. 70 f.
117 *Relación de causa* von Nicolás de la Porta (1615). AHN, Inq., lib. 1030, fol. 71r–77v, hier fol. 71r.

Indias, Juan de Mañozca y Zamora. Kurz nach Mañozcas Ankunft in Lima im Jahre 1624 wurde der nahe gelegene Hafen von Callao durch eine niederländische Flotte unter dem Kommando von Jacques l'Hermite blockiert.[118] In der Folge desertierten einige der mehrheitlich protestantischen Besatzungsmitglieder, die anschließend von den Spaniern gefangen genommen und nach Lima gebracht wurden. Dort plädierte Mañozca dafür, sie vor das inquisitorische Tribunal zu stellen. Sein Kollege, Andrés Juan Gaitán, hielt dagegen: Es handle sich um *herejes nacionales,* gegen die nicht prozessiert werden dürfe. Gaitán behauptete, diesbezüglich schon einmal vom Generalinquisitor zurechtgewiesen worden zu sein. Mañozca ließ sich davon nicht beeindrucken. Er war zwar auch der Meinung, dass ausländische Protestanten aus theologischen Gründen zunächst nicht bestraft werden durften. Sie sollten aber zur Konversion aufgefordert werden. Kamen sie dieser Aufforderung nicht nach, dann konnte die Inquisition ohne Einschränkung gegen sie vorgehen. Mañozca begründete dies einerseits grundsätzlich: Protestanten seien zwar nicht Teil der katholischen Kirche, fielen aber durch die Taufe eben trotzdem unter deren Jurisdiktion. Andererseits berief sich der Inquisitor auf den Fall von Adán Edon. Er wies darauf hin, dass die *Suprema* damals angeordnet hatte, gegen den Engländer ohne Einschränkung vorzugehen, „weil die religiösen Vereinbarungen der Friedensverträge zwischen Spanien und England für die *Indias* nicht gelten."[119]

Kurz darauf ging Mañozca nach Quito, um als königlicher *visitador* die gleichnamige *audiencia* einer Amtsprüfung zu unterziehen.[120] Dort traf er auf ehemalige Teilnehmer der niederländischen Expedition von l'Hermite, die über Guayaquil nach Quito gekommen waren. Mañozca beauftragte den örtlichen Kommissar, die protestantischen Ausländer zur *reconciliación* zuzulassen und

---

118 Juan de Mañozca an *Suprema,* 25.02.1625. AHN, Inq., lib. 1039, fol. 212r–213v. Vgl. auch Tardieu (1995), L'Inquisition de Lima, S. 46. Der Admiral Jacques l'Hermite (1582–1624) kommandierte die sogenannte Nassau-Flotte, die aus elf Schiffen bestand und 1623 von den Niederlanden in Richtung Pazifik auslief. Die (bereits dezimierte) Flotte erreichte die peruanische Küste im April 1624. Im Mai blockierte sie den Hafen von Callao. Im gleichen Monat attackierten einige niederländische Schiffe Guayaquil. Während der darauf folgenden Besatzung wurde die Stadt von den Männern l'Hermites zerstört und zahlreiche Spanier umgebracht. Wenig später starb l'Hermite, und die Flotte segelte über Neuspanien nach Ostasien, wo die letztlich erfolglose Expedition abgebrochen wurde. Lane (2015 [1998]), Pillaging the Empire, S. 84–87.
119 „A estas razones añadía, lo que nos pasó en Cartagena con Adán Edon, hereje protestante de nación inglés, que consultado con Vuestra Alteza nos mandó hiciésemos justicia porque lo pactado en las paces de España y Inglaterra, cerca de la religión no se extendía a las Indias". Juan de Mañozca an *Suprema,* 25.02.1625. AHN, Inq., lib. 1039, fol. 212r–213v, Zitat fol. 212v.
120 Lynn (2013), Between Court and Confessional, S. 256–260.

anschließend in Konvente einzuschließen, um sie dort im Katholizismus zu unterrichten. Der Inquisitor stellte zufrieden fest, dass ihm dadurch eine Machtdemonstration gelungen war. Er forderte den Inquisitionsrat dazu auf, Anweisungen zu geben, wie künftig in solchen Fällen vorgegangen werden sollte,

> denn neben dem großen Skandal *[escándalo]*, der in dieser Sache verursacht wurde, herrscht in diesen Gebieten eine ständige Gefahr [der Häresie], da es hier viele Gegensätze gibt und die Menschen neugierig, klatschsüchtig und über alle Maße abergläubisch sind.[121]

Der Inquisitionsrat antwortete im März 1626 mit zwei Schreiben, wovon eines an das Tribunal in Lima und das andere an Mañozca persönlich adressiert war. Der Rat würdigte Mañozcas Vorgehen gegen die ausländischen Häretiker ausdrücklich. Er ordnete an, auch in Zukunft gegen jene Protestanten zu prozessieren, die nicht zum Katholizismus konvertieren wollten. So sollten rechtzeitig jene Schäden verhindert werden, „die durch die Dissimulation und Toleranz *[tolerancia]* zu erwarten" seien.[122]

Die Initiative von Mañozca ist nicht nur durch dessen religiösen Eifer zu erklären. Vielmehr ergriff er die Gelegenheit, sich gegen seinen neuen Kollegen Juan Gaitán durchzusetzen, mit dem er sich innerhalb kürzester Zeit zerstritten hatte.[123] Die Antwort der *Suprema* muss wiederum vor dem Hintergrund der politischen Entwicklungen in Europa verstanden werden: Der Zwölfjährige Waffenstillstand zwischen Spanien und den Niederlanden war 1621 ausgelaufen. Die Generalstaaten starteten mit der neu gegründeten Westindischen Kompanie (WIC) einen aggressiven Expansionskurs auf dem amerikanischen Kontinent. Zudem verschlechterte sich ab 1624 auch das spanisch-englische Verhältnis. Die Phase des relativen Friedens zwischen Spanien und den protestantischen Mächten war somit zu einem vorläufigen Ende gekommen. Dies beeinflusste auch die Politik des Inquisitionsrates, der nun offensiver agieren konnte.[124]

---

121 „[D]e más del escándalo grande que causa negocio tal, hay notorio peligro en tierra donde la fe tiene tantos contrastes y la gente es curiosa y novelera y envuelta en infinidad de supersticiones". Juan de Mañozca an *Suprema*, 25.02.1625. AHN, Inq., lib. 1039, fol. 212r–213v, Zitat fol. 213r.
122 „[S]e prevengan con tiempo los daños que de la disimulación y tolerancia se pueden esperar." *Suprema* an Juan de Mañozca y Zamora, 21.03.1626. AHN, lib. 353, fol. 206r.
123 Lynn (2013), Between Court and Confessional, S. 257.
124 Castañeda Delgado/Hernández Aparicio (1989), La Inquisición de Lima 1, S. 470 f. Tho-

Mañozca war es jedenfalls zum zweiten Mal gelungen, seine Auslegung der internationalen Abkommen durchzusetzen. Die Folgen für die Inquisitionspraktiken können zunächst in den erwähnten (Zwangs-)Konversionen von Quito gefunden werden. Davon ist der Fall des Niederländers Pedro Joanes in den Inquisitionsakten näher dokumentiert.

Pieter Janses alias Pedro Joanes wurde 1588 in der Nähe von Delft geboren. Er wurde calvinistisch erzogen und ließ sich später als Anabaptist ein zweites Mal taufen. Er kam im Jahre 1624 mit Jacques l'Hermite nach Peru. In Guayaquil wurde er gefangen genommen, mit drei anderen Niederländern nach Quito gebracht und dort zum Tode verurteilt. Um dieser Strafe zu entkommen, ließen sich die Protestanten zum Katholizismus bekehren. Als jedoch die Hoffnung auf eine Freilassung schwand, begann Janses zu rebellieren. Er verweigerte die Hostie und murmelte, die Beichte sei ein Witz. Trotzdem erhielt er gemeinsam mit den anderen Niederländern die Absolution durch den örtlichen inquisitorischen Kommissar. In der Folge warfen verschiedene Zeugen Janses vor, hartnäckig an seinem häretischen Glauben festzuhalten. Das Todesurteil war von den säkularen Autoritäten in der Zwischenzeit zu einer Galeerenstrafe umgewandelt worden, weshalb Janses in den Hafen von Callao überführt wurde. Von dort zitierten ihn die Inquisitoren 1628 nach Lima. Der psychisch angeschlagene Niederländer bat um Gnade und versicherte, sich nun wirklich zum Katholizismus bekehren zu wollen.[125]

Anfang des Jahres 1629 diskutierten die Inquisitoren und einige theologische Berater über den Fall. Der Inquisitor Gaitán wies darauf hin, dass Janses als Kriegsgefangener unfreiwillig aufs peruanische Festland gekommen war. Da er offensichtlich kein Interesse daran habe, sich dauerhaft im Vizekönigreich niederzulassen und als Katholik zu leben, sei es nicht die Aufgabe des Tribunals, weiter gegen den Niederländer vorzugehen. Sollte er für einen religiösen Skandal sorgen, seien seine weltlichen Vorgesetzten für die Bestrafung zuständig. Damit stellte sich Gaitán erneut auf den Standpunkt, dass die Inquisition über *herejes nacionales* keine Gerichtsbarkeit ausüben sollte.[126]

Mañozca und die übrigen Theologen beharrten hingegen darauf, Janses, wenn nötig unter Zwang, zum Katholizismus zu bekehren. Sie schickten den Nieder-

---

    mas weist darauf hin, dass der englisch-spanische Krieg auf der Iberischen Halbinsel nicht zu mehr Inquisitionsprozessen führte. THOMAS (2001), La represión, S. 319.
125 *Relación de causa* von Pieter Janses (1627–1630). AHN, Inq., lib. 1030, fol. 451r–454v.
126 *Relación de causa* von Pieter Janses (1627–1630). AHN, Inq., lib. 1030, fol. 451r–454v.

länder zurück auf die Galeere und ließen ihn von einem Jesuiten im katholischen Glauben unterrichten. Janses' Kriegsgefangenschaft endete 1630 mit einer von Philipp IV. verordneten Amnestie. Der Niederländer kam nach Lima, wo er sogleich durch sein skandalöses Verhalten auffiel. Auch ein Spitalaufenthalt konnte ihn nicht zur Ruhe bringen. Die Inquisition ließ Janses deshalb ins Gefängnis stecken, wo er 1638 starb.[127]

Ein weiterer Niederländer, der durch die Expedition l'Hermites in den Fokus des *Santo Oficio* geriet, war der aus Leiden stammende Adrian Rodríguez. Dieser war 1600 mit der Flotte des Niederländers Olivier van Noort nach Peru gekommen, wo ihn die Spanier gefangen nahmen.[128] Der Vizekönig Velasco y Castilla schickte Rodríguez als Schiffsbauer nach Callao und wies ihn später aus dem spanischen Imperium aus. Über Sevilla gelangte Rodríguez zurück in die Niederlande, wo er 1604 eine calvinistische Frau heiratete. Da er in seinem Heimatland angeblich keine Arbeit fand und wieder unter katholischen Spaniern leben wollte, ging er zurück nach Sevilla und von dort nach Peru.[129] Rodríguez war bereits 1620 von dem Franzosen Antonio Brunet vor dem Tribunal von Lima denunziert worden. Rodríguez hatte Brunet gesagt, er könne nicht glauben, dass seine Eltern aufgrund ihres Glaubens in die Hölle kämen – wer gute Taten vollbringe (sic), könne auch als Protestant in den Himmel kommen. Die Inquisition ging zu diesem Zeitpunkt dem Fall nicht weiter nach. Dies änderte sich, als die weltliche Gerichtsbarkeit Rodríguez vier Jahre später im Zuge der niederländischen Blockade von Callao der Spionage anklagte und foltern ließ.[130] Das inquisitorische Tribunal wurde nun wieder aktiv und ließ den französischen Zeugen erneut vorladen. Antonio Brunet berichtete, dass Rodríguez ihn in Anspielung auf das Massaker an den Hugenotten in der Bartholomäusnacht (1572) als mit den Niederländern „verwandt" bezeichnet hatte. Die *calificadores* verdächtigten

---

127 *Relación de causa* von Pieter Janses (1627–1630). AHN, Inq., lib. 1030, fol. 451r–454v; CASTAÑEDA DELGADO/HERNÁNDEZ APARICIO (1989), La Inquisición de Lima 1, S. 464; CASTAÑEDA DELGADO/HERNÁNDEZ APARICIO (1995), La Inquisición de Lima 2, S. 486.
128 Olivier van Noort (1558–1627) umsegelte als erster Niederländer die Welt. Die Reise dauerte von 1598 bis 1601. Im März und April 1600 hielt sich van Noort vor der peruanischen Küste auf. LANE (2015 [1998]), Pillaging the Empire, S. 75–77.
129 *Relación de causa* von Adrian Rodríguez (1620–1625). AHN, Inq., lib. 1030, fol. 396r–402r, hier fol. 398r–399v.
130 Rodríguez scheint tatsächlich als niederländischer Spion gearbeitet zu haben. Die spanischen Autoritäten fanden bei ihm Briefe des niederländischen Prinzen Moritz von Oranien. Dazu BRADLEY (1977), The Lessons, S. 67.

ihn als *luterano* oder *calvinista*, nicht zuletzt deshalb, weil es sich bei Rodríguez um einen Niederländer *(de nación flamenca)*, ehemaligen Piraten und Spion handelte. Rodríguez wurde daraufhin ins geheime Gefängnis der Inquisition gebracht und von weiteren Zeugen belastet.[131]

Der Niederländer beteuerte, katholisch getauft zu sein, und bat weinend um Gnade. Die Inquisitoren verurteilten ihn 1625 zu einem Autodafé im *sambenito*, Güterkonfiskation, lebenslänglicher Haftstrafe und achtjährigem Galeerendienst.[132] Diese harte Strafe lässt sich nicht nur durch die religiösen Verfehlungen von Rodríguez erklären. Vielmehr spielten hier auch der Spionageverdacht sowie die niederländische Militärpräsenz vor der peruanischen Küste eine Rolle, die den Angeklagten zu einem zusätzlichen Sicherheitsrisiko machten.

Zur selben Zeit kam es in Lima zu einem weiteren Prozess gegen einen Nordeuropäer, der aber deutlich glimpflicher ausging. Bei dem Angeklagten handelte es sich um den aus der Nähe von Antwerpen stammenden Andrés Cornelio. Dieser hatte sich 1614/15 der Expedition von Spilbergen angeschlossen und war über Acapulco bis nach Manila gelangt, wo er sich den Spaniern ergeben hatte. Gegenüber dem philippinischen Kommissar der Inquisition hatte Cornelio beteuert, Katholik zu sein, aber während seiner Zeit mit Spilbergen an protestantischen Gottesdiensten und Gebeten teilgenommen zu haben. In einem improvisierten Verfahren hatte Cornelio die Absolution erhalten: Er musste vor einem Mönch niederknien, der ihm mit einem dünnen Stock auf die Schulter schlug. Dann war er zur Unterrichtung in Sprache und Religion in einen Konvent geschickt worden. Schließlich war der Flame mit einem Diener des peruanischen Vizekönigs zurück nach Callao gelangt, wo er den Spaniern fortan als Soldat diente.[133]

1623 denunzierten vier Zeugen Cornelio als Protestanten. Der Flame arbeitete zu diesem Zeitpunkt auf einem spanischen Kriegsschiff und konnte deshalb erst 1625 verhaftet werden.[134] Vor den Inquisitoren in Lima betonte Cornelio,

---

131 *Relación de causa* von Adrian Rodríguez (1620–1625). AHN, Inq., lib. 1030, fol. 396r–402r, hier fol. 396r–398r.
132 *Relación de causa* von Adrian Rodríguez (1620–1625). AHN, Inq., lib. 1030, fol. 396r–402r, hier fol. 399v–402r.
133 *Relación de causa* von Andrés Cornelio (1623–1625). AHN, Inq., lib. 1030, fol. 283r–287v, hier fol. 284v–287v.
134 *Relación de causa* von Andrés Cornelio (1623–1625). AHN, Inq., lib. 1030, fol. 283r–287v, hier fol. 283r–284v.

nie von seinem katholischen Glauben abgefallen zu sein und die protestantischen Riten nur unter Zwang ausgeführt zu haben. Nachdem das Tribunal die Aussagen von Cornelio geprüft hatte, sprach es ihn frei.[135] Dass Cornelio im Gegensatz zu Rodríguez glimpflich davonkam, ist nachvollziehbar: Rodríguez hatte in der Öffentlichkeit für einen Skandal gesorgt und sich der Kollaboration mit dem Feind verdächtig gemacht. Cornelio hingegen hatte sich gut in die peruanische Gesellschaft integriert und sich in den Dienst der spanischen Krone gestellt.

In den 1630er-Jahren kam es zwar weiterhin zu einigen Anklagen gegen ausländische Protestanten, die entsprechenden Prozessakten geben aber nur wenig Aufschluss über die inquisitorischen Praktiken.[136] 1632 erhielt das peruanische Tribunal eine *carta acordada* zum Frieden mit England (1630), in der die Tribunale angewiesen wurden, gegen die Untertanen der englischen Krone nur in Fällen eines öffentlichen Skandals vorzugehen.[137] Die peruanischen Inquisitoren bestätigten 1632 den Erhalt des Schreibens und versprachen, die Anordnungen umzusetzen.[138] Juan de Mañozca hielt es offenbar nicht mehr für nötig, auf eine amerikanische Ausnahmeregelung zu pochen. Erwähnenswert ist der Prozess gegen den Franzosen Joseph Ruiz de Peñaranda, der 1638 wegen häretischer Aussagen zu einer *abjuración de levi* und einer lebenslänglichen Ausweisung aus den *Indias* und Spanien verurteilt wurde.[139] Dass *espontáneos* weiterhin mit einer zuvorkommenden Behandlung rechnen konnten, zeigt der Fall eines englischen Trompeters, der sich 1640 freiwillig bei dem Tribunal meldete. Das Verfahren war innerhalb kürzester Zeit abgeschlossen und endete mit einer *reconciliación*.[140]

---

135 Die *Suprema* monierte, dass hier eine Absolution *ad cautelam* angebracht gewesen wäre. *Relación de causa* von Andrés Cornelio (1623–1625). AHN, Inq., lib. 1030, fol. 283r–287v, hier fol. 287v.

136 Juan Gutiérrez war ein französischer Seemann und 1629 aufgrund einiger häretischer Aussagen angeklagt worden. Allerdings konnten sich die Inquisitoren nicht über das Vorgehen gegen ihn einigen und er starb 1632 in einem Spital. *Relación de causa* von Juan Gutiérrez (1629–1638). AHN, Inq., lib. 1030, fol. 421r; 593v; lib. 1040, fol. 275v–276r. Joan Pedro stammte aus Lübeck und gab an, 107 Jahre alt zu sein. Er arbeitete als Krämer und wurde 1631 des Protestantismus verdächtigt. Ein Jahr später wurde er freigesprochen. *Relación de causa* von Joan Pedro (1631–1632). AHN, Inq., lib. 1030, fol. 522v; lib. 1040, fol. 277r–277v.

137 *Carta acordada*, 28.01.1631. AHN, Inq., lib. 497, fol. 392v–398v.

138 Lima an *Suprema*, 14.06.1632. AHN, Inq., lib. 1040, fol. 196r.

139 *Relación de causa* von Joseph Ruiz de Peñaranda alias Joseph Roxiel (1638). AHN, Inq., lib. 1030, fol. 593r; lib. 1031, fol. 6r–6v; 49r.

140 *Relación de causa* von Juan Diaz (1640). AHN, Inq., lib. 1031, fol. 258r–258v. Zur gleichen Zeit

Während es in Lima bis 1640 in gewisser Regelmäßigkeit zu Anklagen wegen Protestantismus kam, blieben entsprechende Prozesse in den folgenden gut 60 Jahren die große Ausnahme. Diese Entwicklung fällt zeitlich mit dem Ende einer Verfolgungswelle gegen Neuchristen zusammen: Zwischen 1635 und 1638 wurden über 70 Personen, mehrheitlich Portugiesen, des Judentums angeklagt. 1639 kam es zu einem großen Autodafé, bei dem zwölf Männer wegen jüdischer Häresie zum Tode verurteilt wurden. Vierundvierzig weitere wurden zur *reconciliación* zugelassen, sieben schworen ihren Verfehlungen mit einer *abjuración* ab.[141] Es war in erster Linie der Inquisitor Juan de Mañozca, der für eine harte Gangart plädierte. Er überging dabei regelmäßig seine Kollegen und auch den Inquisitionsrat in Madrid.[142] Dieses dreiste Vorgehen schadete der Karriere Mañozcas allerdings nicht: 1637 wurde er zum Mitglied der *Suprema* und 1643 zum Erzbischof von Mexiko-Stadt ernannt.[143]

5.5 Zwischenfazit

Insgesamt fehlen überzeugende Belege dafür, dass sich die Rechtspraktiken am **neuspanischen Tribunal** aufgrund des Friedensvertrags von 1604 grundlegend änderten. So erhielten die Inquisitoren mit der *carta acordada* vom 22. April 1605 zwar klare Anweisungen zum Umgang mit englischen *espontáneos*. Ein Paradigmenwechsel fand hier allerdings nicht statt: Wie wir gesehen haben, gingen die Inquisitoren bereits vor Eingang der erwähnten *carta* zurückhaltend

---

zeigte sich ein 16-jähriger Jugendlicher aus dem kastilischen Alcariz (oder Alcaniz?, Bistum de la Guardia) an, der zugab, der jüdischen Religion gefolgt zu sein. Er wurde ebenfalls zur *reconciliación* zugelassen. AHN, Inq., lib. 1031, fol. 258r.

141 CASTAÑEDA DELGADO/HERNÁNDEZ APARICIO (1989), La Inquisición de Lima 1, S. 387–434.
142 ESCOBAR QUEVEDO (2008), Inquisición y judaizantes, S. 160–164. Mañozca versuchte erfolglos, von der *Suprema* das Zugeständnis zu erhalten, Todesstrafen auch dann auszusprechen, wenn es keine einstimmige Votierung gab (ebd., S. 162).
143 Mañozca scheint als Erzbischof in Neuspanien nochmals auf das Feindbild Martin Luthers zurückgegriffen zu haben. Im Jahre 1646 erschien in Mexiko-Stadt ein Pamphlet gegen den Bischof von Puebla, Juan de Palafox y Mendoza. Darin wurde Palafox als Empfänger eines Briefes dargestellt, der von Martin Luther aus der Hölle geschrieben wurde. Luther gratulierte dem Bischof zu seiner Agitation gegen den Katholizismus und der Verbreitung der Häresie. Das Pamphlet wird dem ehemaligen Inquisitor von Cartagena de Indias sowie seinem Neffen, Juan Saenz de Mañozca y Murillo, zugeschrieben, die zu diesem Zeitpunkt einen Machtkampf mit Palafox austrugen. MAYER (2008), Lutero en el paraíso, S. 207 f.

gegen jene Ausländer vor, die sich freiwillig stellten.[144] Eine direkte Folge des Friedens von 1604 war die von Philipp III. verfügte Begnadigung zweier beim Autodafé von 1601 verurteilten Engländer. Dabei handelte es sich allerdings nicht um eine (nachträgliche) Anwendung der religiösen Schutzklauseln, sondern um ein Zeichen des guten Willens von Seiten des spanischen Königs. Was die Prozesse durch Denunziationen Dritter nach 1604 beziehungsweise 1609 betrifft, so gibt es keine eindeutigen Beweise, dass Engländer und Niederländer aufgrund des Londoner Abkommens und des Zwölfjährigen Waffenstillstands nicht mehr verfolgt wurden. Historikerinnen und Historiker haben die geringe Zahl von Verfahren als Indiz angeführt. Tatsächlich kam es zwischen 1570 und 1604 in Neuspanien zu über 80 Prozessen gegen ausländische Protestanten, im Zeitraum von 1605 bis 1650 waren es gerade mal 15.[145] Allerdings handelte es sich beim größten Teil der im 16. Jahrhundert verurteilten Protestanten um Korsaren. Längerfristig war es bereits aus logistischen Gründen nicht möglich, gegen häretische Kriegsgefangene systematisch vorzugehen, wie eine bereits erwähnte *carta* aus dem Jahre 1599 zeigt. Darin teilten die neuspanischen Inquisitoren ihre Überforderung angesichts von 50 englischen (und damit potentiell protestantischen) Kriegsgefangenen in der Küstenstadt Veracruz mit.[146] Dass in der Folge kaum mehr Korsaren wegen religiöser Delikte verfolgt wurden, hat damit zu tun, dass diese nun in erster Linie unter die Jurisdiktion der *säkularen* Gerichtsbarkeit fielen und die Inquisition nur noch ausnahmsweise – etwa bei Konversionsgesuchen – tätig wurde. Ein entsprechendes Muster lässt sich für die Iberische Halbinsel bereits seit den 1590er-Jahren nachweisen[147] und auch die Inquisitionspraktiken an den beiden anderen amerikanischen Tribunalen stützen diese These.

Die zurückgehenden Verfahren gegen ausländische Protestanten korrespondieren darüber hinaus mit einer allgemeinen Abnahme der Aktivität des neuspanischen Tribunals zu Beginn des 17. Jahrhunderts. Zudem gibt es Hinweise, dass sich

---

144 Dies schließt nicht aus, dass hier das Wissen um die laufenden Verhandlungen die Inquisitionspraktiken beeinflusst haben könnte. Vgl. dazu FAJARDO SPÍNOLA (1996), Las conversiones, S. 14 f.
145 Die Zahlen basieren auf BÁEZ CAMARGO (1961), Protestantes enjuiciados, S. 23–64; 77; 84 f.; RUIZ MARTÍNEZ (2011), Corsarios franceses, S. 209–212; AHN, Inq., lib. 355/1061/1064; AGN, Inq., vol. 306/353/418/1524.
146 Mexiko-Stadt an *Suprema*, 19.03.1599. AHN, Inq., lib. 1049, fol. 351r–351v.
147 THOMAS (2001), Los protestantes, S. 308; 602 f. Vgl. auch *carta acordada*, 24.07.1598. AHN, Inq., lib. 497, fol. 238v–240r.

europäische Immigranten generell besser in die neuspanische Gesellschaft integrieren konnten. So berichteten die Inquisitoren der *Suprema* Ende 1624 über die Vielzahl von Ausländern – insbesondere Niederländern –, die sich in ihrer Jurisdiktion niedergelassen hatten. Ihren Aufenthalt legitimierten sie durch Heirat, mit einer königlichen *composición* oder ganz einfach mit dem Verweis, dass sie bereits vor vielen Jahren nach Spanisch-Amerika gekommen seien.[148] Der Protestantismus hatte vor diesem Hintergrund an Gefahrenpotential verloren. Allerdings zeigt die Instruktion zu den Schiffsvisitationen, dass sich die Inquisitoren des besonderen Rechtsraums der Neuen Welt durchaus bewusst waren. Sie stellten sich explizit gegen die Anordnung, Untertanen der englischen Krone religiöse Privilegien zu gewähren, und begründeten dies mit dem Handels- und Aufenthaltsverbot in den *Indias*. Damit schufen sie einen Spielraum für künftige Prozesse.

Bei den Verfahren gegen den niederländischen Ingenieur Adrian Boot und den irischen Rebellen William Lamport diente die Inquisition offensichtlich als Instrument politischer Interessen.[149] Beide Fälle sind nur im Kontext amerikanisch geprägter Rechtsräume zu verstehen. Der Ursprung des Verfahrens gegen Lamport lag in dessen Versuch begründet, sich zum Herrscher eines spanischen Überseegebiets zu proklamieren. Ähnliche Aktionen hatte es bereits im 16. Jahrhundert gegeben – man denke etwa an den Basken Lope de Aguirre, der sich um das Jahr 1560 von Philipp II. lossagte und zum Fürsten Perus ausrufen ließ.[150] Solche Projekte, die teilweise als amerikanische Unabhängigkeitsbewegungen *avant la lettre* interpretiert wurden,[151] waren typisch für die Neue Welt. Zwar ist es nicht undenkbar, dass Lamport früher oder später auch auf der Iberischen Halbinsel für einen Skandal gesorgt hätte; die Todesstrafe wäre ihm dort aber wahrscheinlich erspart geblieben.[152] Die Negierung der Anweisungen von Kro-

---

148 „[Hay] muchos extranjeros (especialmente septentrionales) que residen en esta ciudad y reino avecindados [...] con título de que ha muchos años que pasaron o que están casados o que se han compuesto con Su Majestad". Mexiko-Stadt an *Suprema*, 29.11.1624. AHN, Inq., lib. 1052, fol. 184r-184v. Vgl. auch STOLS (2009), Artesanos, S. 37–39; NESVIG (2009), Ideology and Inquisition, S. 170; STOLS (1988), Nederlanders, S. 220; ISRAEL (1975), Race, Class and Politics, S. 119–125.
149 ALBERRO (1988), Inquisition et société, S. 75 f.
150 GALSTER (1996), Aguirre, insbes. S. 33–45.
151 Vgl. zu Lope de Aguirre GALSTER (1996), Aguirre; zu William Lamport CLINE (2010), William Lamport, insbes. S. 55.
152 Wahrscheinlich wäre der Ire ganz einfach ausgewiesen worden. Vgl. dazu THOMAS (2001), La represión, S. 318.

ne und *Suprema* hätte sich jedenfalls auf Dauer kein spanisches Tribunal erlauben können.

Der Fall von Adrian Boot ist schwieriger einzuschätzen. Zweifellos handelte es sich hier in erster Linie um einen politischen Prozess, initiiert vom neuspanischen Vizekönig. Allerdings hätte Boot der Besitz häretischer Bücher auch in Spanien zum Verhängnis werden können. Der Vorwurf der Spionage und der Kollaboration mit dem Feind erhielt jedoch nur deshalb ein solches Gewicht, weil Amerika besonders anfällig für militärische Übergriffe ausländischer Mächte war. Das potentielle Risiko, das von Boot ausging, war hier deshalb deutlich höher als in Europa.

Auf den **Philippinen** zeigen sich die Grenzen inquisitorischer Rechtsdurchsetzung besonders deutlich. Da die Inseln über kein eigenes Tribunal verfügten, kam den Kommissaren in Manila eine große Verantwortung zu. Ihnen stellte sich das Problem des Protestantismus in doppelter Hinsicht: einerseits durch die starke Präsenz europäischer Ausländer und andererseits durch spanische Deserteure, die aus Not zu den Niederländern überliefen und dort vom Katholizismus abfielen. Das neuspanische Tribunal versuchte seinerseits auf diese Herausforderungen zu reagieren. Es förderte Konversionen und ermöglichte spanischen Renegaten, in die katholische Gemeinschaft zurückzukehren. Die dieser Strategie zugrunde liegenden Voraussetzungen, nämlich die Überprüfung der integrierenden Maßnahmen und die Anwendung von Sanktionen, waren auf den Philippinen allerdings nur sehr begrenzt gegeben. Die neuspanischen Inquisitoren und die *Suprema* waren sich dessen bewusst, konnten letztlich aber keine überzeugenden Alternativen bieten.

Der Prozess gegen den Gouverneur Diego de Salcedo zeigt den großen Spielraum auf, über den die philippinischen Akteure verfügten. Der Kommissar José de Paternina konnte nur deswegen so frei gegen den flämischstämmigen Gouverneur agieren, weil er sich weit weg von der Kontrolle des neuspanischen Tribunals und der *Suprema* befand und sich der kolonialen Distanzherrschaft entziehen konnte.[153] Ihm reichten zur Durchsetzung seiner persönlichen Interessen einige vage Verdächtigungen, die sich in erster Linie auf die nordeuropäische Herkunft Salcedos bezogen.

---

153 Vgl. BRENDECKE (2009), Imperium und Empirie, S. 182.

In **Cartagena de Indias** gingen die Inquisitoren Mañozca und Salcedo zunächst mit großer Härte gegen einen in der Stadt *residierenden,* mutmaßlich protestantischen Franzosen vor. Zwei Jahre später zeigten sich die Inquisitoren gegenüber anderen Franzosen, die *durch Zufall* an der karibischen Küste gestrandet waren und sich *freiwillig* stellten, deutlich zuvorkommender. Hier wandten sie die Bestimmungen der *cartas acordadas* zu den englischen und niederländischen *espontáneos* an. Ausländische Kriegsgefangene fielen in Cartagena de Indias grundsätzlich unter die Jurisdiktion der säkularen Autoritäten. Die Inquisition wurde nur bei Konversionsgesuchen aktiv.

Das Verfahren gegen Adán Edon ist sowohl außergewöhnlich als auch exemplarisch. Außergewöhnlich deshalb, weil die Todesstrafe in Cartagena de Indias extrem selten verhängt wurde. Zudem kam es kaum vor, dass ein Protestant die Chance zur Konversion ungenutzt ließ, denn dies war die einzige Möglichkeit, einer harten Strafe zu entgehen. Exemplarisch ist der Fall, weil er den Spielraum aufzeigt, über den die Inquisitoren in Amerika verfügten. In Spanien, wo es 16 Inquisitionstribunale gab, wurde nach dem Frieden von 1604 kein einziger Engländer mehr zum Tode verurteilt. Bei problematischen Fällen intervenierte der englische Botschafter und die Betroffenen wurden daraufhin ganz einfach des Landes verwiesen.[154] Typisch am Fall Edon ist des Weiteren, dass es nicht etwa die *Suprema* war, die die Gültigkeit der religiösen Schutzklauseln für die *Indias* in Frage stellte, sondern dass die Initiative von den Inquisitoren vor Ort ausging.

Die Nachfolger von Salcedo und Mañozca kümmerten sich kaum noch um Protestanten.[155] Vielmehr rückten nun portugiesische Neuchristen in den Vordergrund, mit den Autodafés von 1638 und 1642 als Höhepunkten. Obwohl portugiesischen Händlern immer wieder die Kollaboration mit den Niederlanden vorgeworfen wurde, spielte der Protestantismus in dieser Phase kaum eine Rolle. Die Selbstanzeigen von Engländern wickelte das Tribunal entsprechend den Vorgaben der *Suprema* ab.

In **Peru** kam es in den ersten 20 Jahren des 17. Jahrhunderts zu keinen Prozessen gegen eine größere Gruppe von Protestanten.[156] Zwar führte die Inquisition

---
154 THOMAS (2001), La represión, S. 317 f. Vgl. insbesondere den Fall von Juan Pren, ebd., S. 326–329.
155 Zwischen 1610 und 1650 kam es in Cartagena de Indias zu 34 Prozessen gegen ausländische Protestanten.
156 Für die Zeit zwischen 1604 und 1620 sind gerade mal vier Prozesse gegen ausländische Protestanten überliefert. Zwischen 1604 und 1650 kam es zu insgesamt 13 entsprechenden Ver-

weiterhin Verfahren gegen ehemalige Mitglieder militärischer Expeditionen durch. Ein systematisches und auf Repression ausgerichtetes Vorgehen gegen Kriegsgefangene, wie dies bis Ende des 16. Jahrhunderts noch üblich war, findet sich hingegen nicht mehr.[157] Vieles weist darauf hin, dass die Inquisitionspraktiken gegen Ausländer von den internationalen Abkommen mitbeeinflusst wurden. Zwar betonten die peruanischen Inquisitoren Ordoñez und Verdugo bereits 1609 die Besonderheiten amerikanischer Rechtsräume. Sie gingen jedoch nur selten gegen ausländische Protestanten vor und die wenigen Prozesse endeten mit auffällig milden Urteilen. Die Ausnahme war das Verfahren gegen Nicolás de la Porta. Obwohl der Franzose sich den Spaniern freiwillig stellte, wurde er relativ hart bestraft. De la Porta konnte sich nicht auf den mildernden Umstand einer häretischen Geburt oder Erziehung berufen. Dass er sich als Katholik in den Dienst der militärischen und religiösen Feinde des spanischen Imperiums gestellt hatte, wurde ihm von der Inquisition zusätzlich angelastet.

Vordergründig kam es ab 1623 mit Juan de Mañozca zu einer strategischen Neuausrichtung des peruanischen Tribunals. Wie bereits in Cartagena de Indias, plädierte der Inquisitor erfolgreich für die Sonderstellung der amerikanischen Inquisition. Damit erreichte er, dass Ausländer zwangskonvertiert werden konnten. Allerdings zog Mañozca seine harte Linie nicht konsequent durch: Von einer systematischen Verfolgung mutmaßlicher Protestanten kann jedenfalls keine Rede sein. Der Inquisitor stellte dann auch die Bestimmungen des spanisch-englischen Friedens von 1630 nicht mehr in Frage. Letztlich wurden nur noch gegen den Franzosen Joseph Ruiz de Peñaranda sowie den Niederländer Adrian Rodríguez harte Urteile gesprochen. Joseph Ruiz de Peñaranda wurde wohl seine französische Herkunft zum Verhängnis. Adrian Rodríguez wäre seinerseits glimpflicher davongekommen, hätte er sich nicht der Spionage verdächtig gemacht. Erschwerend kam hinzu, dass die Niederländer während seines Prozesses den Hafen von Callao blockierten und der spanisch-niederländische Waffenstillstand mittlerweile ausgelaufen war.

---

fahren.
157 Vgl. dazu TARDIEU (1995), L'Inquisition de Lima, S. 46.

6 „Inquisitoren sollen in den *Indias* ohne jede Einschränkung prozessieren ..." (1650–1700)

Für Spanien wurde der Frieden von Münster als der endgültige Schlusspunkt intransigenter Inquisitionspraktiken gegen ausländische Protestanten gedeutet.[1] Das im Titel gesetzte Zitat des Inquisitionsrats[2] verweist für die *Indias* provokativ auf einen gegenteiligen Befund. Tatsächlich diskutierten die spanischen Autoritäten in der zweiten Hälfte des 17. Jahrhunderts intensiv darüber, wie in der Neuen Welt mit häretischen Ausländern zu verfahren war. Wie zu zeigen ist, waren es *lokale* Akteure – in erster Linie Inquisitoren –, die diese Diskussionen anstießen. In der Folge kam es von Seiten der *Suprema* und der Krone zu Entscheiden, die vordergründig den gesamten amerikanischen Raum betrafen, für die einzelnen Tribunale jedoch unterschiedliche Auswirkungen hatten.

6.1 Cartagena de Indias

Der Niederländer Juan Federico war der Kapitän eines Piratenschiffes, das 1649 vor der karibischen Küste von den Spaniern geentert wurde. Bei der anschließenden Befragung gab sich Federico als Calvinist zu erkennen. Das *Santo Oficio* wurde eingeschaltet und die Inquisitoren ließen mehrere Zeugen befragen. Diese beschuldigten den (sich offenbar in Cartagena de Indias frei bewegenden) Niederländer, während einer Prozession dem Allerheiligsten Sakrament[3] keine Reverenz erwiesen zu haben. Vielmehr sei Federico ganz einfach stehen geblieben und habe sich dann in ein Haus zurückgezogen.[4]

---

1   THOMAS (2001), La represión, S. 381.
2   Das Zitat stammt aus einer *consulta* der *Suprema* an die Regentin Mariana, auf die später näher eingegangen wird: „Al [...] Inquisidor General y al Consejo parece que a los Inquisidores de las Indias toca proceder regularmente y sin limitación alguna contra los de dichas naciones de Inglaterra y Holanda que estuvieren en las Indias". *Suprema* an Mariana von Habsburg, 24.12.1672. AHN, Inq., lib. 266, fol. 247v–248v.
3   Die geweihte Hostie *(Santísimo Sacramento).*
4   *Relación de causa* von Juan Federico (1649–1650). AHN, Inq., lib. 1021, fol. 253v–254v. Sollte diese Zeugenaussage korrekt sein, so hatte sich der Niederländer aus Sicht des *Santo Oficio*

Der inquisitorische *fiscal* qualifizierte das Verhalten Federicos als *escándalo*. Er argumentierte, dass hier auf keinen Fall die englischen (sic) Friedensverträge von 1604 und 1630/31 zum Zuge kommen würden, denn der Niederländer sei Pirat und habe als solcher gegen das Ius gentium *(derecho de las gentes)* verstoßen.[5] Darüber hinaus verwies der Ankläger auf den Fall Adán Edon: Hier habe die *Suprema* klar festgehalten, dass die religiösen Schutzklauseln in den *Indias* nicht angewandt werden müssten. Überhaupt seien ausländische Häretiker in diesen „neuen" Gebieten aufgrund der gemischten Bevölkerung *(castas)* besonders gefährlich.[6] Am 20. Dezember 1649 wurde der Fall von Juan Federico vom Inquisitor Juan Pereira de Castro und dem *visitador* Pedro de Medina Rico unter Beratung von *calificadores* und *consultores* diskutiert. Die Mehrheit war für einen ordentlichen Prozess, eine Minderheit von zwei *calificadores* schlug vor, mit der *Suprema* Rücksprache zu halten. Ein weiterer *calificador* plädierte dafür, gegen Federico nicht weiter vorzugehen und solche Fälle grundsätzlich nicht zu verfolgen.

Vorsichtshalber wurde Federico im Januar 1650 gefangen genommen. Er floh wenig später aus dem Gefängnis und setzte sich mit einigen anderen Niederländern und Engländern auf dem Beiboot einer Fregatte, die ihnen aus Trinidad zu Hilfe geeilt war, ab. Obwohl es äußerst unwahrscheinlich war, dass sich die Inquisition des Angeklagten je wieder würde bemächtigen können, ordnete die mittlerweile informierte *Suprema* an, den Fall zu prüfen.[7] In einem Schreiben vom

---

zunächst tatsächlich ungeschickt verhalten. Denn im Friedensvertrag von 1604 (der später auch für die Niederländer Gültigkeit erhielt) war geregelt, dass die ausländischen Protestanten vor dem *Santísimo Sacramento* hinknien mussten. Eine andere Möglichkeit war – und hier verhielt sich Federico wiederum korrekt –, dass sich die Ausländer für die Dauer der Prozession in ein Haus zurückzogen. *Carta acordada*, 08.10.1605. AHN, Inq., lib. 497, fol. 264r–265v, hier 264v. Vgl. auch *carta acordada*, 28.01.1631. AHN, Inq., lib. 497, fol. 392v–398v. Deren Erhalt wurde von den Inquisitoren im August 1631 bestätigt. Cartagena de Indias an *Suprema*, 27.08.1631. AHN, Inq., lib. 1011, fol. 69r.

5   Vgl. zur Frage der (völker-)rechtlichen Perzeption von Piraten KEMPE (2010), Fluch der Weltmeere, inbes. S. 34–43. Der *fiscal* berief sich des Weiteren auf eine *carta acordada* der *Suprema* aus dem Jahr 1626. Diese besagte, dass aufgrund des Kriegsausbruchs gegen englische Untertanen uneingeschränkt vorgegangen werden könne. *Suprema* (Rundschreiben), 29.05.1626. AHN, Inq., lib. 497, fol. 347r (die Inquisitoren von Cartagena de Indias datierten das Schreiben fälschlicherweise auf den 20.05.1626). Diese Anweisung war allerdings mit dem spanisch-englischen Frieden von 1630 hinfällig geworden.

6   *Relación de causa* von Juan Federico (1649–1650). AHN, Inq., lib. 1021, fol. 253v–254v, hier fol. 254r.

7   *Relación de causa* von Juan Federico (1649–1650). AHN, Inq., lib. 1021, fol. 253v–254v.

30. Oktober 1653 gab sie das Einverständnis, gegen Juan Federico und einen weiteren Engländer, der ebenfalls für einen religiösen Skandal gesorgt hatte, vorzugehen.[8] Gleichzeitig betonte der Inquisitionsrat, dass zukünftig gegen Engländer und Niederländer gemäß den Bestimmungen der Friedensverträge prozessiert werden müsse.[9] Die im Fall von Adán Edon gebilligte Rechtspraktik, uneingeschränkt gegen ausländische Protestanten vorzugehen, sei nicht mehr zu vollziehen.[10]

---

8   *Suprema* an Cartagena de Indias, 30.10.1653. AHN, Inq., lib. 355, fol. 59v–60r. Beim Engländer handelte es sich um einen Schneider namens Antonio Palmar. Dieser lebte in Caracas und wurde 1650 von vier Zeugen beschuldigt, die Notwendigkeit der katholischen Beichte und die Autorität des Papstes geleugnet zu haben. Palmar wurde daraufhin festgenommen und Anfang des Jahres 1653 ins inquisitorische Gefängnis von Cartagena de Indias gebracht. Obwohl er zugab, Protestant zu sein, und sich einer Bekehrung verweigerte, ließen ihn die Inquisitoren vorerst frei, um die Antwort der *Suprema* im Fall von Juan Federico abzuwarten. Allerdings durfte Palmar die Stadt nicht verlassen. *Relación de causa* von Antonio Palmar (1650–1653). AHN, Inq., lib. 1021, fol. 379v. Die *Suprema* gab den Inquisitoren von Cartagena de Indias freie Hand, um gegen den Engländer vorzugehen: „[P]or razón del escándalo que dio, condenándole en las penas que os pareciren justas a vuestro arbitro según la calidad de la causa". *Suprema* an Cartagena de Indias, 30.10.1653. AHN, Inq., lib. 355, fol. 59v–60r, hier fol. 60r. Allerdings hatte sich Palmar derweilen nach Veracruz abgesetzt; dies offenbar auf demselben Schiff, mit dem auch der *visitador* Pedro de Medina Rico nach Neuspanien gelangte! Palmar reiste anschließend weiter nach Havanna. Die Inquisitoren von Cartagena de Indias versuchten erfolglos, sich seiner mit Hilfe ihrer mexikanischen Kollegen zu bemächtigen. Cartagena de Indias an Mexiko-Stadt, 17.06.1655. AGN, Inq., vol. 457, exp. 32, fol. 563r. Vgl. auch *auto* (Mexiko-Stadt) vom 17.12.1655. AGN, Inq., vol. 457, exp. 32, fol. 563v; Notiz vom 05.11.1656 (Mexiko). AGN, Inq., vol. 457, exp. 32, fol. 572v.

9   „[D]e aquí adelante tocantes a ingleses y holandeses podréis proceder conforme a lo ordenado en los capítulos de paces e instrucción que en esta materia está dada por el Santo Oficio". *Suprema* an Cartagena de Indias, 30.10.1653. AHN, Inq., lib. 355, fol. 59v–60r. Der Inquisitionsrat legte eine entsprechende Instruktion bei. Dabei muss es sich um die *carta acordada* von 1631 gehandelt haben, die den korrekten Umgang mit englischen Händlern regelte und mit dem Frieden von 1648 auch für die Niederlande Geltung erhielt. Vgl. *Carta acordada*, 28.01.1631. AHN, Inq., lib. 497, fol. 392v–398v.

10 *Suprema* an Cartagena de Indias, 30.10.1653. AHN, Inq., lib. 355, fol. 59v–60r. Die *Suprema* datierte das Schreiben zum Fall von Adán Edon auf den 11.03.1620. Gemeint war aber mit hoher Wahrscheinlichkeit der Brief vom 14.03.1620. Vgl. *Suprema* an Cartagena de Indias, 14.03.1620. AHN, Inq., lib. 353, fol. 132v. An dieser Stelle ist kurz auf den Prozess gegen den Franzosen Nicolás Burundel hinzuweisen, der 1650 auf Jamaica von verschiedenen Zeugen als Protestant denunziert und anschließend an das karibische Tribunal überstellt wurde. In seinem Fall spielte die Frage nach dem Schutz internationaler Abkommen keine Rolle, was einerseits auf seine französische Herkunft und andererseits auf seinen dauerhaften Aufenthalt in den *Indias* zurückzuführen ist. Burundel wurde 1656 zu einer *abjuración de vehementi* und schweren Strafen (Zwangsarbeit, Auspeitschung, Gefängnis) verurteilt. Das Strafmaß wurde zwei

Mit ihrem Schreiben versuchte die *Suprema*, die in Europa geltenden Regeln im karibischen Rechtsraum zu implementieren. Doch schon wenige Jahre später zeigte sich, dass die Frage nach dem Umgang mit protestantischen Ausländern hier weiterhin für Kontroversen sorgte.

Im März des Jahres 1655 machte ein spanischer Kapitän mit vier Passagieren eine Reise von Cartagena de Indias zum 100 Kilometer südlich liegenden Küstenort Tolú.[11] Kurz vor der Ankunft wurde das Boot von einer kleinen Truppe von Franzosen und Niederländern überfallen. Sie stand unter der Führung des 25-jährigen Niederländers Juan (Jan) Grave, einem großen, hellhäutigen Mann mit blondem Kraushaar und dünnem Schnurrbart. Die Gefangenen wurden zur Mündung eines nahe gelegenen Flusses gebracht, ihrer Habseligkeiten beraubt und zwei Tage lang festgehalten. Dabei kam es zu einem Vorfall, der Grave für einige Jahre ins Gefängnis bringen würde. Der Niederländer wies in angetrunkenem Zustand auf eine Fahne. Darauf war auf einer Seite Johannes der Täufer abgebildet, die andere Seite zeigte die Jungfrau Maria. Grave nannte Maria eine Hure und drohte, zunächst Johannes und dann die Gefangenen zu köpfen.[12]

Juan Grave konnte bald darauf von den Spaniern gefangen genommen werden und kam in ein säkulares Gefängnis. Die Inquisitoren waren mittlerweile über den Fall informiert worden. Sie verhörten insgesamt sechs Zeugen und legten die Informationen den *calificadores* vor. Diese kamen zum Schluss, dass es sich bei den Aussagen Graves um häretische Blasphemien handelte.[13] Ein klarer Grund für einen Prozess? Der Inquisitor Diego del Corro Carrascal verneinte dies. Er verwies dafür auf die Instruktion, welche die *Suprema* dem Tribunal von Cartagena de Indias im Zuge des Prozesses gegen Juan Federico hatte zukommen lassen.[14] Corro zitierte,

---

Jahre später wegen Beihilfe zum Mord noch weiter erhöht. Vgl. dazu BLOCK (2012), Ordinary Lives, S. 65–105.

11 Vgl. zu diesem Fall auch BLOCK (2012), Ordinary Lives, S. 88 f. sowie TEJADO FERNÁNDEZ (1946), Procedimiento.

12 S. die verschiedenen Zeugenaussagen, 31.03.–10.04.1655. AHN, Inq., leg. 1621, exp. 4/2, fol. 1r–9r.

13 *Relación de causa* von Juan Grave (1655–1659). *Calificación*, 15.04.1655. AHN, Inq., leg. 1621, exp. 4/2, fol. 1r–9r.

14 Der Inquisitor Corro gab zwar an, dass der entsprechende Brief erst 1654 von der *Suprema* nach Cartagena de Indias verschickt worden sei. Die Instruktion zum Fall Federico ist hingegen auf den 30.10.1653 datiert. Da Corro selbst nur das Jahr der Instruktion nannte, könnte er sich auf den Erhalt der *carta* bezogen haben, die mit größter Wahrscheinlichkeit 1654 in der karibischen Hafenstadt ankam.

dass die Niederländer nicht zu ihrer Religion befragt werden noch ihnen die Schiffe oder Güter beschlagnahmt werden sollen, es sei denn, sie hätten in den spanischen Reichen [...] gegen unseren katholischen Glauben verstoßen. Diejenigen aber, die sich vor ihrem Aufenthalt in diesen Reichen gegen unsere heilige Religion vergehen, dürfen in keiner Weise befragt noch soll deswegen gegen sie prozessiert werden.

Der Inquisitor gab ferner zu bedenken:

Was die Aussagen gegen den Niederländer Juan Grave betreffen, so scheint es, dass dieser während seiner Raubzüge als Pirat auf dem Meer gefangen genommen wurde und nicht etwa in einem Hafen. Und Grave kam auch nicht zum Handel [in die *Indias*], worauf sich das Kapitel der Instruktion bezieht; und aus diesen Gründen [...] soll keine Maßnahme ergriffen noch soll Juan Grave gefangen genommen werden. Deshalb beantrage ich, dass er aus dem königlichen [säkularen] Gefängnis, wo er inhaftiert ist, freigelassen wird.[15]

Diego del Corro Carrascal argumentierte also zunächst, dass Juan Grave als Niederländer nur für religiöse Delikte belangt werden durfte, die er in spanischen Gebieten begangen hatte. Dies sei hier nicht der Fall, denn Grave habe „auf dem Meer" und somit außerhalb der spanischen Jurisdiktion gegen das Gesetz verstoßen. Dieses Votum ist erstaunlich, legte hier der Inquisitor doch den nicht eindeutig definierten Rechtsraum des Meeres zu Gunsten des mutmaßlichen Häretikers und Piraten aus.[16] Daraus ergab sich dann das Argument, dass Grave

---

15   „[P]or cuanto el dicho Joan Grave es holandés y conforme al capítulo tercero de la instrucción que el año pasado de 1654 [sic] se remitió del Consejo Supremo [...] a este tribunal y en él ordena y manda que a ninguno de los holandeses les sea preguntado de su religión ni les sean secuestrados sus navíos ni confiscados sus bienes, sino es que hayan delinquido contra la fe, y religión católica en estos reinos de España o en las islas a ellos adjuntos o en sus puertos, playas, o bahías estando surtos en ellos sus navíos y que a los que antes de entrar en estos reinos hubieren delinquido en cosa alguna contra nuestra santa religión de ninguna manera sean inquiridos ni se proceda contra ellos por los tales crímenes y excesos y por cuanto por la información hecha contra el dicho Joan Grave holandés, parece haber sido apresado estando pirateando, y robando en el Mar y no surto en Puerto alguno ni viniendo por causa de comercio como dicho capítulo de instrucción ordena es su parecer que no se haga diligencia alguna ni proceda a prisión, contra el dicho Joan Grave y mandaba y mando, que por lo que toca a esta causa sea suelto libremente de la cárcel real donde está detenido". *Relación de causa* von Juan Grave (1655–1659). *Auto,* 28.04.1655. AHN, Inq., leg. 1621, exp. 4/2, fol. 9v–10v, hier fol. 9v–10r.
16   Vgl. hierzu KEMPE (2010), Fluch der Weltmeere, S. 71. In diesem Fall trifft die Behauptung

aufgrund seines unfreiwilligen Aufenthalts in den *Indias* – nämlich durch Gefangenschaft – nicht von der Inquisition verfolgt werden sollte. Tatsächlich kümmerten sich seit dem Ende des 16. Jahrhunderts in Amerika in erster Linie die säkularen Autoritäten um ausländische Kriegsgefangene. Aus ungeklärten Gründen schien Grave aber nur von der Inquisition verfolgt zu werden; denn Corro verlangte ja die Freilassung des Piraten und nicht etwa seine Überstellung an die weltliche Justiz.[17]

Corros Kollege, der Inquisitor Pedro de Salas y Pedroso, war mit dieser Haltung jedenfalls nicht einverstanden.[18] Er war der Meinung, dass Juan Grave mit seinem skandalösen Verhalten gegen die religiösen Vereinbarungen der Friedensverträge verstoßen habe. Als besonders schwerwiegend wertete Pedro de Salas y Pedroso die Blasphemien gegen die Jungfrau Maria. Der Inquisitor verwies dafür auf das fünfte Kapitel der Bulle *Antiqua Judaeorum improbitas* von Gregor XIII. Darin wurde es den Inquisitoren Roms gestattet, gegen die Juden vorzugehen, wenn sie die Jungfräulichkeit Marias leugneten.[19] Salas folgerte, dass deshalb trotz der niederländischen Herkunft Graves und sogar unabhängig davon, ob dieser getauft sei oder nicht, uneingeschränkt *(conforme al estilo del Santo Oficio)* gegen ihn vorgegangen werden könne.[20]

Da sich die Inquisitoren nicht einigen konnten, beschlossen sie, die *Suprema* zu kontaktieren.[21] Dieser Schritt wurde vorerst jedoch nicht vollzogen. Juan Grave blieb weiterhin im säkularen Gefängnis, ohne verhört zu werden oder die Anklage zu kennen. Er ersuchte innerhalb von drei Jahren fünf Mal erfolglos

---

Kempes nicht zu, dass es für den Status der Piraten egal war, ob diese ihre Delikte auf dem Land oder auf dem Meer begingen. Ebd., S. 43.

17 Bereits Anfang April hatten sich die beiden Inquisitoren über die unmittelbar bevorstehende Freilassung des Niederländers Sorgen gemacht und deshalb den säkularen Autoritäten Anweisungen gegeben, Grave weiterhin gefangen zu halten. *Auto,* 09.04.1655. AHN, Inq., leg. 1621, exp. 4/2, fol. 7v.

18 Die Beziehung zwischen Diego del Corro Carrascal und Pedro de Salas y Pedroso war ganz allgemein von gegensätzlichen Urteilen geprägt, was dazu führte, dass viele Verfahren sich in die Länge zogen. ÁLVAREZ ALONSO (1999), La Inquisición en Cartagena de Indias, S. 80.

19 *Relación de causa* von Juan Grave (1655–1659). *Auto,* 28.04.1655. AHN, Inq., leg. 1621, exp. 4/2, fol. 9v–10v, hier fol. 9v–10r. Zum Hintergrund der Bulle vgl. BRECHENMACHER (2005), Der Vatikan und die Juden, S. 32–34.

20 *Relación de causa* von Juan Grave (1655–1659). *Auto,* 28.04.1655. AHN, Inq., leg. 1621, exp. 4/2, fol. 9v–10v, hier fol. 10r.

21 *Relación de causa* von Juan Grave (1655–1659). *Auto,* 28.04.1655. AHN, Inq., leg. 1621, exp. 4/2, fol. 9v–10v.

um eine Audienz.[22] Erst im Januar des Jahres 1658 kam Bewegung in den Fall. Grave konnte vor den Inquisitor Corro Carrascal treten und bat um eine Konversion zum Katholizismus. Grave gab an, dass er vom Blinden zum Sehenden geworden sei. Zudem lebe er bereits seit drei Jahren unter Katholiken und leide unter seiner Außenseiterrolle.[23] Die Inquisitoren zweifelten an dieser Bekehrung. Aber bereits Ende Februar wurde Grave von einem Mönch, der ihn mehrmals besucht hatte, ein positives Zeugnis ausgestellt. Der Geistliche gab zu, dass Graves Bitte um eine Konversion zunächst auf dessen Hoffnung auf eine Haftentlassung zurückgegangen war. Doch durch die Gewöhnung an die religiösen Rituale und das einfache Gemüt des Niederländers könne nun von einer tatsächlichen Bekehrung ausgegangen werden. Zudem seien die Niederlande lange Zeit spanisches Untertanengebiet gewesen und verfügten deshalb über eine katholische Tradition, was positiv zu berücksichtigen sei.[24]

Ein halbes Jahr später konsultierten die Inquisitoren endlich die *Suprema*.[25] Diese gab im Juli 1659 den Auftrag, Juan Grave als *hereje nacional espontáneo* zu behandeln, und legte eine entsprechende Instruktion bei. Dabei handelte es sich um einen Auszug aus der *carta acordada* vom 28. Januar 1631, die im Anschluss an den Friedensvertrag von 1630 den Umgang mit den englischen *espontáneos* regelte. Der Inquisitionsrat teilte den karibischen Inquisitoren mit, dass diese Anordnungen auch für die „anderen *herejes nacionales*" gelten würden, insbesondere für die Niederländer, da diese ebenfalls durch einen Friedensvertrag geschützt waren.[26] Aufgrund der blasphemischen Aussagen gegen die Gottesmutter Maria und andere Heilige, die Grave in unmittelbarer Nachbarschaft *(parte contigua)* des spanischen Imperiums getätigt habe, könne gegen den Niederländer eigentlich ein ordentlicher Prozess geführt werden *(hacer causa en forma)*. Da dieser jedoch zur Konversion bereit sei, solle sein skandalöses Verhalten lediglich mit einigen „heilsamen Bußauflagen" *(penitencias saludables)* gesühnt werden. Dieses zurückhaltende Urteil begründete die *Suprema* als „religiösen Akt";

---

22 *Relación de causa* von Juan Grave (1655–1659). *Peticiones* von Juan Grave, 18./27.01.1656; 17.03.1656; 17.04.1657; 19.11.1657. AHN, leg. 1621, exp. 4/2, fol. 9v–13r.
23 „[P]orque ha estado ciego y porque ha tres años que está preso entre católicos romanos y quiere ser lo como los demás". *Relación de causa* von Juan Grave (1655–1659). *Audiencia*, 25.01.1658. AHN, leg. 1621, exp. 4/2, fol. 13r–13v.
24 *Relación de causa* von Juan Grave (1655–1659). *Declaración* von Julio Guerrero, 25.02.1658. AHN, Inq., leg. 1621, exp. 4/2, fol. 14r.
25 Cartagena de Indias an *Suprema*, 14.10.1658. AHN, Inq., leg. 1621, exp. 4/1, fol. 1r.
26 Gemeint war wohl der Frieden von Münster (1648).

tatsächlich dürfte hier auch die lange Haftstrafe von Grave eine Rolle gespielt haben.[27] Anfang März 1660 teilte das karibische Tribunal mit, dass es dem Niederländer als *hereje nacional* die Absolution *ad cautelam* gewährt hatte.[28]

Letztlich war für den Prozess gegen Juan Grave dessen Konversionsgesuch ausschlaggebend. Damit wurde das vorübergehend ausgesetzte Verfahren wieder aufgenommen und konnte der Niederländer einer harten Strafe entgehen. Die *Suprema* sah ihrerseits einen generellen Klärungsbedarf für den amerikanischen Rechtsraum und verschickte die Instruktion zum Fall Grave zur Kenntnisnahme an die Tribunale in Lima und Mexiko-Stadt.[29] In Cartagena de Indias wurden für über ein Jahrzehnt keine ausländischen Protestanten mehr angeklagt. Es ist wahrscheinlich, dass diese fehlende Aktivität mit dem Fall Juan Grave zusammenhängt. Darauf weist eine kurze Anmerkung zu einem anderen Niederländer namens Adán Flamenco hin, der um das Jahr 1662 der Häresie verdächtigt wurde. Die Inquisitoren befragten dazu vier Zeugen, suspendierten den Fall dann aber aufgrund der „Instruktion zu den *herejes nacionales*".[30]

Anfang der 1670er-Jahre erhielt die Frage nach dem Umgang mit ausländischen Häretikern neue Brisanz. Im Februar des Jahres 1672 befahl der Kommissar von Caracas dem Kapitän Diego Luis de Febre y Portillo, zwei Männer an Bord zu nehmen und diese vom nahe gelegenen Hafen Puerto de Guaira in die westlich gelegene Stadt Río de la Hacha zu bringen. Von dort sollten die beiden dann dem Tribunal von Cartagena de Indias überstellt werden. Bei den Gefangenen handelte es sich um den Mestizen Francisco Rodriguez de Ávila und den Franzosen Luis de Castro, der als Arzt in Caracas arbeitete.[31]

---

27 *Suprema* an Cartagena de Indias, 21.07.1659. AHN, leg. 1621, exp. 4/2, fol. 14v–18r. Für die Anordnungen der *Suprema* zum spanisch-englischen Frieden von 1630 vgl. die *carta acordada,* 28.01.1631. AHN, Inq., lib. 497, fol. 392v–398v. Die Kopie zuhanden der Inquisition von Cartagena de Indias ist übertitelt mit „Estilo que se observa con los herejes nacionales espontáneos, por lo que toca a Juan Grave, holandés". Das entsprechende Dokument findet sich abgedruckt in TEJADO FERNÁNDEZ (1946), Procedimiento, S. 838 f.

28 Cartagena de Indias an *Suprema*, 01.03.1660. AHN, Inq., lib. 1016, fol. 96r–96v.

29 *Suprema* an Mexiko-Stadt, 21.07.1659. AGN, Inq., vol. 1480, exp. 14, fol. 380r–381v. Noch im Jahre 1727 beriefen sich die Inquisitoren in Lima auf die *carta acordada* vom 21.07.1659. *Proceso de fe* von Robert Shaw (1725–1730). Tribunal von Lima an Kommissar von Cuzco, *auto* vom 03.04.1727. AHN, Inq., leg. 2201, exp. 8, fol. 6v.

30 „Esta causa […] habiéndose examinado cuatro testigos: se suspendió en conformidad de la instrucción puesta acerca de los herejes nacionales." *Relación de causa* von Adán Flamenco (1662). AHN, Inq., lib. 1022, fol. 231r.

31 Die folgenden Ausführungen beziehen sich auf die verschiedenen Zeugenaussagen im Bericht

Auf der Fahrt geriet das Schiff in einen schweren Sturm und lief vor der niederländischen Insel Curaçao auf Grund. Die Mannschaft konnte sich an Land retten. Der Gouverneur von Curaçao, Dirk Otterinck, behandelte die Spanier gut und erlaubte ihnen, sich auf ein Sklavenschiff nach Cartagena de Indias zu begeben. Kurz vor der Abfahrt bemerkte der Kapitän Portillo das Fehlen von Luis de Castro. Er fand ihn in einer Hängematte liegend im Haus eines Niederländers. Portillo stellte Castro zur Rede. Dieser antwortete widerwillig; er sei krank, habe Feinde in Caracas und befürchte, dass ihm ein langer Aufenthalt in einem Gefängnis der Inquisition bevorstehe. Er werde deshalb auf der Insel bleiben. Portillo ging daraufhin zum Gouverneur und bat ihn um die Auslieferung Castros. Der Gouverneur erkundigte sich nach dem Grund: Sei Castro etwa Schuldner des spanischen Königs oder habe er sonst irgendein Delikt gegen Seine Majestät begangen? Portillo antwortete, es gehe um ein religiöses Vergehen. In diesem Fall, so der Gouverneur, seien ihm die Hände gebunden. Sie befänden sich in einem freien Land, in dem jeder nach seinem eigenen Glauben leben dürfe. Er könne Castro deshalb nicht zwingen, das Schiff zu besteigen.[32]

Portillo musste seine Reise wohl oder übel ohne den Franzosen fortsetzen.[33] Als er in Cartagena de Indias ankam, informierte er den zuständigen Inquisitor Francisco Luis de Bruna Rico.[34] Dieser war zunächst ratlos. Aufgrund fehlender Dokumente war ihm nicht mal das mutmaßliche Vergehen Castros bekannt.[35] Nach der Anhörung verschiedener Zeugen kam der Inquisitor zum Schluss, dass der niederländische Gouverneur mit seiner Weigerung, Castro auszuliefern,

---

des Tribunals von Cartagena de Indias an die *Suprema,* 01.04.1672. AHN, Inq., lib. 1018, fol. 188r–188v sowie 189r–198v.

32 Zeugenaussage von Diego Luis Febre y Portillo, 14.03.1672. AHN, Inq., lib. 1018, fol. 191r–193r.

33 Rodriguez de Ávila hingegen, der andere Gefangene, ließ sich widerstandslos mitführen. Als das Schiff Cartagena de Indias erreichte, übergab ihn der Kapitän der Inquisition. Allerdings gab es auch hier ein nicht unwesentliches Problem: Beim Schiffbruch waren nämlich die dazugehörigen Akten aus Caracas verloren gegangen. Dem zuständigen Inquisitor Francisco Luis de Bruna Rico fehlte somit die Grundlage für einen Prozess. Rodriguez de Ávila wurde deshalb nach einiger Zeit aus dem Gefängnis entlassen, wenn auch unter der Auflage, die Stadt nicht zu verlassen. Zeugenaussage von Diego Luis Febre y Portillo, 14.03.1672. AHN, Inq., lib. 1018, fol. 191r–193r; *Auto,* 18.03.1672. AHN, Inq., lib. 1018, fol. 197v–198v.

34 Bruna war 1671 zum Inquisitor ernannt worden. MEDINA (1899), La Inquisición en Cartagena de Indias, S. 297.

35 Aufgrund der Nationalität erscheint es wahrscheinlich, dass sich Castro der protestantischen Häresie schuldig gemacht hatte. Davon geht auch Gonzalo Báez Camargo aus, ohne dies zweifelsfrei zu belegen. BÁEZ CAMARGO (1961), Protestantes enjuiciados, S. 68.

gegen die Bestimmungen der Friedensverträge gehandelt habe. Bruna leitete den Fall anschließend zur Klärung nach Madrid weiter.[36]

Die *Suprema* ordnete an, Castro zur Fahndung auszuschreiben. Sollte der Franzose wieder Fuß auf spanischen Boden setzen, müsse er unverzüglich festgenommen werden. Der Inquisitionsrat bat Bruna zudem um eine nähere Erläuterung seiner Einschätzung, dass im Fall von Castro die Bestimmungen völkerrechtlicher Verträge verletzt worden seien.[37] In seinem Antwortschreiben berief sich der Inquisitor von Cartagena de Indias auf den spanisch-englischen Friedensvertrag aus dem Jahr 1670. Bruna verwies insbesondere auf Artikel 10, in dem der außerplanmäßige Aufenthalt auf dem Gebiet des Vertragspartners, etwa durch feindliche Handlungen oder Sturm, geregelt war. Er nehme an, dass dieses Kapitel auch im Falle der Niederlande Gültigkeit besitze. Somit habe es nicht in der Kompetenz des Gouverneurs gelegen, den Gefangenen für frei zu erklären.[38]

Im Mai 1672 erhielt das Tribunal von Cartagena de Indias das Schreiben eines auf Curaçao tätigen spanischen Kaplans. Dieser berichtete von seinem Versuch, Luis de Castro davon zu überzeugen, sich der Inquisition zu stellen. Letzterer wolle sich jedoch möglichst bald auf eine der französisch besetzten Karibikinseln absetzen. Denn dort – so Castro – gäbe es keine Inquisition und genügend Theologen, die ihm seine Sünden vergeben könnten. Verzweifelt ob solcher Sturheit, wandte sich der Kaplan an den Gouverneur der Insel, um ihn mit politischen Argumenten *(razones políticas)* von der Auslieferung des Franzosen zu überzeugen. Der Gouverneur wimmelte ihn mit vagen Zusagen ab. Anfang April verließ Castro Curaçao ungehindert auf einem französischen Schiff.[39]

Am gleichen Tag, an dem Bruna die *Suprema* über den Fall von Luis de Castro unterrichtete, ließ der Inquisitor ein weiteres Schreiben verfassen. Darin äußerte er seine Sorge über die steigende Zahl von Engländern und Niederländern in der Stadt. Diese Präsenz ausländischer Protestanten war einerseits auf den Sklavenhandel zurückzuführen, der von der niederländischen Insel Curaçao aus vorangetrieben wurde. Andererseits spielte auch die *Armada de Barlovento* eine Rolle. Denn auf dieser spanischen Schutzflotte dienten unter anderem „Perso-

---

36 Cartagena de Indias an *Suprema*, 01.04.1672. AHN, Inq., lib. 1018, fol. 188r–188v.
37 *Suprema* an Cartagena de Indias, 29.11.1672. AHN, Inq., lib. 1018, fol. 188r–188v.
38 Cartagena de Indias an *Suprema*, 28.06.1673. AHN, Inq., lib. 1018, fol. 186r–187r.
39 Antonio de Montañino an Cartagena de Indias, 26.04.1672. AHN, Inq., leg. 1622, exp. 2, fol. 12v–14r.

nen verschiedener Nationen und Religionen". Der Inquisitor berichtete alarmiert, dass einige Ausländer ins Landesinnere *(tierra adentro)* vordrangen. Bruna war unsicher, wie er sich verhalten sollte, und bat die *Suprema* um nähere Anweisungen.[40]

Der Inquisitionsrat reagierte umgehend und wandte sich am 1. Dezember 1672 in einer *consulta* an die Regentin Mariana.[41] Darin schilderte der Rat die schwierige Situation in Cartagena de Indias, wobei er fast wörtlich die *carta* des Inquisitors Bruna wiedergab. Der Rat wies die Regentin darauf hin, dass die Kommunikation zwischen Häretikern und den spanischen Untertanen grundsätzlich zu verhindern sei. Die religiösen Schutzklauseln in den Verträgen mit der englischen Krone und den niederländischen Generalstaaten dienten dem Handel. Sie seien nur auf jene Engländer und Niederländer anzuwenden, die sich vorübergehend in den spanischen Reichen aufhielten und für keinen *escándalo* sorgten. Die *Suprema* erinnerte daran, dass Oliver Cromwell 1653 vergeblich weitreichendere religiöse Konzessionen von Philipp IV. gefordert hatte.[42]

Nun gelangte die *Suprema* zum wesentlichen Punkt ihrer Argumentation: Da ausländischen Mächten der Handel in den *Indias* verboten sei, kämen die religiösen Schutzklauseln in diesen Gebieten nicht zum Zug. Zwar sei im spanisch-englischen Abkommen von 1670 vereinbart worden, dass den Untertanen der jeweiligen Vertragspartner bei Schiffbruch oder anderen Notsituationen auch außerhalb Europas eine vorläufige humanitäre Aufnahme und religiöser Schutz zu gewähren sei. Diese Ausnahmeregelung betreffe jedoch jene Ausländer, vor denen der Inquisitor Bruna gewarnt habe, nicht.[43]

Das Schlussplädoyer der *Suprema* lautete deshalb:

---

40   Cartagena de Indias an *Suprema*, 01.04.1672. AHN, Inq., lib. 1018, fol. 64r.
41   Mariana de Austria (Maria Anna von Habsburg) war die Frau Philipps IV. Nach dem Tod ihres Ehemanns im Jahre 1665 regierte Mariana bis 1675 als Stellvertreterin ihres minderjährigen Sohns, Karls II. Sie wurde dabei von einer *Junta de Gobierno* beraten.
42   *Suprema* an Mariana von Habsburg, 01.12.1672. AHN, Inq., lib. 266, fol. 239r–242v, hier fol. 239r–240v.
43   Die *Suprema* musste allerdings zugeben, dass der 1662 den Genuesen Domingo Grillo und Ambrosia Lomelin zugesprochene *asiento de negros* den (kurzfristigen) Aufenthalt ausländischer Sklavenhändler in bestimmten amerikanischen Häfen erlaubte. Die *Suprema* plädierte dafür, diesen Ausländern unter keinen Umständen religiösen Schutz zu gewähren, da dies „widerwärtig" *(odioso)* sei und über die Zugeständnisse in den Friedensverträgen hinausgehen würde. *Suprema* an Mariana von Habsburg, 01.12.1672. AHN, Inq., lib. 266, fol. 239r–242v, hier fol. 242r. Vgl. auch SCELLE (1906), La traite négrière 1, S. 519 f. sowie ESCOBAR QUEVEDO (2008), Inquisición y judaizantes, S. 268–271.

Die Inquisitoren von Cartagena de Indias und die anderen Tribunale Spanisch-Amerikas *[Indias occidentales]* dürfen und sollen gegen die sich gegen unseren heiligen Glauben vergehenden Untertanen des englischen Königs sowie die [Bürger der] Generalstaaten vorgehen. Dies in regulärer Form, gemäß dem Gesetz *[según derecho]* und ohne jede Einschränkung, wie dies auch gegen die Untertanen Ihrer Majestät und alle anderen Personen, die sich in den *Indias* aufhalten, praktiziert wird; erst recht vor dem Hintergrund, dass es sich [bei den Niederländern und Engländern] um Häretiker handelt. So wird dem Gottesdienst Genüge getan. Die Inquisitionstribunale sollen entsprechende Anweisungen erhalten.[44]

Die Regentin Mariana leitete die *consulta* der *Suprema* unverzüglich dem Indienrat weiter und forderte diesen zu einer Einschätzung auf. Die Antwort erfolgte prompt:

Der Rat ist sich bewusst, dass es sich hierbei um eines der wichtigsten Anliegen der Regierung [Ihrer Majestät] handelt, die sich in erster Linie um den Erhalt der Einheit des katholischen Glaubens sorgt und darum, dass diese zarten Pflanzen des Glaubens [*tiernas plantas en la fe,* gemeint sind die Indigenen] keine Gelegenheit erhalten, der verderblichen Doktrin der Häretiker zu erliegen. Zudem hat der Rat es immer als sehr angemessene Politik erachtet, dass keine Ausländer in die *Indias* gelangen […]. Weder die Friedensverträge mit England noch jene mit den Niederlanden aus dem Jahre 1648 erlauben den Handel in den *Indias*.[45]

---

44 „Al obispo de Plasencia y al Consejo parece, que los Inquisidores de Cartagena y de las demás Inquisiciones de las Indias occidentales pueden y deben proceder contra los súbditos así del Rey de la Gran Bretaña como de los Estados Unidos regularmente y conforme a derecho en lo que delinquieren contra Nuestra Santa Fe y sin limitación alguna como lo hacen contra los Vasallos de Vuestra Majestad y cualesquiera otras personas estantes y habitantes en las Indias y con mucho mayor razón por entenderse son herejes y que así conviene al servicio de Dios y de Vuestra Majestad y que sobre ello se haga especial encargo a los tribunales de la Inquisición." *Suprema* an Mariana von Habsburg, 01.12.1672. AHN, Inq., lib. 266, fol. 239r–242v, Zitat fol. 242r–242v.

45 „[P]orque tiene muy presente que es materia de las más graves de su gobierno, atendiendo principalmente a que se conserve intacta la Religión Católica y que aquellas tiernas plantas en la fe no tengan ocasión de torcerse con depravadas doctrina de los herejes y asimismo por haberse siempre considerado por medio muy conveniente para los político que extranjeros no pasen a las Indias y en esta conformidad, tiene el Consejo tan cerrada la puerta a esto que ni memoriales se admiten en que se pidan semejantes licencias con que en esta parte no tiene más que cautelas y prevenir. Ni las paces ajustadas en tiempo alguno con Inglaterra ni las que se

Das *Santo Oficio*, so der Indienrat, könne deshalb in Amerika gegen ausländische Häretiker vorgehen; allerdings nur aufgrund *religiöser* Delikte. In allen anderen Fällen unterliege die Kontrolle der Ausländer den säkularen Instanzen.[46]

Der Inquisitionsrat nahm diese Stellungnahme zur Kenntnis und wandte sich erneut an die Regentin. Er wiederholte seine Forderung, bei jeglichem religiösen Vergehen – unabhängig davon, ob es sich dabei um einen *escándalo* handelte oder nicht – gegen protestantische Ausländer vorgehen zu können.[47] Die *Suprema* beharrte somit darauf, dass den religiösen Schutzklauseln in Amerika keine Geltung zukam. Die Regentin folgte diesem Ansinnen und erließ kurz darauf ein entsprechendes Dekret. Darin war eine Ausnahme vorgesehen: Gegen Schiffbrüchige und andere Schutzsuchende durfte das *Santo Oficio* gemäß dem spanisch-englischen Vertrag von 1670 weiterhin nicht prozessieren.[48]

Anfang Januar 1673 informierte die *Suprema* die Tribunale von Mexiko, Lima und Cartagena de Indias über den Beschluss der Regentin.[49] Fünfzig Jahre nach dem Fall von Adán Edon schaffte es ein karibischer Inquisitor erneut, von der Krone die Erlaubnis zu einem weitgehend uneingeschränkten Vorgehen gegen ausländische Protestanten in den *Indias* zu erlangen. Anders als 1620, als die Inquisitoren Salcedo und Mañozca eine eigenständige Interpretation der Friedensverträge vornahmen, wies Bruna nur auf das Problem, nämlich die zunehmende ausländische Präsenz, hin. In diesem Fall war es die *Suprema*, welche explizit für eine Sonderstellung der amerikanischen Inquisition plädierte. Dass aber auch Bruna den Zusammenhang mit den völkerrechtlichen Verträgen durch-

---

hicieron con los estados unidos de Holanda el año de 1648 han permitido comercio con los Dominios de Vuestra Majestad en las Indias". *Consejo de Indias* an Mariana von Habsburg, 09.12.1672. AHN, Inq., lib. 305, fol. 503r–504v, Zitat fol. 504r.

46 *Consejo de Indias* an Mariana von Habsburg, 09.12.1672. AHN, Inq., lib. 305, fol. 503r–504v.
47 *Suprema* an Mariana von Habsburg, 24.12.1672. AHN, Inq., lib. 266, fol. 247v–248v.
48 „Conforme con lo que parece y así lo he mandado responder al Consejo de Indias[,] advirtiendo[,] como lo haga al de Inquisición[,] que de esta regla se han de exceptuados los casos de arribadas porque con ellos se ha de observar lo estipulado en los artículos de las paces." *Suprema* an Mariana von Habsburg, 24.12.1672. AHN, Inq., lib. 266, fol. 247v–248v. Das undatierte Dekret findet sich ebd., fol. 247v.
49 *Suprema* an Cartagena de Indias, 07.01.1673. AHN, Inq., lib. 345, fol. 29v. Hier ist explizit von einem „Real Decreto" die Rede, das aber offenbar nur als Randbemerkung auf der *consulta* vom 24.12.1672 existiert („la copia del Real Decreto queda al margen de la consulta"); *Suprema* an Lima, 07.01.1673. AHN, Inq., lib. 1024, fol. 20v–21r; Mexiko-Stadt an *Suprema* (Bestätigung des Erhalts der Anweisungen), 30.06.1673. AHN, Inq., lib. 1062, fol. 53r.

aus erfasst hatte, zeigt der Fall von Luis de Castro. Hier hatte der Inquisitor argumentiert, dass die Friedensverträge den niederländischen Gouverneur von Curaçao zur Auslieferung des französischen Häretikers verpflichteten. Es ist kaum ein Zufall, dass Bruna die Anfrage zum Umgang mit ausländischen Protestanten und die Zusammenfassung des Prozesses gegen Castro am gleichen Tag an die *Suprema* verschicken ließ.

Das Dekret der Regentin Mariana hatte für die Inquisitionspraktiken in der Karibik Folgen. Darauf deutet einerseits die Zunahme entsprechender Prozesse im letzten Viertel des 17. Jahrhunderts hin: Während das Tribunal von Cartagena de Indias zwischen 1655 und 1672 gerade mal einen ausländischen Protestanten verurteilte, führte es im Zeitraum von 1673 bis 1700 31 entsprechende Verfahren durch. Achtzehn Ausländer und eine Ausländerin waren durch Dritte denunziert worden, in zwölf Fällen handelte es sich um Selbstanzeigen.[50] Diese Zunahme ist auch deshalb bemerkenswert, weil sie nicht mit der allgemeinen Entwicklung der Prozesszahlen des Tribunals von Cartagena de Indias korrespondiert.[51]

1679 wurden insgesamt neun Männer wegen protestantischer Häresie angeklagt. Es handelte sich dabei um vier Deutsche,[52] zwei Dänen,[53] zwei Niederländer[54] und einen Engländer.[55] In drei Fällen kam es zur Güterkonfiskation, sieben der Angeklagten mussten bei der Urteilsverkündung ein *sambenito* tragen, acht wurden aus den *Indias* ausgewiesen. In ebenso vielen Fällen erfolgte die Konversion zum Katholizismus, nur der Däne Juan Seyber widersetzte sich anfänglich einer solchen. Einer der Deutschen, ein Kölner namens Pedro Paul, hatte sich bereits auf Kuba zum Katholizismus bekehrt und war mit einer Spanierin verheiratet. Er wurde von der Inquisition unter Vorbehalt freigesprochen. Rela-

---

50 Die Zahlen basieren auf AHN, Inq., lib. 1022/1023 sowie AHN, Inq., leg. 1621/1622
51 Álvarez gibt für die Jahre 1650–1669 ein Total von 191 Prozessen an, zwischen 1670 und 1697 gab es gemäß ihren Berechnungen 197 Prozesse. ÁLVAREZ ALONSO (2003), Panorámica de la actividad inquisitorial, S. 283.
52 *Relación de causa* von Pedro Pablo (1679). AHN, Inq., lib. 1023, fol. 277r–278v; *Relación de causa* von Rodrigo Escolt (1679). AHN, Inq., lib. 1023, fol. 276r–277r; *Relación de causa* von Pablo Musco (1679). AHN, Inq., lib. 1023, fol. 271v–274r; *Relación de causa* von Bernardo Andrés (1679). AHN, Inq., lib. 1023, fol. 266r–268v.
53 *Relación de causa* von Cornelio Jorge (1679). AHN, Inq., lib. 1023, fol. 268v–271v; *Relación de causa* von Juan Seyber (1679). AHN, Inq., lib. 1023, fol. 273r–276r.
54 *Relación de causa* von Leonardo Pedro (1679). AHN, Inq., lib. 1023, fol. 278v–281r; *Relación de causa* von Juan Federico Preys (1679). AHN, Inq., lib. 1023, fol. 264r–266v.
55 *Relación de causa* von Juan Thomas (1679). AHN, Inq., lib. 1023, fol. 296r–298r.

tiv glimpflich davon kam auch der aus London stammende Arzt Juan Thomas. Dieser erhielt eine Absolution *ad cautelam,* musste aber ebenfalls die *Indias* verlassen.

Nimmt man den Fall von Juan Grave als Vergleichsgröße, so fielen diese Urteile erstaunlich streng aus. Dies umso mehr, als der Anklage nur in zwei Fällen ein öffentlicher Skandal zugrunde lag: Bernardo Andrés wurde verdächtigt, den Calvinismus als selig machende Religion bezeichnet zu haben. Der Niederländer Leonardo Pedro hatte es trotz der Aufforderung eines Priesters abgelehnt zu beichten und sich sogar darüber lustig gemacht. Dieser letzte Fall wäre auf der Iberischen Halbinsel aufgrund der Friedensverträge wohl nicht als skandalös gewertet worden. In zwei Fällen kann vermutet werden, dass die Angeklagten aufgrund ihrer Herkunft geschont wurden: Dem Dänen Juan Seyber wurde die anfängliche Weigerung, zum Katholizismus zu konvertieren, aufgrund seiner ausländischen Herkunft *(hereje nacional)* verziehen. Beim Engländer Juan Thomas, der kein *espontáneo* war, weist die Absolution *ad cautelam* auf das zurückhaltende Vorgehen der Inquisition hin.[56] Auffallend ist die Bedeutung, welche die Inquisitoren der Frage des Ausländerverbots zukommen ließen. Die Angeklagten wurden dazu systematisch befragt. Vier von ihnen konnten sich mit dem Argument verteidigen, auf der *Armada de Barlovento* nach Spanisch-Amerika gekommen zu sein.[57] Musco und Preys gaben an, nichts vom Verbot gewusst zu haben.

Bei den Selbstanzeigen ließ die Inquisition in aller Regel Milde walten. Und dies galt offenbar nicht nur für Protestanten. So bat 1682 ein aus Amsterdam stammender Jude um eine Konversion zum katholischen Glauben. Die Inquisitoren aus Cartagena de Indias gewährten ihm tatsächlich die Absolution *ad cautelam,* obwohl der junge Mann nicht christlich getauft worden war.[58]

Das karibische Tribunal wandte im späten 17. Jahrhundert also sowohl inkludierende als auch exkludierende Rechtspraktiken an. Protestantische Ausländer, die sich freiwillig beim *Santo Oficio* meldeten, konnten ohne größere Probleme zum Katholizismus konvertieren und sich so in die spanisch-amerikanische Gesellschaft integrieren. Verweigerten sich Protestanten jedoch einer Konversion oder wurden sie rückfällig, mussten sie mit harschen Strafen und einer Aus-

---

56   Für die Nachweise vgl. die entsprechenden *relaciones de causas* (s.o.).
57   Dies betraf Bernardo Andrés, Cornelio Jorge, Rodrigo Escolt und Pedro Pablo.
58   *Relacion de causa* von Daniel Beaz (1681). AHN, Inq., lib. 1023, fol. 380r–381r. Die *Suprema* rügte dann auch dieses Vorgehen des karibischen Tribunals (ebd.).

weisung nach Europa rechnen. Dies zeigt das folgende Ereignis in exemplarischer Weise.

An einem Samstag im Jahre 1690 versammelte sich in Cartagena de Indias eine kleine Gruppe von Ausländern, um ihre Abreise aus der Stadt zu feiern. Den Raum, den die Männer für ihre Veranstaltung nutzten, leuchteten sie mit einer Vielzahl von Kerzen aus. Dies kam einem zufällig vorbeikommenden Beobachter verdächtig vor und er denunzierte die Ausländer als mutmaßliche Juden.[59] Die Inquisition machte die Beteiligten ausfindig und ließ sie verhaften. Bei einem der Festgenommenen handelte es sich um Juan Henriquez Pens. Pens stammte aus Hamburg und war lutherisch erzogen worden. Als Trompeter hatte er zunächst in verschiedenen Ländern Europas gearbeitet und war dann nach Spanisch-Amerika aufgebrochen. Während der Schiffsfahrt hatten ihn seine spanischen Mitreisenden überredet, zum Katholizismus überzutreten. Nachdem Pens in der karibischen Hafenstadt Portobelo an Land gegangen war, hatte er sich an den örtlichen Kommissar der Inquisition gewandt. Dieser hatte den Hamburger ans Tribunal von Cartagena de Indias verwiesen, wo Pens im Jahre 1685 angekommen war. Die Inquisitoren hatten den Hamburger anschließend zur religiösen Unterrichtung in einen Konvent geschickt und ihm dann die Absolution gewährt.[60]

Fünf Jahre später musste der Deutsche also erneut vor der Inquisition erscheinen. Der unmittelbare Anlass für seine Festnahme, nämlich das Fest, stellte sich im Verlauf des Verhörs zwar als harmlos heraus. Es handelte sich dabei weder um eine jüdische noch um eine protestantische Zeremonie. Hingegen ergänzte Pens einige Details, die zu seiner Konversion geführt hatten. Auf seiner Reise nach Amerika war er nämlich von der katholischen Besatzung als Häretiker beschimpft worden. Der Kapitän hatte ihm deshalb geraten, zum Katholizismus überzutreten. Pens beließ es nicht bei dieser Aussage, sondern gab – offenbar unter starkem Druck – eine weitere und verhängnisvolle Information preis, die seinen bisherigen Ausführungen widersprach. Er gab an, seine Konversion im Jahre 1685 nur vorgetäuscht und als „Wolf im Schafspelz" weiterhin als Lutheraner gelebt zu haben.[61] Am 16. März 1691 wurde das Urteil gefällt. Neben den Strafen, die auch

---

59 Vgl. dazu auch die *Relaciones de causa* von Domingo Juan (1690). AHN, Inq., lib. 1023, fol. 439r–441r sowie von Juan Gaspar (1690). AHN, Inq., lib. 1023, fol. 436r–439r.
60 *Relación de causa* von Juan Henriquez Pens (1685). AHN, Inq., lib. 1023, fol. 384v–385v.
61 „Que este reo había vivido entre los católicos como carnero siendo lobo". *Relación de causa* von Juan Henriquez Pens (1690–1691). Verschiedene *autos, audiencias* etc., 19.09.1690–07.02.1691. AHN, Inq., lib. 1023, fol. 462r–466r, Zitat fol. 466r.

seine Kumpanen bei der Feier erhielten – Autodafé im *sambenito, abjuración de forma*, Beschlagnahmung der Güter, Ausweisung aus den *Indias* und Rayonverbot für Madrid –, wurde Pens zu 200 Peitschenhieben und Galeerendienst verurteilt.[62] Während der Hamburger also als sich selbst denunzierender *hereje nacional* eine zuvorkommende Behandlung erhielt, wurde er nach seinem ‚Vertrauensbruch' hart bestraft und aus der Neuen Welt ausgewiesen.

Neben den hier beschriebenen Praktiken der Inklusion und der Exklusion muss schließlich noch die Dissimulation erwähnt werden, also das bewusste Unterlassen von Verfahren trotz eines konkreten Häresieverdachts. Im Mai 1691 bestätigte das karibische Tribunal gegenüber dem Inquisitionsrat in Madrid, dass es sich in den Prozessen gegen ausländische Protestanten am Dekret der Regentin Mariana orientierte. Allerdings – so die Inquisitoren von Cartagena de Indias – sei die Umsetzung der entsprechenden Urteile schwierig. Denn die ausländischen Häftlinge *(reos nacionales)* seien in der Regel arm, was dazu führe, dass sie mit Mitteln der Inquisition unterstützt werden müssten. Überhaupt reichten weder die Infrastruktur noch die finanziellen Ressourcen aus, um allen Verdachtsfällen nachzugehen.[63] Dieses Schreiben ist einerseits ein wichtiger Hinweis darauf, dass das Dekret von 1672 in Cartagena de Indias tatsächlich umgesetzt wurde – andererseits zeigt es eben auch, dass von einer systematischen Verfolgung ausländischer Protestanten weiterhin keine Rede sein konnte. Die Inquisitoren gaben dann auch offen zu, in vielen Fällen zu dissimulieren.

6.2 Neuspanien

Die neuspanische Inquisition ging auch in der zweiten Hälfte des 17. Jahrhunderts nur in Einzelfällen gegen ausländische Protestanten vor.[64] Wie in Cartagena de Indias sorgten die entsprechenden Prozesse immer wieder für kontrover-

---

62 *Relación de causa* von Juan Henriquez Pens (1690–1691). *Voto en definitivo*, 16.03.1691. AHN, Inq., lib. 1023, fol. 462r–466v, hier fol. 466r–466v.
63 Cartagena de Indias an *Suprema*, 20.05.1691. AHN, Inq., lib. 1019, fol. 317r–317v. Offenbar überstellten die karibischen Inquisitoren in der Folge einige der Verurteilten an das Tribunal von Sevilla.
64 Zwischen 1650 und 1700 wurden am neuspanischen Tribunal 14 Ausländer wegen Protestantismus angeklagt.

se Diskussionen, wobei die Herkunft der Angeklagten eine entscheidende Rolle spielte. Dies will ich zunächst anhand des Prozesses gegen den Deutschen Matías Enquer aufzeigen.

Enquer[65] wurde im September 1651 von einer Frau aus Mexiko-Stadt als „Häretiker und Jude" denunziert. Unter anderem hatte die Zeugin beobachtet, dass Enquer zwar einen Rosenkranz besaß, diesen aber nicht angemessen benutzte, sondern nur damit herumspielte. Enquer ging angeblich nie zur Beichte oder Kommunion, obwohl die Zeugin ihn dazu aufgefordert hatte. Er hatte zudem mehrmals erzählt, wie er als Kind von seinem Vater zu „Häretikern" geschickt worden sei, um dort seinen Lebensunterhalt zu verdienen. Enquer hatte zugegeben, in dieser Zeit dissimuliert zu haben.[66]

Die Inquisitoren hatten keine Eile, dem Fall nachzugehen. In großen zeitlichen Abständen ließen sie weitere Zeugen vorsprechen. Aus deren Aussagen ging hervor, dass Enquer auf Fragen zu seinem religiösen Verhalten oft ungehalten reagierte.[67] Er hatte zudem regelmäßigen Umgang mit anderen Ausländern und wurde aufgrund seiner Herkunft generell als Protestant verdächtigt.[68] Nicht alle Zeugen hielten Enquer für einen Häretiker, aber einige Aussagen belasteten ihn schwer. Im April 1657 – also mehr als fünf Jahre nach der Denunziation – beriefen die Inquisitoren *calificadores* ein, um über die Sache zu beraten. Möglicherweise ging die Initiative vom *visitador* Pedro de Medina Rico aus, der 1654 nach Mexiko-Stadt gekommen war, um das Tribunal einer Amtsprüfung zu unterziehen, und darauf drängte, unerledigte Fälle abzuarbeiten.[69] Die *calificadores* kamen jedenfalls zum Schluss, dass das Verhalten Enquers als „skan-

---

65 Vgl. zu diesem Fall auch WEBER (2004), Deutsche Kaufleute, S. 37 f. Enquer nannte sich auch „Angel" und begründete dies vor der Inquisition damit, dass dies der Übersetzung seines deutschen Namens entspräche (Engel). Proceso de fe von Matías Enquer (1651–1663). AHN, Inq., leg. 1729, exp. 3/4, fol. 1r–171r, hier fol. 45r.

66 *Proceso de fe* von Matías Enquer (1651–1663), Zeugenaussage von Juana de Vargas, 25.09.1651. AHN, Inq., leg. 1729, exp. 3/4, fol. 1r–171r, hier fol. 1r–2r.

67 *Proceso de fe* von Matías Enquer (1651–1663), Zeugenaussage von Juan Francisco Manito, 30.01.1652. AHN, Inq., leg. 1729, exp. 3/4, fol. 1r–171r, hier fol. 5v; vgl. auch fol. 72v. Die Befragung der Zeugen zog sich bis ins Jahr 1657 hin. Insgesamt gaben 14 weitere Personen zum häretischen Verhalten von Matías Enquer Auskunft. Allerdings stellte sich später heraus, dass viele dieser Aussagen aus dem Umfeld von Enquers Erzfeind Juan Francisco Manito stammten, der ebenfalls gegen den Hamburger aussagte.

68 *Proceso de fe* von Matías Enquer (1651–1663), Zeugenaussage von Damian Ossorio, 01.02.1652. AHN, Inq., leg. 1729, exp. 3/4, fol. 1r–171r, hier fol. 14v.

69 ALBERRO (1988), Inquisition et société, S. 41 f.

dalös" zu werten sei und er sich der Häresie verdächtig gemacht habe.[70] Damit waren die Voraussetzungen für die Verhaftung und die Güterkonfiskation gegeben, die im August 1657 durchgeführt wurden.[71] Bald darauf erfolgten die ersten Verhöre.

Matías Enquer gab an, um das Jahr 1627 in Hamburg als Sohn eines Händlers geboren worden zu sein. Er beschrieb, wie er als Kind unter den Repressionen der Lutheraner zu leiden hatte.[72] Mit ungefähr acht Jahren schickte ihn sein Vater zu einem deutschen Mitarbeiter nach Sevilla. Dort sollte Enquer sich zum Händler ausbilden lassen. Nach einem Jahr verstarb sein Lehrmeister und er kam zu zwei reichen Portugiesen, bei denen er als Kassier *(cajero)* arbeitete. Als der Vater von Enquer davon erfuhr, beorderte er seinen Sohn nach Hamburg zurück.[73] Das Schiff, das Enquer in seine Heimatstadt bringen sollte, geriet im Ärmelkanal in einen schweren Sturm, und Enquer begann heimlich den Rosenkranz zu beten. Die protestantische Besatzung entdeckte ihn und drohte, den Jungen über Bord zu werfen. Schließlich begnügte sie sich mit dem Rosenkranz.[74]

Enquer blieb nur ein halbes Jahr in Hamburg, danach schickte ihn sein Vater erneut nach Sevilla. Dort heiratete der Deutsche im Jahre 1649 die Tochter eines reichen flämisch-hamburgischen Händlers und einer Andalusierin. Wenig später geriet Enquer in finanzielle Schwierigkeiten und beschloss, sein Glück in den *Indias* zu suchen. Ein Freund informierte ihn darüber, dass Ausländer für die Überfahrt eine königliche Lizenz benötigten. Sollte Enquer jedoch eine Taufe in Spanien nachweisen können, sei der Erwerb einer solchen Lizenz nicht nötig.[75]

---

70 *Proceso de fe* von Matías Enquer (1651–1663). *Calificación*, 20.04.1657. AHN, Inq., leg. 1729, exp. 3/4, fol. 1r–171r, hier fol. 42r–42v.

71 *Proceso de fe* von Matías Enquer (1651–1663). *Voto de prisión* (17.08.1657); *Entrega* (20.08.1657). AHN, Inq., leg. 1729, exp. 3/4, fol. 1r–171r, hier fol. 43r–44r.

72 So habe seine Taufe außerhalb der Stadt vorgenommen werden müssen, da den Katholiken in Hamburg keine eigene Kirche gestattet gewesen sei. Auch seine katholische Unterrichtung sei jenseits der Stadtmauern erfolgt.

73 *Proceso de fe* von Matías Enquer (1651–1663). Manuskript von Matías Enquer, eingereicht am 29.08.1657. AHN, Inq., leg. 1729, exp. 3/4, fol. 1r–171r, hier fol. 54r–56v. Wie sich zu einem späteren Zeitpunkt des Prozesses herausstellte, handelte es sich bei den Portugiesen um Neuchristen, die einen in Hamburg lebenden jüdischen Bruder hatten. Dazu u.a. *Proceso de fe* von Matías Enquer (1651–1663). Manuskript von Matías Enquer, eingereicht am 29.08.1657. AHN, Inq., leg. 1729, exp. 3/4, fol. 1r–171r, hier fol. 54r–56v.

74 *Proceso de fe* von Matías Enquer (1651–1663). *Audiencias* vom 21.08.1657; 23.08.1657; 25.08.1657. AHN, Inq., leg. 1729, exp. 3/4, fol. 1r–171r, hier fol. 44v–52r.

75 „[P]or ser extranjero [...] necesitaba de especial licencia de Su Majestad, de traer fe de bautis-

Enquer versuchte daraufhin, seine Taufurkunde zu fälschen. Vergeblich forschte er im Register einer Kirchengemeinde Sevillas nach einer Person gleichen Vornamens und Alters. Schließlich gab ihm ein Geistlicher den Tipp, seinen spanischen Geburtsort durch Zeugen bestätigen zu lassen. Enquer fand tatsächlich drei Personen, die für ihn bürgten, und konnte so mit einigem Aufwand eine (fiktive) Taufe in Sevilla nachweisen. Dies ermöglichte Enquer, nach Veracruz zu reisen, von wo er nach Mexiko-Stadt gelangte. Dort war er zunächst glücklos und verlor einen Großteil seines Vermögens. Enquer hielt sich als Händler über Wasser und bereiste weite Teile Neuspaniens. Schließlich kam er zurück nach Mexiko-Stadt.[76]

In Bezug auf seine religiösen Verpflichtungen gab Enquer zu, in den Jahren 1651/52 kaum zum Abendmahl gegangen zu sein, da er unter der Abwesenheit seiner Frau gelitten habe. Die Kreuzzugsbulle habe er immer gekauft, nicht nur für sich, sondern auch für seine Angestellten und Freunde. Enquer konnte das Vaterunser und das Ave Maria rezitieren, jedoch nicht das Credo und das Salve. Er behauptete, früher alle vier Gebete auf Deutsch gekannt und diese dann wegen mangelnder Sprachpraxis vergessen zu haben.[77]

Nach den ersten Verhören überreichte Enquer den Inquisitoren ein Manuskript, in dem er seinen katholischen Glauben beteuerte und weitere Details zu seinem Leben preisgab.[78] So gab er zu, seine zweite Fahrt von Hamburg nach Spanien wiederum auf einem protestantischen Schiff durchgeführt zu haben. Dieses lief vor der dänischen Exulantenstadt Glückstadt auf Grund. Die Reise verzögerte sich deshalb um zwei Wochen, die Enquer bei einem Geschäftspartner seines Vaters verbrachte. Dieser forderte Enquer zum Kirchgang auf, und zwar ausgerechnet in die königliche Kapelle des dänischen Monarchen. Dort bezichtigte der Pfarrer die Katholiken der Idolatrie und leugnete die Autorität des Papstes. Beim anschließenden Essen befragte der Gastgeber Enquer nach seiner Meinung. Dieser verteidigte den Katholizismus und wurde daraufhin aus-

---

mo de ser bautizado y natural de España con que no necesitaba de dicha licencia". *Proceso de fe* von Matías Enquer (1651–1663), 2. *audiencia*, 23.08.1657. AHN, Inq., leg. 1729, exp. 3/4, fol. 1r–171r, hier fol. 48r.

76 *Proceso de fe* von Matías Enquer (1651–1663). *Audiencias* vom 21.08.1657; 23.08.1657; 25.08.1657. AHN, Inq., leg. 1729, exp. 3/4, fol. 1r–171r, hier fol. 44v–52r.

77 *Proceso de fe* von Matías Enquer (1651–1663). *Audiencias* vom 21.08.1657; 23.08.1657; 25.08.1657. AHN, Inq., leg. 1729, exp. 3/4, fol. 1r–171r, hier fol. 44v–52r.

78 *Proceso de fe* von Matías Enquer (1651–1663). *Presentación,* 29.08.1657. AHN, Inq., leg. 1729, exp. 3/4, fol. 1r–171r, hier fol. 54r.

gelacht. Diese Geschichte, so Enquer, habe er einige Male erzählt, sowohl in Spanien als auch in den *Indias*. Er ergänzte, dass in Sevilla die meisten Ausländer Katholiken seien und Protestanten nicht gerne gesehen würden. Sie würden sich deshalb nur zu Handelszwecken in der Stadt aufhalten und danach wieder in ihre Heimatländer zurückkehren.[79]

Mitte September 1657 präsentierte der inquisitorische *fiscal* eine erste Anklage, in der er dem Deutschen in 21 Artikeln Apostasie und andere Glaubensdelikte vorwarf. Unter anderem beschuldigte er Enquer, sich als Protestant ausgegeben, in Dänemark an einem protestantischen Gottesdienst teilgenommen[80] und sich in Sevilla mit mutmaßlich portugiesischen Juden abgegeben zu haben. In Neuspanien habe Enquer weder regelmäßig gebeichtet noch sei er zur Kommunion gegangen. Der Deutsche kenne die katholischen Gebete nicht, obwohl er sich bereits über 15 Jahre in katholischen Gebieten befinde, und er habe sich nicht gegen die öffentliche Beleidigung gewehrt, ein „häretischer Hund" *(perro hereje)* zu sein. Schließlich habe Enquer Umgang mit anderen Ausländern und ein außereheliches Verhältnis *(ilícita comunicación)* gehabt.[81] Enquer verteidigte sich mit dem Verweis auf die besonderen Umstände seiner Herkunft. Deutschland sei nicht Spanien; da gebe es eine Unzahl von Häretikern und Kontakt mit ihnen sei kaum zu vermeiden. Enquer bestritt auch, nicht zur Messe gegangen zu sein. Hingegen gab er zu, eine außereheliche Beziehung mit der Frau seines Erzfeindes gehabt zu haben.[82] Tatsächlich hatte dieser letzte Punkt wohl wesentlich zu seiner Denunziation beigetragen.

Das Verfahren zog sich über Monate in die Länge, was auch mit der ausführlichen Verteidigung Enquers zusammenhing. Erst am 25. Oktober 1659 fällten die neuspanischen Inquisitoren das Urteil.[83] Enquer habe seine Unschuld nicht

---

79 *Proceso de fe* von Matías Enquer (1651–1663). Manuskript von Matías Enquer, eingereicht am 29.08.1657. AHN, Inq., leg. 1729, exp. 3/4, fol. 1r–171r, hier fol. 54r–56v.

80 „[L]o que no hiciera si fuera Católico Apostólico Romano". *Proceso de fe* von Matías Enquer (1651–1663). *Acusación*, 17.09.1657. AHN, Inq., leg. 1729, exp. 3/4, fol. 1r–171r, hier fol. 59v–64r, Zitat fol. 60v.

81 *Proceso de fe* von Matías Enquer (1651–1663). *Acusación*, 17.09.1657. AHN, Inq., leg. 1729, exp. 3/4, fol. 1r–171r, hier fol. 59v–64r.

82 *Proceso de fe* von Matías Enquer (1651–1663). *Juramento del reo*, 17./19./20.09.1657. AHN, Inq., leg. 1729, exp. 3/4, fol. 1r–171r, 64r–71r.

83 Das Urteil wurde nicht einhellig gefällt. So plädierte der Inquisitor Francisco de Estrada dafür, Enquer freizulassen und seine Güter zurückzuerstatten, mit der Auflage, über seinen Prozess zu schweigen. *Proceso de fe* von Matías Enquer (1651–1663). *Votos* vom 23.09.1657. AHN, Inq., leg. 1729, exp. 3/4, fol. 1r–171r, hier fol. 146r–146v.

bewiesen und er könne aufgrund seiner Delikte streng bestraft werden. Aus (nicht weiter erläuterten) „guten Gründen" sei man bereit, Milde walten zu lassen. Es erscheint plausibel, dass die Inquisitoren hier die Herkunft des Deutschen berücksichtigten. Sie verurteilten Enquer zur Teilnahme an einem Autodafé und einer *abjuración de levi* mit anschließender Absolution *ad cautelam*. Der Hamburger musste für seine Prozesskosten und Haft aufkommen und dafür 2000 Pesos bezahlen. Weiter wurde eine zweijährige religiöse Katechese in einem Konvent verfügt sowie die darauf folgende Ausweisung nach Sevilla, wo Enquer wieder mit seiner Frau zusammenleben sollte.[84]

Dieses Urteil focht Enquer, der mittlerweile Anzeichen psychischer Probleme aufwies, umgehend an.[85] Die ihm zur Last gelegten Delikte habe er nicht begangen, mit Ausnahme der Teilnahme an einem protestantischen Gottesdienst, was auf sein jugendliches Alter und seine Neugier zurückzuführen sei. Deshalb solle das Urteil revidiert und zumindest abgeschwächt werden; insbesondere was die öffentliche Verurteilung bei einem Autodafé und das Bußgeld betreffe.[86] Auch der *fiscal* ging gegen das Urteil in Berufung und forderte die Todesstrafe.[87]

Es kam daraufhin zu einem zweiten, kurzen Prozess. Das Urteil wurde auf den 11. November 1659 angesetzt, allerdings konnten sich die Inquisitoren nicht einigen. Die härteste Strafe forderte Pedro de Medina Rico, der als *visitador* am Prozess teilnahm. Medina war bereits in Cartagena de Indias an Inquisitionsprozessen gegen ausländische Protestanten beteiligt gewesen. Er zweifelte daran, dass Enquer überhaupt getauft sei, und bezeichnete ihn als „*hereje nacional*, der in seinen häretischen Irrtümern verhaften bleibt". Er sei deshalb der weltlichen Obrigkeit zur Hinrichtung zu übergeben. Zwei der Inquisitoren plädierten für eine *abjuración de vehementi*, ein weiterer wollte zunächst prüfen lassen, ob

---

84 *Proceso de fe* von Matías Enquer (1651–1663). *Voto en definitiva*, 25.10.1659. AHN, Inq., leg. 1729, exp. 3/4, fol. 1r–171r, hier fol. 146v–147r.

85 Die schlechte seelische Verfassung des Deutschen äußert sich in einem Schreiben, das er den Inquisitoren überreichte. Darin erzählt er von Geistern und Visionen. Manuskript von Matías Enquer, eingereicht am 28.10.1659. AHN, Inq., leg. 1729, exp. 3/4, fol. 1r–171r, hier fol. 148r–156v.

86 *Proceso de fe* von Matías Enquer (1651–1663). *Apelo*, 25.10.1659. AHN, Inq., leg. 1729, exp. 3/4, fol. 1r–171r, hier fol. 147v.

87 *Proceso de fe* von Matías Enquer (1651–1663). *Petición* des *fiscal* vom 29.10.1659. AHN, Inq., leg. 1729, exp. 3/4, fol. 1r–171r, hier fol. 157r–157v.

Enquer tatsächlich getauft war.[88] Aufgrund der Meinungsverschiedenheiten kontaktierte das neuspanische Tribunal Anfang April 1661 die *Suprema* in Madrid. Obwohl die entsprechende *carta* dort bereits im Oktober des gleichen Jahres ankam, erhielten die Inquisitoren Neuspaniens keine Antwort, so dass sie im August und Oktober 1662 erneut um Anweisungen baten.[89] Im September 1663 fällte der Inquisitionsrat endlich das definitive Urteil: Enquer sollte verwarnt, im Katholizismus unterrichtet und anschließend freigelassen werden.[90] Als der Brief Ende Juni 1664 Mexiko-Stadt erreichte, bestätigten die Inquisitoren umgehend den Erhalt und beteuerten, den Anordnungen nachkommen zu wollen.[91]

Die Zweifel der neuspanischen Inquisitoren an den Ausführungen Enquers waren berechtigt. Der Historiker Thomas Weller konnte nachweisen, dass es sich bei dem Deutschen um einen Mann namens Matthias Henckell handelte, der 1624 als Sohn eines Messerschmieds aus Solingen geboren wurde. Enquers (also Henckells) Vater kam nach Hamburg, wo er im Spanienhandel aktiv wurde und gleichzeitig als Diakon der reformierten Gemeinde vorstand. Enquer war somit ein *hereje nacional*, wie der *visitador* Pedro de Medina Rico vermutet hatte. Dies bedeutet allerdings nicht, dass Enquer seine Aussagen frei erfunden hätte. Sein Lebenslauf erscheint über weite Strecken glaubhaft, nur eben unter umgekehrten konfessionellen Vorzeichen.[92] Bei Enquer handelte es sich somit um einen typischen Fall von Transkonfessionalität.[93] Er zeigt exemplarisch, mit welchen Strategien sich ein ausländischer Protestant in die iberische beziehungsweise

---

88 *Proceso de fe* von Matías Enquer (1651–1663). *Votos* vom 11.11.1659. AHN, Inq., leg. 1729, exp. 3/4, fol. 1r–171r, hier fol. 163v–164v.
89 Mexiko-Stadt an *Suprema*, 07.04.1661; 03.08./11.10.1662. AHN, Inq., leg. 1729, exp. 3, s. fol.
90 *Proceso de fe* von Matías Enquer (1651–1663). *Auto* der *Suprema* vom 19.09.1663. AHN, Inq., leg. 1729, exp. 3/4, fol. 1r–171r, hier fol. 171r; *Suprema* an Mexiko-Stadt, 19.09.1663. AHN, Inq., lib. 355, fol. 295v.
91 Mexiko-Stadt an *Suprema*, 04.07.1664. AHN, Inq., lib. 1059, fol. 342r.
92 Thomas Weller hat mir freundlicherweise bisher unpublizierte Ergebnisse seines Habilitationsprojekts „Kultur und Differenz in den frühneuzeitlichen Außenbeziehungen. Die spanische Monarchie und die Hansestädte (ca. 1570–1700)" zur Verfügung gestellt. Vgl. zu Matthias Henckell REISSMANN (1975), Die hamburgische Kaufmannschaft, S. 248 f. sowie KOERNER (1936), Niedersächsisches Geschlechterbuch 3, S. 239; 258.
93 Thomas Kaufmann hat Transkonfessionalität als „ein bewusstes Hinausgehen über die ‚Grenze' der jeweiligen Konfession" bezeichnet, „das unterschiedlichen Motiven entspringen kann und sich in verschiedenen Formen, der Relativierung des Trennenden, des Rückgriffs auf vorkonfessionell Gemeinsames, des Ausgriffs auf überkonfessionell Verbindendes, Gemeinchristliches, äußern mag." KAUFMANN (2003), Einleitung.

neuspanische Gesellschaft zu integrieren versuchte. Es ist kein Zufall, dass Enquer ausgerechnet in den *Indias* in Schwierigkeiten geriet. Ausländer waren hier deutlich sichtbarer als beispielsweise in Andalusien. Zudem konnte Enquer in der Neuen Welt nicht auf sein europäisches Netzwerk zurückgreifen und war insgesamt verwundbarer.

Auffällig ist, dass weder die Inquisition noch Enquer die Abkommen zwischen Spanien und den Hansestädten aus dem Jahre 1647 erwähnten, die den Hamburgern Schutz vor religiöser Verfolgung zusicherten.[94] Dies lag an der Verteidigungsstrategie des Deutschen, der sich als Katholik ausgab und die inquisitorische Jurisdiktion nicht in Frage stellte. Die Haltung der neuspanischen Inquisitoren lässt sich nicht unmittelbar erschließen: Aufgrund ihrer Aussagen könnte man zum Schluss kommen, dass sie Enquer als *ungetauft* verdächtigten. In diesem Fall wäre aber eine Grundvoraussetzung des Prozesses weggefallen. Wahrscheinlicher ist, dass die Inquisitoren die *katholische* Taufe in Frage stellten. Darauf weist auch das Votum des *visitador* Medina hin, der Enquer explizit als *hereje nacional* bezeichnet hatte.

Hier kommen wir zu einem zweiten interessanten Punkt. Ein *hereje nacional*, also ein Ausländer, der aufgrund seiner Herkunft und Erziehung zum Häretiker geworden war, konnte normalerweise auf ein geringes Strafmaß hoffen, da er von der Inquisition als nur beschränkt schuldfähig angesehen wurde. Enquer hatte diesen Vorteil in den Augen Medinas verspielt, da er bewusst seine katholische Taufe vorgetäuscht hatte. Er war deshalb als starrköpfiger *hereje formal* zu betrachten, der seinen Irrtümern nicht abschwören wollte. Für die neuspanischen Inquisitoren war eine Verurteilung Enquers auch aus finanziellen Gründen interessant – im Gegensatz zu den meisten Angeklagten verfügte der Deutsche über ein beträchtliches Vermögen.

Von der für das Urteil entscheidenden Instanz, dem Inquisitionsrat, gibt es leider keine ausführliche Stellungnahme. Einen Hinweis gibt lediglich die Bemerkung, dass Enquer „nicht gut im katholischen Glauben" unterrichtet sei.[95] Ausschlaggebend dürfte allerdings die Herkunft des Deutschen gewesen sein. Offenbar hatte der Rat kein Interesse, gegen ihn vorzugehen, und orientierte sich dabei an den Verhältnissen auf der Iberischen Halbinsel, wo Hanseaten seit 1647 vor

---

94 Dazu POETTERING (2013), Handel, S. 84.
95 „[N]o estando este reo bien instruido en las cosas de nuestra Santa Fe Católica". *Suprema* an Mexiko-Stadt, 19.09.1663. AHN, Inq., lib. 355, fol. 295v.

inquisitorischer Verfolgung geschützt waren. Vielleicht spielte auch die lange Haft Enquers eine Rolle. Es ist jedenfalls erstaunlich, wie stark die Einschätzung der *Suprema* – die ja nicht einmal eine Ausweisung aus den *Indias* verfügte – sich von der des neuspanischen Tribunals unterschied.

Dass die Rechtspraktiken gegen Ausländer maßgeblich von deren Integration in die lokale Bevölkerung abhingen, zeigt das Verfahren gegen den auf den Philippinen wohnhaften Engländer Guillermo Davis. Davis wurde um den Jahreswechsel 1657/58 von seiner Frau und weiteren Zeugen als Protestant denunziert. Er hatte sich angeblich für die Priesterehe und gegen die Anbetung von Heiligenbildern ausgesprochen.[96] Davis wurde daraufhin vor den örtlichen Kommissar zitiert. Er gab zu, eine protestantische Erziehung erhalten zu haben, behauptete aber, mit 18 Jahren zum Katholizismus konvertiert zu sein.[97] Im März 1658 wurde die Verhaftung und Güterkonfiskation des Engländers angeordnet.[98] Über Manila und Acapulco kam Davis im März 1660 nach Mexiko-Stadt. Trotz seines prekären Gesundheitszustandes beraumten die Inquisitoren bereits am 16. April eine erste Sitzung an.[99]

Guillermo Davis wurde um das Jahr 1622 in London als Sohn protestantischer Eltern geboren. Bis zum 16. Lebensjahr ging er zur Schule, danach verdingte er sich als Seemann und kam unter anderem nach San Sebastián, Genua und Cádiz. Mit der *armada de barlovento* gelangte er in die *Indias*; über Veracruz ging es nach Mexiko, wo Davis um das Jahr 1644 ankam. Dort nahm ihn ein englischsprachiger Jesuit bei sich auf.[100] Er stellte Davis ein spanisches Büchlein mit katholischen Gebeten zur Verfügung, die der Engländer aufgrund mangelnder Sprachkenntnis jedoch nicht erlernen konnte. Davis kam anschließend über Acapulco nach Manila, wo er als Seemann verschiedene Reisen auf asiati-

---

96 *Relación de causa* von Guillermo Davis (1658–1665). Zeugenaussagen, 1657/58. AHN, Inq., lib. 1067, fol. 309r–313r, hier fol. 309r–309v.
97 *Relación de causa* von Guillermo Davis (1658–1665). Aussage von Guillermo Davis, o.D. AHN, Inq., lib. 1067, fol. 309r–313r, hier fol. 309v.
98 *Relación de causa* von Guillermo Davis (1658–1665). *Mandamiento de prisión*, 09.03.1658. AHN, Inq., lib. 1067, fol. 309r–313r, hier fol. 309v.
99 *Relación de causa* von Guillermo Davis (1658–1665). 1. *audiencia* vom 16.04.1660. AHN, Inq., lib. 1067, fol. 309r–313r.
100 Es handelte sich bei dem Jesuiten wohl ebenfalls um einen Ausländer. Zwar war ausländischen Klerikern der Aufenthalt in den *Indias* grundsätzlich untersagt. Die Krone ließ aber für die Angehörigen der *Societas Jesu* bestimmte Ausnahmen zu. NUNN (1979), Foreign Immigrants, S. 42–46; REY FAJARDO (2007), Los jesuitas, S. 394–402.

sche Inseln machte. Auf den Philippinen verheiratete er sich mit einer afrikanischstämmigen Frau *(negra libre)*.[101]

Davis kannte das Vaterunser, das Credo und das Ave Maria. Das Salve Regina konnte er hingegen nur mit Mühe rezitieren, und er war nicht fähig, die Sakramente und die Gebote der katholischen Kirche zu nennen. Der Engländer führte dies auf seine ungenügenden Spanischkenntnisse zurück.[102] Er gab vor dem neuspanischen Tribunal zwar zu, sich in Bezug auf den Bilderkult ungeschickt geäußert zu haben, wies aber darauf hin, dass er mindestens vier Engländer von einer Konversion zum Katholizismus habe überzeugen können.[103] Am 28. April 1660 kamen die Inquisitoren zu einem Zwischenfazit: Guillermo Davis sei ein *hereje nacional* und deshalb dürfe man gegen ihn nicht streng nach dem Gesetz vorgehen.[104] Der Engländer wurde daraufhin aus dem Gefängnis entlassen und in einen Konvent eingewiesen, wo er über zwei Jahre lang unterrichtet wurde. Im Juli 1662 forderte der *fiscal*, Davis zum zweiten Mal in eine inquisitorische Zelle zu bringen, um den Prozess weiterzuführen.[105] Im Januar 1663 wurde der Engländer gefangen genommen und drei Monate später wiederum befragt. Davis wies die Anklage zurück und forderte seine Freilassung. Er konnte drei Zeugen präsentieren, die zu seinen Gunsten aussagten.[106] Im November 1663 sollte ein Urteil gesprochen werden, das jedoch nochmals verschoben wurde, um weitere Beweise zu sammeln und den Status von Davis als *hereje nacional* angemessen zu würdigen.[107] Erst im Juni 1664 wurde der Prozess wieder aufgenommen, die Verhöre dauerten bis zum November. Der verzweifelte Davis machte einige Zugeständnisse, bat um Gnade und bekräftigte, als Katho-

---

101 *Relación de causa* von Guillermo Davis (1658–1665). 1. *audiencia* vom 16.04.1660. AHN, Inq., lib. 1067, fol. 309r–313r, hier fol. 310r–311r.

102 *Relación de causa* von Guillermo Davis (1658–1665). 1. *audiencia* vom 16.04.1660. AHN, Inq., lib. 1067, fol. 309r–313r, hier fol. 310r–311r, Zitat 310v.

103 *Relación de causa* von Guillermo Davis (1658–1665). 3. *audiencia* vom 23.04.1660. AHN, Inq., lib. 1067, fol. 309r–313r, hier fol. 311r.

104 „Que dicho Guillermo Davis era hereje nacional por cuya causa no debía procederse contra el con todo rigor de derecho". *Relación de causa* von Guillermo Davis (1658–1665). *Auto* vom 28.04.1660. AHN, Inq., lib. 1067, fol. 309r–313r, hier fol. 311r.

105 *Relación de causa* von Guillermo Davis (1658–1665). *Escrito del Fiscal*, 06.07.1662. AHN, Inq., lib. 1067, fol. 309r–313r, hier fol. 311r.

106 *Relación de causa* von Guillermo Davis (1658–1665). AHN, Inq., lib. 1067, fol. 309r–313r, hier fol. 311r–312r.

107 *Relación de causa* von Guillermo Davis (1658–1665). *Voto en consulta*, 20.11.1663. AHN, Inq., lib. 1067, fol. 309r–313r, hier fol. 312r.

lik leben und sterben zu wollen.[108] Ende Dezember fällte die Inquisition das Urteil: Davis sollte nochmals für zwei Wochen in den Katholizismus instruiert werden und dann seinen Verfehlungen abschwören *(abjuración)* und die Absolution *en forma* erhalten.[109] Im Januar 1665 kam der Engländer endlich frei, wenn auch unter der Auflage, die Kosten des Verfahrens zu tragen.[110]

Die Dauer des Verfahrens gegen Davis war wie im Fall von Matías Enquer beträchtlich. Dies hing mit der Distanz zwischen den Philippinen und dem neuspanischen Festland zusammen, aber nicht nur. Vielmehr erscheint die Verzögerung des Prozesses als eine gezielte Strategie, um den Engländer zur Kooperation zu zwingen. Es ist auch denkbar, dass der Gefängnisaufenthalt bereits einen Teil der Sühne vorwegnehmen sollte, worauf auch das milde Urteil hinweist. Letztlich waren bei Enquer und Davis zwei Faktoren ausschlaggebend: Erstens die Tatsache, dass sie gut in die neuspanische Gesellschaft integriert waren und über Kenntnisse in der katholischen Doktrin verfügten. Dies erklärt, weshalb hier kein abgekürztes Verfahren zur Anwendung kam. Der zweite Faktor war die Herkunft der beiden Angeklagten. Sie erleichterte einerseits die Denunziation, wirkte sich letztlich aber auch mildernd auf das Strafmaß aus.

Ausländische Protestanten konnten jedoch nicht in jedem Fall auf eine zuvorkommende Behandlung hoffen. Entscheidend war das Herkunftsland. So unterschied sich das Verfahren gegen den Franzosen Juan Baptista Moguer äußerlich nicht wesentlich von den Prozessen gegen Enquer und Davis. Trotzdem ging die Inquisition hier besonders streng vor.

Juan Baptista Moguer wurde 1648 in der Nähe von Chartres geboren.[111] Er lebte zunächst eine Zeit in Mailand und diente dann als Soldat in Spanien. Anschließend kam er nach Peru, wo er ein Jahr lang als Koch arbeitete. Danach wollte er nach Spanien zurückkehren, kam aber – wohl aufgrund mangelnder finanzieller Mittel – nur bis nach Havanna. Von dort gelangte Moguer auf das

---

108 *Relación de causa* von Guillermo Davis (1658–1665). *Audiencias* vom 17.06.1664; 30.06.1664; 25.08.1664; 13.09.1664; 03.10.1664; 06.11.1664. AHN, Inq., lib. 1067, fol. 312r–313r.
109 *Relación de causa* von Guillermo Davis (1658–1665). *Votos en consulta*, 23.12.1664. AHN, Inq., lib. 1067, fol. 313r.
110 *Relación de causa* von Guillermo Davis (1658–1665). *Audiencia de calificadores*, 15.01.1665. AHN, Inq., lib. 1067, fol. 313r.
111 Moguer hatte zunächst als Geburtsort Castillo de Ario (Provinz Languedoc) angegeben, korrigierte diese Aussage jedoch später. *Audiencia voluntaria*, 10.01.1680. AGN, Inq., vol. 635, exp. 5, fol. 269r.

neuspanische Festland. Er hatte vor, über Acapulco zurück nach Peru zu reisen, wurde jedoch krank und gelangte in den knapp 300 Kilometer südlich von Mexiko-Stadt gelegenen Ort Santiago Juxtlahuaca. Dort wurde er 1677 vom *alcalde mayor* gefangen genommen, der den Franzosen als Häretiker verdächtigte. 1678 wurde Moguer vor das inquisitorische Tribunal in Mexiko-Stadt gestellt. Er betonte, katholisch zu sein, gab aber zu, sich aufgrund einer Provokation in der Öffentlichkeit als Protestant bezeichnet zu haben.[112]

Der *fiscal* des *Santo Oficio* klagte Moguer als protestantischen Häretiker an.[113] Moguer beharrte weiterhin darauf, Katholik zu sein. Erst nach zweimaliger Folter gestand er seine protestantische Taufe. Die Inquisitoren verwiesen in ihrer Urteilsbegründung zwar auf den ausländischen Status Moguers, gewährten ihm aber nicht die Vorrechte eines *hereje nacional*. Vielmehr betonten sie, mit Verweis auf entsprechende *reales cédulas*, den illegalen Aufenthalt des Franzosen in den *Indias*. Moguer wurde zu einem Autodafé im *sambenito*, Güterkonfiskation, 200 Peitschenhieben und der öffentlichen Abschwörung seiner Häresie verurteilt. Zudem erhielt er eine zweijährige Gefängnisstrafe, während derer er in der katholischen Doktrin unterrichtet werden sollte. Danach sollte Moguer nach Spanien gebracht werden, um dort acht Jahre lang Galeerendienst zu leisten und anschließend eine lebenslange Gefängnisstrafe zu verbüßen.[114] Nach zwei Jahren gelang dem Franzosen die Flucht.[115]

In den oben diskutierten Fällen spielten internationale Abkommen zumindest vordergründig keine Rolle. Bei einer Gruppe ausländischer Gefangener, die im November 1655 nach Mexiko-Stadt gelangten, kam die Frage völkerrechtlicher Verpflichtungen hingegen zur Debatte. Bei den Gefangenen handelte sich um Franzosen, Niederländer und einen Deutschen, die die mexikanische Golfküste ausgekundschaftet hatten und dabei in ein Gefecht mit den Spaniern verwickelt

---

112 *Proceso de fe* von Juan Baptista Moguer (1677–1680), 1. *audiencia*, 06.07.1678. AGN, Inq., vol. 635, exp. 5, fol. 247r–251v.
113 *Proceso de fe* von Juan Baptista Moguer (1677–1680), *acusación* (1678). AGN, Inq., vol. 635, exp. 5, fol. 256r–259r.
114 *Proceso de fe* von Juan Baptista Moguer (1677–1680), *sentencia con méritos*, xx.11.1680. AGN, Inq., vol. 635, exp. 5, fol. 256r–259r.
115 *Proceso de fe* von Juan Baptista Moguer (1677–1680), *Nuncio de cárceles* an Mexiko-Stadt, Juni 1682. AGN, Inq., vol. 635, exp. 5, fol. 321r. In den Jahren 1678–1684 wurde ein Prozess gegen den Franzosen Louis Ramé (Ramírez) geführt. Die Originalquellen finden sich in der Huntington Library, Kalifornien (Mexican Inquisition Papers, Vol. 36/2, HM35130). Vgl. auch RAMÉ (1736), Relation VI.

worden waren.[116] Die Ausländer wurden zunächst in ein säkulares Gefängnis gebracht, wo sie ein Kaplan betreute. Dieser schöpfte bald darauf den Verdacht, dass es sich bei einem Teil der Männer um protestantische Häretiker handeln könnte, und informierte das *Santo Oficio*.[117]

Bei den darauf folgenden Nachforschungen stellte sich heraus, dass alle Franzosen Katholiken waren, der Deutsche und die meisten Niederländer hingegen der protestantischen Konfession angehörten. Die Inquisition ließ den Fall durch Theologen – überwiegend Angehörige verschiedener Mönchsorden – prüfen. Diese waren sich einig, dass es sich bei den Protestanten um keine *herejes formales* handelte, da diese nie im Katholizismus unterwiesen worden waren. Eine Mehrheit der Experten war zudem der Ansicht, dass die Niederländer durch den 1648 geschlossenen Vertrag von Münster vor religiöser Verfolgung geschützt waren und nicht zur Konversion gezwungen werden durften.[118] Eine Minderheit, angeführt vom Franziskaner Rodrigo de Medinilla, hielt dagegen. Medinilla argumentierte, dass die völkerrechtlichen Abkommen zwei Ziele verfolgten: erstens den Frieden zwischen den Vertragspartnern zu erhalten und zweitens den Handel zu ermöglichen. Dies gelte allerdings nicht für die *Indias*. Hier hätten die Inquisitoren nicht nur das Recht, sondern geradezu die Pflicht, die Häretiker im Glauben unterweisen zu lassen und nötigenfalls unter Zwang zu konvertieren.[119] Der Franziskaner betonte in seinem Votum den besonderen Rechtscharakter der *Indias*. Aus seiner Sicht waren hier Voraussetzungen weder für den Frieden noch für den Handel mit anderen Nationen gegeben. Zwar konnte sich Medinilla mit

---

116 Bei dem Deutschen handelte es sich um den aus Greifswald stammenden Jogenorus [?] Ledine. Auf seinen Fall wurde von den Inquisitoren nicht separat eingegangen. AGN, Inq., vol. 667, fol. 168r. Die protestantischen Bürger der deutschen Hansestädte waren in Spanien ab 1647 besser vor einer religiösen Verfolgung geschützt. Vgl. POETTERING (2013), Handel, S. 84.

117 Francisco Corechero Carreño an Mexiko-Stadt, 16.11.1655. AGN, Inq., vol. 667, fol. 163r–164r. Vgl. auch MARLEY (1992), Pirates and Engineers, S. 43–48.

118 Darunter befand sich auch der *visitador* Pedro de Medina Rico, der gerade aus Cartagena de Indias angekommen war. Dort war er im Zuge des Prozesses gegen den Niederländer Juan Federico von der *Suprema* angewiesen worden, die *cartas acordadas* zu den Friedensverträgen auch auf die *Indias* anzuwenden. Dies mag ihn in seinem Votum bestärkt haben. Vgl. *Suprema* an Cartagena de Indias, 30.10.1653. AHN, Inq., lib. 355, fol. 59v–60r sowie Kap. 6.1.

119 *Votos* von Rodrigo de Medinilla u.a., 23.11.1655. AGN, Inq., vol. 667, fol. 170v–171v. Eine interessante Haltung vertrat der Jesuit Lucas de Salazar. Er argumentierte, dass die Gefangenen nicht willentlich, sondern durch einen Zufall *(por caso de fortuna)* auf spanisch-amerikanisches Gebiet gelangt seien. Deshalb dürften sie nicht zur Konversion gezwungen werden. *Voto* von Lucas de Salazar, 23.11.1655. AGN, Inq., vol. 667, fol. 170v–171v, hier fol. 171v.

dieser Haltung nicht durchsetzen. Trotzdem ist es bemerkenswert, wie hier erneut ein Akteur entgegen den Anordnungen der *Suprema* eine eigenständige Interpretation des Völkerrechts vornahm, um ein inquisitorisches Verfahren zu ermöglichen.

Die Frage nach der Anwendung religiöser Schutzklauseln war damit nicht vom Tisch. 1680 wurden die Inquisitoren nämlich erneut über die Präsenz ausländischer Kriegsgefangener in Mexiko-Stadt informiert. Dabei handelte es sich um Personen, die in der im Golf von Mexiko gelegenen *Laguna de Términos* von den Spaniern gefangen genommen und dann vom Vizekönig zur Zwangsarbeit eingesetzt worden waren. Die Inquisitoren ließen sich für das weitere Vorgehen die Akten zu den Beratungen aus dem Jahre 1655 bringen.[120] Die darauf folgenden Diskussionen zeigen, dass sich in der Zwischenzeit die Dinge geändert hatten. Während 1655 eine Mehrheit der Experten der Meinung war, dass die religiösen Bestimmungen internationaler Abkommen auch in den *Indias* ihre Gültigkeit hatten, kamen die Inquisitoren 1680 zum umgekehrten Schluss. Grund dafür war das Dekret der Regentin Mariana aus dem Jahre 1672, das die Verfolgung ausländischer Protestanten in Spanisch-Amerika ausdrücklich erlaubte.[121]

Dieses Dekret stellte das neuspanische Tribunal vor ein Problem. Da es sich bei den Kriegsgefangenen um eine große Zahl von Ausländern handelte, hätte eine systematische Verfolgung sowohl aus finanziellen Gründen als auch bezüglich der nötigen Sicherheitsvorkehrungen unabsehbare Folgen gehabt.[122] Die Inquisitoren baten deshalb den Vizekönig Payo Enríquez de Ribera um Hilfe.[123] Da dieser gleichzeitig als Erzbischof von Mexiko-Stadt amtierte, wäre eigentlich ein Entgegenkommen zu erwarten gewesen. Enríquez verteidigte jedoch die Zwangsarbeit ausländischer Protestanten auf neuspanischem Gebiet und spielte den Ball dem *Santo Oficio* zurück: Sollte es aus religiösen Gründen gegen die

---

120 Autos y diligencias que se van haciendo con los ingleses que se trajeron presos a esta ciudad de la costa de Tampico, cerca [?] de su reducción a nuestra Santa Fe Católica Apostólica Romana (1655). AGN, Inq., vol. 667, fol. 162r–172v.

121 „[L]eídose las consultas hechas a Su Majestad por los Consejos de la Santa General Inquisición y del de Indias del primero de diciembre del año pasado de mil y seiscientos y setenta y dos, y nueve, y veinte y cuatro de dicho mes y año y el decreto que con vista de ellas fue servido Su Majestad procurar fueron todos de parecer que este tribunal podía proceder y conocer contra dichas personas herejes". *Auto*, 16.09.1680. AGN, Inq., vol. 667, fol. 173r–173v, hier fol. 173v.

122 *Auto*, 16.09.1680. AGN, Inq., vol. 667, fol. 173r–173v, hier fol. 173v.

123 Mexiko-Stadt an Vizekönig, 16.09.1680. AGN, Inq., vol. 667, fol. 174r–174v.

Ausländer vorgehen wollen, könne es dies jederzeit tun.[124] Die Inquisitoren beschlossen daraufhin resigniert, die Sache vorerst ruhen zu lassen und auf den neuen Vizekönig zu warten, der sein Amt in Kürze antreten würde.[125]

Im Februar 1681 informierte der Kommissar der Stadt Puebla die Inquisitoren erneut über die Anwesenheit von Ausländern. Er berichtete von einer Gruppe von über 60 ausländischen Gefangenen – darunter Engländer –, die in die Stadt gekommen waren. Die säkulare Obrigkeit hatte sie als Zwangsarbeiter unter der Bevölkerung verteilt. Der Kommissar warnte davor, dass sich hierbei die protestantische Häresie verbreiten könnte.[126] Die Inquisitoren starteten daraufhin einen weiteren Versuch und baten den neuen Vizekönig Tomás Antonio de la Cerda y Aragón, die ausländischen Kriegsgefangenen mit dem nächsten Schiff nach Spanien auszuweisen.[127] Der Vizekönig erteilte dem Ansuchen wiederum eine Absage: Die Maßnahme, ausländische Gefangene in Neuspanien als Zwangsarbeiter zu beschäftigen, sei alternativlos; dem *Santo Oficio* stehe es aber offen, gegen diese Personen vorzugehen.[128] Den Inquisitoren blieb nichts anderes übrig, als die *Suprema* zu verständigen. Offenbar kam es daraufhin zu keinen weiteren Aktionen.[129]

In den 1690er-Jahren kam das Dekret der Regentin Mariana erneut zur Sprache. Am 22. Oktober 1694 denunzierte der Schiffskapitän Francisco Fernández de Morales vor dem Kommissar von Veracruz einen seiner Passagiere. Dabei handelte es sich um den zwischen 30 und 40 Jahre alten Engländer Thomas Clift. Dieser fiel unter anderem durch seine hellen Augen und seinen nordeuropäischen Kleidungsstil auf. Er war im Hafen von La Guaira in der Provinz Caracas an Bord gegangen. Zunächst hatte der Kapitän den ausländischen Passagier für einen Katholiken gehalten, da er an den Schiffsmessen teilnahm. Später schöpfte er Verdacht und fragte Clift nach seiner Religion. Dieser behauptete zunächst, Katholik zu sein; auf Nachfrage gab er jedoch seinen protestantischen Glauben zu.[130]

---

124 Vizekönig an Mexiko-Stadt, 18.09.1680. AGN, Inq., vol. 667, fol. 175r–176r.
125 *Auto*, 24.09.1680. AGN, Inq., vol. 667, fol. 176r.
126 Puebla an Mexiko-Stadt, 17.20.1681. AGN, Inq., vol. 667, fol. 177r–177v.
127 Mexiko-Stadt an Vizekönig. AGN, Inq., vol. 667, fol. 182r–186r.
128 Vizekönig an Mexiko-Stadt, 27.03.1681. AGN, Inq., vol. 667, fol. 186v–189r.
129 Notiz mit Verweis auf eine *carta* an die *Suprema* (02.06.1681). AGN, Inq., vol. 667, fol. 189r.
130 *Proceso de fe* von Thomas Clift (1694–1697). Zeugenaussage von Francisco Fernández de Morales, 22.08.1694. AGN, Inq., vol. 694, exp. 7, fol. 497r–498v. Der Kapitän hatte Clift auf Fürsprache eines weiteren Passagiers, des *Maestro de Campo* Gaspar de Frias Vandebar, ohne Lizenz

Der Kommissar nahm den Fall zum Anlass zu einer grundsätzlichen Anfrage an das neuspanische Tribunal: Was tun mit den Untertanen der englischen Krone, die nach Veracruz kamen? Der Kommissar betonte, dass es ihm nicht um die Kriegsgefangenen ging, sondern um jene Engländer und Schotten, die als Händler in die *Indias* kamen. Solle er diese verhaften und ihre Güter konfiszieren?[131] Die Inquisitoren in Mexiko-Stadt beauftragten ihren *fiscal*, diese Frage zu prüfen. Das entsprechende Gutachten hielt fest, dass für Clift grundsätzlich das Dekret der Regentin Mariana aus dem Jahre 1672 zur Anwendung komme: Gegen Niederländer und Engländer, die in den *Indias* ein religiöses Vergehen verübten, könne uneingeschränkt vorgegangen werden. Allerdings verwies der *fiscal* auch auf die Instruktion der *Suprema* zum Frieden von 1630, die Engländern Schutz vor religiöser Verfolgung garantierte.[132] Der *fiscal* gestand Clift zu, sich gegenüber der katholischen Religion respektvoll verhalten zu haben, und plädierte dafür, den Engländer nach Spanien auszuweisen. Der inquisitorische Ankläger betonte, dass die Kontrolle ausländischer Seefahrer die Aufgabe der säkularen Autoritäten sei. Gleichzeitig hielt er fest, dass der Kommissar von Veracruz jene Ausländer im Auge behalten solle, die sich dauerhaft in der Stadt aufhielten.[133]

Die Inquisitoren in Mexiko-Stadt kamen ihrerseits zum Schluss, dass aufgrund des Dekrets von 1672 alle Ausländer, die weder Kriegsgefangene noch Schiffbrüchige *(arribados)* waren, wie Untertanen des spanischen Königs behandelt werden sollten.[134] Sie beauftragten den Kommissar, Clift zu befragen und

---

auf seinem Schiff mitgenommen. Auch Frias wurde vom Kommissar verhört. Er kannte Clift aus seiner Heimat, der Kanarischen Insel La Palma, wo Clift ungefähr acht Jahre lang als Arzt gearbeitet hatte. Der Engländer bat Frias, ihn nach Veracruz mitzunehmen. Clift hatte gegenüber Frias Andeutungen über seinen protestantischen Hintergrund gemacht und eine Konversion zum Katholizismus in Betracht gezogen. *Proceso de fe* von Thomas Clift (1694–1697). Zeugenaussage von Gaspar de Frias Vandebar, 23.08.1694. AGN, Inq., vol. 694, exp. 7, fol. 498v–500r.

131 *Proceso de fe* von Thomas Clift (1694–1697). Kommissar von Veracruz an Mexiko-Stadt, 08.11.1694. AGN, Inq., vol. 694, exp. 7, fol. 495r–496r.
132 *Carta acordada*, 28.01.1631. AHN, Inq., lib. 497, fol. 392v–398v.
133 *Proceso de fe* von Thomas Clift (1694–1697). *Fiscal* an Inquisitoren von Mexiko-Stadt, 11.12.1694. AGN, Inq., vol. 694, exp. 7, fol. 514r–515r.
134 „Y en cuanto a los protestantes sectarios que [el comisario] supone en su carta haber en aquella ciudad y puerto, no siendo arribadas o prisioneros como él dice se debe tener como si fuesen vasallos de Su Majestad Nuestro señor y delinquiendo contra nuestra Santa Fe Católica Romana siguiendo y guardando secta contraria a esta son y están [?] sujetos y reos del Santo Oficio

gegebenenfalls gefangen zu nehmen. Allerdings – und das ist bemerkenswert – sollte der Kommissar keine direkten Fragen zur Religion stellen und diesbezüglich nur ‚freiwillig' gemachte Aussagen zur Kenntnis nehmen. Für diese Anordnung beriefen sich die Inquisitoren Juan Gómez de Mier und Juan de Armesto y Ron wiederum auf die Anordnungen zum Umgang mit protestantischen Engländern aus dem Jahre 1631.[135]

Ende Dezember 1694 wurde Clift in Veracruz durch den Kommissar befragt. Er gab an, 1660 in England geboren worden zu sein. Mit 25 Jahren verließ er die britische Insel und kam nach Teneriffa, wo er als Apotheker und Arzt arbeitete. Im Juli 1694 verließ Clift die Kanaren und fuhr nach La Guaira, nahe Caracas. Dort ließ er sich angeblich registrieren und schiffte sich dann im Auftrag eines Spaniers, für den er als Arzt arbeiten sollte, nach Veracruz ein. Für diese Reise hatte er keine Lizenz.[136]

Kurz nach der Befragung wurde Clift gefangen genommen.[137] Erst ein gutes halbes Jahr später befassten sich die Inquisitoren in Mexiko-Stadt wieder mit dem Fall. Der *fiscal* argumentierte, dass es grundsätzlich zwei mögliche Vergehen gebe: Das erste betreffe den illegalen Aufenthalt aufgrund der fehlenden Lizenz. Dafür sei aber das *Santo Oficio* nicht zuständig. Das zweite Vergehen sei jenes des Protestantismus; da es sich aber um einen *hereje nacional* handle, sei die Inquisition auch hier nicht verpflichtet, von sich aus tätig zu werden.[138] Dem *fiscal* war der Widerspruch mit dem Dekret der Regentin Mariana bewusst. Er argumentierte zunächst mit den Rechtspraktiken in Europa: Dort würden viele

---

de lnquisición". Proceso de fe von Thomas Clift (1694–1697). Inquisitoren von Mexiko-Stadt, 11.12.1694. AGN, Inq., vol. 694, exp. 7, fol. 515v–517v, Zitat fol. 516v–517r.
135 *Proceso de fe* von Thomas Clift (1694–1697). Mexiko-Stadt an Veracruz, 16.12.1694. AGN, Inq., vol. 694, exp. 7, fol. 515v–517v. Vgl. *Carta acordada*, 28.01.1631. AHN, Inq., lib. 497, fol. 392v–398v. In Kapitel 3 ist festgehalten, dass „keiner der [englischen] Vasallen zu seiner Religion befragt werden darf" (fol. 395r).
136 *Proceso de fe* von Thomas Clift (1694–1697). *Audiencia* vom 29.12.1694. AGN, Inq., vol. 694, exp. 7, fol. 521r–523r.
137 *Proceso de fe* von Thomas Clift (1694–1697). *Auto*, 29.12.1694. AGN, Inq., vol. 694, exp. 7, fol. 523r–523v. Unter den konfiszierten Gütern befand sich auch ein Brief von Thomas an seine Eltern, der gleichzeitig testamentarischen Charakter hatte. Er ist auf den 15.07.1694 datiert; Thomas gibt darin Bescheid über seine Abreise von Teneriffa. Zunächst sollte es nach Caracas gehen und dann weiter; das Ziel kannte Thomas zu diesem Zeitpunkt offenbar selbst noch nicht. Thomas Clift an seine Eltern, 15.07.1694. AGN, Inq., vol. 694, exp. 7, fol. 509r.
138 *Proceso de fe* von Thomas Clift (1694–1697). Der *fiscal* Francisco de Deza y Ulloa [?], 19.08.1695. AGN, Inq., vol. 694, exp. 7, fol. 527r–527v.

protestantische Ausländer toleriert, solange sie nicht für einen Skandal sorgten. Aber auch in Neuspanien sei dies der Fall: So habe der ehemalige Vizekönig verschiedene Ausländer in die *Indias* geholt; einige von ihnen wohnten immer noch dort und würden nicht belangt werden. Was nun das Dekret anginge, so stimme es zwar, dass dieses ein praktisch unlimitiertes Vorgehen gegen ausländische Protestanten genehmige. Allerdings sei dort ausdrücklich von *delinquierenden* – also straffällig gewordenen – Ausländern die Rede. Ausländische Protestanten dürften also nur dann verfolgt werden, wenn sie ein religiöses Delikt begangen hatten.[139] Der Inquisitor Gómez de Mier war anderer Meinung. Er sah im Dekret der Regentin Mariana die Grundlage für eine Überstellung von Clift in das inquisitorische Geheimgefängnis von Mexiko-Stadt. Sein Kollege, Juan de Armesto, war unsicher und plädierte dafür, Clift in der vor Veracruz gelegenen Festung von San Juan de Ulúa gefangen zu halten. Derweilen solle die *Suprema* über den Fall informiert werden.[140] Deren Antwort traf im Dezember 1696 in Mexiko-Stadt ein: Der Fall solle suspendiert und der Engländer aus den *Indias* verwiesen werden.[141] Am 12. Januar 1697 entließen die Inquisitoren Clift aus dem Gefängnis, mit der Auflage, innerhalb eines halben Jahres Spanisch-Amerika zu verlassen.[142]

Eng mit dem Schicksal Clifts war der Fall eines weiteren sich in Veracruz aufhaltenden Protestanten verbunden. Auch dieser Mann fiel durch sein Äußeres auf: Er war nordeuropäisch gekleidet, groß und stämmig, mit langem Haar und blauen Augen. Der inquisitorische Kommissar schöpfte Verdacht. Er ließ um die Jahreswende 1694/95 verschiedene Zeugen befragen, die gemeinsam mit dem Ausländer von Caracas nach Veracruz gereist waren. Wie sich herausstellte, handelte es sich bei dem Verdächtigen um einen Niederländer namens Esteban Gonzáles. Er war den Zeugen während der Überfahrt durch sein Verhalten aufgefallen. Gonzáles hatte sich von den katholischen Feierlichkeiten fernzuhalten

---

139 *Proceso de fe* von Thomas Clift (1694–1697). Der *fiscal* Francisco de Deza y Ulloa [?], 19.08.1695. AGN, Inq., vol. 694, exp. 7, fol. 527r–527v.
140 *Proceso de fe* von Thomas Clift (1694–1697). *Voto de prisión* [sic!], 23.08.1695. AGN, Inq., vol. 694, exp. 7, fol. 528r–528v.
141 „[Q]ue esta causa se suspenda y se le notifique al dicho Thomas Clift salga de aquellos dominios dentro del termino que los Inquisidores le señalaren". *Suprema* an Mexiko-Stadt, 23.05.1696. AGN, Inq., vol. 694, exp. 7, fol. 546r.
142 *Proceso de fe* von Esteban Gonzáles (1694–1696). *Autos* vom 12.01.1697 (Veracruz). AGN, Inq., vol. 694, exp. 7, fol. 551r–551v. Vgl. auch *Proceso de fe* von Esteban Gonzáles (1694–1696). *Auto*, 20.12.1696. AGN, Inq., vol. 694, exp. 7, fol. 546v.

versucht. Er hielt sich nicht an das Fastengebot, las Bücher und unterhielt sich ausschließlich mit einem weiteren ausländischen Passagier (Clift?). Während der Messen hatte es Gonzáles unterlassen, seinen Hut zu lüften. Einmal soll er sich mit einem Kaplan unterhalten und dabei gesagt haben, dass jeder in seinem eigenen Glauben errettet werden könne. Ansonsten verhielt er sich äußerst zurückhaltend. Die Zeugen waren sich einig, dass es sich bei dem Niederländer um einen Häretiker handelte.[143] Der Kommissar beschloss, González zu verhören und präventiv in Haft zu nehmen. Wie bei Clift achtete er auch beim Niederländer darauf, keine direkten Fragen zur Religion zu stellen.[144]

Esteban Samuel alias Esteban González (den spanischen Nachnamen hatte sich der Niederländer auf Anraten eines Kapitäns zugelegt) gab an, um das Jahr 1658 im niederländischen Delft geboren worden zu sein. Er war im Jahre 1687 ohne Lizenz von Cádiz in die *Indias* aufgebrochen. Seinen Platz auf dem Schiff hatte er in der Funktion eines Marineunteroffiziers *(condestable)* erhalten. Bevor er nach Veracruz gekommen war, hatte er als Seemann weite Teile der Karibik bereist.[145]

Der Kommissar von Veracruz leitete den Fall an das Tribunal in Mexiko-Stadt weiter. Dort verglich ihn der *fiscal* am 19. August 1695 mit demjenigen von Thomas Clift. Allerdings gebe es einen gewichtigen Unterschied: Esteban habe während der Messe seinen Hut nicht abgenommen und deshalb für einen Skandal gesorgt. Damit habe der Niederländer „explizit gegen die [religiösen] Vereinbarungen des Friedens von 1631 [sic] verstoßen".[146] Allerdings gestand der *fiscal* González zu, mehr aus Unwissenheit als aus Böswilligkeit gehandelt zu haben.[147]

---

143 Vgl. die folgenden Zeugenaussagen (alle in *Proceso de fe* von Esteban Gonzáles [1694–1696]). AHN, Inq., leg. 1733, exp. 1/2, fol. 1r–27r). Zeugenaussage von Sebastian de Games, 31.12.1694, fol. 2v–5v; Zeugenaussage von Juan de Juanes, 02.01.1695, fol. 5v–8r; Zeugenaussage von Juan Rico de Moya, 02.01.1695, fol. 8v–10r; Zeugenaussage von Juan Vitorio, 02.01.1695, fol. 10v–11v.

144 *Proceso de fe* von Esteban Gonzáles (1694–1696). *Auto de prisión/diligencia de prisión*, 03.01.1695. AHN, Inq., leg. 1733, exp. 1/2, fol. 1r–27r, hier fol. 11v–12r.

145 *Proceso de fe* von Esteban Gonzáles (1694–1696). Aussage von dems., 03.01.1695. AHN, Inq., leg. 1733, exp. 1/2, fol. 1r–27r, hier fol. 12r–14v.

146 „Con el contravenía expresamente a lo pactado en el capítulo de paces del año de 1631". *Proceso de fe* von Esteban Gonzáles (1694–1696). *Petición* des *fiscal* der Inquisition in Mexiko-Stadt, 19.08.1695. AHN, Inq., leg. 1733, exp. 1/2, fol. 1r–27r, hier fol. 15v.

147 *Proceso de fe* von Esteban Gonzáles (1694–1696). *Petición* des *fiscal* der Inquisition in Mexiko-Stadt, 19.08.1695. AHN, Inq., leg. 1733, exp. 1/2, fol. 1r–27r, hier fol. 15v–16r. Der *fiscal* forderte die Überstellung von González in das Gefängnis der Festung von San Juan de Ulúa (fol. 16r).

Die neuspanischen Inquisitoren beschlossen, ein Verfahren gegen González zu eröffnen. Sie beriefen sich dabei wiederum auf das Dekret der Regentin Mariana.[148] Die Inquisitoren überlegten, ob sie dem Niederländer den Status eines Schiffbrüchigen *(arribado)* zugestehen sollten, um ihm so einen besonderen Schutz zu gewähren. Gleichzeitig sprachen sie ihm das Recht ab, sich als protestantischer Händler in Spanisch-Amerika aufzuhalten; denn in den *Indias* gelte es, den katholische Glauben „rein und sauber" zu halten und den „Handel und die Kommunikation" des religiösen Feindes mit der Bevölkerung zu unterbinden.[149] Schließlich konsultierten die Inquisitoren im Dezember 1695 die *Suprema,* um Anordnungen zum weiteren Vorgehen zu erhalten.[150]

González blieb derweilen weiterhin in Gefangenschaft. Zwischen März und Oktober 1696 verfasste er aus Veracruz drei Bittschriften an das Tribunal in Mexiko-Stadt. Diese (unbeantworteten) Dokumente zeigen, dass sich der Niederländer darüber bewusst war, wie stark die Frage seiner ausländischen Herkunft das inquisitorische Verfahren beeinflussen konnte. In der ersten Petition bat González darum, einen Franziskaner über seine Haft zu informieren; diesen kenne er von zwei vorhergehenden Reisen. Der Mönch wisse sehr genau über seine niederländische Herkunft Bescheid, womit bewiesen werden könne, dass er nicht als Untertan Spaniens geboren worden sei.[151] In der zweiten Bittschrift hingegen behauptete González, dass er nur deshalb im Gefängnis gelandet sei, weil er aus den Niederlanden stamme.[152] In der dritten und der vierten Petition

---

148 „[E]l decreto de Su Majestad proveído a las consultas del excelentísimo Señor Inquisidor General, y Consejo de la Santa General Inquisición de primero y veinte y cuatro de diciembre del año pasado de setenta y dos, y la del Consejo de Indias de nueve de dicho mes y año". *Proceso de fe* von Esteban Gonzáles (1694–1696). *Voto de prisión,* 19.08.1695. AHN, Inq., leg. 1733, exp. 1/2, fol. 1r–27r, hier fol. 16v–17r, Zitat fol. 16v.

149 *Proceso de fe* von Esteban Gonzáles (1694–1696). *Auto* der Inquisition von Mexiko-Stadt, 07.11.1695. AGN, Inq., vol. 692, fol. 389r–391r, Zitat fol. 390v.

150 *Proceso de fe* von Esteban Gonzáles (1694–1696). *Carta* vom 13.12.1695. AHN, Inq., leg. 1733, exp. 1/1, s. fol.

151 „[A]sí suplico a Vuestra Señoría por amor de Dios y la caridad me haga favor de mirar mi causa y de mandar un criado de Vuestra Señoría de informarle de mi persona al reverendo padre Fray Miguel de Yzasso definidor del convento de nuestro Padre San Francisco, porque los dos postreros viajes de aviso me ha hecho con el dicho padre: y otros señores de aquí bien sabe[n] que yo soy holandés y no nacido debajo de la corona de España." *Proceso de fe* von Esteban Gonzáles (1694–1696). *Petición,* 24.03.1696. AGN, Inq., vol. 692, fol. 393r–394r, Zitat fol. 393v.

152 *Proceso de fe* von Esteban Gonzáles (1694–1696). *Petición,* Mai 1696. AGN, Inq., vol. 692, fol. 395r–395v.

kam González auf seine Reisen als *condestable* und Steuermann nach Spanisch-Amerika zu sprechen. Diese hätten im Auftrag der *Casa de Contratación* und somit im Dienst des spanischen Königs stattgefunden. Der Niederländer beklagte sich darüber, dass andere Ausländer von Spanisch-Amerika in ihre Länder zurückverschifft würden. Er und sein *compañero* (gemeint war wohl Clift) würden hingegen ohne Anklage in Haft gelassen.[153]

Mittlerweile hatte sich die *Suprema* mit dem Fall befasst und angeordnet, den Prozess gegen Esteban González zu suspendieren, den Niederländer zu verwarnen und dann aus den *Indias* zu verweisen. Diese Nachricht erreichte Mexiko-Stadt gegen Ende des Jahres 1696. Um den Jahreswechsel wurde González aus seiner Haft entlassen.[154]

Während es auf der Iberischen Halbinsel in der zweiten Hälfte des 17. Jahrhunderts zu zahlreichen Selbstdenunziationen ausländischer Protestanten kam, sind solche Fälle für das neuspanische Tribunal nur spärlich überliefert. Als einer der wenigen *espontáneos* meldete sich 1687 der Schotte Eduardo Orda beim Tribunal und gab sich als Anglikaner zu erkennen.[155] Die Inquisitoren waren überzeugt, dass Orda tatsächlich konvertieren wollte und sein Geständnis der Wahrheit entsprach. Sie waren sich allerdings über das genaue Vorgehen uneinig, was darauf hinweist, dass sie bis zu diesem Zeitpunkt nicht mit Konversionen aus-

---

153 *Proceso de fe* von Esteban Gonzáles (1694–1696). *Petición,* 01.09.1696. AGN, Inq., vol. 692, fol. 396r–397r; *Proceso de fe* von Esteban Gonzáles (1694–1696). *Petición,* 01.09.1696. AGN, Inq., vol. 692, fol. 398r–399r.
154 *Proceso de fe* von Esteban Gonzáles (1694–1696). *Carta* vom 23.05.1696. AHN, Inq., leg. 1733, exp. 1/3, s. fol. Diese Anordnungen wurden vom neuspanischen Tribunal um den Jahreswechsel 1696/97 herum umgesetzt. *Proceso de fe* von Esteban Gonzáles (1694–1696). *Auto,* 20.12.1696. AGN, Inq., vol. 692, fol. 402v; *Proceso de fe* von Esteban Gonzáles (1694–1696). *Certificación,* 22.01.1697. AGN, Inq., vol. 692, fol. 403r–403v.
155 *Proceso de fe* von Eduardo Orda (Mexiko), Selbstanzeige, 21.08.1687. AGN, Inq., vol. 671, exp. 27, fol. 182r. Orda wurde um das Jahr 1650 in der Nähe von Edinburgh als Sohn protestantischer Eltern geboren. Mit 16 Jahren kam er nach London und brach zwei Jahre später nach Jamaica auf. Dort arbeitete er mehrere Jahre auf einer Zuckerrohrhacienda. Anschließend gelangte Orda in die von englischen Piraten frequentierte *Laguna de Términos* vor der Nordwestküste Yukatans. Dort nahmen ihn die Spanier 1680 gefangen und brachten ihn dann als Zwangsarbeiter nach Mexiko-Stadt, wo der Schotte in die Grundzüge der katholischen Lehre eingeführt wurde. AGN, Inq., vol. 671, exp. 27, fol. 182r. *Proceso de fe* von Eduardo Orda (Mexiko), 1. *audiencia,* 02.09.1687. AGN, Inq., vol. 671, exp. 27, fol. 183r–185r; 2. *audiencia,* 05.09.1687, fol. 185r–188r; 3. *audiencia,* 09.09.1687, fol. 188r–189r.

ländischer Protestanten konfrontiert worden waren.¹⁵⁶ Die Inquisitoren wandten sich für eine Klärung an die *Suprema*.¹⁵⁷ Die Antwort erreichte Mexiko-Stadt Anfang September 1689. Darin verfügte der Inquisitionsrat, dass die neuspanischen Inquisitoren fortan gegen alle *espontáneos* einheitlich vorgehen sollten und sich dafür an die *carta acordada* aus dem Jahr 1631 zu halten hatten.¹⁵⁸

6.3 Peru

Für die Zeit zwischen 1640 und 1665 ist kein einziges Verfahren gegen einen ausländischen Protestanten am peruanischen Tribunal überliefert. Möglicherweise spielte dabei der Frieden von Münster eine Rolle. So forderte die *Suprema* 1653 von den Inquisitoren, in den Häfen ihrer Jurisdiktion die Schiffe auf verbotene Bücher zu durchsuchen. Gerade in dieser Zeit sei höchste Vorsicht geboten, „wegen der Genehmigung des Handels und der Seefahrt der Niederländer aufgrund der Friedensverträge, die Seine Majestät mit diesen Provinzen abgeschlossen hat."¹⁵⁹ Damit rief der Inquisitionsrat zwar zu erhöhter Wachsamkeit

---

156 Juan de Mier war 1673 zum *fiscal* der Inquisition von Cartagena de Indias ernannt worden und amtierte von 1674 bis 1678 als Inquisitor am karibischen Tribunal. ÁLVAREZ ALONSO (1999), La Inquisición en Cartagena de Indias, S. 61. Tatsächlich kam es in dieser Zeit zu keinen Konversionsgesuchen von Seiten protestantischer Ausländer.

157 Der Inquisitor Juan de Mier plädierte dafür, den Schotten seinen Verfehlungen abschwören zu lassen *(abjuración)* und ihm dann die *reconciliación* mit der katholischen Kirche und die Absolution *ad cautelam* zu gewähren. Mier war der Meinung, dass Ordas protestantische Taufe gültig war, ihm solle jedoch nachträglich die heilige Ölung gespendet werden. Schließlich solle der Schotte von einem Jesuiten weiter im Glauben unterrichtet werden. Der Inquisitor Juan de Armesto hatte lediglich etwas gegen den Zeitpunkt der *reconciliación* einzuwenden. Seiner Meinung nach musste Orda *vor* einem solchen Akt eine umfassende Beichte ablegen. *Proceso de fe* von Eduardo Orda (Mexiko), AGN, Inq., vol. 671, exp. 27: *Voto* von Juan de Mier, 12.09.1687, fol. 189v–190r; *Voto* von Juan de Armesto, 12.09.1687, fol. 190r–191v; *Abjuración* von Eduardo Orda, 12.09.1687 [?], fol. 190r–191v. Die Inquisitoren warteten die Antwort der *Suprema* nicht ab und ließen Orda unverzüglich zur *reconciliación* zu.

158 Der Inquisitionsrat stützte im Übrigen das Votum des Inquisitors Armesto und wies darauf hin, dass bei Orda keine *abjuración formal* hätte veranlasst werden müssen, da es sich bei ihm nicht um einen rückfälligen Häretiker handle. Mexiko-Stadt an *Suprema*, 28.01.1689. AGN, Inq., vol. 671, exp. 27, fol. 193r. Vgl. auch Mexiko-Stadt an *Suprema*, 14.05.1688, AHN, Inq., lib. 1063, fol. 393r. *Suprema* an Mexiko-Stadt, 14.12.1689. AHN, Inq., lib. 1063, fol. 488r. Vgl. auch *carta acordada*, 28.01.1631. AHN, Inq., lib. 497, fol. 392v–398v.

159 „[Q]ue por ningún caso permitan que entren libros prohibidos, o de mala doctrina, de manera que cesen los inconvenientes que pueden resultar de ello, y en particular en este tiempo en que obliga a mayor desvelo la permisión del trato y navegación de los Holandeses por las paces

auf, implizierte aber gleichzeitig, dass Niederländer auch in den *Indias* durch die Friedensverträge geschützt waren.

Erst 1666 kam es wieder zu einem Prozess gegen einen ausländischen Protestanten. Er wurde gegen den aus Avignon stammenden Franzosen Juan Antonio de la Fuente geführt, der um das Jahr 1637 geboren und calvinistisch erzogen worden war. 1655 kam de la Fuente mit einem niederländischen Schiff nach Spanien. Er hielt sich kurze Zeit in Cádiz auf und kehrte dann nach Frankreich zurück. Zwei Jahre später fuhr er als Korsar in die Karibik. Die Spanier nahmen de la Fuente in der Nähe von Jamaica gefangen und brachten ihn anschließend nach Havanna. Dort legte man ihm nahe, zum Katholizismus zu konvertieren. Zwar ließ sich der Franzose von einem Jesuiten in die Grundzüge der katholischen Religion einführen, bekehrte sich jedoch vorerst nicht. Er kam nach Lima, wo er als Koch für den französischen Arzt César de Bandier arbeitete. Schließlich wurde de la Fuente vor dem Tribunal denunziert. Die Inquisitoren verurteilten ihn dazu, dem Calvinismus im *sambenito* abzuschwören, und überstellten ihn nach Sevilla.[160]

De la Fuente hatte während seiner Befragung seinen Arbeitgeber César de Bandier und dessen Sohn Luis belastet. César de Bandier alias Nicolás Legras[161] war eine schillernde Figur. Er wurde um das Jahr 1599 im Bistum Sens als Sohn reicher, katholischer Eltern geboren.[162] De Bandier genoss eine umfangreiche humanistische Bildung und studierte Medizin, Theologie, Kunst und Rechtswissenschaften. Der Franzose gab vor dem peruanischen Tribunal an, weite Teile der Welt bereist und unter anderem am russischen, äthiopischen und persischen Hof gedient zu haben. Er ließ sich zum Priester ordinieren und brachte es angeblich bis zum Kaplan des Herzogs von Orléans.[163] Verbürgt ist, dass César

---

que Su Majestad tiene con aquellas provincias." *Suprema* an Lima, 16.10.1653. AHN, Inq., lib. 355, fol. 50v–51r, Zitat fol. 51r.

160 *Relación de causa* von Juan Antonio de la Fuente (1665–1666). AHN, Inq., lib. 1031, fol. 514r–517r. Ein weiterer Zeuge im Fall de Bandier war der aus Tolosa stammende Pedro del Hom. Dieser hatte sich 1666 als Calvinist denunziert, vollzog eine *abjuración formal* und erhielt die *reconciliación en secreto* in der *sala de la audiencia*. *Relación de causa* von César de Bandier (1666–1667). Zeugenaussage von Pedro del Hom, 04.05.1666. AHN, Inq., lib. 1032, fol. 79v–106r, hier fol. 80v–83v.

161 Der Nachname Bandier stammte von seiner Großmutter mütterlicherseits. Legras hatte sich verschiedene andere Namen zugelegt.

162 *Relación de causa* von César de Bandier (1666–1667). AHN, Inq., lib. 1032, fol. 79v–106r. Vgl. auch TARDIEU (1995), L'Inquisition de Lima, S. 104–139.

163 Es erstaunt allerdings, dass de Bandier gemäß inquisitorischen Angaben zwar die wichtigsten vier katholischen Gebete auf Latein aufsagen konnte (oder wollte?), allerdings nicht die Zehn

de Bandier im Auftrag des Kardinals Richelieu in der gleichnamigen Stadt eine Akademie gründete. Der Franzose kam schließlich nach Peru, wo er als Leibarzt und Bibliothekar des Vizekönigs angestellt wurde und an der Universität Lima tätig war.[164]

De Bandier verfügte über eine erstaunliche Ideologie. Ihm schwebte die Gründung einer Naturreligion namens „Christinos" vor, in der Ärzte als Priester amtierten. Der Franzose propagierte den Vegetarismus und behauptete, dass es für ein gutes Leben genüge, nicht zu töten, nicht zu lügen und keine Mitmenschen gewaltsam zu unterwerfen. Er stellte die biblischen Wunder in Frage, war für die Glaubensfreiheit und setzte sich für die Unabhängigkeit der Indigenen in Chile ein. Der Franzose wurde als Apostat, Anhänger der aristotelischen Naturphilosophie und Beschützer von Häretikern angeklagt. Die Inquisitoren verurteilten ihn zum Verlust seiner Güter, *reconciliación, abjuración formal* und anschließender Absolution, lebenslanger Gefängnisstrafe und dem Tragen des *sambenito*. Sie ordneten zudem die Überstellung de Bandiers an die Inquisition von Sevilla an.[165] Sein Neffe Luis wurde als Anhänger der Bandier'schen Naturreligion verurteilt und ebenfalls nach Spanien ausgewiesen, kam insgesamt aber glimpflicher davon.[166]

Der Fall de Bandier sorgte in der peruanischen Öffentlichkeit für großes Aufsehen. Offenbar konnten die Inquisitoren nur mit Mühe verhindern, dass der Franzose gelyncht wurde. Das Tribunal nutzte jedenfalls die Gunst der Stunde, um mit dem Autodafé Werbung in eigener Sache zu machen.[167] Auch wenn der Protestantismus in diesem Fall nur eine untergeordnete Rolle spielte, konnte die Inquisition damit ein Zeichen gegen ausländische Häretiker setzen.

Gebote („no los mandamientos ni los artículos"). *Relación de causa* von César de Bandier (1666–1667). 1. *audiencia*, 29.05.1666. AHN, Inq., lib. 1032, Fol. 79v–106r, hier Fol. 87r.

164 TARDIEU (1995), L'Inquisition de Lima, S. 104–139.

165 *Relación de causa* von César de Bandier (1666–1667). *Voto definitivo*, 05.09.1667. AHN, Inq., lib. 1032, fol. 79v–106r, hier fol. 105r.

166 Das Verdikt lautete: Güterkonfiskation; *abjuración formal; reconciliación;* Ausweisung aus Peru; Überstellung an das Tribunal von Sevilla; zweijähriges Tragen des *sambenito*. Weitere Strafen wurden Luis Legras erlassen, „por haber sido buen confitente". *Relación de causa* von Luis Legras (1666–1667). *Voto definitivo*, 06.09.1667. AHN, Inq., lib. 1032, fol. 106r–108v, hier 108r–108v.

167 *Relación de causa* von César de Bandier (1666–1667). AHN, Inq., lib. 1032, fol. 79v–106r, hier fol. 105v–106r.

Bis zum Ende des 17. Jahrhunderts kam es zu keinen ähnlich aufsehenerregenden Prozessen mehr, obwohl die *Suprema* 1673 die peruanischen Inquisitoren auf das Dekret der Regentin Mariana aufmerksam machte und damit die Verfolgung ausländischer Protestanten ausdrücklich legitimierte.[168]

In einem Fall lässt sich der Umgang mit einem *espontáneo* dokumentieren. Im Mittelpunkt stand dabei ein Mann namens Jorge Castrioto, der um das Jahr 1651 in Irland geboren worden war.[169] Den Großteil seines Lebens verbrachte Castrioto in einem protestantischen Umfeld. Er kam als Pirat in den Pazifik, wo er auf der Insel Juan Fernández abgesetzt wurde. Castrioto ergab sich den spanischen Soldaten und gelangte nach Callao. Er erschien Ende 1690 freiwillig vor dem inquisitorischen Tribunal und behauptete, als Katholik unter Protestanten gelebt zu haben. Daraufhin erhielt er wahrscheinlich die Absolution *ad cautelam*. Zwei Jahre später wurde der Ire von 19 Zeugen belastet. Angeblich hatte Castrioto gesagt, dass verschiedene christliche Konfessionen zum Heil führen könnten, dass er nicht an die Gottesmutter Maria und an die Heiligen glaube und dass es außer der Taufe und der Ehe keine weiteren Sakramente gebe. Nachdem die *calificadores* die Aussagen Castriotos als protestantische Häresie qualifiziert hatten, ließ der zuständige Inquisitor ihn Anfang des Jahres 1694 gefangen nehmen. In der folgenden Befragung gab Castrioto zu, ein protestantischer Häretiker zu sein und bei seiner Selbstanzeige aus Scham nicht die ganze Wahrheit gesagt zu haben. Weinend bat er um eine Konversion. In der Folge ließen die Inquisitoren Castrioto in einen Konvent überführen, wo er im Katholizismus unterrichtet wurde. Ein Jahr später meldeten die *padres* die erfolgreiche Umerziehung. Das Tribunal zeigte sich milde und begründete dies mit der Tatsache, dass Castrioto von einigen Peruanern als *hereje nacional* erkannt und dann gezielt provoziert worden sei. Castrioto wurde schließlich zu einer formlosen *reconciliación* zugelassen und nach Spanien ausgewiesen.[170]

---

168 *Suprema* an Lima, 07.01.1673. AHN, Inq., lib. 1024, fol. 20v–21r. 1688 wurde ein Mann namens Pedro Juan als *hereje luterano* angeklagt, die entsprechende *relación* ist jedoch verloren gegangen. Es ist sehr wahrscheinlich, dass es sich hierbei um einen ausländischen Protestanten gehandelt hat. *Relación de causa* von Pedro Juan (1688). AHN, Inq., leg. 5345, exp. 4, s. fol.
169 Das Tribunal hielt als Herkunftsort den Namen *Ardmayh* fest, Tardieu vermutet, dass es sich dabei um Armagh handelt. Tardieu (1995), L'Inquisition de Lima, S. 65.
170 *Relación de causa* von Jorge Castrioto (1690–1695). AHN, Inq., lib. 1032, fol. 484v–487v.

6.4 Zwischenfazit

In **Cartagena de Indias** rekurrierte der inquisitorische *fiscal* zur Legitimierung eines Prozesses gegen den niederländischen Piraten Juan Federico unter anderem auf den Fall Adán Edon. Hier hatte der Inquisitionsrat mit Verweis auf den amerikanischen Rechtsraum grünes Licht für Verfahren gegen ausländische Protestanten gegeben, und zwar auch dann, wenn diese für keinen religiösen Skandal gesorgt hatten. Dreißig Jahre später erlaubte die *Suprema* zwar, gegen Federico zu prozessieren; dies aber nur deshalb, weil der Niederländer sich auf spanischem Boden mutmaßlich eines religiösen Deliktes schuldig gemacht hatte. Der Inquisitionsrat betonte, dass in allen anderen Fällen Engländer und Niederländer unter den Schutz der Friedensverträge fielen. Kurz darauf ging der Inquisitionsrat noch einen Schritt weiter und gewährte dem Niederländer Juan Grave trotz seines skandalösen Verhaltens den Status eines *hereje nacional espontáneo*. In der Folge prozessierten die karibischen Inquisitoren mehr als ein Jahrzehnt lang nicht mehr gegen protestantische Ausländer. Diese Rechtspraktik wurde Anfang der 1670er-Jahre vom Inquisitor Francisco Luis de Bruna Rico in Frage gestellt. Zunächst wandte sich Bruna mit der Aufforderung an den Inquisitionsrat, aufgrund der Friedensverträge von den Niederländern die Auslieferung eines Franzosen zu verlangen. Der Inquisitor legitimierte damit religiöse Repression mit dem Verweis auf völkerrechtliche Bestimmungen. In einem weiteren Schreiben machte Bruna der *Suprema* deutlich, dass die Situation in Cartagena de Indias durch die steigende Präsenz von Niederländern und Engländern unhaltbar geworden war. Die Geschwindigkeit, mit der die Akteure in Madrid reagierten, ist beachtlich. Die *Suprema* wandte sich unverzüglich mit der Forderung an die Regentin Mariana, den Inquisitoren in den *Indias* die uneingeschränkte Verfolgung aller Ausländer zu erlauben. Der Rat betonte, dass den religiösen Schutzklauseln der internationalen Abkommen in den *Indias* keine Geltung zukam. Die Regentin Mariana gab dem Gesuch der *Suprema* schließlich statt und fügte lediglich eine Ausnahme für Schiffbrüchige hinzu. In der Folge kam es in Cartagena de Indias zu einer verstärkten Inquisitionstätigkeit gegen ausländische Protestanten mit vergleichsweise harten Urteilen. Gleichzeitig stiegen auch die Konversionsgesuche an, was darauf hinweist, dass von Seiten des *Santo Oficio* ein entsprechender Druck auf die Ausländer ausgeübt wurde.

In der Zeit zwischen 1650 und 1680 gestand das **neuspanische Tribunal** Niederländern, Engländern und Deutschen einen gewissen Schutz zu, was einerseits auf die Friedensverträge und andererseits auf das Konzept des *hereje nacional* zurückzuführen ist. Die Fälle von Matías Enquer und Guillermo Davis zeigen, dass die Herkunft alleine nicht vor langwierigen Verfahren schützte. Die Männer hatten mehrere Jahre im neuspanischen Vizekönigreich gelebt und durch ihr Verhalten für einen öffentlichen Skandal gesorgt. In beiden Fällen kam es letztlich zu äußerst milden Urteilen. Von der inquisitorischen Zurückhaltung ausgenommen waren weiterhin die Franzosen, wie der Fall gegen Juan Baptista Moguer zeigt.

Im Zentrum der Diskussionen, die die neuspanischen Inquisitoren gegen Ende des 17. Jahrhunderts führten, stand das Dekret der Regentin Mariana aus dem Jahre 1672. Dieses sah vor, dass protestantische Ausländer in den *Indias* ohne Rücksicht auf internationale Abkommen verfolgt werden konnten. Diese Regelung mag für Cartagena de Indias angemessen gewesen sein. Für die neuspanischen Inquisitoren ließ sie sich hingegen kaum durchsetzen. Dies lag neben den mangelnden Ressourcen des Tribunals auch an der Passivität der Vizekönige, die der Gefahr des Protestantismus wenig Bedeutung beimaßen. Die Prozesse von Esteban González und Thomas Clift zeigen, dass der Inquisitionsrat nicht gewillt war, ausländische Protestanten in Spanisch-Amerika systematisch und unbeschränkt zu verfolgen. Er plädierte für ein pragmatisches Vorgehen: die Suspension der Verfahren verbunden mit der Ausweisung der Angeklagten.

Für das **peruanische Tribunal** sind nur wenige Prozesse gegen Protestanten überliefert, obwohl die ausländische Präsenz in seiner Jurisdiktion zunahm.[171] Das Phänomen kann mit den fehlenden Denunziationen aus der Bevölkerung und dem allgemeinen Rückgang der Inquisitionsaktivität erklärt werden.[172] Möglicherweise hat auch der Frieden von Münster eine Rolle gespielt. Das Dekret der Regentin Mariana scheint hingegen keine unmittelbaren Auswirkungen auf die peruanischen Inquisitionspraktiken gehabt zu haben.

In Bezug auf die *herejes nacionales espontáneos* – also diejenigen Ausländer, die sich freiwillig vor dem Tribunal denunzierten – können für Lima mangels

---

171 BRADLEY (2001), El Perú y el mundo; KLOOSTER (1998), Illicit Riches, S. 53.
172 Verfolgt wurden vornehmlich Delikte wie Bigamie und Aberglauben CASTAÑEDA DELGADO/ HERNÁNDEZ APARICIO (1998), Recapitulación general, S. 472–474.

entsprechender Quellen keine verallgemeinerbaren Aussagen gemacht werden. Der Prozess gegen Jorge Castrioto ist nur deswegen erhalten geblieben, weil der Ire einige Jahre nach seiner Selbstanzeige von dritter Seite denunziert worden war.[173] Dies weist darauf hin, dass die peruanischen Inquisitoren in der zweiten Hälfte des 17. Jahrhunderts Konvertiten in der Regel nicht in die *relaciones de causas* aufnahmen und deswegen entsprechende Referenzen im AHN fehlen.[174]

---

173 Ein weiteres Beispiel ist der Fall des *espontáneo* Pedro del Hom, der uns nur deshalb bekannt ist, weil der Mann beim Prozess gegen César de Bandier eine Zeugenaussage machte. *Relación de causa* von César de Bandier (1666–1667). Zeugenaussage von Pedro del Hom, 04.05.1666. AHN, Inq., lib. 1032, fol. 79v–106r, hier fol. 80v–83v.
174 MILLAR CARVACHO (1998), La actividad represiva, S. 313 f. Vgl. auch FAJARDO SPÍNOLA (1996), Las conversiones, S. 26.

7 Die Inquisition unter den Bourbonen (1700–1770)

Nachdem der Habsburger Karl II. im Jahre 1700 kinderlos starb, kam es zum Spanischen Erbfolgekrieg (1701–1714). Darin konnten sich Frankreich und Spanien gegen die Niederlande, England und große Teile der deutschen Reichsstände durchsetzen und den Enkel Ludwigs XIV., Philipp von Anjou, als Thronfolger einsetzen. Mit dem Dynastiewechsel von den Habsburgern zu den Bourbonen fanden Veränderungen statt, die auch die Inquisition in den *Indias* betrafen.[1] So gestand Spanien im Zuge der Friedensverhandlungen von Utrecht (1713) der englischen Südseekompanie über einen *asiento de negros* das Recht zu, Amerika mit Sklaven zu versorgen. Dies hatte zur Folge, dass das spanische Handelsmonopol aufgeweicht wurde und sich ausländische Protestanten, die im Dienst des *asiento* standen, in bestimmten Häfen der *Indias* über längere Zeit aufhalten durften. Überhaupt nahm die Präsenz von Ausländern in Spanisch-Amerika während des 18. Jahrhunderts weiter zu. Diese Entwicklung wurde außer durch die Liberalisierung des Handels durch Siedlungsprojekte von Frankreich (Louisiana) und England (Florida) begünstigt sowie durch den internationalen Schmuggel und die Anwesenheit von ausländischen Soldaten in spanischen Heeresverbänden.[2] Der Protestantismus blieb aus Sicht der Inquisition damit auch im 18. Jahrhundert eine (potentielle) Gefahr. Ausländer nutzten ihrerseits das *Santo Oficio* als Instrument für ihre gesellschaftliche Integration, wie im Folgenden gezeigt wird.

---

1 Der Inquisitionsrat geriet durch die mit Philipp V. einsetzenden absolutistischen Tendenzen zwar unter Druck, seine Autorität blieb bis zur Herrschaft Karls III. (1759–1788) aber weitgehend unangetastet. LYNCH (1989), Bourbon Spain, S. 108 f.; 287–290; KAMEN (2001), Philip V of Spain, S. 83 f. In den 1720er-Jahren kam es in Spanien gar zu einer neuen Verfolgungswelle gegen *conversos*, die über 90 Todesopfer zur Folge hatte. Eine derartige Repression hatte es auf der Iberischen Halbinsel seit dem 16. Jahrhundert nicht mehr gegeben. Ebd., S. 130.
2 NUNN (1979), Foreign Immigrants, S. 30–46.

7.1 Neuspanien

Die neuspanischen Inquisitionspraktiken des 18. Jahrhunderts waren maßgeblich von den Prozessen gegen *espontáneos* geprägt. Den Auftakt machte der Niederländer Juan de la Rosa (Jan van der Rose), der sich 1705 vor dem Tribunal denunzierte.[3] Der zuständige Inquisitor Francisco Deza y Ulloa berief sich auf den Fall des Schotten Eduardo Orda aus dem Jahre 1689. Daraus folgte, dass de la Rosa im Katholizismus zu unterrichten war, die Absolution *ad cautelam* erhalten musste und dann zur *reconciliación* zugelassen werden konnte. Der Inquisitor zweifelte allerdings an der Gültigkeit der protestantischen Taufe des Niederländers und ließ ihn erneut und *sub conditione* taufen.[4] Darüber hinaus wollte Deza sichergehen, dass die für die Untertanen der englischen Krone vorgesehenen Instruktionen aus dem Jahre 1631, die im Fall von Orda zur Anwendung gekommen waren, auch für andere *herejes nacionales* galten. Der Inquisitor konsultierte deshalb den Inquisitionsrat.[5] Dieser bestätigte, dass Selbstanzeigen von ausländischen *herejes espontáneos* alle gleichzubehandeln waren, egal aus welchem Land die betreffende Person stammte.[6]

---

3   *Proceso de fe* von Juan de la Rosa (1705), *denuncia*, 01.10.1705. AGN, Inq., vol. 546, fol. 445r–452r. De la Rosa war um das Jahr 1680 in Amsterdam geboren worden und kam bereits mit elf Jahren nach Curaçao. Von dort machte er mehrere Handelsreisen nach Spanisch-Amerika und auf die Iberische Halbinsel. Nach einer kurzen Rückkehr in die Niederlande schloss er sich Korsaren an. Er wurde von Engländern gefangen genommen und nach Jamaica gebracht. De la Rosa konnte fliehen, schloss sich der *Armada de Barlovento* an und kam im Jahr 1704 nach Veracruz. Vielleicht war er zu diesem Zeitpunkt bereits krank oder verletzt; jedenfalls hielt er sich einige Zeit in einem Spital auf. Dort wurde er in die Grundzüge der katholischen Religion eingeführt und erhielt die Eucharistie sowie das Bußsakrament. Der zuständige Kaplan hielt den Niederländer zwar für einen Ignoranten, aber nicht für einen Häretiker. Erst später gab sich de la Rosa als Protestant zu erkennen, worauf ihm nahegelegt wurde, sich bei der Inquisition zu melden. Vgl. zu diesem Prozess auch NUNN (1979), Foreign Immigrants, S. 52. Vgl. insbes. EN 14, S. 182.
4   *Proceso de fe* von Juan de la Rosa (1705), *auto*, 06.11.1705. AGN, Inq., vol. 546, fol. 458v–459v; Kaplan der Kathedrale von Mexiko-Stadt an Francisco de Deza y Ulloa, 23.11.1705. AGN, Inq., vol. 546, fol. 462v–463r. Zur Taufe *sub conditione* vgl. FAJARDO SPÍNOLA (1996), Las conversiones, S. 224 f.
5   *Proceso de fe* von Juan de la Rosa (1705), *auto*, 28.11.1705. AGN, Inq., vol. 546, fol. 458v–459v; Kaplan der Kathedrale von Mexiko-Stadt an Francisco de Deza y Ulloa, 23.11.1705. AGN, Inq., vol. 546, fol. 463v–464v. Vgl. zu diesem Fall auch NUNN (1979), Foreign Immigrants, S. 51 f.
6   Madrid an Mexiko-Stadt, 17.02.1708. AGN, Inq., vol. 546, fol. 470r–470v.

Der Prozess gegen Juan de la Rosa war der Auftakt einer Reihe weiterer Selbstdenunziationen von protestantischen Ausländern. Nunn zählt für den Zeitraum 1700–1760 fast 50 Fälle, die meisten davon betrafen die Philippinen.[7] Dies weist bereits auf die bedeutende Rolle hin, welche den inquisitorischen Kommissaren in den neuspanischen Provinzen für den Umgang mit ausländischen *espontáneos* zukam. Für sie erstellte der Inquisitor Manuel Ramírez de Avellano 1719 ein Manual.[8] Ganz am Anfang betonte Ramírez, dass die Taufe nicht eine eigentliche Angelegenheit des *Santo Oficio* sei. Dies war eine wichtige Mitteilung. Die protestantische Taufe wurde von der katholischen Kirche grundsätzlich als gültig angesehen. Es kam jedoch vor, dass ausländische Protestanten sich mehrmals taufen ließen, um sich Vorteile zu verschaffen; etwa durch ihre Paten. Die Befragung – zu der bei Bedarf ein Übersetzer zugezogen werden konnte – orientierte sich maßgeblich an den Prinzipien, die bereits Ende des 16. Jahrhunderts formuliert worden waren.[9] Sie enthielt zunächst die üblichen Fragen nach Namen, Alter, Beruf und Herkunft. Dann sollten Hinweise zur Konfession der *espontánea* gesammelt werden, insbesondere im Hinblick auf ihre Haltung zum Bilderkult, zum Papst, zu den Sakramenten und zum Fegefeuer. In einem nächsten Schritt ging es um den *discurso de la vida*, also um die Biografie der Angeklagten. Anschließend musste die mutmaßliche Häretikerin sich dazu äußern, ob sie in katholischen Gebieten ihren (falschen) Glauben öffentlich praktiziert oder gar versucht habe, ihn den Katholiken aufzudrängen, oder sonst für einen Skandal gesorgt habe. Dann ging es um die Fragen, ob und inwieweit die ausländische Protestantin bereits im katholischen Glauben unterrichtet war und weshalb sie sich zur Konversion entschieden hatte. Zudem sollte sie ausdrücklich bestätigen, sich von ihrer ‚Sekte' lossagen und zum Katholizismus konvertieren zu wollen. Schließlich wollte die Inquisition wissen, ob der Angeklagten weitere Häretiker in den *Indias* bekannt seien beziehungsweise ob und inwieweit sie mit ihnen in Kontakt gestanden habe oder immer noch stehe. Der Kommissar hatte danach die Befugnis, der *espontánea* die Absolution *ad cautelam* zu erteilen und die *reconciliación* mit der katholischen Kirche zu gestatten. Anschließend musste die Angeklagte bei einem Geistlichen eine umfassende Beichte ablegen;

---

7   NUNN (1979), Foreign Immigrants, S. 53. Vgl. auch GREENLEAF (1966), North American Protestants, S. 189.
8   Vgl. dazu auch NUNN (1979), Foreign Immigrants, S. 49 f. Zu gedruckten Instruktionen der kanarischen Inquisition s. FAJARDO SPÍNOLA (1996), Las conversiones, S. 175–177.
9   *Carta acordada*, 29.07.1597. AHN, Inq., lib. 497, fol. 237r–238v.

danach hatte sie ihren Verfehlungen abzuschwören. Der Kommissar war auch dafür verantwortlich, dass die Neukonvertierte gut in die katholische Lehre eingeführt wurde. Die Akten mussten von der *espontánea* unterschrieben und dann an das Tribunal weitergeleitet werden.[10]

Als es in den 1760er-Jahren zu einer starken Zunahme von Konversionsgesuchen kam, erstellten die Inquisitoren 1768 eine neue Instruktion. Dazu wurde neben dem Manual von 1719 auf verschiedene *cartas acordadas,* aber auch auf Erfahrungswerte zurückgegriffen. Um die große Nachfrage zu befriedigen, beschloss das Tribunal, die Instruktion zu drucken.[11] Es gab einige Neuerungen beziehungsweise Ergänzungen zum Manual von 1719. So wurden die Kommissare nun darauf hingewiesen, dass die Instruktion nur für Ausländer (namentlich genannt wurden Niederländer und Engländer) gelte. Die Kommissare hatten grundsätzlich davon auszugehen, dass die Bitte um eine Konversion ehrlich gemeint sei, und sollten Milde walten lassen. Ansonsten ging es vor allem um Verfahrensfragen: Sollte sich herausstellen, dass der Angeklagte bereits einmal den Katholizismus praktiziert hatte und danach wieder zum Protestantismus zurückgekehrt war, mussten der Prozess gestoppt und die Anweisungen des Tribunals abgewartet werden. In allen anderen Fällen hatte eine Absolution *ad cautelam* vorgenommen zu werden, jedoch keine Absolution *formal* und auch keine *reconciliación.* Schließlich musste der Konvertit darüber informiert werden, dass ein Rückfall in die Häresie schwere Strafen nach sich ziehen würde.[12]

Neben den Konversionsgesuchen befasste sich das neuspanische Tribunal weiterhin mit Ausländern, die durch Dritte denunziert worden waren. Nunn zählt für die Zeit zwischen 1700 und 1760 27 entsprechende Fälle. Die allermeisten Verfahren endeten mit einem Freispruch, wurden suspendiert oder konnten aufgrund der Flucht der oder des Angeklagten nicht abgeschlossen werden. Auf mindestens zehn Denunziationen gingen die Inquisitoren gar nicht erst ein.[13]

---

10 *Instrucción que precisamente se ha de guardar y practicar en las reconciliaciones que se hicieren de herejes* [...]. Manuel Ramírez de Avellano, 17.10.1719. AGN, Inq., vol. 777, exp. 67, fol. 512r–517r. Vgl. Nunn (1979), Foreign Immigrants, S. 49 f.

11 Mexiko-Stadt, *auto,* 04.02.1786. AGN, Inq., vol. 843, exp. 9, fol. 435r.

12 *Instrucción que se da a los comisarios del Santo Oficio y a que se deben arreglaren el modo de proceder con los herejes extranjeros que se presentasen espontáneamente,* 1786. AGN, Inq., vol. 843, exp. 9, fol. 440r–443v, Zitat fol. 443r.

13 Die Zahlen basieren auf Nunn (1979), Foreign Immigrants, S. 121–148 (Appendix 1).

Prozesse, in denen die Angeklagten für schuldig befunden und bestraft wurden, waren somit die Ausnahme. Es gab sie jedoch immer noch: So eröffnete der inquisitorische Kommissar auf den Philippinen Ende 1746 ein Verfahren gegen einen Ausländer namens César Fallet und ließ dazu 15 Zeugen befragen.[14] Aus den Aussagen geht hervor, dass Fallet mehrmals die katholische Religion – insbesondere in Bezug auf den Bilderkult und die Konzile – in Zweifel gezogen hatte. Zudem war er angeblich im Besitz von unziemlichen Bildern, besaß ein magisches Glas, mit dem er (bekleidete) Frauen nackt sehen konnte, und verfügte über fünf Sexsklavinnen. Ihm wurde überdies vorgeworfen, zwei uneheliche Kinder zu haben und eine Doppelehe zu führen.[15]

1749 wurde das neuspanische Tribunal über den Fall informiert. Der Kommissar von Manila beklagte sich darüber, dass er keine Unterstützung durch die säkulare Gerichtsbarkeit erhalten habe: Man habe ihm mitgeteilt, dass das Verhalten des Preußen aufgrund der „Umstände der Zeit toleriert" werden würde.[16] Die *calificadores* kamen zum Schluss, dass Fallet für einen religiösen Skandal gesorgt habe und der *herejía formal* verdächtig sei. Die Inquisitoren ordneten daraufhin die Überstellung Fallets nach Mexiko-Stadt an. Fallet wurde am 26. August 1750 zunächst ins königliche Gefängnis von Manila gebracht. Der Kommissar ließ seine Güter konfiszieren, worunter sich auch verbotene Bücher befanden.[17] Fallet wurde schließlich nach Mexiko-Stadt überstellt, wo er im Januar 1752 ankam und inhaftiert wurde.[18]

---

14 Vgl. zu diesem Fall auch NUNN (1979), Foreign Immigrants, S. 60 f.
15 *Proceso de fe* von César Fallet (1749–1758). Zeugenaussagen (1746–1749), 23.05.1749. Inq., leg. 1730, exp. 31/2, fol. 1r–122r, hier fol. 3r–18v.
16 „[Fallet] burla de la tolerancia; de lo qual dí cuenta al superior Gobierno, quien me persuadió le tolerá por las circunstancias del tiempo". *Proceso de fe* von César Fallet (1749–1758). Manila an Mexiko-Stadt, 23.05.1749. Inq., leg. 1730, exp. 31/2, fol. 1r–122r, hier fol. 2r.
17 Fallet war selbst schriftstellerisch tätig geworden. So hatte er ein Manual erstellt, in dem Protestanten der Katholizismus erklärt wurde. Später stellte sich heraus, dass es sich dabei um eine Kopie eines irischen Katechismus handelte. Der Preuße versuchte, durch verschiedene Briefe, u.a. an den Gouverneur, seine Haftentlassung zu erreichen; er war auch bereit, dafür eine Kaution zu zahlen. Derweil nahm der (neue) inquisitorische Kommissar weitere Zeugenaussagen entgegen, die Fallet u.a. damit belasteten, auf niederländisch-asiatischem Gebiet an einem protestantischen Abendmahl teilgenommen zu haben. *Proceso de fe* von César Fallet (1749–1758). Verschiedene *autos*, 1650/51. Inq., leg. 1730, exp. 31/2, fol. 1r–122r, hier fol. 21r–34r.
18 *Proceso de fe* von César Fallet (1749–1758). *Reclusión en cárceles secretas*, 17.01.1752. AHN, Inq., leg. 1730, exp. 31/2, fol. 1r–122r, hier fol. 34r.

Fallet wurde um das Jahr 1702 im preußischen Neuenburg als Sohn calvinistischer Eltern geboren.[19] Nach einer humanistischen Erziehung ging er nach Paris, wo er sich in der „Kunst der Politik" unterweisen ließ. In einem Schweizer Söldnerheer in spanischem Dienst kam er nach Neapel, wo er gefangen genommen wurde und zum Katholizismus übertrat. Fallet kam nach Sizilien, Katalonien und dann – wohl über Frankreich – nach Mauritius. Er lief zu den Engländern über, für die er bis zum Jahre 1737 als Schiffskommandant tätig war. Ab 1740 hielt er sich in Manila auf, von wo aus er verschiedene Reisen machte, unter anderem nach Batavia und Macao.[20] Fallet gab zwar zu, dass er sich zu unvorsichtigen Äußerungen habe hinreißen lassen; auch könnten die Sprachschwierigkeiten zu Missverständnissen geführt haben. Grundsätzlich habe er sich aber nichts zu Schulden kommen lassen. Er kannte das Vaterunser, Credo, Ave Maria und Salve, gestand allerdings, aufgrund seiner Reisen nicht immer zur Beichte und zum Abendmahl gegangen zu sein.[21]

Der inquisitorische *fiscal* erstellte eine Anklageschrift, die 76 Kapitel beinhaltete. Fallet stritt die meisten Vorwürfe ab oder relativierte sie. Er habe nie fundamental gegen die katholische Lehre verstoßen; er sei kein Bigamist; er habe zwar Sklavinnen gehabt, aber keine moralisch fragwürdige Beziehung zu ihnen gepflegt.[22] Im März 1752 reichte der psychisch angeschlagene Fallet beim Tribunal ein Manuskript ein, in welchem er einige Verfehlungen zugab.[23] Am 13. April kamen die *calificadores* zu ihrer Einschätzung: Fallet sei zwar kein *hereje formal*, da das Kriterium der Halsstarrigkeit *(pertinacia)* in seinem Fall nicht erfüllt sei. Allerdings sei er hochgradig des Calvinismus verdächtig. Die *calificadores* sahen Fallet damit faktisch als *hereje nacional* an, der nie richtig im Katholizismus instruiert worden war.[24] Im Juli und August des Jahres 1752

---

19 Die Stadt gehört heute zur Schweiz und nicht – wie Nunn annahm – zu Bayern. NUNN (1979), Foreign Immigrants, S. 60.
20 Dabei kämpfte er für die Spanier gegen die Engländer. Proceso de fe von César Fallet (1749–1758). 1. *audiencia*, 26.01.1752. AHN, Inq., leg. 1730, exp. 31/2, fol. 1r–122r, hier fol. 38r–45r.
21 Proceso de fe von César Fallet (1749–1758). 1. *audiencia*, 26.01.1752. AHN, Inq., leg. 1730, exp. 31/2, fol. 1r–122r, hier fol. 38r–45r.
22 Proceso de fe von César Fallet (1749–1758). Respuestas a la acusación, 26.02.-02.03.1752. AHN, Inq., leg. 1730, exp. 31/2, fol. 1r–122r, hier fol. 47v–64r.
23 U.a. zweifelte Fallet den Bilderkult an. Proceso de fe von César Fallet (1749–1758). *Escrito del reo*, 24.03.1752. AHN, Inq., leg. 1730, exp. 31/2, fol. 1r–122r, hier fol. 67r–70r.
24 Proceso de fe von César Fallet (1749–1758). Junta de calificadores, 13.04.1752. AHN, Inq., leg.

kamen die Inquisitoren in Mexiko-Stadt zu ihrem Urteil, das bei geschlossenen Türen im Gebäude der Inquisition *sin méritos* verlesen werden sollte: *abjuración de levi,* Absolution *ad cautelam,* Unterrichtung im Katholizismus in einem jesuitischen Konvent für drei Monate und die Rückgabe der beschlagnahmten Güter. Damit war Fallet gut bedient, denn einer der Konsultoren verlangte eine *abjuración de vehementi* und die Ausweisung aus dem spanischen Imperium.[25]

Im März 1753 bat Fallet um die Erlaubnis, auf die Philippinen zurückzukehren, was ihm von der Inquisition gestattet wurde. Fallet blieb jedoch unter Beobachtung des örtlichen Kommissars.[26] Das neuspanische Tribunal leitete den Fall 1753 an die *Suprema* weiter. Fünf Jahre später wurde der Inquisitionsrat aus Mexiko-Stadt informiert, dass Fallet alle Auflagen erfüllt habe und zu einem „anderen Menschen" geworden sei.[27]

In den 1760er-Jahren kam es zu mindestens 24 weiteren Prozessen wegen Protestantismus, weniger als die Hälfte betrafen *espontáneos.*[28] Die Dunkelziffer ist hoch: Das Tribunal selbst gab zu, dass Hinweisen auf häretische Ausländer in vielen Fällen nicht nachgegangen werden konnte.[29] Viele Anklagen betrafen Ausländer, die mit der spanischen Armee in die *Indias* gekommen waren. Die *Suprema* sah sich genötigt, Karl III. um Hilfe zu bitten. Der König ließ daraufhin anordnen, dass alle ausländischen Soldaten in den *Indias* auf ihren katholischen Glauben hin geprüft werden mussten.[30]

1730, exp. 31/2, fol. 1r–122r, hier fol. 71v–72r. Es folgten von Fallet beantragte entlastende Zeugenaussagen, in denen dem Neuenburger u.a. attestiert wurde, zur Beichte gegangen zu sein. Zudem wurde sein Kampf gegen englische Korsaren positiv hervorgehoben. *Proceso de fe* von César Fallet (1749–1758). Verschiedene Zeugenaussagen, 1651. AHN, Inq., leg. 1730, exp. 31/2, fol. 1r–122r, hier fol. 73v–87r.

25 *Proceso de fe* von César Fallet (1749–1758). Votos, 22./25./30.07; 5./6.08.1752. AHN, Inq., leg. 1730, exp. 31/2, fol. 1r–122r, hier fol. 120r–121r.

26 *Proceso de fe* von César Fallet (1749–1758). Lizenz für den Aufenthalt auf der Philippinen, 09.03.1753. AHN, Inq., leg. 1730, exp. 31/2, fol. 1r–122r, hier fol. 121v–122r.

27 Mexiko-Stadt an *Suprema*, 03.02.1758. Inq., leg. 1730, exp. 31/1, s. fol.

28 Diese finden sich in AHN, Inq., leg. 2140, exp. 2; AHN, Inq., leg. 2286, caja 1/2; AHN, Inq., leg. 2288. Vgl. auch die Übersichten in GRINGOIRE (1961), Protestantes enjuiciados, S. 177 f. und NUNN (1979), Foreign Immigrants, S. 121–148 (Appendix I).

29 Mexiko-Stadt an *Suprema* (zum Fall des Franzosen Antonio Olier), 1769. AHN, Inq., lib. 2140, fol. 19v.

30 MEDINA (1905), Historia del Tribunal de México, S. 291–294. BÁEZ CAMARGO (1961), Protestantes enjuiciados, insbes. S. 91; FAJARDO SPÍNOLA (1996), Las conversiones, S. 84–89. Vgl. dazu auch MATHEUS (2005), Mobilität und Konversion, S. 200: „Die Auswirkungen des engen Zusammenlebens von Katholiken und Protestanten werden besonders bei den Mitgliedern von

Als Beispiel soll hier der Prozess gegen den Ungarn Andrés Germani diskutiert werden. Germani war ein Soldat im Regiment von Flandern. Anfang des Jahres 1769 wurde er vor dem Tribunal als Häretiker denunziert und bald darauf meldete er sich bei der Inquisition. Er gab zu, Lutheraner zu sein und zum Katholizismus konvertieren zu wollen. Diesen Wunsch nahmen ihm die Inquisitoren nicht ab; sie schickten ihn zurück in die Kaserne. Der Militärkaplan gab an, Germani bereits zu seiner Religion befragt zu haben. Dieser hatte freimütig zugegeben, Protestant zu sein: Bei seiner Rekrutierung in Parma habe er dies ebenfalls kenntlich gemacht, und der verantwortliche Militär habe gesagt, das sei egal, von seiner Sorte gebe es bereits viele in Spanien. In Cádiz wollte der Regimentsverantwortliche den Ungarn zunächst nicht nach Neuspanien mitnehmen, nachdem dieser aber seinen Wunsch geäußert hatte, zum Katholizismus zu konvertieren, durfte er mitreisen.[31] Dem Kaplan gegenüber äußerte Germani seine Indifferenz gegenüber einer Konversion. Als der Geistliche jedoch drohte, ihn vor der Inquisition zu denunzieren, bekam es der Ungar mit der Angst zu tun. Er erklärte sich bereit, sich im Glauben unterrichten zu lassen. Auf diese Worte folgten keine Taten. Im August 1769 gab der Kaplan entnervt auf und übergab den Fall der Inquisition.[32]

Der *Inquisidor fiscal* beschloss am 22. September die Festnahme, die am 6. Oktober durchgeführt wurde. Anfang November wurde Germani mehrmals verhört.[33] Der Ungar kannte die wichtigsten katholischen Gebete (Vaterunser, Credo, Ave Maria) und die Sakramente, allerdings nicht die Zehn Gebote. Er gab zu, aus einer protestantischen Familie zu stammen, und beteuerte, nun wirklich zum Katholizismus übertreten zu wollen.[34] Die Anklage und die Verteidigung zogen sich in die Länge. Erst am 15. Oktober 1770 fassten die Inquisitoren ein Urteil: Absolution *de la instancia* beziehungsweise *ad cautelam*, Unterrichtung

---

Armeen und auf den zahlreichen Kriegs- und Handelsschiffen des frühneuzeitlichen Europa greifbar. Konfessionsgrenzen wurden hier, so scheint es, relativ leicht überschritten." Vgl. zur Situation im Alten Reich PRÖVE (2003), Reichweiten und Grenzen.

31 *Relación de causa* von Andrés Germani (1769–1771). Verschiedene Zeugenaussagen, *autos* etc., Januar/Februar 1769. AHN, Inq., leg. 2288, s. fol.
32 *Relación de causa* von Andrés Germani (1769–1771). Kaplan an Tribunal von Mexiko-Stadt, 19.08.1769. AHN, Inq., leg. 2288, s. fol.
33 *Relación de causa* von Andrés Germani (1769–1771). Audiencias vom 03–11.11.1769. AHN, Inq., leg. 2288, s. fol. Die Inquisitoren hielten es aufgrund der Selbstbelastung von Andrés Germani nicht für nötig, eine *calificación* vorzunehmen (ebd.).
34 *Relación de causa* von Andrés Germani (1769–1771). AHN, Inq., leg. 2288, s. fol.

in der katholischen Religion und Ausweisung aus Neuspanien nach Kastilien.[35] Der Fall Germani war einer der letzten, in dem die Inquisition ein längeres Verfahren wegen Protestantismus einleitete. Diese Entwicklung korrespondiert mit der politischen Konjunktur in Spanien, in der das *Santo Oficio* unter der Herrschaft Karls III. (1759–1788) weiter an Einfluss verlor.[36] Die Zahl der Konversionen von Ausländern blieb allerdings auch in den letzten 50 Jahren der neuspanischen Inquisition hoch. Greenleaf hat für die Jahre zwischen 1765 und 1820 über 40 entsprechende Verfahren gezählt.[37] Der Frage, ob internationales Recht weiterhin eine Rolle spielte, kann an dieser Stelle nicht nachgegangen werden. Sicher ist, dass die erwähnten Konversionen die späten neuspanischen Inquisitionspraktiken maßgeblich beeinflusst haben. So druckten die Inquisitoren 1788 erneut eine Anleitung zum Umgang mit den ausländischen *espontáneos* und im 19. Jahrhundert wurde eigens ein englischer Katechismus erstellt.[38] Dieser Entwicklung hat die Historiografie bislang kaum Aufmerksamkeit geschenkt, vielleicht auch deshalb, weil es sich bei den Konversionen um vergleichsweise ‚unspektakuläre' Prozesse handelte.[39]

---

35 *Relación de causa* von Andrés Germani (1769–1771), *sentencia* vom 15.10.1770. AHN, Inq., leg. 2288, s. fol. Allerdings gab es aufgrund der Kriegsgerüchte keine Transportmöglichkeiten und der Ungar musste nach Abschluss seiner Unterweisung im Katholizismus – die Anfang 1771 abgeschlossen war – in ein staatliches Gefängnis des vizeköniglichen Hofes in Mexiko-Stadt (ebd.).
36 GREENLEAF (1975), The Inquisition in Spanish Louisiana, S. 47 f.; LYNCH (1989), Bourbon Spain, S. 287–290.
37 GREENLEAF (1966), North American Protestants, S. 195, FN 15. Greenleaf geht davon aus, dass die Inquisition viele Konversionsgesuche verweigerte, belegt dies aber nicht weiter (ebd., S. 199). Ich habe für diese Behauptung in den Quellen keine Hinweise gefunden. Eine entsprechende Praxis hätte für die Inquisitoren kaum Sinn gemacht und in jedem Fall weitere Verfahren bzw. die Ausweisung des Antragstellers zur Folge gehabt. Vgl. zu dieser Frage auch FAJARDO SPÍNOLA (1996), Las conversiones, S. 63. Gemäß Jean-Pierre Bastian hat William Berley Taylor in einer 1965 vorgelegten Masterarbeit für die Zeit zwischen 1790 und 1820 38 ausländische Protestanten gezählt, die zum Katholizismus konvertierten. BASTIAN (1995 [1990]), Geschichte des Protestantismus, S. 89 f. Zu den Ausländern, die wegen Freimaurertums verurteilt wurden, s. GREENLEAF (1969), The Masonic Movement.
38 GREENLEAF (1966), North American Protestants, S. 195.
39 Darauf hat Greenleaf bereits 1966 hingewiesen. GREENLEAF (1966), North American Protestants, S. 199.

7.2 Peru

Im Oktober 1705 teilte die *Suprema* ihren Tribunalen mit, dass Niederländer und Engländer aufgrund des Spanischen Erbfolgekriegs keinen religiösen Schutz mehr in Anspruch nehmen konnten. Die peruanischen Inquisitoren bestätigten den Erhalt der entsprechenden *carta acordada* im August 1707.[40] Zwischen 1707 und 1713 meldeten sich insgesamt 15 *herejes nacionales* beim Tribunal von Lima, was einem Drittel aller Prozesse in diesem Zeitraum entspricht.[41] Die meisten von ihnen waren als Seemänner oder Kriegsgefangene nach Peru gekommen und meldeten sich dann auf Anraten des flämischen Jesuiten Theophilo Ostens freiwillig bei der Inquisition.[42] Diese ließ die Ausländer zum Katholizismus konvertieren und gab ihnen jeweils die Absolution *ad cautelam*.[43]

Der große Anteil an Kriegsgefangenen lässt vermuten, dass die militärische Eskalation in Europa zu einer Zunahme von Inquisitionsprozessen in Peru führ-

---

40 Lima an *Suprema*, 27.08.1707. AHN, Inq., leg. 2198, exp. 5 (s. fol.). Vgl. *Carta acordada*, 16.10.1705. AHN, Inq., lib. 498, fol. 241r–242v (das peruanische Tribunal nennt als Datum 12.10.1705).

41 Die Fälle finden sich in: AHN, Inq., leg. 5345, exp. 4, fol. 126r–133v. Vgl. auch den *Índice de la relación de causas de Fe* (1707–1713). AHN, Inq., leg. 5345, exp. 4, s. fol.

42 So kam etwa der Niederländer Jacobo Vannespen nach Lima „aufgrund von Informationen, dass sich dort dieser Übersetzer und Pater aufhalte" („[C]on noticias que tuvo de estar aqui dicho Padre interprete"). *Relación de causa* von Jacobo Vannespen (1709). AHN, Inq., leg. 5345, exp. 4, fol. 129r–129v. Ausländischen Klerikern war der Aufenthalt in den *Indias* grundsätzlich verboten, für die Jesuiten gab es jedoch Ausnahmegenehmigungen. NUNN (1979), Foreign Immigrants, S. 42–46; REY FAJARDO (2007), Los jesuitas, S. 394–402.

43 Im Fall des Engländers Juan Keiuby endete der Prozess mit einem Freispruch. Der katholische Keiuby hatte einen guten Teil seines Lebens mit Häretikern zu tun gehabt und wollte deshalb sicherheitshalber die Reinheit seines Glaubens von der Inquisition bestätigen lassen. Er wurde ohne Auflagen entlassen. *Relación de causa* von Juan Keiuby (1711). AHN, Inq., leg. 5345, exp. 4, fol. 132r–132v. Vgl. zu einem ähnlichen Fall auf den Kanaren FAJARDO SPÍNOLA (1996), Las conversiones, S. 199. Neben Niederländern und Briten gab es mit Juan de Brus auch einen französischen *espontáneo*. Dieser hatte sich bereits in Toulouse von Kapuzinern bekehren lassen. Danach ging er zurück zu seinen Verwandten, wo er äußerlich zum Protestantismus zurückkehrte, aber angeblich innerlich dem Katholizismus treu blieb. Schließlich floh er vor seiner ‚häretischen' Familie und kam nach Lima, wo er sich 1712 der Inquisition stellte. Diese warf ihm zwar vor, dass er sich der Apostasie schuldig gemacht habe, ließ aber große Milde walten: De Brus erhielt die Absolution *ad cautelam* mit der Auflage, während eines halben Jahres jeden Monat zu beichten und zum Abendmahl zu gehen. *Relación de causa* von Juan de Brus (1712). AHN, Inq., leg. 5345, exp. 4, fol. 133r–133v.

te.⁴⁴ Es ist jedoch auffällig, dass die entsprechenden Verfahren nicht aufgrund von Denunziationen Dritter, sondern ausschließlich durch Selbstanzeigen zu Stande kamen. Was auf der Iberischen Halbinsel bereits in der ersten Hälfte des 17. Jahrhunderts zu einem gängigen Verfahren geworden war, setzte sich nun offenbar auch in Peru durch: Ausländer schützten sich durch die Konversion zum Katholizismus vor einer religiösen Verfolgung. Eine wichtige Rolle spielte hier der bereits genannte Jesuitenpater Ostens, der durch seine sprachliche und kulturelle Übersetzungstätigkeit als Mittler zwischen dem Tribunal und den *espontáneos* fungierte.

Die durch die Quelle vermittelte Zunahme der Konversionen mag damit zusammenhängen, dass die peruanischen Inquisitoren nach dem Aufruf der *Suprema* aus dem Jahre 1705 die entsprechenden Fälle in den *relaciones de causas* systematischer aufführten. Für diese These spricht, dass die peruanischen Inquisitoren ihre Rechtspraktiken in den 1720er-Jahren wieder änderten. In den *relaciones de causas* zu den Jahren 1713–1721 findet sich nämlich der Hinweis, dass die Fälle von Wahrsagerinnen *(sortílegas)* und *herejes nacionales espontáneos* nicht aufgeführt wurden.⁴⁵ Dies könnte unter anderem darauf zurückzuführen sein, dass Spanien mittlerweile mit den Niederlanden und Großbritannien neue Friedensverträge geschlossen hatte.⁴⁶ Somit mussten die peruanischen Inquisitoren keine ausführlichen ‚Erfolgsmeldungen' mehr nach Spanien senden.

Für die Zeit zwischen 1713 und 1721 übermittelte das Tribunal dann auch nur jene Fälle nach Madrid, bei denen es Unklarheiten gab oder bei denen es sich um Denunziationen von dritter Seite handelte.⁴⁷ Dabei kam es zu vergleichs-

---

44 Auf diesen Zusammenhang hat etwa René Millar Carvacho hingewiesen. MILLAR CARVACHO (1998), Judaísmo y protestantismo, S. 409.
45 „Se advierte no van todas las despachadas, porque faltan todas las sortílegas y herejes nacionales espontáneos". Lima an *Suprema* (o.D.). AHN, Inq., leg. 5345, exp. 5, s. fol.
46 Die *Suprema* benachrichtigte das peruanische Tribunal im August 1715. Die Eingangsbestätigung erfolgte erst zwei Jahre später. *Suprema* an Lima, 03.08.1715. AHN, Inq., lib. 1025, fol. 30; Lima an *Suprema*, 21.10.1717. AHN, Inq., leg. 2199, exp. 5, s. fol. 1r.
47 Eine Ausnahme ist der Prozess gegen den Engländer Felipe Lorenzo, der sich 1715 als Protestant denunzierte und um die *reconciliación* bat. Lorenzo, der bereits auf Santo Domingo in die Grundzüge des Katholizismus eingeführt worden war, erhielt die Absolution *ad cautelam*. Auffällig ist, dass sich die Inquisitoren in ihrem Urteil ausdrücklich auf die *carta acordada* aus dem Jahre 1631 beriefen: „En este estado, arregla[ndo?]nos a lo dispuesto en la carta acordada de 28.01.1631 y la instrucción que con ella se remitió a los tribunal de la Inquisición sobre el modo como se habían de portar con los ingleses después de las paces, siendo herejes nacionales espontáneos, sin poner acusación ni pasar a ulteriora [se] proveió auto en 13.05.1715." *Relación de*

weise harten Strafen. So wurde der Franzose Juan Baptista Busuñet 1717 zu einem Autodafé im *sambenito*, Güterkonfiskation und einer dreijährigen Gefängnisstrafe verurteilt. Zudem wurde er aus Peru ausgewiesen.[48] Busuñet war von den Inquisitoren vorgeworfen worden, seine Sympathien für Protestanten und Juden zum Ausdruck gebracht zu haben. Das harte Urteil ist durch das unkooperative Verhalten des Franzosen zu erklären, der deshalb auch gefoltert wurde. Eine Rolle mag zudem gespielt haben, dass sich Busuñet einer vom peruanischen Vizekönig angeordneten Ausweisung der Franzosen entzogen hatte. Schließlich machten ihn seine Aufenthalte in den Niederlanden verdächtig.[49]

Der Schotte David Jacobo geriet wegen seines skandalösen Verhaltens in die Mühlen der Inquisition. Jacobo war um das Jahr 1718 auf einem französischen Schiff nach Lima gekommen, wo er anschließend einen Krämerladen *(pulpería)* führte.[50] Im Januar 1724 denunzierte ihn ein Mann vor dem Tribunal als Häretiker. Zu diesem Zeitpunkt befand sich Jacobo aufgrund einer Prügelei mit drei anderen Ausländern in einem säkularen Gefängnis. Die Inquisitoren befragten daraufhin den irischen Dominikaner Thomas Correy, der als Übersetzer für das Tribunal arbeitete und offenbar über einen guten Überblick über die englischsprachigen Ausländer in der Stadt verfügte. Tatsächlich gab der Dominikaner an, Jacobo bereits früher mehrmals und erfolglos zur Konversion aufgefordert zu haben. Weitere Zeugen belasteten Jacobo schwer: Dieser hatte angeblich drei konversionswillige Engländer mit dem Tod bedroht, abfällig über die Inquisition geredet und sich als Katholik ausgegeben. Aufgrund dieser Aussagen verdächtigten die *calificadores* Jacobo als mutmaßlichen Häretiker, worauf dieser verhaftet und ins Gefängnis der Inquisition gebracht wurde.[51]

---

causa von Felipe Lorenzo (1715). AHN, Inq., leg. 5345, exp. 6, fol. 116r–117v, hier 117r–117v. Vgl. dazu die *Carta acordada*, 28.01.1631. AHN, Inq., lib. 497, fol. 392v–398v.

48 *Relación de causa* von Juan Baptista Busuñet (1716–1717). AHN, Inq., leg. 5345, exp. 5, fol. 1r–6r, hier fol. 6r.

49 *Relación de causa* von Juan Baptista Busuñet (1716–1717). AHN, Inq., leg. 5345, exp. 5, fol. 1r–6r. Von einer generellen Kampagne gegen Franzosen kann aber nicht gesprochen werden – ein Landsmann Busuñets war 1714 aus Mangel an Beweisen freigesprochen worden. Dazu: *Relación de causa* von Francisco Pitrel (1714). AHN, Inq., leg. 5345, exp. 5, fol. 11r–14v. Vgl. auch den Fall von Felipe de Figueroa (1718–1719). AHN, Inq., leg. 1649, exp. 53, fol. 27v–29v.

50 David Jacobo alias David Grob wurde um das Jahr 1694 geboren und protestantisch erzogen. Mit zehn Jahren verließ er das Elternhaus und bereiste u.a. Dänemark, die Niederlande und Spanien. *Relación de causa* von David Jacobo alias David Grob (1724). 1. *audiencia*, 09.03.1724. AHN, Inq., leg. 5345, exp. 6, fol. 110r–115v, hier fol. 112r–113r.

51 *Relación de causa* von David Jacobo alias David Grob (1724). AHN, Inq., leg. 5345, exp. 6, fol. 110r–115v, hier fol. 110r–113r.

Gegenüber den Inquisitoren gab Jacobo seinen protestantischen Glauben zu und stritt gleichzeitig ab, sich jemals als Katholik ausgegeben zu haben. Zwar sei er an Feiertagen zur Messe gegangen, aber keinesfalls, um sich darüber lustig zu machen. Der Schotte gab zu, einigen Engländern damit gedroht zu haben, dass sie bei der Rückkehr in ihr Heimatland aus militärischen Gründen die Todesstrafe erwarten würde. Zunächst äußerte Jacobo noch die Überzeugung, dass jeder sich in seinem eigenen Glauben erretten konnte. Später beteuerte er, dass der Katholizismus die beste Religion sei.[52]

Im September 1724 gab der Verteidiger sein schriftliches Votum ab. Darin verwies er auf das Dekret der Regentin Mariana aus dem Jahre 1672, in der „Ihre Majestät befohlen hat, dass gegen *herejes nacionales* auch dann vorgegangen werden muss, wenn diese für keinen Skandal sorgen".[53] Ungeachtet dessen bat der Verteidiger aufgrund der „Ignoranz" und „Tölpelhaftigkeit" seines Mandanten um Milde und betonte, dass Jacobo zu einer Konversion bereit sei.[54] Am 14. Oktober 1724 wurde das Urteil gefällt: Jacobo musste seinen Verfehlungen vor dem Tribunal unter Ausschluss der Öffentlichkeit *de vehementi* abschwören und sich im Katholizismus unterrichten lassen. Anschließend würde er die Absolution *ad cautelam* erhalten und für sechs Jahre aus Peru verwiesen werden. Der Inquisitor Ceballos plädierte vergeblich für ein härteres Vorgehen: Seiner Meinung nach hatte Jacobo starrköpfig an seinem Glauben festgehalten. Deshalb solle er im *sambenito* bei einem Autodafé seiner Häresie abschwören. Bei einem Rückfall sei Jacobo mit der ganzen Härte des Gesetzes zu bestrafen *(abjuración citra relapsiam)*. Zudem sprach sich Ceballos erfolglos für eine Teilkonfiskation der Güter aus.[55]

---

52 *Relación de causa* von David Jacobo alias David Grob (1724). AHN, Inq., leg. 5345, exp. 6, fol. 110r–115v, hier fol. 113r–114v.

53 *Relación de causa* von David Jacobo alias David Grob (1724). Verteidigungsschrift, präsentiert am 17.09.1724. AHN, Inq., leg. 5345, exp. 6, fol. 110r–115v, hier fol. 114v–115r. Es ist wahrscheinlich, dass diese *consulta* zunächst vom Ankläger vorgebracht wurde und der Verteidiger darauf bloß reagierte. Da das Dekret dem Angeklagten eigentlich nur schaden konnte, hätte ein entsprechender Verweis darauf für die Verteidigung keinen Sinn gemacht. Aufgrund der fehlenden Prozessakten lässt sich diese Vermutung allerdings nicht belegen.

54 „[Aunque] Su Majestad tiene mandado, que se proceda contra los herejes nacionales aunque no den escándalo [sic!], delinquiendo en Dominios de Su Majestad como contra sus vasallos, se exceptúan los casos de arribadas, y la ignorancia, y [to]rpeza del reo; concluyendo fuese tratado con toda piedad y misericordia, pues estaba pronto a detestar sus errores y abrazar la fe católica". *Relación de causa* von David Jacobo alias David Grob (1724). Verteidigungsschrift, präsentiert am 17.09.1724. AHN, Inq., leg. 5345, exp. 6, fol. 110r–115v, hier fol. 114v–115r.

55 *Relación de causa* von David Jacobo alias David Grob (1724). AHN, Inq., leg. 5345, exp. 6, fol. 110r–115v, hier fol. 115r–115v.

Das Verfahren gegen Jacobo zeigt die Grenzen dessen auf, was sich ein ausländischer Protestant in Lima erlauben konnte.[56] Der Schotte hatte sich mehrmals der Aufforderung eines Geistlichen widersetzt, zum Katholizismus überzutreten. Der Verdacht, ehemalige Protestanten aufgrund ihrer neuen Religion bedroht zu haben, wog ebenfalls schwer. Zudem berücksichtigten die Inquisitoren, dass der Schotte sich über mehrere Jahre in katholischem Gebiet aufgehalten und sogar an Messen teilgenommen hatte. Ein interessantes Detail des Prozesses ist der Verweis des Verteidigers auf das Dekret aus dem Jahre 1672. Es ist wahrscheinlich, dass es ursprünglich der Ankläger *(fiscal)* gewesen war, der mit dieser Anweisung argumentiert hatte, und der Verteidiger bloß darauf reagierte. Dass das Dekret noch in den 1720er-Jahren rezipiert wurde, gibt jedenfalls einen Hinweis darauf, dass einige Akteure am Tribunal sich einen weiten Spielraum zur Verfolgung ausländischer Protestanten erhalten wollten.

Nach 1730 gingen die peruanischen Inquisitoren nur noch selten gegen Protestanten vor, die von dritter Seite denunziert worden waren. Einer der letzten überlieferten Prozesse wurde gegen den Franzosen Pedro Fos geführt.[57] Fos war 1754 nach Lima gekommen, wo er zunächst Most verkaufte und danach für den Vizekönig als Konditor arbeitete.[58] 1758 wurde der Franzose von einem Landsmann, dem Uhrmacher Lorenzo Fiand, vor dem inquisitorischen Tribunal

---

56   Vgl auch die Prozesse gegen Juan Campion und Robert Shaw. *Relación de causa* von Juan Campion (1719–1724). AHN, Inq., leg. 5345, exp. 6, fol. 93v–97r; *Proceso de fe* von Robert Shaw (1725–1730). AHN, Inq., leg. 2201, exp. 8; *Suprema* an Lima, 10.02.1732. AHN, Inq., lib. 1025, s. fol.

57   Daneben ist hier auf das Verfahren gegen den Franzosen Francisco Moyen hinzuweisen, der u.a. als Protestant angeklagt wurde, letztlich aber ein aufklärerischer Katholik und kein *hereje nacional* war. Die *relación de causa* zu diesem Fall findet sich in AHN, Inq., leg. 2209, exp. 10. Eine Zusammenfassung des Prozesses gibt Vicuña Mackenna (1895), Francisco Moyen. Vgl. auch *Suprema* an Lima, 14.02.1762. AHN, Inq., lib. 1026, s. fol.

58   Fos wurde um das Jahr 1723 in Grenoble geboren. Obwohl seine Eltern angeblich dem protestantischen Glauben anhingen, wurde er katholisch getauft. Mit drei Jahren zog die Familie nach Montpellier, wo Fos sieben Jahre lang eine jesuitische Schule besuchte, die er aber oft schwänzte. Mit 14 Jahren begann er als Koch in verschiedenen Gebieten Frankreichs zu arbeiten. Um das Jahr 1749 machte er sich nach Marseille auf und schiffte sich dort mit Ziel Saint-Domingue ein. Vor Gibraltar geriet das Boot in Seenot. Fos konnte sich an die Küste retten und gelangte von dort nach Cádiz, wo er eineinhalb Jahre bei einem Landsmann als Koch diente. Daraufhin kam er auf einer abenteuerlichen Reise nach Amerika, zunächst nach Buenos Aires und dann nach Chile, wo er mit Yerba (einer Teepflanze) aus Paraguay handelte. *Proceso de fe* von Pedro Fos (1758–1765). Zeugenaussage von Fos (19.01.1760). AHN, Inq., leg. 1649, exp. 39/2, fol. 16r–18v.

beschuldigt, ein Häretiker zu sein.[59] Als Fos von diesen Anschuldigungen hörte, floh er aus dem Palast des Vizekönigs und versuchte vergeblich, Peru per Schiff zu verlassen.[60] Er erschien schließlich freiwillig vor dem Tribunal. Die Inquisitoren qualifizierten Fos nach anfänglichem Zögern als *hereje nacional espontáneo*. Sie schickten den Franzosen zu den Jesuiten, wo er im Katholizismus unterrichtet werden sollte. Der für ihn zuständige Pater verstarb jedoch nach einigen Monaten.[61] Die Inquisitoren befürchteten, dass Fos sich aus Lima absetzen würde, und verhörten ihn deshalb im November 1759. Der Franzose gab zu, sich auf die französischen Inseln in der Karibik begeben zu wollen, um von dort aus zurück zu seinen Eltern nach Montpellier zu fahren. Erst dann habe er die Freiheit, zum Katholizismus zu konvertieren.[62] Die Inquisitoren gaben Fos daraufhin acht Tage Zeit, seinen Beschluss zu überdenken und sich in Peru zum ‚wahren Glauben' bekehren zu lassen.[63]

Doch der Franzose sträubte sich weiter gegen eine Konversion.[64] Im Januar 1760 musste er sich deshalb erneut einer Befragung stellen. Er bekräftigte, nicht gegen den Willen seiner Eltern handeln und deshalb vorderhand protestantisch bleiben zu wollen.[65] Erneut stellte sich heraus, dass Fos vom Protestantismus wenig Ahnung hatte und die katholischen Dogmen gar nicht bezweifelte. Die Verwirrung wurde dabei durch sprachliche Verständnisschwierigkeiten noch gesteigert.[66]

---

59 *Proceso de fe* von Pedro Fos (1758–1765). Zeugenaussagen von Lorenzo Fiand, 07/11.11.1758. AHN, Inq., leg. 1649, exp. 39/2, fol. 1v–3r.
60 *Proceso de fe* von Pedro Fos (1758–1765). *Audiencia* (21.01.1760). AHN, Inq., leg. 1649, exp. 39/2, fol. 18v–21v.
61 *Proceso de fe* von Pedro Fos (1758–1765). *Certificación* von Gaspar de Cruce, Sekretär des Tribunals (08.11.1759). AHN, Inq., leg. 1649, exp. 39/2, fol. 7v–9r.
62 *Proceso de fe* von Pedro Fos (1758–1765). *Declaración* von Pedro Fos (08.11.1759). AHN, Inq., leg. 1649, exp. 39/2, fol. 9r–11r.
63 *Proceso de fe* von Pedro Fos (1758–1765). *Audiencia* (15.11.1759). AHN, Inq., leg. 1649, exp. 39/2, fol. 12v–13r.
64 *Proceso de fe* von Pedro Fos (1758–1765). Bericht von Juan Borda y Nava (20.12.1759). AHN, Inq., leg. 1649, exp. 39/2, fol. 13r–15r.
65 *Proceso de fe* von Pedro Fos (1758–1765). Zeugenaussage von Fos (19.01.1760). AHN, Inq., leg. 1649, exp. 39/2, fol. 16r–18v.
66 *Proceso de fe* von Pedro Fos (1758–1765). Zeugenaussage von Fos (21.01.1760). AHN, Inq., leg. 1649, exp. 39/2, fol. 18v–21v; *Proceso de fe* von Pedro Fos (1758–1765). Zeugenaussage von Fos (24.01.1760). AHN, Inq., leg. 1649, exp. 39/2, fol. 21v–25r.

Am 29. Januar 1760 ordnete die Inquisition die Festnahme von Fos und die Beschlagnahmung seiner Güter an.[67] Fos verweigerte sogleich das Essen und verkündete, sterben zu wollen.[68] Mit viel Aufwand konnte er von der Fortführung seines Hungerstreiks abgehalten werden.[69] Fos' Wille war nun gebrochen und er erklärte sich zur Konversion bereit. Die Inquisitoren konnten den Franzosen jedoch weiterhin nicht als Häretiker überführen.[70] Fos wurde schließlich ohne substantielle Beweise der Häresie angeklagt.[71] Fast ein Jahr später, im März 1761, gestand Fos, nicht an die Anrufung der Heiligen und den Bilderkult der katholischen Kirche geglaubt zu haben.[72] Am 31. März 1761 kam es endlich zur Urteilsfindung, wobei sich zwei Parteien gegenüberstanden. Die eine, angeführt vom Inquisitor Matheo de Amusquíbar, plädierte für eine harte Strafe. Fos sollte im *sambenito* an einem Autodafé teilnehmen, eine *abjuración de formali* vornehmen und seine Güter sollten konfisziert werden. Tatsächlich war eine Güterkonfiskation aus finanzieller Sicht interessant, denn Fos verfügte über ein Vermögen von fast 5000 Pesos.[73] Weiter forderte Amusquíbar, dass der Franzose nach zwei Jahren klösterlicher Unterrichtung nach Cádiz überführt und von dort entweder der Inquisition von Sevilla überstellt oder aus Spanien ausgewiesen werden sollte. Die zweite Fraktion unter dem Inquisitor Bartholomé López Grillo ging mit der *abjuración de formali* und der religiösen Unterrichtung einig, stellte sich jedoch gegen die Güterkonfiskation, das Tragen eines *sambenito* und die Ausweisung des Franzosen.[74]

---

67 *Proceso de fe* von Pedro Fos (1758–1765). *Orden de prisión* (29.01.1760). AHN, Inq., leg. 1649, exp. 39/2, fol. 35r–37r. Die *calificación* ist nicht bekannt.
68 *Proceso de fe* von Pedro Fos (1758–1765). *Declaración del alcalde* (01.02.1760). AHN, Inq., leg. 1649, exp. 39/2, fol. 37v–38v.
69 *Proceso de fe* von Pedro Fos (1758–1765). *Diligencia* (01.02.1760). AHN, Inq., leg. 1649, exp. 39/2, fol. 38v–40r.
70 *Proceso de fe* von Pedro Fos (1758–1765). *Primera audiencia* (14.03.1760). AHN, Inq., leg. 1649, exp. 39/2, fol. 40r–42r.
71 *Proceso de fe* von Pedro Fos (1758–1765). *Audiencia de acusación* (22.04.1760). AHN, Inq., leg. 1649, exp. 39/2, fol. 43v–46v.
72 *Proceso de fe* von Pedro Fos (1758–1765). *Audiencia extraordinaria* (10.03.1761). AHN, Inq., leg. 1649, exp. 39/2, fol. 62r–65v. Der Prozessverlauf legt nahe, dass dem Franzosen dieses Geständnis aufgezwungen worden war.
73 Lima an *Suprema*, 09.04.1761. AHN, Inq., leg. 2209, exp. 13, s. fol. Die jährlichen Ausgaben des peruanischen Tribunals bewegten sich zwischen 1760 und 1765 um die 25.000 Pesos. S. dazu MILLAR CARVACHO (1998), El Real Fisco, hier S. 222.
74 *Proceso de fe* von Pedro Fos (1758–1765). *Voto definitivo* (31.03.1761). AHN, Inq., leg. 1649, exp. 39/2, fol. 65v–68r.

Interessant ist ein Zusatzvotum, das der Pater Juan Bauptista Sánchez einbrachte. Er plädierte dafür, ausländische Protestanten milde zu bestrafen, und begründete dies mit den Rechtspraktiken der Römischen Inquisition. Diese mache, so Sánchez, einen klaren Unterschied zwischen gebürtigen Häretikern *(herejes natos)* und ‚wirklichen' Häretikern *(herejes factos)*.[75] Sánchez empfahl, diesbezüglich die *Suprema* zu konsultieren.[76] In der entsprechenden Anfrage hielten die Inquisitoren fest:

> Es scheint, dass sich der Fall auf die Frage reduziert, ob es sich beim Gefangenen um einen *hereje nacional* [...] und *espontáneo* handelt [...] oder um einen *hereje facto*, da er bei Katholiken geboren wurde und aufwuchs und immer bei ihnen lebte, vor allem in den letzten neun oder zehn Jahren, als er sich auf spanischem Gebiet befand, und insbesondere ab jenem Zeitpunkt, als er im Auftrag dieses *Santo Oficio* in der katholischen Doktrin unterwiesen wurde.[77]

Die Antwort der *Suprema* erfolgte Anfang Dezember 1761. Der Rat wies darauf hin, dass es keine festen Regeln zum Umgang mit solchen Fällen gebe. Grundsätzlich seien aber bei jenen Angeklagten, bei denen es sich nicht um *espontáneos* handle, die Güter zu konfiszieren und müsse uneingeschränkt gegen sie

---

75 „Bien conozco que las prácticas de la Inquisición de Italia no hacen ley para la nuestra; pero no se puede negar que cuando no hay en España disposición en contra pueden servir de dirección para un caso extraordinario, se conoce pues por este modo de proceder la diversidad con que se porta el Tribunal (uso del modo de hablar de Bordonio) con los herejes natos y con los factos, aún cuando los natos no tienen licencia para pasar a tierras de católicos." *Proceso de fe* von Pedro Fos (1758–1765). Zusatzvotum des Paters Juan Bauptista Sánchez (04.04.1761). AHN, Inq., leg. 1649, exp. 39/2, fol. 68r–75v, hier fol. 69v.

76 *Proceso de fe* von Pedro Fos (1758–1765). Zusatzvotum des Paters Juan Bauptista Sánchez (04.04.1761). AHN, Inq., leg. 1649, exp. 39/2, fol. 68r–75v. Pedro Fos wurde derweilen in ein Kloster eingewiesen, wobei die Inquisition darauf achtete, dass er von Französisch sprechenden Geistlichen begleitet wurde. *Proceso de fe* von Pedro Fos (1758–1765). *Diligencia* (17.04.1761). AHN, Inq., leg. 1649, exp. 39/2, fol. 76v–77r.

77 „La question parece se re[d]uce a si este Reo se ha de considerar como hereje nacional, o con alguna calidad de tal, y de espontáneo, que le releve de las penas de hereje formal, que fue el concepto con que se empezó el negocio por ambos colegas, y el que tiene aún el inquisidor Grillo; o ha de ser tenido, y castigado como hereje facto por haber nacido, y criándose entre católicos viviendo siempre con ellos, especialmente en los nueve o diez años que ha que está en los dominios de España, y singularmente desde la instrucción particular que tuvo de la doctrina católica por orden de este Santo Oficio". Lima an *Suprema*, 09.04.1761. AHN, Inq., leg. 2209, exp. 13, s. fol.

vorgegangen werden *(proceder de derecho)*. Die Franzosen seien – im Gegensatz zu Niederländern und Engländern – in religiösen Fragen nicht durch die Friedensverträge geschützt. Sie seien deshalb genau so zu behandeln wie die Untertanen der spanischen Krone.[78]

Erst zwei Jahre später bestätigte das peruanische Tribunal den Erhalt dieser Anweisungen. Es teilte mit, Pedro Fos befinde sich immer noch im Noviziat der Jesuiten.[79] Welche Strafe der Franzose letztlich erhalten hatte, ist nicht eindeutig zu klären. Báez Camargo und Lea behaupten übereinstimmend, Fos sei 1763 zur Teilnahme an einem Autodafé im *sambenito* und einer *abjuración de vehementi* verurteilt worden. Lea fügt an, dass der Franzose die Hälfte seiner Güter verlor, was Báez Camargo wiederum bestreitet.[80] Sicher ist, dass Fos anschließend nach Cádiz verschifft wurde, wo er im Sommer 1765 ankam. Die *Suprema* verfügte daraufhin seine Freilassung. Eine Rückkehr in die *Indias* wurde dem Franzosen unter Androhung schwerer Strafe verboten.[81]

In den letzten Jahrzehnten des spanischen Kolonialreichs hatten die peruanischen Inquisitoren der ausländischen Präsenz nur noch wenig entgegenzusetzen. 1760 beklagte sich das Tribunal bei der *Suprema* über die große Zahl von Protestanten in ihrer Jurisdiktion. Einige von ihnen würden zwar zum Katholizismus konvertieren, andere hingegen hielten an ihrer Häresie fest, ohne dass dagegen wirksame Maßnahmen ergriffen werden könnten.[82] Wie viele Protestanten sich tatsächlich bekehrten, kann aufgrund der Quellenlage nicht geklärt werden.[83] Die Aussagen der peruanischen Inquisition lassen jedenfalls darauf schließen, dass sie kaum mehr über die Kapazitäten verfügte, Verdachtsfällen nachzugehen.[84] Dies zeigt auch die allgemeine Abnahme der Aktivität des Tribunals:

---

78 *Suprema* an Lima, 02.12.1761. AHN, Inq., lib. 1026, s. fol. Leider fehlt das beiligende *auto*, das das revidierte Urteil des Inquisitionsrates enthält.
79 Lima an *Suprema*, 09.12.1763. AHN, Inq., leg. 2209, exp. 13, s. fol.
80 BÁEZ CAMARGO (1961), Protestantes enjuiciados, S. 92 f.
81 *Suprema* an Sevilla und Cádiz, 22.08.1765. AHN, Inq., leg. 2209, S. fol.
82 Lima an *Suprema*, 08.02.1760. AHN, Inq., leg. 2209, exp. 1, s. fol.
83 Die Fälle von konvertierten *espontáneos* wurden der *Suprema* nicht systematisch übermittelt und das Archiv des peruanischen Tribunals ist weitgehend verloren. Vgl. Kap. 1.5.
84 Dafür verantwortlich war auch die fehlende Unterstützung durch die spanische Krone. So erlaubte gegen Ende des 18. Jahrhunderts Karl III. dem deutschen Minenspezialisten Baron von Nordenflicht, sich als Protestant nach Peru zu begeben. Vgl. *Suprema* an Lima, 19.11.1801. AHN, Inq., lib. 1026, s. fol. MILLAR CARVACHO (1998), Otros delitos, S. 443 f.; BÁEZ CAMARGO (1961), Protestantes enjuiciados, S. 98 f.

Während für die Jahre 1700–1749 über 300 Fälle bekannt sind, überliefern die Quellen für den Zeitraum von 1750 bis 1818 deutlich unter 100 Prozesse.[85]

7.3 Cartagena de Indias

Anfang April 1697 wurde Cartagena de Indias von französischen Korsaren unter Beschuss genommen und wenig später besetzt und geplündert. Zwar waren die Gefangenen und das Archiv des *Santo Oficio* rechtzeitig an einen sicheren Ort gebracht worden. Das Gebäude der Inquisition nahm beim Angriff jedoch schweren Schaden, und die Besatzer hatten die Gelegenheit genutzt, sich öffentlich über die Institution lustig zu machen. Anfang Juni verließen die Franzosen die Stadt und die Angestellten der Inquisition konnten zurückkehren. Der Übergang zum Alltag gestaltete sich allerdings mühsam. Cartagena de Indias erlitt einen dramatischen Bevölkerungsschwund, von dem es sich nur langsam erholte.[86]

Die spanische Krone reagierte auf das Desaster und ernannte 1698 den gerade mal 25-jährigen Juan Díaz Pimienta zum neuen Gouverneur. Dieser kam ein Jahr später in Gefolgschaft von rund 500 Soldaten in Cartagena de Indias an.[87] Díaz sah seine wichtigste Aufgabe in der Verteidigung der karibischen Küste, der alle anderen Interessen unterzuordnen waren. Darüber hinaus hatte der Gouverneur eine Abneigung gegenüber religiösen Konventionen, hielt sich von Messen fern und beichtete kaum. Vor diesem Hintergrund erstaunt es nicht, dass er schon bald in Konflikt mit der Inquisition kam.[88]

An einem Märztag des Jahres 1703 spielte sich in der karibischen Stadt eine bemerkenswerte Szene ab: Aus dem im Osten liegenden Stadttor *Media Luna* trat eine kleine Gruppe von Männern heraus. Einige von ihnen hatten eine auffällig helle Hautfarbe, andere waren afrikanischer Abstammung. Letztere trugen einen in ein Tuch gewickelten Leichnam, mit dem sie in Richtung des Hügels

---

85 CASTAÑEDA DELGADO/HERNÁNDEZ APARICIO (1998), Recapitulación general, S. 476; MILLAR CARVACHO (1998), La actividad represiva, S. 322–326. Vgl. zur „Dekadenz" des peruanischen Tribunals ab den 1740er-Jahren MILLAR CARVACHO (1998), Los inquisidores, insbes. S. 24–33.
86 MEDINA (1899), La Inquisición en Cartagena de Indias, S. 345–351. Zur Bevölkerungsentwicklung vgl. GERMETEN (2013), Violent Delights, S. 6.
87 GÓMEZ PÉREZ (1985), El Consulado de Sevilla, S. 331–333; PACHECO (1989), Los jesuítas, S. 121–122.
88 Cartagena de Indias, *denunciación* gegen Juan Díaz Pimienta (Lucas de San Joseph, *provincial y vicario*), 28.07.1699, AHN, Inq., leg. 1618, exp. 11/7, fol. 15v–17v.

San Lázaro schritten, auf dem sich die Festung San Felipe de Barajas befand. Als die Versammlung den Fuß der Erhebung erreicht hatte, hielt sie an. Eine Grube wurde ausgehoben und der Tote beerdigt.[89]

Dies alles fand unter den Augen von Joseph Blanco García, Schreiber im Dienst des Gouverneurs und Notar der Inquisition, statt. Einen guten Monat später meldete er sich beim *Santo Oficio,* um den Vorfall zu denunzieren. Er hatte nämlich im Leichenzug mehrere ausländische Protestanten entdeckt, die sich seit längerem unbehelligt in der Stadt aufhielten. Daraufhin leitete die Inquisition eine Untersuchung ein, in deren Verlauf neben dem Toten – einem Hamburger namens Tabe – zehn weitere Personen identifiziert werden konnten. Es handelte sich dabei um protestantische Engländer, Hamburger, Niederländer und Schweden. Fast allen konnte eine Beziehung zum jungen Gouverneur Juan Díaz Pimienta nachgewiesen werden.[90] Díaz hatte keinerlei Berührungsängste gegenüber diesen Ausländern, die in der Nähe seines Anwesens wohnten. Wahrscheinlich hatte er einen Teil von ihnen 1697 aus Spanien mitgebracht.[91] Sie arbeiteten für ihn als Schiffsbauer oder Artilleristen; einer der Ausländer stand sogar als Uhrmacher in seinem Dienst. Es bestand offenbar ein Netzwerk von ‚Häretikern', das auch bei Todesfällen funktionierte: Denn neben der Beerdigung des Hamburgers soll es noch zu weiteren Bestattungen gekommen sein.[92]

Das Tribunal warf dem Gouverneur vor, einen öffentlichen Skandal zugelassen zu haben. Zudem habe er es unterlassen, die Bestimmungen einer königlichen Verfügung *(Real Bando)* umzusetzen, die die Ausweisung von Ausländern verfügte. Auch die übrigen Gesetze *(leyes generales),* die das Verbot von Protestanten und Juden in den *Indias* anordneten, habe er systematisch negiert. Juan Díaz Pimienta toleriere nicht nur die Anwesenheit der Ausländer, sondern beschäftige und protegiere sie auch noch. Dafür fehle jede Grundlage. Gerade in den *Indias* sei gegenüber ausländischen Häretikern aufgrund der ignoranten Bevölkerung und der militärischen Gefahr besondere Vorsicht geboten.[93]

---

89 Cartagena de Indias, *Denunciación* (Joseph Blanco García, *escribano de Gobernación* und *notario de secuestros de la Inquisición*), 03.05.1703. AHN, Inq., leg. 1622, exp. 14, fol. 1r–2r. Vgl. auch die weiteren Zeugenaussagen in diesem Bestand.
90 Als Díaz im Juni 1699 seinen Posten antrat, war er gerade mal 26 Jahre alt. PACHECO (1989), Los jesuítas, S. 121–122.
91 GÓMEZ PÉREZ (1985), El Consulado de Sevilla, S. 333.
92 Verschiedene Zeugenaussagen, Mai bis Juli 1703, AHN, Inq., leg. 1622, exp. 14, fol. 1r–15r.
93 Cartagena de Indias, *Presentación* (Alexo Díaz y Muñoz, *Avocado del Real Fiscal*), 27.07.1703. AHN, Inq., leg. 1622, exp. 14, fol. 15r–24r.

Als die *Suprema* über den Fall informiert wurde, wandte sie sich in einem ausführlichen Manual an Philipp V.[94] Ob es tatsächlich zu weiteren Konsequenzen kam, ist unwahrscheinlich – der König und seine Berater hatten angesichts des Erbfolgekriegs für Kompetenzstreitigkeiten in Übersee wenig Zeit und Interesse. Der Fall zeigt aber wiederum exemplarisch die Unterschiede zwischen den *Indias* und Spanien auf: Während die Krone den niederländischen Protestanten auf der Iberischen Halbinsel bereits 1648 das Zugeständnis machte, dass sie ihre Toten würdig begraben durften, konnte dieses Recht in Spanisch-Amerika nicht in Anspruch genommen werden.[95] Für den aus Europa kommenden Juan Díaz Pimienta stellten Ausländer in erster Linie eine potentielle militärische Gefahr dar. Arbeiteten sie jedoch mit ihm zusammen, war gegen ihre Präsenz nichts einzuwenden. Darüber, dass diese Haltung in den *Indias* problematisch sein könnte, war sich der Gouverneur offenbar nicht im Klaren. Dies zeigt sich auch im Zusammenhang mit den Sklavenhandelsverträgen *(asientos de negros),* worauf zu einem späteren Zeitpunkt zurückzukommen ist.

Einen besonderen Blick auf die inquisitorischen Praktiken des 18. Jahrhunderts erlaubt der Fall der Engländerin Magdalena Hudston.[96] Die presbyterianische Hudston war gemeinsam mit ihrem Ehemann, dem katholischen Franzosen Juan Sabilier, nach Cartagena de Indias gekommen. Dort gebar sie ein Kind namens Salvador, das katholisch getauft wurde. Ihr Mann reiste anschließend nach Jamaica und ließ seine Familie in der karibischen Stadt mit dem Versprechen zurück, sie bald nachzuholen.[97] Unter den Bewohnern Cartagenas ging schon bald das Gerücht um, dass Hudston Protestantin sei. Ende des Jahres 1711 wurden auch die beiden Inquisitoren Juan Laiseca Alvarado und Manuel Verdeja y Cossio auf die Frau aufmerksam. Sie bezeichneten sie als *hereje nacional,* die unter der Bevölkerung für einen *escándalo* gesorgt habe. Zudem stehe ihre Anwesenheit in Spanisch-Amerika im Widerspruch zu verschiedenen königlichen Dekreten, die den Schutz der Indigenen – den „neuen Pflanzen des Glaubens" – vor ausländischen Häretikern zum Gegenstand hatten. Schließlich sei Hudston auch nicht mehr durch völkerrechtliche Abkommen mit der englischen Krone

---

94 *Suprema* an Philipp V., 01.08.1704. AHN, Inq., lib. 305, fol. 481r–486v.
95 Zum Vertrag von 1648 vgl. S.N. (2006), La paz de Münster.
96 Der Fall findet sich in AHN, Inq., leg. 1622, exp. 19. Er ist zudem digital über PARES einsehbar, wird dort jedoch unter der Signatur AHN, Inq., leg. 1622, exp. 8 aufgeführt.
97 *Diligencia* des Tribunals von Cartagena de Indias, 08.04.1712. AHN, Inq., leg. 1622, exp. 19, s. fol.

geschützt, da diese durch den Spanischen Erbfolgekrieg hinfällig geworden seien.[98]

Die Inquisitoren beauftragten einen irischen Priester, sich näher über die Engländerin zu erkundigen. Dieser forderte Hudston zunächst erfolglos dazu auf, zum Katholizismus überzutreten.[99] Erst als der Gouverneur Hudston anwies, die Stadt zu verlassen, erklärte sie sich zur Konversion bereit.[100] Diesen Schritt wollte sie dann aber doch nicht vollziehen und bat die Inquisitoren stattdessen um die Erlaubnis, gemeinsam mit ihrem Sohn nach Boston zu ihren Verwandten abreisen zu dürfen.[101] Die Inquisitoren waren bereit, Hudston ziehen zu lassen – allerdings unter der Bedingung, dass sie ihren katholischen Sohn zurückließ und in die Obhut seiner spanischen Paten übergab.[102] Hudston wurde kurz darauf nach Jamaica ausgewiesen, während ihr Kind in Cartagena zurückblieb.[103] Anschließend informierten die Inquisitoren die *Suprema* über den Fall, deren Antwort die karibische Hafenstadt erst drei Jahre später erreichte. Der Inquisitionsrat hatte nichts gegen die Ausweisung Hudstons einzuwenden, befand aber, dass ihrem katholischen Mann das Recht zugestanden werden sollte, das Kind zurückzufordern.[104]

---

98 „[P]or estar estas plantas tan recientes en nuestra religión Católica, y cesando como han cesado ya las capitulaciones que se hicieron con el Rey de la Gran Bretaña sobre la entrada de Ingleses por razón de comercios en puertos católicos". *Auto* des Tribunals von Cartagena de Indias, 02.12.1711. AHN, Inq., leg. 1622, exp. 19, s. fol.
99 Zeugenaussage von Andrés Linze, 08.01.1712. AHN, Inq., leg. 1622, exp. 19, s. fol.
100 *Notificación* des Gouverneurs, 22.01.1712. AHN, Inq., leg. 1622, exp. 19, s. fol.
101 *Diligencia* des Tribunals von Cartagena de Indias, 08.04.1712. AHN, Inq., leg. 1622, exp. 19, s. fol.
102 *Auto* des Tribunals von Cartagena de Indias, 01.09.1712. AHN, Inq., leg. 1622, exp. 19, s. fol.
103 *Diligencia* des Tribunals von Cartagena de Indias, 10.09.1712. AHN, Inq., leg. 1622, exp. 19, s. fol.
104 *Suprema* an Cartagena de Indias, 09.08.1714. AHN, Inq., leg. 1599, exp. 14/2, fol. 58r–59r. Fast gleichzeitig ereignete sich in Santo Domingo (Hispaniola) ein ähnlicher Fall. Ein spanischer Korsar hatte sich des Sohnes eines wohl in New England lebenden protestantischen Engländers namens Alexander Smith (span. Esmit) bemächtigt, der sein Kind zu seinem Bruder auf die Insel St. Thomas schicken wollte. Der Junge wurde von Spaniern nach Santo Domingo verschleppt und konvertierte nach einem Jahr (angeblich freiwillig) zum Katholizismus. Der Vater und der Onkel versuchten mit allen Mitteln, das Kind zurückzuerlangen. Angeblich bestachen sie dafür u.a. den Gouverneur von Santo Domingo, Guillermo Morfy. Der örtliche Inquisitionskommissar verhinderte im letzten Moment eine Auslieferung. Der Gouverneur wurde von Philipp V. seines Amtes enthoben. AGI, Escribanía, leg. 30.

Tatsächlich kehrte Hudston gemeinsam mit ihrem Ehemann nach Cartagena de Indias zurück. Dies geht aus einer Zeugenaussage aus dem Jahre 1716 hervor, in der von einer „Magdalena, Frau des Waffenmachers Juan Sabal[i]eer" die Rede ist.[105] Offenbar war die Engländerin immer noch nicht zum Katholizismus übergetreten und die Inquisitoren ermittelten weiter gegen sie.[106]

Ab 1700 finden sich in den Quellen des karibischen Tribunals fast nur noch Verfahren, die auf Selbstanzeigen ausländischer Protestanten zurückgehen. In der ersten Jahrhunderthälfte kam es zu mindestens 29 Fällen von *espontáneos*.[107] Nach 1751 sind in den *relaciones de causas* keine entsprechenden Prozesse mehr überliefert. Es ist allerdings wahrscheinlich, dass es weiterhin zu zahlreichen Konversionen kam.[108] Es gibt auch Hinweise darauf, dass völkerrechtliche Fragen in der zweiten Hälfte des 18. Jahrhunderts einen gewissen Einfluss auf die Rechtspraktiken des Tribunals von Cartagena de Indias hatten.[109]

7.4 Zwischenfazit

Das Delikt der protestantischen Häresie machte im 18. Jahrhundert einen wesentlichen Teil der **neuspanischen Inquisitionstätigkeit** aus. Dabei ging es insbe-

---

105 „Magdalena, mujer del armero Juan Sabal[i]eer". Zeugenaussage von Thomas Gutiérrez Escalante, 08.07.1716, AHN, Inq., leg. 1605, exp. 13, fol. 2v-4v, Zitat fol. 4r.
106 *Auto*, 20.07.1716. AHN, Inq., leg. 1605, exp. 13, fol. 5v-7v.
107 Die Zahl basiert auf den *relaciones de causas* in den folgenden Beständen: AHN, Inq., leg. 1622/5349/5350. Das letzte mir bekannte Verfahren gegen einen protestantischen Ausländer, das auf eine Denunziation von dritter Seite zurückging, wurde in den Jahren 1701-1705 geführt. *Relacion de causa* von Francis Ford (1701-1705). AHN, Inq., leg. 1622, exp. 15, fol. 3v-10v. Der Engländer Francisco Ford war der Apostasie angeklagt worden und bereute angeblich – bereits im Sterben liegend – seine Sünden. Aufgrund seines unmittelbar zu erwartenden Todes ließ die Inquisition den Engländer zur *reconciliación* zu und gab ihm die Absolution *ad cautelam*.
108 Darauf deutet u.a. ein Schreiben der *Suprema* hin, das Ende der 1780er-Jahre Anweisungen zum korrekten Umgang mit protestantischen Ausländern gab. Der Auslöser war eine Anfrage des kubanischen Erzbischofs *Luis Ignacio de Peñalver y Cardenas* zu konversionswilligen aus den USA stammenden Soldaten. *Suprema* an Cartagena de Indias, 13.02.1789. AHN, Inq., lib. 346, s. fol.
109 So erlaubte die *Suprema* 1755 dem karibischen Tribunal, gegen einen mutmaßlich protestantischen Franzosen vorzugehen, da dieser durch keinen Friedensvertrag geschützt sei. *Suprema* an Cartagena de Indias (1755). AHN, Inq., lib. 346, s. fol.

sondere um ausländische *espontáneos,* die zum Katholizismus konvertieren wollten. Um die Verfahren zu vereinheitlichen, ließ das *Santo Oficio* Manuale drucken und stellte diese ihren Kommissaren in den Provinzen zur Verfügung. Neben den Selbstanzeigen kam es weiterhin zu Denunziationen von dritter Seite. Die neuspanischen Inquisitoren gingen darauf offenbar nicht konsequent ein. In einigen Fällen kam es zu mehrjährigen Prozessen, die in der Regel jedoch mit einem milden Urteil endeten. Insgesamt kam der neuspanischen Inquisition im 18. Jahrhundert in Bezug auf ausländische Protestanten weniger eine repressive als eine integrative Funktion zu.

Zumindest für die ersten 30 Jahre des 18. Jahrhunderts lässt sich eine erstaunliche Aktivität des **peruanischen Tribunals** gegen ausländische Protestanten dokumentieren. Der größte Teil der Verfahren kam dabei aufgrund von Selbstanzeigen zu Stande, Denunziationen von dritter Seite blieben hingegen die Ausnahme. Die Inquisitoren nahmen die *espontáneos* nur kurz (1707–1713) systematisch in die nach Madrid versandten *relaciones de causas* auf. Für die Zeit danach finden wir im AHN nur jene Fälle, in denen es während des Verfahrens zu Problemen kam. Daraus lässt sich schließen, dass die tatsächliche Zahl der Konvertiten weit höher ist, als sich durch die überlieferten Quellen nachweisen lässt.

Die peruanischen Rechtspraktiken waren von zwei Kriterien geprägt. Entscheidend war erstens die Frage, ob sich ein ausländischer Protestant freiwillig stellte. Zweitens spielte die Herkunft eine wichtige Rolle: Engländer und Niederländer konnten mit milden Urteilen rechnen, Franzosen wurden tendenziell härter bestraft. In der Regel scheinen die Inquisitoren aber kein Interesse an einem strengen Vorgehen gegen Ausländer gehabt zu haben. Wie auf der Iberischen Halbinsel war das vorrangige Ziel die Inklusion der Häretiker in die spanisch-katholische Gemeinschaft. Für harte Urteile brauchte es gute Gründe. Sie konnten dann gefällt werden, wenn es in der Öffentlichkeit zum *escándalo* gekommen war. Andererseits spielten auch ökonomische Anreize eine Rolle: Handelte es sich wie beim Franzosen Pedro Fos um einen vermögenden Angeklagten, war eine Güterkonfiskation attraktiv. Die meisten protestantischen Ausländer im Vizekönigreich Peru kamen allerdings gar nicht erst in Kontakt mit der Inquisition. Wenn sie ihren Gauben verbargen und den *escándalo* vermieden, hatten sie wenig zu befürchten. Die Rechtsdurchsetzungskraft der Inquisition beschränkte sich ohnehin fast nur auf Lima. So gab es in Buenos Aires einen regen Handel zwischen Spaniern, Franzosen, Engländern und Niederländern, der weitestgehend der religiösen Kontrolle der Inquisition entzogen war.[110]

Bei den Verfahren gegen ausländische Protestanten in **Cartagena de Indias** handelte es sich in der ersten Hälfte des 18. Jahrhunderts fast ausschließlich um Konversionsgesuche. Das Beispiel der Magdalene Hudston zeigt, dass die Inquisitoren Hemmungen hatten, direkt gegen *herejes nacionales* zu prozessieren. Dafür verantwortlich war unter anderem die mangelnde Unterstützung der säkularen Autoritäten. Eine Rolle spielte zudem, dass mit dem 1713 abgeschlossenen *asiento de negros* zwischen Spanien und Großbritannien die Anwesenheit einiger Ausländer rechtlich legitimiert wurde. Für die Zeit nach 1750 lassen sich aufgrund des vorhandenen Quellenbestands wenig verlässliche Aussagen machen. Es erscheint allerdings wahrscheinlich, dass das karibische Tribunal weiterhin Konversionen vornahm.

---

110 Vgl. bereits für das 17. Jahrhundert KLOOSTER (1998), Illicit Riches, S. 53. Vgl. auch TAU ANZOÁTEGUI (1992), Una defensa. Zu den Konversionen englischer Kriegsgefangener in Córdoba del Tucumán s. VASALLO (2008), El miedo, insbes. S. 487–490.

8 Die *asientos de negros*

Die spanische Krone besaß zu Beginn des 17. Jahrhunderts keine Möglichkeiten, die in Amerika dringend benötigten Sklaven aufzutreiben. Sie sah sich deshalb gezwungen, den Sklavenhandel über ausländische Handelspartner zu organisieren. Dies geschah über sogenannte *asientos de negros,* also Verträge zwischen dem König auf der einen und Privatpersonen oder Handelskompanien auf der anderen Seite. Die Vertragspartner des Königs verpflichteten sich, innerhalb einer bestimmten Zeit eine Mindestanzahl von Sklaven zu liefern und zusätzlich einen Teil des erwarteten Gewinns an die Krone abzutreten.[1] Die *asientos de negros* wurden zunächst an Portugiesen vergeben. Dies wurde dadurch begünstigt, dass die spanischen Könige Portugal ab 1580 in Personalunion regierten.[2] Als sich das Land 1640 für unabhängig erklärte, musste Spanien nach neuen Möglichkeiten Ausschau halten. Das Problem war, dass der Sklavenhandel mittlerweile von den politischen, militärischen und religiösen Rivalen der spanischen Krone – nämlich den niederländischen Generalstaaten und England – dominiert wurde. In diesem Kapitel will ich aufzeigen, wie die Inquisition auf das Phänomen der *asientos de negros* im „sakralen Raum" (John H. Elliot) der Neuen Welt reagierte.[3]

8.1 Der Fall Balthasar Coymans

Ab der zweiten Hälfte des 17. Jahrhunderts war es für Spanien nicht mehr möglich, den Sklavenhandel mit protestantischen Mächten zu vermeiden. Allerdings verlief dieser zunächst über Mittelsmänner. So wurde der *asiento de negros* von

---

1 Zur allgemeinen Bedeutung solcher Verträge vgl. DAMLER (2008), Imperium contrahens, zu den *asiento de negros* immer noch grundlegend SCELLE (1906), La traite négrière. 2 Bde.
2 Aus religiöser Sicht war die Tätigkeit von Portugiesen im Sklavenhandel für die spanische Krone nicht unproblematisch, da viele von ihnen Neuchristen waren und damit als potentielle Juden verdächtigt wurden.
3 Vgl. dazu das Kapitel *America as Sacred Space* in ELLIOTT (2006), Empires of the Atlantic World, S. 184–218. S. auch EHLERS (2016), Rechtsräume, S. 23 f.

1662 bis 1674 an die Genuesen Domingo Grillo und Ambrosia Lomelin vergeben. Diese kamen über die niederländische Westindische Kompanie (WIC) zu ihrer ‚Ware', wobei die karibische Insel Curaçao als Drehscheibe diente. Von 1674 bis 1675 hielt der Portugiese Antonio Garcia den *asiento* inne, wobei auch er auf die Dienste der WIC zurückgriff. 1676 übergab die spanische Krone den *asiento* einem Verbund Sevillaner Kaufleute, mit der Auflage, keine Sklaven aus Curaçao zu erwerben. Nach zwei Jahren wurde dieser Versuch abgebrochen. 1679 waren es dann Juan Barroso und dessen Schwiegersohn, Nicolás Porcio, die sich des *asiento de negros* bemächtigen konnten.[4]

Für die spanischen Autoritäten war es ein Ärgernis, dass die Versorgung von Sklaven nur über Ausländer funktionieren konnte. Das Tribunal von Cartagena de Indias beklagte sich schon 1672 über die Präsenz von „Menschen verschiedener Nationen und Religionen" in seiner Jurisdiktion und brachte diesen Umstand direkt mit dem *asiento* von Grillo und Lomelin in Verbindung.[5] Auch mit dem Portugiesen Antonio Garcia gab es entsprechende Probleme. Besonders brisant wurde die Situation, als die Krone den *asiento de negros* direkt an einen calvinistischen Niederländer vergab. Es handelte sich dabei um den in Cádiz ansässigen Balthasar Coymans, Spross einer der bedeutendsten Handelsfamilien Amsterdams, die enge Verbindungen mit der WIC hatte. Coymans arbeitete als Vertreter dieser Familie bereits seit langem mit Nicolás Porcio zusammen. Schon um das Jahr 1680 gab es Stimmen, die Porcio als Feigenblatt von Balthasar Coymans und dessen Geschäftspartner Pedro Bambelle bezeichneten.[6] Tatsächlich lief der Sklavenhandel faktisch über die niederländische Westindische Kompa-

---

4 POSTMA (1990), The Dutch, S. 30–39. Die von Johannes Postma publizierte chronologische Übersicht über die verschiedenen Inhaber des *asiento de negros* ist allerdings fehlerhaft. So hielten die Genuesen Grillo und Lomelin den *asiento* von 1662 bis 1674 inne (statt von 1662 bis 1669) und Antonio García zeichnete den Sklavenhandelsvertrag im Jahre 1674 (und nicht 1670). Ebd., S. 34; vgl. FERNÁNDEZ DURÁN (2011), La corona española, S. 27 f.; VEGA FRANCO (1984), El tráfico de esclavos, S. 78.

5 Cartagena de Indias an *Suprema*, 01.04.1672. AHN, Inq., lib. 1018, fol. 64r. In diesem Zusammenhang kam es zum Dekret der Regentin Mariana, das die Verfolgung ausländischer Protestanten für die *Indias* legitimierte. Später wurde behauptet, dass zwei Angestellte der Genuesen, die wahrscheinlich als Übersetzer arbeiteten, häretische Bücher in die *Indias* eingeführt hätten. Fernández de Villalobos, Gabriel, Marqués de Varinas an Karl II., 20.03.1689. BN, MSS/1001, fol. 114r-119r. Ich habe dafür im AHN keine weiterführenden Hinweise gefunden.

6 Der Dominikanermönch Juan de Castro behauptete um das Jahr 1680 in einem Memorial, „que el dicho Porcio es puramente agente de los dichos Baltasar Coymans y Pedro Bambelle". Memorial von Juan de Castro (1680?, z.H. v. Karl II.). BNE, VE/27/34(1), fol. 1r-8v, Zitat fol. 4v.

nie.[7] Coymans blieb zunächst im Hintergrund. Erst 1684 wandte er sich an Karl II. Der Niederländer warf Porcio Vertragsbruch und Inkompetenz vor und bot dem König an, den *asiento de negros* zu übernehmen.[8] Die Angelegenheit wurde vor dem Indienrat verhandelt, der daraufhin Porcio den *asiento* entzog.[9] Dies zeugt vom großen Einfluss der Firma Coymans, nicht nur in Spanien, sondern auch in Amerika.[10] Am 23. Februar 1685 schlossen die spanische Krone und Balthasar Coymans einen Vertrag ab, der dem Niederländer für sechs Jahre das Recht, Sklaven nach Spanisch-Amerika einzuführen, garantierte.[11] Neben finanziellen Fragen waren dabei weitere Punkte geklärt worden. So gestand die Krone Coymans zu, für die Verwaltung des *asiento* drei ausländische Faktoren einzusetzen: die Niederländer Pedro Bambelle (Peter van Belle) und Balthasar Beque (Balthasar Beck) sowie den aus Spanisch-Flandern stammenden Alexandro Escos (Alexander de Schot). Zwar durfte Coymans seine Schiffsmannschaft aus Niederländern zusammensetzen, allerdings war es dieser verboten, spanisch-amerikanischen Boden zu betreten. Zudem durften nur die Häfen Portobelo, Car-

---

7   Vgl. VAN BELLE (1689), Pertinent en waarachtig verhaal, S. 6–9 sowie den darin abgedruckten Vertrag zwischen der Westindien-Kompanie und Jan Coymans aus dem Jahre 1679, Littera A, S. 5.
8   Karl II., 15.03.1685. AGI, Indiferente, leg. 2844, s. fol. (Kopie); VAN BELLE (1689), Pertinent en waarachtig verhaal, S. 27 f.
9   Coymans erhielt den *asiento* 1685 für die Dauer von insgesamt fünf Jahren. Vgl. die anonyme Zusammenfassung zur Entstehung des *asiento de negros* und zu deren Bedeutung für die *Indias* (1685), in: AGI, Indiferente, leg. 2845, s. fol.
10 Vgl. VAN BELLE (1689), Pertinent en waarachtig verhaal, S. 31. U.a. soll der Gouverneur von Cartagena de Indias zu Gunsten der Niederländer bestochen worden sein. WRIGHT (1924), The Coymans Asiento, hier S. 23–27.
11 MARLEY (1985), Licencia a favor de don Baltazar Coymans (23.02.1685). Nicolás Porcio hatte 1682 den *asiento de negros* für sechs Jahre zugesprochen erhalten („por tiempo de cinco años, y uno más de hueco", ebd., fol. 1r). Der Vertrag wurde später um ein weiteres Jahr verlängert („dadosele después otro año más", ebd.). Insgesamt lief der *asiento* von Porcio also bis ins Jahr 1689. Coymans erhielt 1685 von der spanischen Krone das Recht, bis 1691 Sklaven nach Spanisch-Amerika einzuführen. Dies ergab sich aus der Laufdauer des *asiento* von Porcio zuzüglich zweier weiterer Jahre, die dem Niederländer zugesprochen wurden („que demás del tiempo de la administración, [Coymans] tomará por cuenta suya [...] el asiento de introducción de negros, por dos años, en las Indias, que han de empezar a correr desde el día que acabaré el tiempo que está concedido a Don Juan Barroso y Don Nicolás Porcio [...], que empezará desde el treinta y uno de septiembre del año que viene de mil y seiscientos y ochenta y nueve, y acabará en treinta de septiembre del año de mil y seiscientos y noventa y uno", ebd., fol. 6r). Der Vertrag findet sich in AGI, Contaduría, leg. 261, n. 14, fol. 1035r–1042r. Vgl. zur Laufzeit auch VAN BELLE (1689), Pertinent en waarachtig verhaal, S. 28.

tagena de Indias, Havanna und Veracruz angelaufen werden. Diese Orte waren nicht nur aufgrund ihrer militärischen Stärke ausgewählt worden, sondern auch deshalb, weil sie über inquisitorische Kommissariate und Tribunale verfügten.[12] Persönlich durfte Coymans sich während des *asiento* nicht in die *Indias* begeben.[13]

Im offiziellen Vertrag nicht enthalten war eine weitere, interessante Klausel. Coymans wurde nämlich verpflichtet, zehn spanische Kapuziner nach Afrika mitzunehmen, welche vor Ort die Sklaven taufen und im Katholizismus unterrichten sollten. Dies war die einzige explizit religiöse Auflage, welche der Indienrat Coymans machte. Allerdings ging es dabei nicht in erster Linie darum, die Gefahr einer protestantischen Konversion der Afrikaner zu verhindern, sondern den spanischen Sklavenhaltern in den *Indias* die Arbeit zu ersparen, ihre ‚Ware' im christlichen Glauben zu unterweisen.[14] Coymans war bereit, diese Auflage zu erfüllen.[15]

Derweilen formierte sich der Widerstand gegen den Niederländer. So ging der Dekan der Kathedrale von Cádiz, dessen Schwester mir Porcio verheiratet war, nach Madrid, um sich am Hof für seinen Schwager einzusetzen.[16] Die Türen

---

12 WRIGHT (1924), The Coymans Asiento, hier S. 31.
13 Vertrag zwischen der spanischen Krone und Balthasar Coymans, 23.02.1685. AGI, Contaduría, leg. 261, n. 14, fol. 1035r–1042r, hier fol. 1039v.
14 Anordnungen an Balthasar Coymans, von diesem am 14.03.1685 akzeptiert. AGI, Indiferente, leg. 2844, s. fol. Vgl. auch S.N. (1930), Report (13.04.1685), FN 2. Die Sorge um das Seelenheil der Sklaven wurde auch in späteren Jahren von den Spaniern als Argument verwendet. 1725 wollte die Krone der South Sea Company verbieten, Sklaven über Jamaica nach Spanisch-Amerika einzuführen, da diese während ihres Aufenthalts in der englischen Kompanie von der protestantischen Häresie befallen werden könnten. Vgl. dazu O'MALLEY (2014), Final Passages, S. 234 f.
15 Die Umsetzung ließ auf sich warten. Anfang des Jahres 1687 gab es von Jan Carcau eine Anfrage zum konkreten Vorgehen. Jan Carcau an *Consejo de Indias*, 12.01.1687. AGI, Indiferente, leg. 2843, s. fol. Vgl. auch WRIGHT (1924), The Coymans Asiento, hier S. 39.
16 Porcio selbst veröffentlichte Ende 1685 eine Verteidigungsschrift, die die Aufforderung enthielt, Coymans den *asiento* zu entziehen und ihm zurückzuerstatten. Er wies auf die militärische Gefahr hin, die der Sklavenvertrag mit einem Niederländer mit sich brachte. Porcio eiferte sich insbesondere über den Umstand, dass er als (naturalisierter?) Spanier weniger Rechte besaß als Coymans. Er berief sich dabei auf das Handelsverbot für Ausländer in den *Indias*. Zudem wies Porcio auf die Risiken hin, die eine protestantische Katechese der Sklaven mit sich bringen konnte: „Y no se deja de poner en la consideración de Su Majestad, que habiendo tenido este asiento Don Domingo Grillo, y el comercio de Sevilla, y el suplicante, siendo naturales de estos Reinos, y concurriendo en el comercio tantas prerrogativas, no se les ha concedido a ninguno en el todo de los asientos calidades tan irregulares, y contrarias a la prohibici-

zum Indienrat blieben ihm dabei verschlossen, aber vielleicht fand er bei der Inquisition Gehör. Diese warnte jedenfalls Karl II. am 13. April 1685 vor der religiösen Gefahr, die vom *asiento* ausging. Die *Suprema* verwies dabei explizit auf ihre Schreiben vom 1. und 24. Dezember 1672 an die Regentin Mariana und deren Beschluss, der Inquisition in den *Indias* weitreichende Freiheiten für die Verfolgung ausländischer Protestanten zu gewähren.[17]

Auch der päpstliche Nuntius war über den *asiento* mit Coymans informiert worden. Ein selbst ernannter Amerikakenner, Gabriel de Villalobos, hatte ihn mit einem umfangreichen Manual gebrieft, das später auch in die Hände der Inquisition gelangte.[18] Der Nuntius wiederum wandte sich an den Beichtvater Karls II., Tomás Carbonell. Carbonell besprach die Sache zunächst mündlich mit dem König, was keine unmittelbaren Folgen hatte. Deshalb richtete sich der Beichtvater Ende April 1685 in einem Schreiben erneut an Karl II. Er wies nochmals auf die Gefahr des *asiento* hin und bat um eine Revision des Vertrags. Carbonell schlug vor, zu diesem Zwecke einen Expertenrat einzuberufen, in dem auch Theologen vertreten sein sollten.[19]

Karl II. folgte diesem Vorschlag. Anfang Mai setzte er eine *Junta* ein, die aus vier Mitgliedern des Indienrats und zwei Mitgliedern des Kastilienrats sowie einem Dominikaner bestand.[20] Die *Junta* tagte Anfang Mai. In ihrem Bericht betonte sie

---

ón de Cédulas Reales, como las que ha obtenido Don Baltasar Coymans, siendo extranjero, y prohibido de tratar en los Reinos de las Indias; y el perjuicio de ellas, y lo tocante a la duda, o inconveniente de que en Indias se maneje este asiento, y conduzcan los Negros en quien con tanta facilidad se imprime la primera instrucción en la Fe, o lo contrario, ejecutándose por personas que no son católicas: y que estas se introduzcan en ellas". Nicolás Porcio: *Resumen de lo sucedido en el asiento que ajustó Don Nicolás Porcio, encargándose de la introducción de esclavos negros en las Indias* (1685?). M-RAH 9/3644 (9), fol. 1r–14v, hier fol. 12r.

17 *Suprema* an Karl II., 13.04.1685. AGI, Indiferente, leg. 2841, H-19. Für eine englische Übersetzung s. S.N. (1930), Report (13.04.1685). Das Tribunal von Cartagena de Indias war bereits 1684 in den Fall verwickelt worden. Damals hatte der König vom örtlichen Inquisitor Francisco Valera Auskünfte über den Gouverneur angefordert. Valera hatte daraufhin über die Verstrickungen des Gouverneurs mit von Coymans angestellten Niederländern berichtet. Cartagena de Indias an Karl II., 08.01.1685. AGI, Indiferente, 2841, 10-H (s. fol.).

18 Zur schillernden Figur von Gabriel Fernández de Villalobos s. FALCÓN RAMÍREZ (1990), Estudio preliminar.

19 Tomás Carbonell an Karl II., 28.04.1685. AGI, Indiferente, leg. 2844, s. fol. Zu Tomás Carbonell vgl. MARTÍNEZ PEÑAS (2007), El confesor del rey, S. 1013. Zur Bedeutung der Beichtväter für die *Indias* s. ebd., S. 898–903.

20 Karl II., 04.05.1685. AGI, Indiferente, leg. 2844, s. fol. Am 05.07.1685 meldete sich der König erneut zu Wort. Er forderte den Indienrat zu einer Stellungnahme auf – dieses Mal nicht zur

die große wirtschaftliche und militärische Bedeutung des *asiento* und warnte davor, dass ein Vertragsbruch das Ansehen und die Glaubwürdigkeit des Königs in Frage stellen würde. Das Völkerrecht *(derecho de la gente)* erlaube den Handel mit allen Nationen, also auch mit Häretikern. Geschickt verwies die *Junta* dabei auf die Friedensverträge, die Spanien im Laufe des 17. Jahrhunderts abgeschlossen hatte. Sie gab zwar zu, dass der Handel aus religiösen Gründen verboten werden könne. In den *Indias* sei es aber nie zu einer ernsthaften Gefährdung des katholischen Glaubens gekommen; dort seien „viele Häretiker verschiedener Religionen *[sectas]* angekommen, ohne dass einer von ihnen versucht hätte, seine Häresie zu verbreiten".[21] In den spanischen Häfen gebe es darüber hinaus eine Vielzahl von ausländischen Häretikern und in Italien verfügten die Juden sogar über eigene Synagogen. Gemäß den Vereinbarungen des *asiento* dürften die beteiligten Ausländer das spanisch-amerikanische Festland nicht mal betreten. Und im Notfall gebe es immer noch die Inquisition. Die *Junta,* die aufgrund ihrer Zusammensetzung den Vertrag mit Coymans klar befürwortete, spielte einen weiteren argumentativen Trumpf aus, indem sie an die Kapuziner erinnerte, die zur katholischen Unterrichtung der Sklaven vor Ort präsent waren. Schließlich wies sie darauf hin, dass ein Vertreter des Indienrats sich bereits mit dem Nuntius über die Sache unterhalten habe und diesen vom *asiento* habe überzeugen können.[22]

Karl II. beauftragte die *Suprema* am 9. September 1685, Stellung zu diesem Bericht zu nehmen. Der Inquisitionsrat nahm sich dafür viel Zeit und legte erst

---

Person Coymans, sondern zur Sklaverei an sich. So fragte er, inwieweit schwarze Sklaven in Amerika benötigt würden und ob der Sklavenhandel überhaupt zu rechtfertigen sei! (Karl II. an *Consejo de Indias,* 05.07.1685. AGI, Indiferente, leg. 2841, s. fol.). Der Indienrat reagiert sofort. Am 06.07. teilte er dem König mit, man werde sich mit der Sache beschäftigen. Grundsätzlich sei der Sklavenhandel schon immer Teil der spanischen Politik gewesen, ohne ihn sei der Erhalt der amerikanischen Gebiete unmöglich *(Consejo de Indias* an Karl II., 06./09.07.1685. AGI, Indiferente, leg. 2841, H-23/1). Am 21.08. bekräftigte der Rat seine Einschätzung in einer ausführlichen Stellungnahme. Darin betonte er die faktische Notwendigkeit der Sklaverei in Amerika. Die religiöse Legitimation fiel dagegen ziemlich schwach aus, wie der Indienrat selbst zugeben musste. Er verteidigte die Versklavung von Schwarzen etwa mit der damit einhergehenden Mission derselben. Insgesamt, so der Indienrat, müsse sich der König keine Sorgen um sein Gewissen machen *(Consejo de Indias* an Karl II., 21.08.1685. AGI, Indiferente, leg. 2841, H-23/2). Vgl. auch PRIEN (2013), Christianity, S. 138 f.

21 „[H]an arribado a ellas muchos herejes de diferentes sectas, que ninguno haya tratado de introducir ninguna de las suyas [herejías]". *Junta* an Karl II., 06.05.1685. AGI, Indiferente, leg. 2844, s. fol.

22 *Junta* an Karl II., 06.05.1685. AGI, Indiferente, leg. 2844, s. fol. Vgl. auch S.N. (1930), Minutes of the Council of the Indies (1685).

Anfang Juni 1686 ein ausführliches Gutachten vor.[23] Darin erinnerte er zunächst daran, dass das *Santo Oficio* protestantische Ausländer in den *Indias* – mit Ausnahme der Schiffbrüchigen – ohne Einschränkungen verfolgen konnte. Somit wies die *Suprema* gleich zu Beginn auf die Besonderheit des amerikanischen Rechtsraums hin. In einem zweiten Schritt ging der Rat auf die sensiblen Punkte des *asiento* ein. Er nannte insbesondere die drei Angestellten von Coymans, die die Erlaubnis erhalten hatten, sich in spanisch-amerikanischen Häfen aufzuhalten. Als Nächstes kam die *Suprema* auf den Brief von Gabriel Villalobos an den Nuntius zu sprechen, der im Wortlaut wiedergegeben wurde und die folgenden Argumente umfasste: Erstens bestünde die Bevölkerung in den *Indias* zu 75 Prozent aus Schwarzen, Indigenen und Mischlingen. Sie alle wären dem Alkohol zugeneigt und seien bereit, jedes Dogma anzunehmen, das sie gelehrt würde. Nur dank der Inquisition hätte bisher das Eindringen der Häresie verhindert werden können, wie unter anderem der Fall des Iren William Lamport zeige. Zweitens gehe von den Ausländern immer auch eine militärische Gefahr aus. Drittens entstünden durch den *asiento* mit Coymans wirtschaftliche Nachteile. Viertens würden dadurch die bestehenden Gesetze, die bis auf Ferdinand I. zurückreichten, verletzt. Dadurch bestehe die Gefahr, dass Karl II. dem religiösen Eifer seiner Vorgänger nicht gerecht werden könne. Und fünftens sei die Inbesitznahme der *Indias* eng mit dem päpstlichen Missionsauftrag verknüpft, der auch die Ausrottung der Häresie umfasse.[24]

Die *Suprema* verwies im Weiteren auf das Tribunal von Cartagena de Indias, das von der Gefahr des Coymans-*asiento* berichtet hatte.[25] Schließlich bündelte der Inquisitionsrat die Argumente, die seines Erachtens gegen den Sklavenhandelsvertrag sprachen. In erster Linie seien dies die verschiedenen Friedensverträge, die den Handel in den *Indias* ausdrücklich verbieten würden. Gleichzeitig betonten die Inquisitoren, dass diese internationalen Abkommen nicht als Vorbild für private Verträge dienen dürften, auch dann nicht, wenn große Interessen

---

23 Konkret ging es um die Friedensverträge von 1604, 1648 und 1667/70 mit England bzw. den niederländischen Generalstaaten, die Vertragsverhandlungen mit Cromwell (1653–1655) und das Dekret der Regentin Mariana aus dem Jahre 1672.
24 *Suprema* an Karl II., 07.06.1685. AHN, Inq., lib. 267, fol. 105r–124v.
25 So hatte u.a. Francisco Valera, Inquisitor in Cartagena de Indias, seine Sorge über den *asiento de negros* und die dadurch entstehende Gefahr für den katholischen Glauben zum Ausdruck gebracht. Valera hatte ausdrücklich darauf hingewiesen, dass diese Frage auch die Tribunale in Lima und Mexiko-Stadt beträfe. Cartagena de Indias an *Suprema*, 15.08.1685. AHN, Inq., lib. 305, fol. 501r–502r.

im Spiel seien. Nur im äußersten Notfall dürften Kontakte mit Häretikern toleriert *(tolerare)* werden – nämlich dann, wenn es darum ginge, größere Schäden von der katholischen Religion abzuwenden. Dies sei in der Sache Coymans nicht der Fall. Der Vertrag mit Coymans öffne vielmehr Tür und Tor für ähnliche Forderungen von Seiten der Engländer. Die *Suprema* betonte nochmals, dass die gerade erst (sic) konvertierten Indigenen durch die Protestanten Gefahr liefen, von ihrem Glauben abzufallen. So hätten die Niederländer zur Zeit des *asiento* von Grillo Katechismen in die *Indias* eingeführt. Die religiösen Vorsichtsmaßnahmen des Indienrates seien ungenügend. Schließlich berief sich der Inquisitionsrat auf weitere Autoritäten, wie Alfonso den Weisen und verschiedene Theologen, die allesamt die Gefahr von Häretikern beschworen. Stark betonte die *Suprema* auch die Rolle der Vorfahren des Königs, wobei die Ausweisung der Morisken unter Philipp III. als besonderes Verdienst hervorgehoben wurde. Daran solle sich Karl II. ein Vorbild nehmen. Der Inquisitionsrat beendete seine Ausführungen mit der Aufforderung, den Vertrag mit Coymans um der katholischen Religion und der königlichen *conciencia* willen aufzulösen.[26]

Am 26. Oktober 1686 berief Karl II. eine weitere *Junta* ein. Diese bestand wiederum aus Mitgliedern des Kastilien- und des Indienrates sowie einem Theologen, allerdings in anderer Zusammensetzung. Als Begründung für die Einberufung nannte der König die Stellungnahme des Inquisitionsrates sowie ein Manual von Nicolás Porcio. Tatsächlich dürfte auch ein kurz davor aufgesetztes Schreiben des einflussreichen Kardinals Luis Manuel Fernández Portocarrero eine Rolle gespielt haben, der im Auftrag der vatikanischen Missionsgesellschaft *(Congregatio de Propaganda Fide)* große Vorbehalte gegenüber dem *asiento* geltend gemacht hatte.[27] Die *Junta* empfahl Anfang März 1687, den Vertrag mit dem mittlerweile verstorbenen Coymans[28] aufzulösen. Sie begründete ihren Beschluss explizit mit den Interventionen der *Suprema* und des päpstlichen Nun-

---

26 *Suprema* an Karl II., 07.06.1685. AHN, Inq., lib. 267, fol. 105r–124v.
27 Karl II., 26.10.1686. AGI, Indiferente, 2841 sowie Portocarrero an Karl II., 11.10.1686. AGI, Indiferente, leg. 2841, 53–H.
28 Coymans hatte einen Landsmann, den in Cádiz ansässigen Katholiken Jan Carcau, zu seinem Nachfolger als Inhaber des *asiento* bestimmt. Gegen Carcau erließen die spanischen Autoritäten 1689 einen Haftbefehl. *Petición* von Jan Carcau [1689]. AGI, Indiferente, leg. 2845, s. fol. Zunächst musste Carcau nicht ins Gefängnis, sondern wurde unter Hausarrest gestellt. Vgl. die Deklaration von Juan de Gongora, *alcayde de cárcel* in Cádiz, 30.12.1689. AGI, Indiferente, leg. 2845, s. fol. In den Jahren 1690/91 wurde er gemäß Scelle dann aber eingekerkert. Vgl. SCELLE (1906), La traite négrière 1, S. 684.

tius. Zudem wies die *Junta* darauf hin, dass der *asiento* trotz aller Vorsichtsmaßnahmen zu viele Schlupflöcher für den illegalen Handel bieten würde. Dies wiederum könne dazu führen, dass häretische Europäer und islamische Sklaven die Indigenen mit ihrem falschen Glauben infizierten.[29]

Anfang September 1687 gab Karl II. den spanischen Autoritäten in Amerika Anweisungen, die im Rahmen des *asiento* von Coymans verwendeten Schiffe, Güter und Dokumente zu beschlagnahmen.[30] Zu einer formellen Vertragsauflösung kam es vorerst jedoch nicht, so dass der Nuntius sich im Namen des Papstes erneut an den König wandte. Auch der *Consejo de Estado* war an einer schnellen Lösung des Problems interessiert; er warnte aber davor, nach außen hin die Religion als Begründung für die Beendigung des *asiento* anzugeben, denn daraus „könnten die Interessen des Staates Schaden nehmen".[31] 1689 erstattete Karl II. Porcio den *asiento* zurück, unter der Auflage, nur noch spanische Untertanen als Verwalter einzusetzen.[32] Der faktische Vertragsbruch mit Coymans (beziehungsweise dessen legitimen Nachfolgern) führte zu einer diplomatischen Krise mit den Generalstaaten, die nur mit großem Aufwand eingedämmt werden konnte.[33] All dies hatte für Spanien neben politischen auch wirtschaftliche Kosten zur Folge, denn die Niederländer begannen nun vermehrt, Sklaven nach Spanisch-Amerika zu schmuggeln.[34]

---

29 S.N. (1930), Council of the Indies to the King (05.03.1687). Vgl. auch WRIGHT (1924), The Coymans Asiento, S. 42 sowie *Consejo de Estado* an spanischen Botschafter in Den Haag [undatiert]. AGS, Est., leg. 4005, s. fol.
30 WRIGHT (1924), The Coymans Asiento, S. 42.
31 *Consejo de Estado* an Karl II., 31.08.1688. AGS, Est., leg. 4005, s. fol. (hier findet sich auch der Hinweis auf die Intervention des Nuntius). Die offizielle Begründung für den Entzug des *asiento* war, dass sich Sklavenhändler *(factores)* – insbesondere der Niederländer Pedro van Belle – in den *Indias* unrechtmäßig bereichert hätten. Vgl. Jan Carcau an Karl II., 1688. AGI, Indiferente, leg. 2842, Doc. 31. In der Verteidigungsschrift von van Belle aus dem Jahre 1689 finden sich dann auch kaum Hinweise auf religiöse Probleme. VAN BELLE (1689), Pertinent en waarachtig verhaal.
32 Dekret von Karl II., 04.09.1689. AGI, Indiferente, leg. 2842, Doc. 58. Karl II., Dekretsentwurf (o.D.). AGI, Indiferente, leg. 2777, s. fol.
33 Die Generalstaaten waren nicht bereit, die *Junta Particular* als gerichtliche Instanz anzuerkennen. Die spanischen Autoritäten wiederum machten darauf aufmerksam, dass es sich beim *asiento de negros* um einen Vertrag zwischen der spanischen Krone und der Privatperson Balthasar Coymans handle und weder die niederländische Republik noch die Westindische Kompanie sich einmischen sollten. WRIGHT (1924), The Coymans Asiento, S. 57 f.
34 WRIGHT (1924), The Coymans Asiento, hier S. 53–62.

8.2 Cartagena de Indias: Juden, Protestanten und ein Gouverneur

Nicolás Porcio verwaltete sein 1689 zurückerhaltenes *asiento* ohne großen Erfolg. Die Krone schloss deshalb 1695 einen neuen Vertrag ab, diesmal mit einer portugiesischen Kompanie. Faktisch wurde der Sklavenhandel allerdings weiterhin über die von den Niederländern kontrollierte Insel Curaçao organisiert. Dort wiederum befanden sich neben Protestanten auch zahlreiche Juden. Die Bootsbemannungen der Sklavenschiffe, welche die karibischen Häfen anliefen, bestanden dementsprechend aus einer Vielzahl von ‚Häretikern'. 1699 beschloss der Inquisitor von Cartagena de Indias, Juan de Laiseca, diesem Phänomen nicht länger tatenlos zuzusehen. Er verlangte die Namen und Religionszugehörigkeiten der Bemannung eines Schiffes, das im Auftrag der portugiesischen Kompanie Sklaven von Cartagena nach Portobelo bringen sollte.[35] Die entsprechende Liste enthielt die Angaben von zwei Dutzend lutherischen und calvinistischen Niederländern. Diese ungekannte Menge von Häretikern versetzte Laiseca in Alarmbereitschaft.[36] Für ihn war klar, dass der *asiento* für diese unhaltbare Situation verantwortlich war.[37] Als der Inquisitor jedoch den frisch eingesetzten Gouverneur Juan Díaz Pimienta um Unterstützung bei der Bekämpfung der ausländischen Invasion bat, gab dieser brüsk zur Antwort, er sei vom spanischen König wegen wichtigerer Dinge in die *Indias* geschickt worden.[38]

Der Inquisitor Laiseca hingegen sah die Zeit gekommen, ein Exempel zu statuieren. Er hatte es dabei auf einen niederländischen Juden namens Felipe Enriquez abgesehen, der im Auftrag der Portugiesen nach Cartagena de Indias gekommen war. Zwar legte Enriquez einen Brief vor, der die Legalität seiner Reise bestätigte; das Dokument beeindruckte den Inquisitor jedoch nicht und er ließ den Juden einsperren.[39] Daraufhin intervenierten sowohl der Bruder von Enriquez, der als Verwalter *(factor)* des *asiento* tätig war, als auch der niederländische Gouverneur von Curaçao, Bastiaan Bernagie. Letzterer verwies zunächst darauf, dass Enriquez als Niederländer durch die Friedensverträge geschützt sei. Zudem stellte der Gouverneur fest, dass die Inquisition über Juden gar keine

---

35 *Testimonio de la licencia*, 27.04.1699. AHN, Inq., leg. 1618, exp. 11/5, fol. 1r–1v.
36 Liste vom 28.04.1699 und *carta* von Sánchez Jiménez (Bocachica) an Cartagena de Indias, 07.05.1699. AHN, Inq., leg. 1618, exp. 11/5, 3r–5r.
37 Cartagena an *Suprema*, 28.07.1699. AHN, Inq., leg. 1618, exp. 11/6, fol. 1r–2v.
38 Cartagena de Indias, *Certificación*, 21.06.1699, AHN, Inq., leg. 1618, exp. 11/5, fol. 9r–9v.
39 Cartagena de Indias, *Auto*, 15.06.1699. AHN, Inq., leg. 1618, exp. 11/5, fol. 7r–8r.

Jurisdiktion habe. Schließlich warnte er vor den übergeordneten Konsequenzen für das Verhältnis zwischen den Generalstaaten und Spanien, die die Inhaftierung von Enriquez haben könnte.[40] Die Reaktion von Seiten des niederländischen Regierungsvertreters ist bemerkenswert. Diplomatische Interventionen aufgrund von Inquisitionsprozessen waren auf der Iberischen Halbinsel durchaus üblich, in Spanisch-Amerika hingegen die Ausnahme; erst recht, wenn es um Juden ging.

Der Gouverneur von Cartagena de Indias war über den Gang der Dinge beunruhigt. Er teilte dem Tribunal mit, dass er dessen Arbeit zwar respektiere, aber nicht verstehe, weshalb die Inquisition im Fall des Juden Enriquez einen solchen Aufstand mache. In Spanisch-Flandern habe er mit eigenen Augen gesehen, dass Juden und Protestanten in Ruhe gelassen würden.[41] Der Inquisitor Laiseca ließ den Einwand des Gouverneurs nicht gelten und verwies seinerseits auf eine *Real Cédula* vom 15. Februar 1699, in der Karl II. die Bedeutung der Inquisition in den *Indias* im Kampf gegen Juden und andere Häretiker betont hatte.[42] Laiseca argumentierte weiter, dass im vorliegenden Fall nicht die Friedensverträge entscheidend seien, sondern die Bestimmungen des *asiento*. Wenn es Anlass zu Protesten gebe, dann liege die Zuständigkeit keinesfalls bei den Generalstaaten, sondern beim Verwalter des *asiento*.[43] Die Niederländer hielten dagegen: Die *Real Cédula* gelte vielleicht für die Untertanen der spanischen Krone, nicht aber für Ausländer. Denn jedermann wisse, dass im spanischen Reich ausländische Händler protestantischen oder anderen Glaubens nicht verfolgt würden.[44]

Den Gouverneur Díaz wiederum interessierten juristische Argumente nicht, wie er dem Inquisitor deutlich machte. Ihm ging es darum, den Frieden in der höchst unsicheren Region zu gewährleisten.[45] Die Gefangennahme des nieder-

---

40 Juan Enriquez Pimentel (Curaçao) und Gouverneur Bastiaan Bernagie (Curaçao) an den Gouverneur von Cartagena de Indias, 13.07.1699, AHN, Inq., leg. 1618, exp. 11/7, fol. 2r-2v; 3r-4r.
41 Cartagena de Indias, *Certificación* (Mateo de León y Serna, Sekretär), 23.07.1699, AHN, Inq., leg. 1618, exp. 11/7, fol. 4v-5v.
42 *Real Cédula*, 15.02.1699. AHN, Inq., lib. 305, fol. 586r-586v.
43 Cartagena de Indias an Juan Díaz Pimienta, 24.07.1699, AHN, Inq., leg. 1618, exp. 11/7, fol. 6r-7v. Das Tribunal verwies als Beweis für die Rechtmäßigkeit seines Vorgehens auch auf die Bulle *Antiqua Judaeorum improbitas* von Gregor XIII. *Certificación*, 23.07.1699. AHN, Inq., leg. 1618, exp. 11/7, fol. 4r-5v. Dazu auch BRECHENMACHER (2005), Der Vatikan und die Juden, S. 32-34.
44 De Groot an Cartagena de Indias, 26.07.1699. AHN, Inq., leg. 1618, exp. 11/7, fol. 9v-10v.
45 „[H]allaría yo de mi precisa obligación por evitarlo el aviar fuera de esta plaza (con todo el santo respecto que se debe) a este Santo Tribunal." Juan Díaz Pimienta an Cartagena de Indias,

ländischen Juden würde diesen Frieden gefährden und könne zu Repressionen gegen spanische Untertanen führen. Die Ausländer, die nach Cartagena de Indias kämen, seien ihm – Díaz – egal. Wer ein Interesse daran habe, sei der König – und zwar aus wirtschaftlichen Gründen. Überhaupt ginge es den ausländischen Händlern nicht um religiöse Belange, sondern ganz einfach um Geld. Schließlich legte der Gouverneur dem Inquisitor nahe, das Tribunal ins Landesinnere zu verlegen.[46] Damit war Díaz zu weit gegangen. Wie zu erwarten war, beklagte sich Laiseca bei der *Suprema*, die sich ihrerseits an den König wandte.[47] Dieser erteilte seinem Gouverneur in Cartagena prompt einen Verweis.[48] Díaz rächte sich, indem er versuchte, die Verschiffung von inquisitorischen Dokumenten nach Spanien zu verhindern. Die Konflikte hielten anschließend bis zum Tod des Gouverneurs im Jahre 1706 an.[49]

1713 übergab die spanische Krone den *asiento de negros* an die englische Südseekompanie. Drei Jahre später informierten die Inquisitoren Manuel Verdeja y Cossio und Tómas Gutiérrez Escalante die *Suprema* über die Konsequenzen in Cartagena de Indias.[50] Der entsprechende Bericht wurde mit einer Darstellung der allgemeinen Lage eingeleitet. Dabei verwendeten die Inquisitoren die üblichen Argumente: Die Ausländer stellten eine Gefahr für den Glauben dar; insbesondere wegen des „einfachen Gemüts" der Bewohner Spanisch-Amerikas und der mangelnden Kontrolle, die das Tribunal über seine weitläufige Jurisdiktion ausüben konnte. Dabei würden die Häretiker sich oftmals als Katholiken

---

30.07.1699, AHN, Inq., leg. 1618, exp. 11/8, fol. 1r–2v. Der Gouverneur verwies in diesem Brief auch auf den von der Inquisition genannten Entscheid der Regentin Mariana aus dem Jahre 1672. Vgl. auch PACHECO (1989), Los jesuítas, S. 122.

46 Juan Díaz Pimienta an Cartagena de Indias, 30.07.1699, AHN, Inq., leg. 1618, exp. 11/8, fol. 1r–2v.

47 Cartagena de Indias an *Suprema*, 30.06.1699 (Exp. 11/27); 03.07.1699 (Exp. 11/3); 28.07.1699 (Exp. 11/6); 31.07.1699 (Exp. 11/29); 19.08.1699 (Exp. 10/29). AHN, Inq., leg. 1618. Vgl. dazu *Suprema* an Cartagena de Indias, 08.03.1700. AHN, Inq., lib. 345, fol. 108v–109r; *Suprema* an Karl II., 15.03.1700. AHN, Inq., lib. 305, fol. 574r–582v.

48 Karl II. an Juan Díaz Pimienta, 17.03.1700. AHN, Inq., lib. 305, fol. 578r–579r.

49 Vgl. dazu den Bestand AHN, Inq., leg. 1618, exp. 11/23 (1700), fol. 1r–6r. Die Feindseligkeiten zwischen dem Gouverneur und dem Inquisitionstribunal gingen bis hin zur Gefangen- und Geiselnahme der jeweiligen Angestellten.

50 Bereits im Jahre 1712 nahmen sich die Inquisitoren von Cartagena de Indias vor, Engländer, die sich aufgrund des *asiento* in der Stadt befanden, ausweisen zu lassen. Vgl. *auto* des Tribunals von Cartagena de Indias, 19.01.1712. AHN, Inq., leg. 1622, exp. 19, s. fol.

ausgeben, während sie im Geheimen ihren Glauben beibehielten. Die Inquisitoren warnten ausdrücklich davor, Gesetze auf wirtschaftliche Interessen auszurichten. Im Vordergrund müsse vielmehr die Verteidigung der einzig wahren, katholischen Religion stehen. Zwar sei dies in den bestehenden Regelungen garantiert, diese müssten aber auch entsprechend umgesetzt werden.[51]

Das Tribunal machte sich gleich selbst an die Arbeit. Die Bestimmungen des *asiento* sahen vor, dass sich maximal sechs Ausländer zum Zweck des Sklavenhandels dauerhaft in der Stadt aufhalten durften.[52] Die Inquisitoren zählten jedoch acht Engländer.[53] Sie riefen daraufhin den Faktor des *asiento*, Diego (James) Pim, zu sich. Pim wurde angewiesen, zwei Engländer auszuwählen, die die Stadt zu verlassen hatten. Die restlichen hätten sich gemäß den Friedensverträgen so zu verhalten, dass sie keinen öffentlichen Skandal provozierten.[54] Der Gouverneur José de Zúñiga y la Cerda war mittlerweile von den Inquisitoren über ihr Vorgehen informiert worden.[55] Es gibt keine Hinweise dafür, dass er dagegen Einwände erhoben hätte. Auch der englische Faktor fügte sich widerstandslos den Aufforderungen des Tribunals: Er trug einem 16-jährigen Kopiergehilfen und dem Assistenten des Arztes auf, die karibische Stadt schnellstmöglich zu verlassen.[56] Die Inquisitoren ergriffen die Gelegenheit, um einen weiteren Ausländer aus Cartagena zu weisen; hierbei handelte es sich um einen niederländischen Musiker, der sich ‚freischaffend' verdingte.[57] Eine Engländerin, die Inhaberin einer Schenke war und aus unbekannten Gründen in einem weltlichen Gefängnis *(cárcel real)* weilte, versprach der Inquisition den Nachweis, Katholikin zu sein.[58] Schließlich erwähnten die Inquisitoren auch den Fall von Magdalena Hudston, von dem bereits die Rede war. Offenbar wurde erneut gegen die Engländerin ermittelt.[59]

---

51 *Petición* des *fiscal* der Inquisition von Cartagena de Indias, 07.07.1716, AHN, Inq., leg. 1605, exp. 13, fol. 1r–2r. Vgl. zu diesem Fall auch SCHMITT (2011), A Tale of Two Port Cities, S. 59 f.
52 Artikel 11 des Vertrags vom 26.03.1713.
53 Zur Auflistung der mit dem *asiento* assoziierten Ausländer s. *Memoria*, 18[?].07.1716, AHN, Inq., leg. 1605, exp. 13, fol. 5r–5v.
54 *Auto*, 20.07.1716, AHN, Inq., leg. 1605, exp. 13, fol. 5v–8r.
55 *Diligencia con el gobernador Jerónimo Badillo*, AHN, Inq., leg. 1605, exp. 13, fol. 8r.
56 *Notificación*, 21.07.1716, AHN, Inq., leg. 1605, exp. 13, fol. 8r–8v.
57 *Notificación*, 24.07.1716, AHN, Inq., leg. 1605, exp. 13, fol. 9r.
58 *Notificación*, 22.07.1716, AHN, Inq., leg. 1605, exp. 13, fol. 8v–9r.
59 *Auto*, 20.07.1716. AHN, Inq., leg. 1605, exp. 13, fol. 5v–7v. Vgl. Kap. 7.3.

8.3 Havanna: Eigentum versus Seelenheil

1727 kam es zwischen England und Spanien zu kriegerischen Auseinandersetzungen, die sich im Wesentlichen auf Gibraltar und Teile der Karibik – insbesondere Portobelo – beschränkten. Der *asiento* zwischen den beiden Mächten wurde dadurch außer Kraft gesetzt und Spanien ließ die Güter der englischen Südseekompanie beschlagnahmen. Zwar erfolgte bereits im Frühjahr 1728 ein Friedensschluss, die Rückerstattung der Güter und die Wiederaufnahme des Sklavenhandels nahmen jedoch viel Zeit in Anspruch.[60]

Mitten in dieser spannungsgeladenen Zeit kam es in Havanna zu einem Konflikt zwischen der Inquisition und englischen Mitarbeitern der Südseekompanie. Vordergründig ging es um eine junge, aus Guinea stammende Sklavin namens Teresa, die beim Ausbruch des Konflikts ungefähr zwölf Jahre alt war.[61] Sie gehörte dem englischen Verwalter *(factor)* Wargent Nicholson, wuchs jedoch beim spanischen Ehepaar Pedro Garay Buru und Margarita González auf und wurde katholisch getauft und erzogen. 1731 wollte sie der ebenfalls für den *asiento* tätige John Paris nach Jamaica verschiffen.[62] Die Inquisition intervenierte in Person des kubanischen Kommissars Manuel Buzón, der im Oktober 1731 den Auftrag gab, Teresa den Engländern wegzunehmen und sie der Obhut ihrer Erzieher Garay Buru und Gonzáles zu übergeben. Dies, um eine Verschiffung des Mädchens in englisches und damit protestantisches Gebiet zu verhindern und ihr Seelenheil zu schützen. Zu diesem Zeitpunkt ging Buzón davon aus, dass es sich beim Ehepaar Garay Buru und González um die Besitzer des Mädchens handelte. Dieser Punkt sollte später noch für Diskussionen sorgen.[63]

Zunächst jedoch wurde der Befehl von Buzón ausgeführt. Der *notario* der Inquisition, Thomas de Aguila, sowie der *familiar* Pedro de Rosas begaben sich in Begleitung von vier bewaffneten Soldaten zum Haus von John Paris. Paris stritt zunächst ab, dass sich Teresa bei ihm befand, auf Nachfrage (und wohl beeindruckt durch die spanische Übermacht) gab er jedoch zu, dass sie sich im

---

60 So wurde etwa der *asiento* in Buenos Aires erst im März 1730 funktionsfähig. SORSBY (1975), British Trade, S. 136–155.
61 Vgl. zu diesem Fall auch FERNÁNDEZ DURÁN (2011), La corona española, S. 364–367.
62 Gemäß Fernández Durán handelte es sich bei John Paris um den ehemaligen *factor* des *asiento* in Havanna. Später kam Paris nach Jamaica, wo sich auch die Mutter Teresas befand. FERNÁNDEZ DURÁN (2011), La corona española, S. 365.
63 *Auto* des *secretario* Manuel Buzón, 05.10.1731, AHN, Inq., leg. 1599, exp. 14/1, fol. 1r–2r.

englischen Verwaltungsgebäude aufhielt. Tatsächlich trafen die Spanier das Mädchen dort an. Der Verwalter Nicholson weigerte sich jedoch, sie auszuliefern, und verwies auf die Rechte, die den Engländern durch den *asiento* zustanden. Die Vertreter des *Santo Oficio* machten Nicholson klar, dass die Bestimmungen des *asiento* für die englischen Häretiker galten, nicht aber für Katholiken. Daraufhin führten sie die Sklavin mit sich und gaben sie in die Obhut einer Mädchenschule, die praktischerweise von Margarita González, der ehemaligen Erzieherin und mutmaßlichen Besitzerin Teresas, geleitet wurde.[64]

Die Reaktion von Nicholson ließ nicht lange auf sich warten. Er begab sich zum Gouverneur Dionysos Martínez de la Vega, der gleichzeitig als *juez conservador* die juristische Verantwortung für den *asiento* hatte. Dort beteuerte Nicholson, nie gegen die religiösen Sitten der Spanier verstoßen und seinen katholischen Sklaven immer die Ausübung der katholischen Religion erlaubt zu haben. Hätte durch eine Verschiffung von Teresa durch John Paris tatsächlich die Gefahr bestanden, dass die religiösen Gebote Spaniens verletzt worden wären, so hätte er, Nicholson, sofort eingegriffen. Das Vorgehen der Inquisition sei deshalb schlicht „skandalös".[65]

Dem Gouverneur Martínez war die Angelegenheit sichtlich peinlich. Er warf dem *comisario* mangelndes Fingerspitzengefühl vor und forderte ihn auf, in Zukunft solche Aktionen gefälligst unterlassen. Die Sklavin Teresa sei ihm, dem Gouverneur, auszuhändigen, damit er die nötigen Maßnahmen ergreifen könne.[66] Der *comisario* konterte, die Inquisition habe sehr wohl das Recht, in dieser Sache vorzugehen, und im Übrigen gehöre die Sklavin gar nicht dem Faktor, sondern Pedro Garay Buru und Margarita González. Sie sei ihnen zu übergeben, nicht dem Gouverneur.[67] Ebendieser Garay wollte nun aber nichts mehr mit der Geschichte zu tun haben und stritt ab, der Besitzer Teresas zu sein.[68] Die

---

64 *Diligencia* des *notario* Esteban Theodoro de la Guerra, 30.10.1731, AHN, Inq., leg. 1599, exp. 14/1, fol. 2r–3r.
65 *Petición* von Wargent Nicholson, 19.10.1731, AHN, Inq., leg. 1599, exp. 14/1, fol. 7v–10r; *Petición* von Wargent Nicholson (o.D.). AGI, Indiferente, leg. 2810 [fol. 30v–44r]. Nicholson berief sich in seiner Argumentation insbesondere auf den Artikel 15 des *asiento*, der den spanischen Behörden untersagte, das Eigentum der Sklavenhändler anzutasten.
66 *Auto* des Gouverneurs von Havanna, 22.10.1731, AHN, Inq., leg. 1599, exp. 14/1, fol. 11v–14v.
67 *Auto* des *secretario* Manuel Buzón, 25.10.1731, AHN, Inq., leg. 1599, exp. 14/1, fol. 14v–20v.
68 Notiz des *notarios* Esteban Theodoro de la Guerra, 30.10.1731, AHN, Inq., leg. 1599, exp. 14/1, fol. 20v–21r.

Inquisition gab das Mädchen schließlich in die Obhut des Gouverneurs.[69] Derweilen meldete sich Wargent Nicholson mit einem ausführlichen Manual zu Wort, in dem er nochmals die Unrechtmäßigkeit der inquisitorischen Aktion darlegte und die Herausgabe des versklavten Mädchens forderte.[70]

Wargent Nicholson erhielt sein Eigentum wieder zurück, allerdings mit der Auflage, die Sklavin nicht in protestantisches Gebiet zu bringen. Damit gab sich der Engländer nicht zufrieden. Er forderte Genugtuung in Form einer Bestrafung des inquisitorischen *notario* Thomas de Aguila, den er als Hauptverantwortlichen für die bewaffnete Beschlagnahmung seines Eigentums darstellte.[71] Dies wiederum veranlasste den Kommissar Manuel Buzón zu einer umfangreichen Apologie, in der er das Verhalten von Nicholson als Skandal qualifizierte und damit sein eigenes Vorgehen rechtfertigte. Buzón ging aber noch einen Schritt weiter. Er hielt fest, dass Philipp V. im Sklavenhandelsvertrag den Engländern nur Schutz vor dem Zugriff säkularer Institutionen gewährt hatte. Das *Santo Oficio* sei von diesen Bestimmungen ausgenommen, da sich seine religiöse Autorität direkt vom Papst ableite. Der König selbst habe sich gegenüber dem Generalinquisitor dazu verpflichtet, der Inquisition zu gehorchen und sich ihr zu unterstellen![72]

---

69   Notiz des *notario* der Inquisition, 28.11.1731, AHN, Inq., leg. 1599, exp. 14/1, fol. 39v.
70   *Petición* von Wargent Nicholson, 07.11.1731, AHN, Inq., leg. 1599, exp. 14/1, fol. 22r–29r.
71   *Petición* von Wargent Nicholson, 11.03.1732, AHN, Inq., leg. 1599, exp. 14/1, fol. 42v–43v.
72   „[A]ún el mismo Don Wargent debió tener presente lo expresado para no alegar tan inadaptablemente al asunto el capítulo 15 de los estipulados, y reparar en el antecedente catorce como tan inmediato, en el cual Su Majestad Católica solo habla de sus ministros, y tribunales Reales y con los eclesiásticos, ni con el de tan superior clase como es el del Santo Tribunal, inmediatamente delegado de Su Santidad, y a quien con toda veneración y su misión católica para empuñar el cetro y jurarse Rey de las Españas hace juramento solemne en manos del Señor Inquisidor General de estar sujeto y obediente al Santo Oficio [sic]". *Auto* des *secretario* Manuel Buzón, 02.05.1732, AHN, Inq., leg. 1599, exp. 14/1, fol. 44r–55r, hier fol. 48v. Buzón verwies zudem auf die Vorrechte der Inquisition, die etwa in der *Real Cédula* vom 27.02.1713 in Bezug auf die Schiffsvisitationen festgehalten worden waren. *Auto* des *secretario* Manuel Buzón, 02.05.1732, AHN, Inq., leg. 1599, exp. 14/1, fol. 44r–55r, hier fol. 50r. Das war kein Zufall: Im Jahre 1727 hatte Nicholson Buzón schon einmal die *visita de navíos* verweigert. Allerdings hatte sich damals der Gouverneur Martínez für den Kommissar starkgemacht und den Engländer angewiesen, die Visitation unverzüglich zuzulassen. *Auto* des *secretario* Manuel Buzón, 07.05.1727. AGI, Indiferente, leg. 2810 [103v–104r]; Gouverneur Dionicio Martínez an Wargent Nicholson, 07.05.1727. AGI, Indiferente, leg. 2810 [fol. 105r–106v]. Der Fall des Sklavenmädchens Teresa war nicht einzigartig. Zwei Jahre davor, 1729, meldete sich Antonio, ebenfalls ein katholischer Sklave, bei der Inquisition: Er habe davon gehört, dass er nach Jamaica ver-

Der Kommissar benachrichtigte sowohl das Tribunal in Cartagena de Indias als auch die *Suprema* über den Fall. Dem Inquisitionsrat in Madrid legte er einen emotionalen Brief bei, in dem er sich bitterlich über die Engländer und den Gouverneur beklagte, die ihm das Leben unmöglich machten und der protestantischen Häresie Tür und Tor öffneten.[73] Die *Suprema* antwortete spät und reserviert. Für die Lösung des ‚Problems' Teresa sei das Tribunal von Cartagena de Indias zuständig. Grundsätzlich solle in solchen Fällen zurückhaltend vorgegangen werden.[74] Die Inquisitoren von Cartagena hingegen würdigten das Vorgehen ihres Repräsentanten auf Havanna und wiesen ihn an, auf jeden Fall zu verhindern, dass die *negrita* Teresa in protestantisches Gebiet verschifft werde.[75] Das oberste spanische Organ für den Sklavenhandel, die *junta del asiento de negros*, meldete sich ebenfalls zu Wort. Sie verurteilte zwar das ungeschickte Vorgehen des inquisitorischen Kommissars, gab ihm aber in der Sache recht: Bei Interessenskonflikten sei im Zweifel religiösen Belangen der Vorrang zu geben.[76]

8.4 Santiago de Cuba: Ein skandalöser Verwalter

Auf Kuba kam es wenig später zu einem weiteren Zusammenstoß zwischen der Inquisition und Teilhabern am *asiento*. Im Mittelpunkt stand dabei der Engländer Jonathan Dennis. Dieser war vor seiner Zeit als Sklavenhändler als Pirat tätig gewesen und verfügte über ein hitziges Temperament.[77] Für den *asiento* hielt sich Dennis zunächst in Panama auf. Dort kam es 1723 zu einer ersten Untersuchung durch die Inquisition. Sie warf Dennis vor, ein auf dem Index stehendes Buch nicht nur besessen, sondern auch aktiv verbreitet zu haben. Offenbar

---

schifft werden solle, und nun mache er sich Sorgen um sein Seelenheil. Der *comisario* reagierte umgehend und wies den Gouverneur an, um jeden Preis die Verlegung von Antonio in protestantisches Gebiet zu verhindern. Vgl. *auto* des *secretario* Manuel Buzón, 23.09.1729, AHN, Inq., leg. 1599, exp. 14/1, fol. 39v–41r.

73 Brief von Manuel Buzón an die *Suprema*, 24.04.1732, AHN, Inq., leg. 1599, exp. 14/1, s. fol.
74 Notiz der *Suprema*, 24.07.1734. AHN, Inq., leg. 1599, exp. 14/1, s. fol.
75 *Auto* von Cartagena de Indias, 07.11.1733. AHN, Inq., leg. 1599, exp. 14/2, fol. 58r–59r.
76 „La causa de la religión como supremo derecho, hace que le cedan los demás cuando sean incompatibles." *Junta del asiento de negros*, o.D. AGI, Indiferente, leg. 2810, s. fol.
77 SORSBY (1975), British Trade, S. 120, FN 16. Vgl. allgemein zu diesem Fall FERNÁNDEZ DURÁN (2011), La corona española, S. 359–364.

wurde der Fall von Seiten des zuständigen Tribunals in Cartagena de Indias nicht weiterverfolgt, allerdings musste Dennis Panama wenig später ohnehin verlassen, da zwischen England und Spanien ein Krieg ausgebrochen war (1727).[78]

Nach Beilegung des militärischen Konfliktes stellte sich Dennis erneut in den Dienst der englischen Südseekompanie und wurde von dieser nach Kuba geschickt. Dort versuchte er mehrmals, die ansässige Bevölkerung in religiöse Diskussionen zu verwickeln. Er stellte dabei das Verbot des unehelichen Geschlechtsverkehrs *(simple fornicación)* in Frage, griff die päpstliche Autorität an, leugnete die Jungfräulichkeit Marias und machte weitere ‚skandalöse' Aussagen.[79] Daraufhin wurde das Tribunal von Cartagena de Indias über den Fall informiert. Der *fiscal* wollte Dennis umgehend vor Gericht bringen. Der inquisitorische Ankläger argumentierte, dass der Engländer gegen die Artikel 1 und 28 des *asiento* verstoßen habe, in denen den protestantischen Sklavenhändlern jeglicher religiöse Skandal untersagt wurde.[80] Der zuständige Inquisitor stellte diese juristische Analyse zwar nicht in Frage, sah aber wenig Chancen, einen Prozess in die Tat umsetzen zu können. Er verordnete deshalb lediglich, Dennis zu ermahnen.[81]

Dieser auf Deeskalation ausgerichteten Strategie war kein Erfolg beschieden. Am Abend des 31. Januars 1734 machten sich Francisco Xavier Sánchez, *alguacil mayor* der Inquisition, Francisco Joseph Mustelier, *comisario auxiliar,* und der *notario* Pedro Agustin Morel in Begleitung von neun bewaffneten Soldaten zur Visitation eines englischen Sklavenschiffes auf. Dem Kommissar Mustelier war zu Ohren gekommen, dass sich auf dem Schiff ein junger, konversionswil-

---

78   Zeugenaussage von Placido de Ossorio, *capitán,* Panama, 26.08.1726, AHN, Inq., leg. 1599, exp. 14/3, fol. 15r–16v. Der Autor des Buches war Felix de Alvarado.
79   Zeugenaussage von Augustín Morel de Santa Cruz *(deán),* Santiago de Cuba, 08.07.1732, AHN, Inq., leg. 1599, exp. 14/3, fol. 22r–24r; Zeugenaussage von Francisco Joseph Mustlier, *comisario ad interim,* Santiago de Cuba, 06.08.1732, Inq., leg. 1599, exp. 14/3, fol. 27r–28r; *Calificación* der Inquisition von Cartagena de Indias, 12.02.1733, Inq., leg. 1599, exp. 14/3, fol. 37r–39r. In einem Fall fragte Dennis auf die Bemerkung, es sei Gott allein, der den Zeitpunkt des Todes für die Menschen bestimme: Wenn er gerade jetzt aus dem Fenster springen würde, dann sei das also auch Gottes Wille? Sein Gegenüber antwortete bejahend (und wünschte sich wohl insgeheim, dieser Wille würde sogleich in Erfüllung gehen). *Calificación* der Inquisition von Cartagena de Indias, 12.02.1733, Inq., leg. 1599, exp. 14/3, fol. 37r–39r.
80   *Escrito fiscal* der Inquisition von Cartagena de Indias, 14.03.1733 (sic), Inq., leg. 1599, exp. 14/3, fol. 39r–40v. Der Vertrag findet sich in S.N. (1843), Tratado del asiento de negros (1713).
81   *Auto* der Inquisition von Cartagena de Indias, 16.05.1733, Inq., leg. 1599, exp. 14/3, fol. 40v–41v.

liger Engländer namens Louis Manuel Francisco Sanders befand.[82] Mustelier hatte ein persönliches Interesse an einem Verfahren gegen Dennis, mit dem er aus finanziellen Gründen in Konflikt geraten war.[83] Auf dem Schiff trafen die Spanier den Kapitän Edward (Diego) Philipps und den Verwalter des *asiento*, Jonathan Dennis, an. Da Philipps des Spanischen kaum mächtig war, wandte sich der Notar der Inquisition an Dennis und forderte diesen auf, den konversionswilligen Engländer herauszugeben. Dennis wies dieses Anliegen zurück und antwortete selbstsicher, dass er gemäß den Bestimmungen des *asiento* weder der katholischen Kirche noch der Inquisition zu Gehorsam verpflichtet sei. Der Einzige, der ihm etwas zu sagen habe, sei der spanische Gouverneur, der als *juez conservador* amtierte. Der Kommissar nannte Dennis daraufhin einen unverschämten Häretiker und behauptete, dass die Inquisition eine umfassende Jurisdiktion ausübe und keinen Ausnahmeregelungen unterstellt sei. Sogar der König müsse seinen Palast dem *Santo Oficio* zugänglich machen.[84] In der Folge wurde Dennis so wütend, dass die Umstehenden eine Tätlichkeit gegenüber dem Beamten der Inquisition befürchteten. Die Situation spitzte sich weiter zu, als einige bewaffneten Engländer herbeieilten.[85]

Der *notario* und der *alguacil mayor* verließen daraufhin das Boot und begaben sich zum Gouverneur. Dieser war über den Vorfall höchst beunruhigt und erinnerte daran, dass er als Einziger berechtigt sei, über die englischen Sklavenhändler zu befinden. Der Kommissar hätte ihn gleich über das Problem informieren sollen, dann hätte er mit einem einfachen Befehl die Sache in Ordnung gebracht. Der Gouverneur verfasste daraufhin ein Dekret, das die Auslieferung von Sanders verfügte. Nachdem den Engländern der Befehl vorgelesen worden war, lieferten sie den Jungen tatsächlich aus. Daraufhin verließen die Spanier

---

82 Gemäß Dennis hatte dieser Junge ohne Absicht die Uhr eines im Dienste des *asiento* stehenden Schreibers zerstört. Aus Angst vor einer Bestrafung hatte sich der Engländer zu einem spanischen Mulatten geflüchtet. Dieser behauptete daraufhin, dass Sanders zum Katholizismus konvertieren wolle. Jonathan Dennis an Conde de Montijo (spanischer Botschafter in London), 08.05.1735. AGI, Indiferente, leg. 2791, s. fol.
83 Jonathan Dennis an Conde de Montijo (spanischer Botschafter in London), 08.05.1735. AGI, Indiferente, leg. 2791, s. fol. Vgl. dazu auch FERNÁNDEZ DURÁN (2011), La corona española, S. 359–364.
84 Damit meinte Mustelier das Inquisitionstribunal am königlichen Hof in Madrid (*Tribunal de Corte*).
85 Vgl. dazu die verschiedenen Zeugenaussagen im Zeitraum von 02.02.1734 bis 05.02.1734. Inq., leg. 1599, exp. 14/3, fol. 5v–23v.

endgültig das Schiff des *asiento* und brachten Sanders in einen Konvent.[86] Dieser ergriff schon nach wenigen Tagen die Flucht.[87]

Dieses Mal kam Jonathan Dennis nicht mehr davon. Die *Suprema* wurde über den Fall informiert und wandte sie sich im Herbst 1734 direkt an Philipp V. Sie wies darauf hin, dass die Inquisition aufgrund der Abkommen zwischen Spanien und England gegen Dennis juristisch vorgehen könnte. Aus Rücksicht auf die angespannte Situation auf Kuba, wo sich viele englische Kaufleute befanden, plädierte der Rat jedoch für eine andere Lösung: Der König solle von der englischen Krone verlangen, dass Dennis seines Amtes enthoben und durch einen anderen Faktor ersetzt werden soll. Diesem solle dann nochmals explizit verordnet werden, jeden religiösen Skandal zu vermeiden. Der König folgte diesem Vorschlag und der Engländer musste Kuba verlassen.[88]

8.5 Zwischenfazit

Der Entzug des *asiento de negros* von Balthasar Coymans wurde nicht in erster Linie aus religiösen Gründen initiiert. Die Drahtzieher stammten aus dem Umfeld von Nicolás Porcio, der den Sklavenhandelsvertrag zurückerlangen wollte.[89] Die Argumente, die die Inquisition gegen Coymans vorbrachte, konnten ihrerseits nicht durchgängig überzeugen. So fehlte zum Beispiel ein klarer Nachweis, dass die niederländischen Sklavenhändler ein Interesse an einer Missionstätigkeit in Spanisch-Amerika gehabt haben könnten. Was die *Suprema* jedoch deutlich herausarbeitete, war die Singularität des amerikanischen Raums, und zwar sowohl in rechtlicher als auch in religiöser Hinsicht. Entscheidend für das Scheitern des

---

86 Zeugenaussage von Joseph Pérez de la Rosa, *familiar,* Santiago de Cuba, 03.02.1734, AHN, Inq., leg. 1599, exp. 14/3, fol. 12v–15v; Zeugenaussage von Francisco Xavier Sánchez de Carmone, *alguacil mayor,* Santiago de Cuba, 03.02.1734, AHN, Inq., leg. 1599, exp. 14/3, fol. 9v–12v; Zeugenaussage von Juan de León y Napoles, *notario,* Santiago de Cuba, 05.02.1734.

87 Jonathan Dennis an Conde de Montijo (spanischer Botschafter in London), 08.05.1735. AGI, Indiferente, leg. 2791, s. fol.

88 *Consulta* der *Suprema* an Philipp V., Oktober 1734. AHN, Inq., lib. 268, fol. 147r–148v. Vgl. auch SORSBY (1975), British Trade, S. 198. Dennis' Erfahrung war jedoch für die Engländer von solcher Bedeutung, dass er Ende 1738 zum Hauptfaktor von Jamaica ernannt wurde. SORSBY (1975), British Trade, S. 206.

89 Dazu gehörte neben dem Schwager von Nicolás Porcio auch Gabriel de Villalobos, der entsprechend entlohnt wurde. TARDIEU (2002), Un proyecto utópico, hier S. 171 f.

asiento von Coymans war der moralische Druck, der von verschiedenen religiösen Institutionen auf Karl II. ausgeübt wurde.[90] Der König stellte letztlich sein Ansehen als Verteidiger des Glaubens und sein persönliches Seelenheil über die wirtschaftlichen Interessen des spanischen Imperiums.

Unter dem Bourbonen Philipp V. kam es erneut zu einem Sklavenhandelsvertrag mit Protestanten. Diesmal betraf er die englische Südseekompanie, deren Vertreter sich in verschiedenen Häfen Spanisch-Amerikas niederließen. Der *asiento* sah vor, dass die englischen Sklavenhändler jeden religiösen Skandal unterlassen mussten. Gleichzeitig sicherte die Krone der Südseekompanie zu, alle rechtlichen Angelegenheiten über einen spanischen Vertreter, den *juez conservador*, abzuwickeln. Daraus ergaben sich Kompetenzstreitigkeiten mit der Inquisition, die für sich beanspruchte, im Fall eines *escándalo* gegen ausländische Häretiker vorzugehen. In der Regel konnte sich das *Santo Oficio* durchsetzen. In Cartagena de Indias wurden auf Initiative des Tribunals mehrere Ausländer ausgewiesen. Der in Havanna stationierte englische Besitzer der katholischen Sklavin Teresa musste zusichern, das Mädchen nicht in protestantisches Gebiet zu bringen. Und der Verwalter Jonathan Dennis wurde gezwungen, einen (angeblich) konversionswilligen Engländer der Inquisition auszuliefern, und musste schließlich aufgrund seines skandalösen Verhaltens Spanisch-Amerika verlassen.

Die *asientos de negros* machen somit nochmals die besondere Bedeutung der Inquisition für die *Indias* deutlich. Hier galten andere Regeln als auf der Iberischen Halbinsel, wo die Präsenz ausländischer Protestanten längst akzeptiert war. Das Argument, dass die Bewohner der Neuen Welt – insbesondere die Indigenen, Sklaven und Mischlinge – der protestantischen Häresie verfallen würden, mag bereits den Zeitgenossen als empirisch widerlegt und abgegriffen erschienen sein. Der normativen Kraft dieses Arguments tat dies jedoch keinen Abbruch. Letztlich stärkten die *asientos de negros* die Rolle der Inquisition, die sich als legitime Beschützerin eines sakralisierten amerikanischen Raums etablieren konnte.[91]

---

90 Als eine der wenigen HistorikerInnen hat Donnan auf die Bedeutung der Inquisition für das Scheitern des *asiento* hingewiesen: „The opposition of the Inquisition was powerful enough to make Coyman's possession of the privilege short-lived." DONNAN (1930), Introduction, S. 107.

91 Vgl. dazu das Kapitel *America as Sacred Space* in ELLIOTT (2006), Empires of the Atlantic World, S. 184–218.

Dritter Teil: Schlussfolgerungen

9 Synthese

9.1 Internationale Abkommen: Rechtsnormen und Rechtspraktiken

In der Geschichtsschreibung zu ausländischen Protestanten im spanischen Imperium wird die Bedeutung von Friedens-, Waffenstillstands- und Handelsverträgen stark hervorgehoben. Es war deshalb eines der Ziele der vorliegenden Arbeit, den Einfluss dieser internationalen Abkommen auf die Rechtspraktiken der Inquisition für den amerikanischen Raum einer kritischen Analyse zu unterwerfen. Ich will im Folgenden die entsprechenden Ergebnisse bündeln und bewerten.

Zunächst ist ganz grundsätzlich nach dem Sinn der religiösen Schutzklauseln in den *Indias* zu fragen. Das Handels- und Aufenthaltsverbot für Ausländer blieb für die spanische Krone bis weit ins 18. Jahrhundert ein wesentliches Prinzip ihrer Überseepolitik. Der wirtschaftliche Austausch als das Hauptmotiv religiöser Zugeständnisse fiel in diesen Gebieten somit weg. Zudem war für die Umsetzung der Friedensverträge der Druck ausländischer Diplomaten ein entscheidender Faktor.[1] Im Gegensatz zur Iberischen Halbinsel spielten in der Neuen Welt diplomatische Interventionen – von Ausnahmen abgesehen[2] – keine große Rolle. Weshalb also sollte die Inquisition ausländischen Protestanten in Amerika die gleichen Zugeständnisse machen wie in Europa?

Die Frage ist bewusst naiv gestellt. Es muss vor dem Hintergrund des frühneuzeitlichen Rechtspluralismus kein Widerspruch sein, dass die spanische Krone vordergründig die *Indias* unter allen Umständen von der religiösen und wirtschaftlichen Durchdringung ausländischer Protestanten frei halten wollte, die *Suprema* daraus aber (zunächst) keine Konsequenzen zog. Tatsächlich wurden die *cartas acordadas*, in denen auf die verschiedenen Friedensschlüsse aufmerksam gemacht wurde, auch an die amerikanischen Tribunale verschickt. Histori-

---

[1] THOMAS (2001), La represión, S. 333; 350.
[2] Vgl. dazu die Fälle von Rodrigo Jacobo und Thomas Day (Kap. 5.1).

kerinnen und Historiker haben deshalb gefolgert, dass die religiösen Schutzklauseln und damit einhergehend ‚tolerantere' Rechtspraktiken ohne Weiteres auf die *Indias* übertragen wurden.[3]

Nun wäre es absurd, sich als „Richter über die Vergangenheit" zu gebärden und der *Suprema* vorzuhalten, die religiösen Bestimmungen der Friedensverträge fälschlicherweise in die *Indias* implementiert zu haben.[4] Aber man darf sich durchaus die Frage stellen, ob hier tatsächlich von einem „gelassenen Nebeneinander"[5] widersprüchlicher Rechtsnormen – des grundsätzlichen Ausländerverbots auf der einen und der religiösen Schutzklauseln auf der anderen Seite – die Rede sein kann.

Die Ergebnisse aus der Quellenanalyse sprechen dagegen. Die Geltungskraft der religiösen Schutzklauseln wurde für alle drei amerikanischen Tribunale in Zweifel gezogen. In Lima kommentierten die Inquisitoren bereits 1609, dass „eines der Kapitel des Friedensvertrags [von 1604] besagt, dass [Engländer] nicht in die *Indias* kommen dürfen und ihnen der Handel und der Aufenthalt in den Häfen verboten ist".[6] In Mexiko-Stadt stellte das Tribunal um das Jahr 1618 fest, dass Engländer und Schotten, die nach Neuspanien kämen, die Bestimmungen des Londoner Abkommens verletzten und „gegen sie gleich wie gegen alle anderen [Häretiker] vorgegangen werden" sollte.[7] Besonders klar tritt das Phänomen in Cartagena de Indias zu Tage. Im Fall des Engländers Adán Edon argumentierten die Inquisitoren Salcedo und Mañozca, Amerika sei eine Sonderzo-

---

3   HUERGA (1984), El Tribunal de México (Felipe III), S. 977 f.; CASTAÑEDA DELGADO/HERNÁNDEZ APARICIO (1989), La Inquisición de Lima 1, S. 465–468. Vgl. auch Kristen Block: „Thanks to these diplomatic and bureaucratic transformations and normalized peacetime trade, the numbers of foreigners persecuted for Protestant heresy declined dramatically, and the horror of burning at the stake became a true rarity." BLOCK (2012), Ordinary Lives, S. 84. Block verweist in der Endnote auf die sinkenden Prozesszahlen in Lima und Mexiko-Stadt (ebd., S. 255, EN 13).

4   Dazu OESTMANN (2014), Normengeschichte, S. 7.

5   OESTMANN (2014), Normengeschichte, S. 7.

6   „[P]orque uno de los capítulos de las paces es que no puedan venir ni contratar en las Indias, ni llegar a sus puertos". Lima an *Suprema*, 08.01.1609. AHN, Inq., lib. 1037, fol. 172r–172v.

7   „No se pone en esta instrucción capítulo tocante al estilo que se guarda en Europa con los navíos de Ingleses, y Escoceses, vasallos del Rey de Inglaterra, conforme a los capítulos de las paces con Su Majestad, porque por los mismos están prohibidos, los dichos Ingleses y Escoceses, de navegar para las Indias, y así cuando vienen a ellas es en contravención de las dichas paces, y se ha de tener con ellos la misma regla que con los demás." *Instrucción para la visita de los navíos en los puertos de la Nueva España, y distrito de la Inquisición de México* [1618?]. AHN, Inq., lib. 1051, fol. 162r–164v, hier fol. 164v. Vgl. Kap. 5.1.

ne, in der die religiösen Schutzklauseln nicht berücksichtigt werden müssten. Sie forderten explizit, gegen Engländer auch dann vorgehen zu können, wenn diese für keinen Skandal sorgten.[8] In all diesen Fällen ging es nicht darum, die Friedensverträge *grundsätzlich* in Frage zu stellen. Vielmehr argumentierten die Inquisitoren jeweils *mit Bezug* auf die internationalen Abkommen, die ihrer Meinung nach das Ausländerverbot in den *Indias* bestätigten.

Diesem meiner Meinung nach bemerkenswerten Umgang mit internationalen Abkommen im spanisch-amerikanischen Raum wurde von der Historiografie bisher keine größere Beachtung geschenkt. Dafür sehe ich mehrere Gründe. Die Initiativen zur Hinterfragung der religiösen Schutzklauseln gingen nicht von der Krone oder der *Suprema* aus – also von den Akteuren auf den obersten Hierarchiestufen –, sondern von den Inquisitoren vor Ort. Dies widerspricht dem klassischen Top-down-Modell von normensetzenden Befehlsgebern und ausführenden Befehlsnehmern, das gerade für die Regierung der spanischen Überseegebiete nicht funktionieren konnte.[9] Auf der anderen Seite stellten die amerikanischen Inquisitoren die Geltungskraft der Schutzklauseln keineswegs *systematisch* in Abrede, sondern wandten die entsprechenden Bestimmungen in den *cartas acordadas* in vielen Fällen aktiv an. Es hing also von einzelnen Akteuren und dem historischen Kontext ab, ob die *Indias* als ein von Europa zu unterscheidender Rechtsraum postuliert wurden oder nicht. Die *Suprema* vertrat ihrerseits keine eindeutige Haltung, wie das Beispiel von Cartagena de Indias zeigt. 1620 gab der Rat seinen karibischen Inquisitoren freie Hand, gegen den Engländer Adán Edon und andere häretische Ausländer vorzugehen. 1653 stieß die *Suprema* diesen Entscheid aufgrund des Verfahrens gegen den Niederländer Juan Federico um und verfügte, nur im Fall eines religiösen Skandals gegen ausländische Protestanten zu prozessieren. Knapp 20 Jahre später erlaubte sie aufgrund eines Dekrets der Regentin Mariana (1672) erneut ein praktisch unlimitiertes Vorgehen. Hier geht es wie gesagt nicht darum, auf eine ‚widersprüchliche' Politik des Inquisitionsrats hinzuweisen, die problemlos mit dem kasuistischen Rechtsverständnis der Frühen Neuzeit erklärbar ist. Entscheidend ist die sich daraus ergebende methodische Herausforderung für den Historiker oder die Historikerin. Wir tendieren dazu, nach konstanten Entwicklungen oder klaren Brüchen Ausschau zu halten. Phänomene, die sich dem entziehen, werden hingegen leicht übersehen.

---

8 Cartagena de Indias an *Suprema*, 10.07.1619. AHN, Inq., lib. 1009, fol. 28r–29v.
9 BRENDECKE (2009), Imperium und Empirie, S. 342.

Man wird also vergeblich nach *der* Inquisitionspraxis in *einem* amerikanischen Rechtsraum suchen. Dies gilt auch dann, wenn die normative Ausgangslage klar erscheint. Exemplarisch zeigt dies das Dekret der Regentin Mariana, das den Inquisitoren in den *Indias* weitgehende Handlungsfreiheit zugestand. In Cartagena de Indias stiegen die Prozesse gegen Ausländer in der Folge deutlich an. Für Peru habe ich nur im Fall des Schotten David Jacobo (1724) einen Hinweis auf die Rezeption dieses Beschlusses gefunden, der das Urteil im Übrigen nicht entscheidend beeinflusste.[10] In Neuspanien war die Wirkung nochmals eine andere. Als es in den 1680er-Jahren zu einer vermehrten Präsenz protestantischer Kriegsgefangener kam, plädierten die theologischen Experten mit Verweis auf das Dekret Marianas für eine Intervention der Inquisition. Dieser fehlten jedoch die personellen und finanziellen Ressourcen, um gegen eine größere und verstreute Gruppe von Häretikern vorzugehen. Die neuspanischen Vizekönige waren ihrerseits nicht bereit, auf die ausländischen Zwangsarbeiter zu verzichten. Während also die Inquisitoren in Cartagena de Indias den ihnen zugesprochenen Handlungsspielraum nutzten, entfaltete das Dekret Marianas für die Tribunale von Mexiko-Stadt und Lima nur eine sehr beschränkte Wirkung.

Indem die Inquisition die *Indias* als rechtliche, soziale und religiöse Sonderzone darstellte, konnte sie die Schutzklauseln internationaler Abkommen erfolgreich in Frage stellen und sich damit weitreichende Spielräume schaffen. Gemäß der in der Historiografie vorherrschenden These, dass es ebendiese Schutzklauseln waren, die für einen ‚toleranteren' Umgang gegenüber ausländischen Protestanten sorgten, wäre durch deren Außerkraftsetzung eine verstärkte Repression zu erwarten. Eine solche lässt sich aber nur vereinzelt nachweisen; so im Fall des Engländers Adán Edon, der 1622 auf dem Scheiterhaufen verbrannt wurde. Dies lässt darauf schließen, dass es nicht nur – ja, nicht einmal in erster Linie – die internationalen Abkommen waren, die die inquisitorischen Rechtspraktiken gegenüber ausländischen Protestanten bestimmten. Hier muss deshalb eine weiterführende Ursachenforschung betrieben werden, die insbesondere die theologischen Grundlagen des *Santo Oficio* in den Blick nimmt.

---

10 *Relación de causa* von David Jacobo alias David Grob (1724). Verteidigungsschrift, präsentiert am 17.09.1724. AHN, Inq., leg. 5345, exp. 6, fol. 110r–115v, hier fol. 114v–115r.

9.2 Der *hereje nacional*

Die Gruppe der ausländischen Protestanten stellte für die Inquisition eine besondere Herausforderung dar. Im Gegensatz zu Juden oder Muslimen anerkannte die katholische Kirche Protestanten als Christen und stellte auch die Gültigkeit der nach protestantischen Riten durchgeführten Taufen oder Ehen nicht grundsätzlich in Frage.[11] Damit war für die Inquisition die Jurisdiktion über diese Häretiker legitimiert. Die Frage war jedoch, ob Personen, die keine katholische Katechese erhalten hatten und von Geburt an *(de nación/nacimiento)* als Protestanten erzogen worden waren, bestraft werden sollten. Bereits Augustinus hatte darauf hingewiesen, dass jene, die aus unverschuldeter Unwissenheit im Glauben irrten, nicht als Häretiker zu sehen waren. Erst wenn jemand starrsinnig an seiner falschen Lehre festhielt, war er wegen Häresie zu bestrafen.[12]

Diese Überlegungen wurden von der Inquisition schon im 16. Jahrhundert angestellt. Tatsächlich gab es bis zur Entdeckung lutherischer Gemeinden in Valladolid und Sevilla (1558/59) keine systematische Verfolgung ausländischer Protestanten. Werner Thomas mutmaßt, dass dafür der diplomatische Druck Englands verantwortlich gewesen sein könnte.[13] Das ist sicherlich denkbar. Mindestens so wichtig war aber die Tatsache, dass jene Protestanten, die keine Untertanen des spanischen Königs waren, für die Inquisition *a priori* einen besonderen Status hatten. Man konnte dem Angehörigen einer Nation, die den Protestantismus als Staatsreligion proklamierte, kaum den gleichen Vorwurf machen wie einem spanischen Lutheraner.[14]

Für Neuspanien lässt sich ein differenzierter Umgang mit diesem Problem erstmals für das Autodafé von 1574, also kurz nach der Etablierung eines ordent-

---

11 MATHEUS (2012), Konversionen, S. 43 f.; SIEBENHÜNER (2008), Ehe, Konversion und Inquisition, S. 189.
12 „Qui sententiam suam, quanvis falsam atque persversam, nulla pertinaci animositate defendunt, praesertim quam non audatia suae praesumptionis pepererunt, sed a seductis, atque in errorem lapsis parentibus acceperunt, quaerunt autem cauta sollicitudine veritatem, corrigi parati, cum invenerint, nequaquam sunt inter haereticos deputandi." Augustinus Hipponensis, Epist. 43 bzw. 162. Zitiert nach CASTAÑEDA DELGADO/HERNÁNDEZ APARICIO (1989), La Inquisición de Lima 1, S. 453, FN 1.
13 THOMAS (2001), La represión, S. 189–197. Vgl. auch S. 273 f.
14 Vgl. dazu THOMAS (2001), La represión, S. 195. Für die Römische Inquisition vgl. auch den Beitrag von Michaela Valente, die anhand des Beispiels deutscher Studierender in Padua die Praktiken zum Umgang mit dem Protestantismus im 16. und beginnenden 17. Jahrhundert nachvollzieht. VALENTE (2002), Un sondaggio.

lichen Inquisitionstribunals nachweisen. Daran nahmen über 30 ausländische Protestanten teil, wobei die meisten von einer Expedition des englischen Korsaren John Hawkins stammten. In einigen Fällen kam es zu erstaunlich milden Urteilen. Hier argumentierte die Inquisition, dass die Angeklagten unverschuldet – nämlich durch ihre protestantische Erziehung – zu Häretikern geworden waren. Auch in den Prozessen rund um das Autodafé von 1601 spielte die Frage nach der Schuldfähigkeit eine wichtige Rolle. Um die teilweise harten Strafen gegen Engländer, Deutsche und Flamen (beziehungsweise Niederländer) zu rechtfertigen, hielten die Inquisitoren ausdrücklich fest, dass die Protestanten sich *bewusst* für ihre Häresie entschieden hätten. Die peruanischen Inquisitoren waren ihrerseits Mitte der 1590er-Jahre von der *Suprema* ermahnt worden, konversionswilligen Protestanten aus theologischen Gründen die Absolution zu gewähren und sie ohne weitere Strafen im katholischen Glauben zu unterweisen.

Die internationalen Verträge sind vor dem Hintergrund bereits existierender Inquisitionspraktiken zu betrachten. Die *Suprema* versuchte auf der einen Seite, ihren Spielraum gegenüber straffällig gewordenen Ausländern zu wahren. So pochte sie nach dem Frieden von 1604 darauf, dass der religiöse Schutz nur für jene englischen Händler galt, die sich *vorübergehend* auf der Iberischen Halbinsel aufhielten. Alle übrigen Untertanen der englischen Krone konnten demnach weiterhin ohne Einschränkung verfolgt werden.[15] Auf der anderen Seite förderte der Inquisitionsrat die Selbstanzeigen: Jene *espontáneos*, die nie als Katholiken gelebt beziehungsweise keine entsprechende Katechese durchlaufen hatten, erhielten die Absolution *ad cautelam* und wurden danach im katholischen Glauben unterwiesen. Engländer, die zeitweise als Katholiken gelebt hatten und danach vom ‚wahren' Glauben abfielen, wurden im Audienzsaal der Inquisition, also unter Ausschluss der Öffentlichkeit, zur *reconciliación en forma* zugelassen.

Es ist wichtig festzuhalten, dass dieses Vorgehen gegen *espontáneos* nicht auf den Vertrag von 1604 zurückgeht, sondern vom Inquisitionsrat bereits Ende des 16. Jahrhunderts formuliert worden war.[16] Es handelte sich bei den erleichterten Konversionen auch nicht um ein auf das spanische Imperium beschränktes Phänomen. Vielmehr lassen sich diesbezüglich Parallelen zur Römischen Inqui-

---

15 *Carta acordada*, 25.05.1610. AHN, Inq., lib. 497, fol. 283r–283v. Vgl. auch THOMAS (2001), La represión, S. 309.
16 *Carta acordada*, 29.07.1597. AHN, Inq., lib. 497, fol. 237r–238v. Vgl. Kap. 3.3.

sition nachweisen. John Tedeschi hat bereits 1986 auf die zahlreichen protestantischen Ausländer hingewiesen, die sich im 16. und 17. Jahrhundert beim *Sant'Uffizio* zum Katholizismus bekehrten und bis zu 50 Prozent der gesamten Prozesse ausmachten.[17] Die Römische Inquisition stand dabei vor dem gleichen Zielkonflikt wie ihre spanische Schwester:

> [E]inerseits sollten mittels rigoroser Kontrollen Simulanten und Betrüger aufgespürt werden, andererseits durften noch zögerliche Probanden nicht davon abgebracht werden, in den ‚Schoß der katholischen Kirche' aufgenommen zu werden.[18]

Zweifellos spielten sowohl in Italien als auch im spanischen Imperium wirtschaftliche und politische Gründe für das zurückhaltende Vorgehen gegen konversionswillige Protestanten eine Rolle.[19] Aber es wäre falsch, die inquisitorischen Praktiken ausschließlich darauf zurückzuführen. Diese basierten vielmehr auf etablierten Grundsätzen. Sowohl das kanonische Recht im Allgemeinen als auch das inquisitorische Recht im Besonderen sicherten bei Selbstanzeigen eine deutliche Strafminderung zu.[20] Dies zeigt sich bereits im *edicto de fe*, das innerhalb einer bestimmten Frist sich selbst Denunzierenden eine weitgehende Straffreiheit in Aussicht stellte.[21] Dass die Spanische Inquisition sogar ehemals katholischen Ausländern – also Apostaten – oft mit großer Milde begegnete, hat wiederum mit der Berücksichtigung des Kontextes zu tun. Nochmals: Es war nicht das Gleiche, ob jemand in Spanien vom Glauben abfiel oder in einem Land, in dem Katholiken Repressionen oder gar Verfolgung ausgesetzt waren.[22]

---

17 TEDESCHI (1986), The Dispersed Archives, S. 19–22.
18 MATHEUS (2005), Mobilität und Konversion, S. 192. Matheus bezieht sich hier zwar nicht direkt auf die Römische Inquisition, sondern auf das 1673 in Rom gegründete Ospizio dei Convertendi, die Aussage trifft gilt aber generell auf die Frage des Umgangs mit Konversionswilligen zu. Zur Portugiesischen Inquisition s. POETTERING (2013), Handel, S. 158 f.
19 Vgl. zur Römischen Inquisition MATHEUS (2012), Konversionen, S. 45–49; SCHMIDT (2001), Fernhandel und römische Inquisition, S. 108–114.
20 Isidoro de San Vicente: *Materias prácticas en delitos y causas de fe, con observación de algunos causas particulares* (1787?). AGN, Inq., vol. 1485, exp. 1, fol. 12r–16v.
21 RAWLINGS (2006), The Spanish Inquisition, S. 30 f.
22 Auch für die Iberische Halbinsel gibt es Beispiele für ein ähnlich pragmatisches Verhalten, und zwar bereits für die erste Hälfte des 16. Jahrhunderts. *Moriscos* – formell getaufte Katholiken – wurden trotz eines notorischen Apostasieverdachts zunächst weitgehend in Ruhe gelassen. Die Inquisition berücksichtigte hier die besonderen historischen und kulturellen Umstände. Vgl. RAWLINGS (2006), The Spanish Inquisition, S. 72–89; KAMEN (2014), The Spanish Inqui-

Die Inquisition wurde in ihrem Vorgehen gegen ausländische Protestanten also keineswegs nur von äußeren (politischen) Zwängen geleitet, sondern sah sich immer auch mit einem grundsätzlichen (theologischen) Problem konfrontiert.[23] Die *Suprema* versuchte, auf diese Herausforderung mit einheitlichen Verfahren zu reagieren. Ein gutes Beispiel dafür ist die Vereinbarung der spanischen Krone mit der Hanse Ende des 16. Jahrhunderts. Hier wurde bestimmt, dass niederdeutsche Kaufleute sich lediglich für innerhalb des spanischen Imperiums begangene religiöse Delikte zu verantworten hatten. Der Inquisitionsrat beschränkte diese Bestimmung aber gerade nicht auf die Hanseaten, sondern verfügte wenig später, dass sie auf (protestantische) Ausländer *im Allgemeinen* anzuwenden sei.[24] Eine Tendenz zur Vereinheitlichung lässt sich spätestens nach dem Waffenstillstand von 1609 auch diskursiv nachweisen. Nun sprach die Inquisition nicht mehr nur von *herejes ingleses* oder *herejes holandeses*, sondern verwendete zusätzlich den Ausdruck *herejes nacionales*.

Die Forschungsliteratur hat sich kaum mit dem Begriff des *hereje nacional* befasst.[25] Es ist deshalb sinnvoll, zunächst eine semantische Einordnung vorzu-

---

sition, S. 162–164. Später konnten sogar Soldaten, die zu einer protestantischen Macht überliefen, die Konfession wechselten und danach wieder ins spanische Reich zurückkehrten, mit weitgehender Straffreiheit rechnen. Vgl. Kap. 5.2.

23 Zu diesem Schluss kam bereits 1946 Manuel Tejado Fernández, der im Hinblick auf die religiösen Anordnungen der *Suprema* nach dem spanisch-englischen Frieden von 1630 (wohl mit apologetischer Tendenz) festhielt: „Ahora bien, ¿significan estas normas una situación de favor para los herejes de aquellas naciones que tuvieran relaciones amistosas con España y en su virtud una prelación de los fines políticos a los religiosos? Creemos que no es ésta, en modo alguno, la interpretación que deba darse a tales prescripciones, sino que prevén la posibilidad de que en razón de las treguas o paces concertadas con países extranjeros, antes de ellas hostiles a España, sea mayor la afluencia de extraños [sic] a las tierras del Rey Católico. En tal sentido, la Instrucción de 1631 […] no debe […] interpretarse estrictamente, como aplicables únicamente a ingleses u holandeses, sino a todos aquellos herejes de cualquier nacionalidad que fuesen, que, espontáneamente […] trataran de apartarse de sus errores y convertirse al catolicismo." TEJADO FERNÁNDEZ (1946), Procedimiento, S. 836 f.

24 *Suprema* an Mexiko-Stadt, 06.05.1600. AHN, Inq., lib. 352, fol. 261r–262r, hier fol. 261r–261v; Mexiko-Stadt an *Suprema*, 19.03.1599. AHN, Inq., lib. 1049, fol. 351r–351v, hier fol. 351r.

25 Als einer von wenigen nimmt Jean-Pierre Tardieu den Begriff in seiner französischen Übersetzung auf: „Même si ces gens [gemeint sind protestantische Piraten] étaient des ennemis, c'étaient des hérétiques ‚nationaux' et non ‚formels'. Ayant été éduqués dans l'hérésie, leur foi ne relevait pas du libre-arbitre: leur responsabilité était donc limitée." TARDIEU (1995), L'Inquisition de Lima, S. 44. Báez Camargo definiert den *hereje nacional* als „hereje en virtud de su nacionalidad' o quizá de nacimiento, de nación". BÁEZ CAMARGO (1961), Protestantes enjuiciados, S. 68. Thomas spricht mehrmals von *protestantes de nacimiento*, hat den Begriff

nehmen. Das Adjektiv *nacional* bezieht sich auf *nación,* was im frühneuzeitlichen Spanisch sowohl „Nation" als auch „Geburt" bedeutete. Zudem wurde *nación* auch im Sinne von „ausländisch" verwendet. Mit dem Ausdruck *hereje nacional* konnte also eine Person bezeichnet werden, die wegen ihrer ausländischen Herkunft und/oder aufgrund ihrer Geburt häretisch war.[26] Mit ‚Geburt' ist hier die familiäre Abstammung gemeint, insbesondere in Bezug auf den religiösen Hintergrund der Eltern.[27]

Tatsächlich findet sich der Begriff *haereticus natus* in einigen frühneuzeitlichen Traktaten, in denen das Problem häretischer Elternschaft behandelt wird.[28] Der *haereticus natus* war in vielerlei Hinsicht das Gegenstück zum *haereticus formalis*. Ein *haereticus formalis* war eine Person, die sich bewusst gegen die katholische Religion entschied und hartnäckig an ihrem Irrglauben festhielt. Ein *haereticus natus* hingegen war als Kind häretischer Eltern geboren worden und damit nur beschränkt schuldfähig. Während aber *haereticus formalis* dem spanischen *hereje formal* entspricht, darf *haereticus natus* nicht einfach mit *hereje nacional* gleichgestellt werden. Denn die Bedeutung von *nacional* umfasst eben auch auf die *ausländische* Herkunft.[29]

---

hereje nacional in seinen Quellen aber nicht vorgefunden. THOMAS (2001), La represión, S. 493; 496; 498; 502; 527; 530 f. Vgl. auch THOMAS (2001), La represión, S. 365. Castañeda und Hernández erläutern den Begriff im Zusammenhang mit dem Fall des um 1700 in Lima angeklagten Griechen Nicolás Bara: „Nicolás carecía de instrucción y conocimiento suficiente [en la fe católica], por lo cual era hereje nacional". CASTAÑEDA DELGADO/HERNÁNDEZ APARICIO (1995), La Inquisición de Lima 2, S. 319.

26   Der *Diccionario de la lengua castellana* listet die verschiedenen Bedeutungen von *nación* auf. Neben der „Gesamtheit der Bewohner einer bestimmten Provinz, eines Landes oder eines Reiches" konnte damit auch der Akt der Geburt bezeichnet werden („Nación. f.f. El acto de nacer. En este sentido se usa en el modo de hablar de nación, en lugar de nacimiento: y así dicen, Ciego de nación. Lat. *Nativitas*."). Zudem wurde *nación* als generelle Bezeichnung von Ausländern verwendet („se usa frecuentemente para significar cualquier extranjero"). REAL ACADEMIA ESPAÑOLA (1734), Diccionário, S. 644.

27   Vgl. dazu GILMAN (1972), Fernando de Rojas, S. 235 f.

28   Vgl. u.a. SINISTRARI (1754 [1700]), De delictis, S. 78: „Si autem haereticus natus est, [et] ab ecclesia toleratur, cum nullo jure privetur dominio suo, [et] eius authoritas non recognoscat superiorem, dicitur *potiri majestate*."; FARVACQUES (1680), Opuscula theologica, S. 48: „Alii sunt haeretici *nati,* qui ab haereticis baptizati [et] in haeresi a parentibus suis instructi ecclesiam nunquam deseruerunt."

29   Umgekehrt sollte *hereje nacional* nicht einfach als „ausländischer Häretiker" übersetzt werden. Der Unterschied deutet sich u.a. in einem Schreiben des inquisitorischen *fiscal* von Cartagena de Indias an, der Anfang des 18. Jahrhunderts von den „Schäden" sprach, die durch die Zulassung von „Ausländern, *herejes nacionales*" in den *Indias* entstehen könnten („perjuicios, que

In den *Indias* wurde die Wortkombination *hereje nacional* spätestens seit den 1620er-Jahren verwendet.[30] 1659 tauchte sie in einer Instruktion des Inquisitionsrats auf, in der es um den zuvorkommenden Umgang mit englischen *espontáneos* ging. Der Rat fügte hinzu: „[O]bwohl sich dieses Kapitel auf die Engländer bezieht, ist es auch auf die übrigen *herejes nacionales* anzuwenden".[31] In der Praxis konnten aber längst nicht alle ausländischen Häretikerinnen vom Status des *hereje nacional* profitieren. Mit einem schnellen und milden Verfahren durften jene ausländischen Protestanten rechnen, die sich freiwillig bei der Inquisition meldeten.[32] Die Bezeichnung *hereje nacional* wurde dann auch oft mit dem Zusatz *espontáneo* versehen *(hereje nacional espontáneo)*.[33]

Problematischer wurde es, wenn die Denunziation von dritter Seite erfolgte. Der niederländische Pirat Juan Grave, der 1655 vor der karibischen Festlandküste ein spanisches Boot überfiel und für einen religiösen Skandal sorgte, musste fünf Jahre in Haft verbringen, bevor er als *hereje nacional espontáneo* (sic) zum Katholizismus konvertierte und anschließend freigelassen wurde.[34] Der Hamburger Mathias Enquer hatte sich als Katholik ausgegeben und mehrere Jahre in Sevilla und Neuspanien gelebt, bis er 1651 in Mexiko-Stadt als Häreti-

---

se seguirían de admitir *extranjeros herejes nacionales*", Hervorhebung durch JG). *Presentación* (Alejo Díaz y Muños, *abogado del real fiscal*), 07.07.1703. AHN, Inq., leg. 1622, Exp. 14, fol. 15r–24r, Zitat fol. 21r.

30 Erstmals habe ich diese Bezeichnung in einem Schreiben des peruanischen Visitators und Inquisitors Juan de Mañozca gefunden. Juan de Mañozca an *Suprema*, 25.02.1625. AHN, Inq., lib. 1039, fol. 212r–213v.

31 „Y aunque este capítulo halla con los Ingleses, sin embargo sea observado lo mismo con los demás herejes nacionales". *Suprema* an Cartagena de Indias, 21.07.1659. AHN, Inq., leg. 1621, exp. 4, fol. 14v–16r, Zitat fol. 15v. Aus dem Kontext ist nicht zweifelsfrei zu erschließen, ob der Inquisitionsrat sich damit nur auf die Untertanen der Generalstaaten bezog, die ebenfalls durch einen Vertrag geschützt waren. Die Anordnungen wurden auch an Mexiko-Stadt weitergeleitet. *Suprema* an Mexiko-Stadt, 21.07.1659. AGN, vol. 1480, exp. 14, fol. 380r–381v.

32 1708 wies die *Suprema* das neuspanische Tribunal darauf hin, dass bei einem sich selbst denunzierenden Häretiker, „sei es nun ein Engländer, Franzose oder sonstiger Ausländer", nicht die Herkunft, sondern der Umstand der (protestantischen) Taufe entscheidend war. In diesen Fällen sollte immer die Absolution *ad cautelam* oder – bei Kenntnis der katholischen Doktrin – eine *reconciliación* vorgenommen werden. *Suprema* an Mexiko-Stadt, 17.02.1708. AGN, Inq., vol. 546, exp. 6, fol. 470r–470v, Zitat 470r.

33 U.a. *Suprema* (Randnotiz), 21.07.1659. AHN, Inq., leg. 1621, exp. 4, fol. 17r; José Antonio Gutiérrez de Ceballos (ehem. Inquisitor von Lima) an *Suprema*, 30.04.1731. AHN, Inq., leg. 2201, exp. 3 (s. fol.); *Suprema* an Lima, 02.12.1761. AHN, Inq., lib. 1026, S. fol.

34 Vgl. Kap. 6.1.

ker denunziert wurde. Dort warf ihm der Visitator Pedro de Medina Rico vor, ein „*hereje nacional* [zu sein], der in seinen häretischen Irrtümern verhaftet bleibt". Entscheidend ist hier der Nachsatz. Als *hereje nacional* hätte Enquer auf die Nachsicht der Inquisition hoffen können. Da er sich jedoch längere Zeit auf spanischem Gebiet aufgehalten hatte und seine religiösen Verfehlungen nicht eingestand, forderte Medina die Todesstrafe.[35] Der Hamburger wurde erst durch die Intervention der *Suprema* nach einem über zehnjährigen Gefängnisaufenthalt freigelassen. Um die gleiche Zeit prozessierten die neuspanischen Inquisitoren gegen den Engländer Guillermo Davis, der auf den Philippinen von seiner eigenen Frau als Protestant denunziert worden war. Davis wurde zugutegehalten, ein *hereje nacional* zu sein, weshalb gegen ihn „nicht mit der ganzen Härte des Gesetzes" vorgegangen werden durfte. Auch der Engländer verbrachte jedoch mehrere Jahre in Haft, bevor ihn die Inquisition zur *reconciliación* zuließ.[36]

Engländer, Niederländer und Deutsche mussten also in den *Indias* oft langwierige Verfahren über sich ergehen lassen, wenn sie von dritter Seite denunziert worden waren. Hatten sie sich bereits längere Zeit im spanischen Imperium aufgehalten und somit Kenntnis vom katholischen Glauben gehabt, kam dies erschwerend hinzu. Die Prozesse endeten dann jedoch mit einer Suspension, Absolution oder *reconciliación*, wobei offenbar der Haftstrafe eine Art Sühnefunktion zukam. Anders sah es bei den französischen Häretikern aus. Für die Iberische Halbinsel hat Werner Thomas nachgewiesen, dass diese Gruppe überdurchschnittlich hart bestraft wurde. Er nennt dafür drei Gründe. Erstens gab es in den bilateralen Verträgen zwischen der spanischen und der französischen Krone keine religiösen Schutzklauseln. Zweitens intervenierten die französischen Botschafter weitaus seltener zu Gunsten ihrer Landsleute, als dies die Niederländer und Engländer taten. Der dritte Grund bestand darin, dass das *Santo Oficio*

eine klare Unterscheidung zwischen der Situation der Protestanten in England und den Niederlanden [auf der einen Seite] und den Hugenotten in Frankreich [auf der anderen Seite] machte. Während Erstere in einem Land geboren wurden und lebten,

---

35 *Proceso de fe* von Matías Enquer (1651–1663). *Votos* vom 11.11.1659. AHN, Inq., leg. 1729, exp. 3/4, fol. 1r–171r, hier fol. 163v–164v.

36 „Que dicho Guillermo Davis era hereje nacional por cuya causa no debía procederse contra el con todo rigor de derecho". *Relación de causa* von Guillermo Davis (1658–1665). *Auto* vom 28.04.1660. AHN, Inq., lib. 1067, fol. 309r–313r, hier fol. 311r.

in dem es fast unmöglich war, mit dem Katholizismus in Berührung zu kommen, hielten sich die Hugenotten in Frankreich zwischen [Anhängern] des wahren [d.h. katholischen] Glaubens auf. Die Tatsache, dass sie diesen nicht erkannten und sich nicht zu ihm bekehrten, wies auf deren Starrsinn *[pertinacia]* hin und verschlimmerte ihr Delikt gegen den Glauben.[37]

Franzosen, so folgert Thomas, seien von der Inquisition deshalb als *herejes formales*, Niederländer und Engländer hingegen als *herejes materiales* qualifiziert worden.[38]

Die Beobachtungen des belgischen Historikers lassen sich auch auf die *Indias* übertragen. Französische *espontáneos* konnten zwar mit einem milden Urteil beziehungsweise einer problemlosen Konversion rechnen. Bei Denunziationen von dritter Seite wurden sie jedoch in der Regel hart bestraft.[39] Die Inquisition gestand den Franzosen den Status von *herejes nacionales* somit nur in Ausnahmefällen zu. Exemplarisch ist der Fall von Pedro Fos, der 1758 vor dem Tribunal von Lima denunziert wurde. Die Inquisitoren konnten sich nicht über das Vorgehen gegen den Franzosen einigen und konsultierten die *Suprema*. Dabei stand die Frage im Vordergrund, ob Fos – der angeblich protestantisch getauft worden war, aber während vieler Jahre unter Katholiken gelebt hatte – als *hereje nacional*[40] oder als *hereje formal* behandelt werden sollte. Der Inquisitionsrat hielt fest, dass gegen Franzosen wie gegen die Untertanen der spanischen Krone vor-

---

37 „El Santo Oficio, de su parte, sin duda hacía una neta distinción entre la situación de los protestantes en Inglaterra y Holanda y la de los hugonotes en Francia. Mientras que los primeros nacían y vivían en un país en el cual era casi imposible entrar en contacto con el catolicismo, en Francia el hugonote vivía entre los de la verdadera fe y, por tanto, el hecho de que no la reconociera y no se convirtiera demostraba su pertinacia y agravaba su delito contra la fe." Thomas (2001), La represión, S. 365.

38 Thomas (2001), La represión, S. 365. Zwischen einem *hereje nacional* und einem *hereje material* gibt es viele Übereinstimmungen, trotzdem handelt es sich bei diesen Begriffen nicht um Synonyme. Auch eine Spanierin konnte eine *hereje material* sein, dann nämlich, wenn sie sich nicht bewusst war, dass ihr Gedankengut gegen die katholische Doktrin verstieß. Eine *hereje nacional* war hingegen immer eine Ausländerin.

39 S. u.a. die Fälle von Juan Mercader (Cartagena de Indias), Joseph Ruiz de Peñaranda alias Joseph Roxiel (Peru) und Juan Baptista Moguer (Mexiko-Stadt).

40 Einer der theologischen Berater sprach in diesem Zusammenhang explizit von *herejes natos*, was darauf hinweist, dass das Wörtchen *nacional* tatsächlich (auch) im Sinne von ‚gebürtig' verstanden wurde. *Proceso de fe* von Pedro Fos (1758–1765). Zusatzvotum des Paters Juan Bauptista Sánchez (04.04.1761). AHN, Inq., leg. 1649, exp. 39/2, fol. 68r–75v, hier fol. 69v. Vgl. auch Simancas (1575), De catholicis, S. 201; 209.

gegangen werden müsse, da Erstere nicht durch Friedensverträge geschützt seien.[41]

Der Begriff des *hereje nacional* ist also mehrdeutig und nur kontextabhängig zu verstehen. Mit *herejes nacionales espontáneos* waren *alle* ausländischen Protestanten gemeint, die sich freiwillig denunzierten. Ging es jedoch um Denunziationen von dritter Seite, so zielte die Bezeichnung *hereje nacional* in erster Linie auf jene Angeklagten ab, deren Herkunftsländer von der Inquisition als protestantisch dominiert eingestuft wurden.[42] Dazu gehörten etwa England, die Niederlande und die Hansestädte. Stammte der oder die mutmaßliche HäretikerIn hingegen aus einem Land, in dem der Katholizismus die staatstragende Religion darstellte, so war die ausländische Herkunft kein mildernder Umstand. In den *Indias* war sie sogar eher ein Nachteil, da hier das Aufenthaltsverbot erschwerend hinzukam.[43] Dass die Inquisitoren am peruanischen Tribunal diskutierten, ob dem Franzosen Pedro Fos der Status des *hereje nacional* zugesprochen werden sollte, zeigt, dass sie in diesem Fall die persönlichen *Umstände* – nämlich seine protestantischen Eltern – berücksichtigten.[44] Bezeichnenderweise ging die *Suprema* darauf nicht ein, sondern stellte das *Herkunftsland* in den Vordergrund. Sie argumentierte mit den fehlenden religiösen Schutzklauseln in den französisch-spanischen Friedensverträgen und befand, dass gegen den Franzosen wie gegen die Untertanen der spanischen Krone vorzugehen sei. Hier zeigt sich dann auch die Verschränkung zwischen den theologisch und völkerrechtlich begründeten Inquisitionspraktiken: Engländer, Niederländer und später auch Dänen und Hamburger genossen als *herejes nacionales* sowohl aufgrund ihrer häretischen Geburt und Erziehung als auch durch die internationalen Abkommen einen gewissen Schutz. Franzosen, bei denen diese Bedingungen in den Augen des Inquisitionsrates

---

41 Zu Pedro Fos vgl. Kap. 7.2.
42 Vgl. dazu Thomas: „Así se creó una forma de tolerancia limitada que no se basaba en el contenido de la fe del tolerado sino en su nacionalidad. El primer criterio de la tolerancia no fue el ser calvinista, luterano, anglicano o judío, sino el ser inglés, holandés o francés. Tal sistema creó protestantes de primera (ingleses, holandeses) y de segunda (franceses), lo cual se reflejó en el tratamiento que la Inquisición les reservaba." THOMAS (2001), La represión, S. 365. Ich würde hier allerdings sowohl gegenüber der Verwendung des Begriffs „tolerancia" als auch gegenüber der Behauptung, niederländische oder englische Juden seien wie protestantische Landsleute behandelt worden, Vorbehalte anbringen.
43 Vgl. dazu die Fälle von Juan Baptista Moguer (Kap. 6.2) und Juan Baptista Busuñet (Kap. 7.2).
44 Vgl. dazu auch TORQUEMADA (1484), Instrucciones del Oficio, fol. 5r (Art. ix).

nicht gegeben waren, konnten hingegen als ordentliche Häretiker *(herejes formales)* verurteilt werden.

Welche spezifische Bedeutung hat der Quellenbegriff *hereje nacional* für den spanisch-amerikanischen Kontext? Diese Frage soll abschließend nochmals explizit adressiert werden. Tatsächlich ist es auffällig, dass die bestehende Forschungsliteratur zur Iberischen Halbinsel den Begriff bisher nicht thematisiert hat. Man ist versucht zu glauben, dass er in den Quellen der spanischen Tribunale gar nicht auftaucht und nur für die *Indias* zur Anwendung kam. Dies ist aber nachweislich nicht der Fall.[45] Es ist deshalb unwahrscheinlich, dass es sich hier um einen eigens für die amerikanischen Verhältnisse geschaffenen Rechtsbegriff handelt. Denkbar ist hingegen, dass er sich in den Quellen zu den Überseegebieten häufiger finden lässt, da sich hier die Frage zum Umgang mit ausländischen Protestanten besonders oft stellte.

9.3 Dissimulation, Inklusion und Exklusion

Die inquisitorischen Praktiken gegen ausländische Protestanten waren maßgeblich von Dissimulation, Inklusion und Exklusion geprägt. Die *Dissimulation* ist eine besonders interessante Rechtspraktik, da sie sowohl von der Inquisition selbst als auch von den von ihr verfolgten (mutmaßlichen) Häretikerinnen angewandt wurde; allerdings unter verschiedenen Voraussetzungen. Die Geschichtswissenschaft hat sich insbesondere mit dem letzteren Fall, also der Dissimulation religiöser Dissidenten, auseinandergesetzt. Der Begriff lässt sich dann als eine Strategie verstehen, den eigenen Glauben zu verdecken beziehungsweise zu verheimlichen. In diesem Sinne steht die Dissimulation in enger Beziehung mit der *Simulation,* bei der sich eine Person als etwas darstellt, was sie nicht ist. Jean-Pierre Cavaillé hat die beiden Begrifflichkeiten deshalb zu *Dis/simulation* verbunden.[46]

---

45 Sevilla an *Suprema*, 05.08.1687, in: TELLECHEA IDIGORAS (1979), Polémica molinosista en Sevilla, S. 127 f.

46 „Par *dissimulation,* j'entends, de façon tout à fait classique, telle que la définition a pu se cristalliser au début de l'époque moderne, l'action qui consiste à ne pas montrer ce qui est, ou, ce qui est un peu différent, à faire comme si ce qui est, n'était pas, et se distingue de la *simulation* qui consiste à faire apparaître ce qui n'est pas comme étant quelque chose: on passe ainsi de l'acte de cacher efficacement à celui de feindre et de falsifier". Mit der Dissimulation versucht

Die Dis/simulation ausländischer Protestanten war für die Inquisition eine ambivalente Angelegenheit. Einerseits war der in den internationalen Abkommen garantierte religiöse Schutz mit der Bedingung verknüpft, den Protestantismus unter keinen Umständen in der Öffentlichkeit zu praktizieren. Diese Aufforderung zur Dissimulation ging einher mit jener der Simulation: Ausländer mussten bei Prozessionen vor dem Allerheiligsten knien und so die Zugehörigkeit zum Katholizismus fingieren. Andererseits boten Dissimulation und Simulation die Möglichkeit zur unbemerkten Verbreitung häretischen Gedankenguts. Die Inquisition warnte dann auch explizit vor der *disimulación* ausländischer Protestanten.[47]

Wie verbreitet das Phänomen war, zeigt ein an die neuspanischen Inquisitoren adressierter Brief aus dem Jahre 1660. Darin berichtete der Priester Joseph Salazar Maldonado von zwei Engländern, die er vergeblich zur Konversion zum Katholizismus aufgefordert hatte. Salazar lobte die beiden als gute Arbeiter im Dienste des spanischen Königs. Da sie jedoch nicht in den Katholizismus eingeführt wurden,

bleiben sie in ihren Irrtümern verhaftet, die sie in ihrer Kindheit annahmen. Wenn sie danach mit uns [Spaniern] in Kontakt kommen, übernehmen sie äußerlich die Riten unseres Heiligen Glaubens. Damit versuchen sie [...] durchzukommen, ohne dabei auf andere Dinge zu achten. Auch ihre Vorgesetzten kümmern sich nicht [um ihre religiöse Erziehung]. Deshalb – eher aus Unwissenheit und Achtlosigkeit als aus Verstocktheit – bleiben sie fehlgeleitet [...].[48]

Der Priester beschrieb damit die Simulation als eine den Umständen geschuldete Anpassungsstrategie. Er machte den Engländern diesbezüglich keinen Vor-

---

    der Häretiker also zu verbergen, dass er Häretiker ist; mit der Simulation streitet er aktiv ab, Häretiker zu sein. CAVAILLÉ (2009), Pour une histoire, S. 7–9, Zitat S. 7. Zum Begriff der Dis/simulation s. CAVAILLÉ (2002), Dis/simulations, S. 30 f.

47 U.a. Diego de Arce y Reinoso an Philipp IV., 20.08.1655. AHN, Inq., lib. 264, fol. 325r–337r, hier fol. 331r, 335r; *Suprema* an Karl II., 07.06.1686. AHN, Inq., lib. 267, fol. 105r–124v, hier fol. 117v.

48 „[S]e han quedado con aquellos primeros errores, que aprehendieron en la niñez, y después con nuestra comunicación se acomodan en lo exterior a los ritos de nuestra Santa Fe tratando de vivir, y pasar sin cuidar de otra cosa ellos, ni sus superiores y por este defecto, más por ignorancia y descuidado que por pertinacia persisten en su engaño." *Proceso de fe* von Thomas Danlins (1660). Joseph Salazar Maldonado *(presbiterio)* an Mexiko-Stadt, 10.02.1660. AGN, Inq., vol. 578, exp. 8, fol. 378r–379r, Zitat fol. 378v.

wurf, sondern betonte deren Verdienste und plädierte damit erfolgreich für ein mildes Vorgehen der Inquisition.[49]

Hier soll allerdings nicht weiter auf die Dis/simulation ausländischer Protestanten eingegangen werden, die unter dem Begriff des „Nikodemismus" sowohl für die Römische als auch die Spanische Inquisition bereits gut untersucht worden ist.[50] Vielmehr nehme ich das Phänomen nun als *Praktik der Inquisition* in den Blick. Die Dissimulation wird damit um die Dimension des kanonischen Rechts erweitert und bedeutet das „bewusste, schweigende, aber nicht billigende Hinwegsehen" über eine unliebsame Situation, um größere Übel abzuwenden.[51]

Es liegt in der Natur der Sache, dass eine solche Rechtspraktik in den Quellen nur schwer auffindbar ist.[52] Ein Hinweis kann die Zahl suspendierter oder trotz Denunziationen gar nicht erst eingeleiteter Verfahren sein.[53] Das stärkste Indiz für die Dissimulation ist aber paradoxerweise jenes, das keine Spuren hinterlässt, nämlich die Inaktivität von Seiten der Denunzierenden und der Inquisition. Solche Phasen gab es in Spanisch-Amerika immer wieder, obwohl dort die Anwesenheit von Ausländern eine Konstante war. Für Neuspanien und Cartagena de Indias sind beispielsweise für die Jahre zwischen 1625 und 1645 keine nennenswerten Aktivitäten gegen Protestanten überliefert, in Lima waren entsprechende Prozesse während der zweiten Hälfte des 17. Jahrhunderts die große Ausnahme.

---

49 Das *Santo Oficio* ließ die Engländer im Katholizismus unterweisen und gewährte ihnen anschließend die Absolution *ad cautelam*. Allerdings hatten sie die Prozesskosten zu tragen. *Proceso de fe* von Thomas Danlins (1660). AGN, Inq., vol. 578, exp. 8, fol. 376r–407v; *Proceso de fe* von Juan Predix (1660). AGN, Inq., vol. 578, exp. 11, fol. 454r–498r.
50 U.a. THOMAS (2001), Los protestantes, S. 384–467; GINZBURG (1970), Il nicodemismo; WELLER (2015), Heuchelei und Häresie.
51 REINHARDT (2000), Artikel „Dissimulation", S. 460. Jean-Pierre Cavaillé spricht von einer „doppelten Dissimulation" zwischen Dissidenten und repressiven Autoritäten (Staat, Kirche): „[I]l n'y a pas de relation de pouvoir sans la pratique d'une double dissimulation; il n'y a pas de pouvoir qui pour s'exercer ne dissimule, ou du moins feint de dissimuler (dissimulant bien souvent qu'il n'a rien à dissimuler) et pas d'assujettissement au pouvoir qui n'implique, d'une façon ou d'une autre le recours libre ou imposé, au secret." CAVAILLÉ (2009), Pour une histoire, S. 9.
52 ZAGORIN (1990), Ways of Lying, S. 14. Vgl. zur (negativ konnotierten) Dissimulation als inquisitorische Praktik auch *Suprema* an Juan de Mañozca y Zamora, 21.03.1626, AHN, Inq., lib. 353, fol. 206r. Dazu auch TAU ANZOÁTEGUI (2002), La disimulación, hier S. 1746.
53 Für das neuspanische Tribunal lässt sich ein solches Phänomen im 18. Jahrhundert nachweisen. NUNN (1979), Foreign Immigrants, S. 121–148 (Appendix 1). Für Cartagena de Indias vgl. Cartagena de Indias an *Suprema*, 20.05.1691. AHN, Inq., lib. 1019, fol. 317r–317v.

Dass das *Santo Oficio* letztlich nur selten intervenierte und oft dissimulierte, hat nicht in erster Linie mit seiner „Ineffizienz" zu tun, sondern liegt in der Logik frühneuzeitlicher *policía* begründet. Diese gab einen Referenzrahmen vor, „an dem die sozialen Akteure ihre Handlungen orientierten [, wobei sie] über einen beachtlichen Spielraum verfügten."[54] Im Fall der ausländischen Protestanten trugen die Bestimmungen der internationalen Abkommen und die Interventionen der *Suprema* auch in den *Indias* zu einer allgemeinen Zurückhaltung bei. Es gab für die Inquisitoren zudem ökonomische Anreize, zu dissimulieren: Prozesse waren teuer und die meisten ausländischen Protestanten arm.[55] Auch die mangelnde Kooperation der Bevölkerung muss als Faktor berücksichtigt werden, da die Inquisitoren nur selten von sich aus ein Verfahren eröffneten und auf Denunziationen von außen angewiesen waren.

Sicher ist, dass die Dissimulation von Seiten der Inquisition nicht auf ausländische Protestanten beschränkt blieb. Dies zeigt das Beispiel der neuchristlichen Portugiesen, die von der Inquisition generell des Judaisierens verdächtigt wurden, deren Verfolgung aber maßgeblich von der Initiative individueller Akteure wie Juan de Mañozca y Zamora und dessen Neffen Juan Saenz de Mañozca y Murillo abhing. Die Massenprozesse gegen judaisierende Neuchristen in Lima (1635–1639) und Mexiko-Stadt (1642–1649) waren aus der Sicht der *Suprema* keineswegs unproblematisch: In beiden Fällen stießen die Tribunale an die Grenzen ihrer Ressourcen und zumindest in Peru wurden Verfahrensnormen teilweise nicht mehr eingehalten.[56] Zudem waren solche Aktionen immer mit der Gefahr verbunden, dass die Bevölkerung sich darüber skandalisierte. Bereits Philipp II. hatte darauf hingewiesen, dass die Inquisition in den *Indias* zwar „gefürchtet" und „respektiert" werden solle, ihrerseits aber dafür Sorge zu tragen habe, dass sie nicht „gehasst" würde.[57]

---

54 „[L]as antiguas medidas de policía [...] establecían sobre todo un ‚horizonte de referencia' en cuyo marco los actores sociales orientaban sus acciones con un margen considerable de decisión." BECK VARELA (2015), ¿El censor ineficaz?, Zitat S. 80. Beck bezieht sich hier auf NAPOLI (2003), Naissance de la police, S. 15. Vgl. auch BRENDECKE (2009), Imperium und Empirie, S. 180.

55 „[D]ichos reos nacionales [...] siendo generalmente pobres de tal suerte que el tiempo de su prisión son alimentados con efectos de este fisco". Cartagena de Indias an *Suprema*, 20.05.1691. AHN, Inq., lib. 1019, fol. 317r–317v, Zitat ebd. Dazu auch NUNN (1979), Foreign Immigrants, S. 59.

56 SILVERBLATT (2004), Modern Inquisitions, S. 63 f.; LYNN (2013), Between Court and Confessional, S. 268.

57 „[D]e manera que la Inquisición sea muy temida y respetada y no se dé ocasión para que con

Die gesellschaftliche Integration war für die Ausländer im spanischen Imperium eine ständige Herausforderung. Tamar Herzog hat in *Defining Nations* aufgezeigt, wie Nichtspanier in Kastilien ein lokales Bürgerrecht *(vecindad)* erhalten konnten, indem sie ihre Absicht kundtaten, einer bestimmten Gemeinschaft längerfristig angehören zu wollen. In den *Indias* stieß dieses Konzept an Grenzen. Hier galt ein grundsätzliches Ausländerverbot, das nur über eine Naturalisierung oder eine nachträgliche Regulierung (etwa durch *composiciones*) legal umgangen werden konnte.[58] Während es also für katholische Ausländer schwierig sein konnte, sich in die spanisch-amerikanische Gesellschaft zu integrieren, galt dies für ausländische Protestanten in noch viel stärkerem Maße. Zwar war auch auf der Iberischen Halbinsel der katholische Glauben eine Grundvoraussetzung für ein lokales oder ‚nationales' Bürgerrecht. Aber ab dem Ende des 16. Jahrhunderts konnten sich ausländische ‚Häretiker' unter dem Schutz internationaler Verträge zumindest vorübergehend in Spanien aufhalten, ohne größere Repressionen fürchten zu müssen. In den *Indias* hingegen war ein legaler Aufenthalt bis zum Ende der Kolonialzeit fast ausgeschlossen.[59] Die spanischen Autoritäten begründeten dies neben wirtschaftlichen und militärischen Erwägungen insbesondere mit dem Schutz der Indigenen, der „neuen Pflanzen des Glaubens".

Vor diesem Hintergrund liegt die Vermutung nahe, dass der Inquisition in den *Indias* in erster Linie die Aufgabe der *Exklusion* zukam. Tatsächlich gibt es viele Beispiele, in denen das *Santo Oficio* repressiv gegen ausländische Protestanten vorging. In Mexiko-Stadt wurden während des Autodafés von 1574 über 20 Engländer, Flamen und Franzosen mit Galeerendienst und öffentlicher Auspeitschung bestraft. Im 16. Jahrhundert verurteilten neuspanische und peruanische Inquisitoren mindestens elf Personen zum Tode.[60] Und auch im 17. und 18. Jahrhundert kam es immer wieder zu harten Urteilen. Eine spezielle Form der Exklusion findet sich in jenen Fällen, in denen die Akteure der Inquisition ein unmittelbares Interesse an einer Verurteilung hatten. Dazu gehören die Verfahren gegen den niederländischen Ingenieur Adrian Boot, den Iren William

---

razón se le pueda tener odio." *Instrucciones del Ilustrísimo Señor Cardenal, Inquisidor General, para la fundación de la Inquisición en México* (18.08.1570), in: GARCÍA MOLINA RIQUELME (1999), El régimen de penas, S. 637–647, hier S. 645 *(ley 35)*.
58   HERZOG (2003), Defining Nations. Vgl. auch Kap. 3.1.
59   Der englische *asiento de negros* (1713–1739) ist diesbezüglich als eine Ausnahme anzusehen.
60   BÁEZ CAMARGO (1961), Protestantes enjuiciados, S. 127 (Apéndice A).

Lamport und Diego de Salcedo, den flämischstämmigen Gouverneur der Philippinen. Sie waren keine *herejes nacionales,* sondern Personen, die gut in die iberisch-amerikanische Gesellschaft integriert waren und einer Elite angehörten. Doch ihre Herkunft und die Distanz zum Madrider Hof machten sie verwundbar.

Dem *Santo Oficio* kam aber auch die Funktion der *Inklusion* zu. Schon 1560 wurden französische Korsaren in Mérida von den inquisitorischen Autoritäten auffallend mild bestraft und entkamen einer Verurteilung durch die säkulare Gerichtsbarkeit. Einige von ihnen ließen sich anschließend dauerhaft in Neuspanien nieder. Bereits erwähnt wurden das Autodafé von 1574, als junge Engländer mit leichten Strafen davonkamen, sowie die Anordnungen der *Suprema* an das peruanische Tribunal, dem Piraten Richard Hawkins und seiner Mannschaft die Absolution *ad cautelam* zu gewähren und sie anschließend zur Konversion zuzulassen. Begründet wurde dieses zurückhaltende Vorgehen jeweils mit der mangelnden Kenntnis der katholischen Doktrin von Seiten der Angeklagten sowie mit deren Bereitschaft, zum ‚wahren Glauben' überzutreten.

Eine besonders wirkmächtige Form der Inklusion erfolgte über die Selbstanzeigen und die sich daraus ergebenden Konversionen. Für Spanien weist Thomas ab dem Beginn des 17. Jahrhunderts eine deutliche Steigerung protestantischer *espontáneos* nach und begründet dies vor allem mit dem spanisch-englischen Frieden von 1604.[61] In Madrid und in Barcelona machten entsprechende Selbstanzeigen in der zweiten Hälfte des 17. Jahrhunderts einen Großteil der gesamten Inquisitionstätigkeit aus.[62] Das Gleiche gilt für die Kanarischen Inseln: Fajardo zählt hier für das 17. Jahrhundert 121 Konversionen, im 18. Jahrhundert steigt die Zahl gar auf 214.[63] Neben Seeleuten und Händlern waren es insbesondere im spanischen Heer dienende Söldner, die zum Katholizismus konvertierten.

In Spanisch-Amerika findet sich das Phänomen für das 17. Jahrhundert vor allem auf den Philippinen. 1602 – also bereits vor dem Londoner Friedensab-

---

61 So zeigten sich zwischen 1561 und 1604 29 Engländer an, im Zeitraum von 1605 bis 1648 waren es 97. THOMAS (2001), La represión, S. 337 f. Vgl. auch THOMAS (2001), Los protestantes, S. 609.
62 BLÁZQUEZ MIGUEL (1990), La Inquisición en Cataluña, S. 158–172; BLÁZQUEZ MIGUEL (1990), Madrid, S. 91–96. Für das *Tribunal de Corte* (die Inquisition am spanischen Hof) vgl. auch CARRASCO PÉREZ ABREU (2008), El Tribunal de Corte, S. 105–107; 222; 226; zur Inquisition in Castilla-La Mancha BLÁZQUEZ MIGUEL (1986), La Inquisición en Castilla-La Mancha, S. 154–156; zur Inquisition in Valencia HALICZER (1990), Inquisition and Society, S. 292–294.
63 FAJARDO SPÍNOLA (1996), Las conversiones, S. 24.

kommen – gaben die Inquisitoren Neuspaniens ihrem Kommissar in Manila die Anordnung, ausländische *espontáneos* zur *reconciliación secreta* zuzulassen. Dies bedeutete, dass die Konversionen unter Ausschluss der Öffentlichkeit vollzogen werden mussten. Darüber hinaus ordnete das Tribunal an, auch *katholischen* Ausländern, die längere Zeit unter Protestanten gelebt hatten, mit großer Milde zu begegnen und ihnen die Absolution *ad cautelam* zu gewähren. Dieses zurückhaltende Vorgehen wurde unter Umständen sogar bei spanischen Apostaten praktiziert.[64]

Auch in Cartagena de Indias kam es schon früh zu Konversionen von *espontáneos*. In den ersten zehn Jahren nach der Gründung des Tribunals (1610) wechselten mindestens 17 Engländer, Niederländer und Franzosen ‚freiwillig' ihre Konfession.[65] Zwischen 1700 und 1730 gingen von 30 Prozessen wegen Protestantismus 26 auf Selbstanzeigen zurück.[66] Auf dem neuspanischen Festland und in Peru waren Verfahren gegen *herejes nacionales espontáneos* im 17. Jahrhundert noch die Ausnahme, wobei für das Tribunal in Lima die unvollständige Quellenüberlieferung berücksichtigt werden muss. Ab dem 18. Jahrhundert lassen sich dann zahlreiche Selbstanzeigen nachweisen: In Neuspanien kam es in der Zeit zwischen 1700 und 1820 wohl zu über 100 Fällen.[67] Wie stark diese die Inquisition beschäftigten, zeigen die verschiedenen Manuale, die den Umgang mit den *espontáneos* regelten.

Es ist schwierig abzuschätzen, wie ernst es den einzelnen Protestanten mit der Bekehrung war. Aufgrund der sozialen und ökonomischen Vorteile, die ein solcher Schritt mit sich brachte, waren rein religiös bedingte Motive sicherlich die Ausnahme. Andererseits sollte die persönliche Dimension einer Konversion

---

64 Vgl. dazu den Fall von Sebastian Gutiérrez, Kap. 5.2.
65 In Cartagena de Indias beschäftigte sich neben der Inquisition auch der spanische Jesuit Pedro de Claver – heute vor allem als Beschützer der Sklaven bekannt – mit protestantischen Ausländern. Dies zeigen die Akten zu seiner Heiligsprechung. Als um das Jahr 1650 mehrere Engländer als Kriegsgefangene nach Cartagena de Indias kamen, suchte Claver diese auf. Trotz Widerständen schaffte er es, einen kranken Engländer zu bekehren. Als der Mann starb, ließ Claver ein festliches Begräbnis veranstalten. Damit demonstrierte der Jesuit anderen Ausländern, dass sie nur als Katholiken angemessen bestattet werden würden. *Declaraciones de los testigos sobre la aplicación y el trabajo del Venerable Siervo de Dios en la conversión de los herejes*, in: SPLENDIANI/ARISTIZÁBAL GIRALDO (2002), Proceso de beatificación, S. 125–129.
66 Die Zahlen basieren auf die *relaciones de causas* in den folgenden Beständen: AHN, Inq., leg. 1622/5349/5350.
67 GREENLEAF (1966), North American Protestants, S. 195, FN 15; NUNN (1979), Foreign Immigrants, S. 53; AHN, Inq., leg. 2140, exp. 2; AHN, Inq., leg. 2286, caja 1/2; AHN, Inq., leg. 2288.

nicht unterschätzt werden. Ein solcher Schritt konnte unter anderem die Ächtung durch Landsleute und den Verstoß aus der Familie zur Folge haben.[68] Die Inquisition verband ihrerseits das integrative Verfahren eines Konfessionswechsels mit der ausdrücklichen Warnung, dass Konvertiten bei einem Rückfall in ihren alten Glauben hart bestraft würden. Entsprechende Fälle wurden in dieser Studie diskutiert: Der Ire Jorge Castrioto hatte sich 1690 zunächst freiwillig dem peruanischen Tribunal gestellt, war dann aber von dritter Seite als Protestant denunziert worden. Die Inquisitoren verwiesen ihn daraufhin aus Spanisch-Amerika. Der Hamburger Juan Henriquez Pens konvertierte 1685 nur zum Schein zum Katholizismus. Als die Sache fünf Jahre später aufflog, musste er im *sambenito* an einem Autodafé teilnehmen, seine Güter wurden konfisziert, er wurde ausgepeitscht und zum Galeerendienst verurteilt.

Charlotte de Castelnau hat bereits Anfang der 1990er-Jahre auf die Konversionen „comme un processus d'intégration à la société espagnole" hingewiesen.[69] Die Bedeutung der Konversionen für die *Indias* und die herausragende Rolle, die dabei der Inquisition zukam, wurden hingegen noch kaum zur Kenntnis genommen.[70] In der Neuen Welt standen ausländische Protestanten immer doppelt unter Druck – als sich illegal aufhaltende Nichtspanier waren sie der potentiellen Verfolgung der weltlichen und als Häretiker derjenigen der inquisitorischen Autoritäten ausgesetzt. Durch die Konversion konnten sie sich religiös integrieren und gleichzeitig ihren Aufenthalt legalisieren, da ein Übertritt zum Katholizismus eine Naturalisierung implizierte. Damit hatten Konvertiten eine bessere Stellung als (alt-)katholische Ausländer, die der Gefahr von Ausweisungsedikten ausgesetzt waren.[71]

Fassen wir zusammen: Die Inquisition, deren Implementierung in den *Indias* im 16. Jahrhundert wesentlich mit der Bekämpfung der lutherischen ‚Sekte' legi-

---

68 FAJARDO SPÍNOLA (1996), Las conversiones, S. 104–106. Vgl. zu dieser Frage auch THOMAS (2001), Los protestantes, S. 531–542.
69 CASTELNAU (1993), Les étrangers protestants, Zitat S. 151. Allerdings ging Castelnau noch davon aus, dass dieser Prozess nur bis in die 1620er-Jahren anhielt.
70 Die Ausnahmen sind NUNN (1979), Foreign Immigrants sowie GREENLEAF (1966), North American Protestants.
71 „The *Siete Partidas* determined that conversion was one of the methods by which foreigners could obtain their naturalization. [...] Indeed, conversion designated a spiritual rebirth that was more important than the biological birth." HERZOG (2003), Defining Nations, S. 122. Vgl. auch NUNN (1979), Foreign Immigrants, S. 53.

timiert worden war, blieb über lange Zeiträume inaktiv. Dies hing mit den beschränkten Ressourcen, den riesigen Jurisdiktionsgebieten, der fehlenden Kollaboration der Bevölkerung und säkularer Institutionen, dem mangelnden Interesse einzelner Inquisitoren und bis zu einem gewissen Grad auch mit den internationalen Verträgen zusammen. Die Dissimulation war deshalb eine prägende Rechtspraktik des *Santo Oficio*. Manchmal – vor allem im 16. Jahrhundert – kam es zu spektakulären Autodafés, bei denen des Protestantismus Angeklagte öffentlich verurteilt wurden. Dann wandte die Inquisition Rechtspraktiken mit exkludierenden Wirkungen an, die bis zur physischen Auslöschung reichen konnten. Hier entsprach das *Santo Oficio* jenem Bild, das seine Perzeption bis heute prägt. Aus historiografischer Sicht interessanter scheinen mir hingegen jene Rechtspraktiken zu sein, die auf eine Inklusion abzielten und geradezu dialektisch aus ausländischen Protestanten inländische Katholiken machten.

10 Epilog: War Amerika anders?

Der französische Geschäftsmann Pedro Fortuna reiste um das Jahr 1730 auf einem niederländischen Schiff nach Peru. An Bord bekehrte er sich zum Protestantismus. Als Fortuna nach Lima kam, wurde er denunziert und von der Inquisition als Apostat zu einer *abjuración en forma* und der Ausweisung aus dem spanischen Imperium verurteilt.[1] Fortuna verließ Spanisch-Amerika nur widerwillig, da er verschiedene finanzielle Verpflichtungen hatte und befürchtete, dass sein Vermögen von der Inquisition beschlagnahmt würde. Doch ihm blieb keine andere Wahl. Über Panama kam er auf einer spanischen Flotte nach Cádiz, wo er sogleich in ein Gefängnis gesteckt wurde. Von dort wandte sich Fortuna an die *Suprema* und bat um seine Freilassung. Der Rat ordnete im Mai 1732 an, den Franzosen von der Iberischen Halbinsel zu verweisen und ihm die Rückkehr unter Androhung schwerer Strafe zu verbieten.[2] Fortuna richtete sich daraufhin erneut an den Inquisitionsrat, mit der Bitte, ihn zu begnadigen und in Cádiz leben zu lassen. Unterstützt wurde er vom örtlichen Kommissar, der argumentierte, dass der Friedensvertrag zwischen Spanien und Frankreich den gegenseitigen Handel ohne Belästigung *(sin embarazo)* gewähren würde, wie dies auch für protestantische Mächte der Fall sei. Zudem würde Fortuna bei einer Rückkehr in sein Heimatland Gefahr laufen, erneut vom Glauben abzufallen.[3] Diese Argumente waren wenig überzeugend. Frankreich war unter Ludwig XIV. zumindest äußerlich zu einem rein katholischen Reich geworden, und es gab keine internationalen Verträge, die französische Protestanten vor der Verfolgung der Inquisition schützten. Trotzdem widerrief die *Suprema* ihren ursprünglichen Entscheid und erlaubte Fortuna, in Cádiz zu bleiben. Dies unter der Voraussetzung, dass er die Lehre aus seiner Verurteilung ziehen und fortan als Katholik

---

1   Fortunas Eltern waren ihrerseits Protestanten gewesen, mussten ihren Sohn aber wahrscheinlich im Zuge der Widerrufung des Edikts von Nantes (1685) katholisch taufen lassen. Supplikation von Pedro Fortuna an den inquisitorischen Kommissar von Cádiz, 1732. AHN, Inq., leg. 2201, s. fol.
2   *Suprema* an Lima und Sevilla, 13.05.1732. AHN, Inq., lib. 1024, s. fol.
3   Supplikation von Pedro Fortuna an den inquisitorischen Kommissar von Cádiz, 1732. AHN, Inq., leg. 2201, s. fol.

leben würde.⁴ Warum musste Fortuna Amerika verlassen, durfte aber in Spanien bleiben? Tamar Herzog gibt eine mögliche Antwort. In einem Artikel geht die Rechtshistorikerin der Frage nach, weshalb sich die (weißen) Bewohner der Neuen Welt in erster Linie als ‚Spanier' definierten und nicht – wie in Europa – als einem *bestimmten* Reich der spanischen Krone zugehörig: also als Kastilier, Aragonier oder Katalanen. Den Grund dafür sieht Herzog in einem stark religiös beeinflussten, amerikanischen Zivilisationsprojekt, in dem es einen fundamentalen Unterschied zwischen „wahren" – nämlich spanischen – und minderwertigen, ausländischen Christen gegeben habe:

> Rather than divided by kingdoms, as was the case in Europe, in the Americas the true divide was between true Christians and unworthy Christians, civilized and barbarians. [...B]ecause non-Spaniards were insufficiently Christian and insufficiently civilized and because they were somewhat similar to the Indians, they could be admitted in Spain (where religious orthodoxy and civilization reigned), but were highly dangerous in the Americas (where paganism and barbarity still dominated). In Spain, there was hope that these foreigners would learn the ‚right ways' and, once integrated into the community, could become equally Christian and equally civilized. In the Americas, it was unlikely this would happen.⁵

Tatsächlich scheint der Fall von Pedro Fortuna diese These zu bestätigen. In den *Indias* durfte sich der Franzose unter keinen Umständen aufhalten, in Spanien hingegen wurde er trotz seines religiösen Vergehens nicht als ernstzunehmende Gefahr wahrgenommen und konnte bleiben. Gab es also für die Inquisition tatsächlich einen grundsätzlichen Unterschied zwischen einem Ausländer in der Neuen und einem Ausländer in der Alten Welt? Oder direkter formuliert: War Amerika anders?

Diese Frage kann zunächst bejaht werden. In den von mir untersuchten Quellen finden sich zahlreiche Hinweise auf die religiöse Sonderstellung der *Indias*. Immer wieder betonte die Inquisition, dass es die Indigenen – die *plantas nue-*

---

4   *Suprema* an Sevilla, 11.09.1732. AHN, Inq., lib. 1025, s. fol. Vgl. auch Notiz der *Suprema*, 03.09.1732. AHN, Inq., leg. 2201, s. fol. Vgl. auch den Fall von Pedro Fos (Kap. 7.2).
5   HERZOG (2012), Can You Tell a Spaniard, hier S. 155. Die Originalität dieser These liegt nicht zuletzt darin begründet, dass damit der oft betonte Gegensatz zwischen Indigenen und Spaniern relativiert und die Alterität zwischen (altchristlichen) Spaniern und europäischen Ausländern betont wird.

vas de la fe – unter allen Umständen vor den Häresien aus Europa zu schützen galt. Die Wirkmächtigkeit dieses Diskurses lässt sich besonders gut anhand der internationalen Abkommen darstellen. Die religiösen Schutzklauseln von Friedens- und Handelsverträgen wurden von den amerikanischen Inquisitoren mehrmals erfolgreich in Frage gestellt, den Sklavenhandelsvertrag mit dem Niederländer Balthasar Coymans musste die spanische Krone aufgrund der Intervention der *Suprema* gar auflösen.

Es lassen sich jedoch auch zahlreiche Gemeinsamkeiten zwischen den amerikanischen und den spanischen Tribunalen finden. Sie alle waren nach dem gleichen Muster organisiert. Von Seiten der *Suprema* gab es keine eigene ‚Amerikapolitik', was sich auch daran festmachen lässt, dass die Tribunale der *Indias* administrativ dem Sekretariat von Aragonien untergeordnet waren. Zwar verfügten die Inquisitoren in den *Indias* aus praktischen Gründen über einige Vorrechte, etwa im Hinblick auf eine größere Autonomie in der Entscheidungsfindung. Die normativen Grundlagen waren jedoch über weite Strecken die gleichen wie in Spanien. Bei den Inquisitoren handelte es sich in den wenigsten Fällen um in Amerika geborene *criollos,* sondern um auf der Iberischen Halbinsel sozialisierte und ausgebildete Männer. Sowohl in Europa als auch in den *Indias* wurden ausländische Protestanten aufgrund internationaler Vereinbarungen, vor allem jedoch aus theologischen Gründen oft erstaunlich zuvorkommend behandelt. Und auf beiden Kontinenten gab es für diese ‚Häretiker' die Möglichkeit, sich durch eine Bekehrung zum ‚wahren Glauben' in die Gemeinschaft des spanischen Imperiums zu integrieren. Hier gilt es dann auch, die These von Tamar Herzog zu relativieren: Ausländische Apostaten wie Pedro Fortuna waren in der Neuen Welt tatsächlich unerwünscht. *Herejes nacionales,* die freiwillig zum Katholizismus konvertierten, durften hingegen in den *Indias* bleiben. Ihnen wurde von Seiten des *Santo Oficio* offenbar zugetraut, „gleich christlich und zivilisiert" wie die Spanier zu werden.[6]

Im Hinblick auf die Rechtspraktiken der Inquisition greift die bloße Gegenüberstellung eines amerikanischen und eines europäischen Rechtsraums ohnehin zu kurz. Vielmehr müssen auch die unterschiedlichen strukturellen Voraussetzungen und die verschiedenen Rechtsräume *innerhalb* der *Indias* berücksichtigt werden. Am neuspanischen und peruanischen Tribunal wurden

---

6   „[T]hat these foreigners […] could become equally Christian and equally civilized" (vgl. oben). HERZOG (2012), Can You Tell a Spaniard, hier S. 155.

protestantische Ausländer vor allem im 16. und im beginnenden 17. Jahrhundert als Gefahr wahrgenommen. Danach kam es bis zum 18. Jahrhundert nur noch in Einzelfällen zu Anklagen wegen Protestantismus. Während Lima und Mexiko-Stadt die Zentren von Vizekönigreichen darstellten, war Cartagena de Indias eine zwar strategisch wichtig gelegene, letztlich jedoch provinzielle und äußerst exponierte Hafenstadt. Der Ort wurde dann auch konstant von Piraten, Korsaren und ausländischen Kriegsschiffen bedroht. Protestantische Mächte besetzten im Verlaufe des 17. Jahrhunderts immer mehr karibische Inseln. Der *asiento de negros,* der zu einem großen Teil über Cartagena de Indias abgewickelt wurde, brachte weitere Ausländer und damit potentielle Häretiker in die Stadt. Hier war die protestantische Bedrohung ganz unmittelbar erfahrbar und es kam zu vergleichsweise vielen Anklagen. Ab 1700 kam allen drei amerikanischen Tribunalen dann in erster Linie die Aufgabe der Konversion – und damit der Inklusion – von Ausländerinnen und Ausländern zu.

Ob Amerika ‚anders' war, ist somit eine Frage der Perspektive. Wer nach den Unterschieden zwischen den Inquisitionspraktiken in der Neuen und der Alten Welt sucht, wird in Prozessen wie jenem gegen Pedro Fortuna fündig werden. Wer nach Gemeinsamkeiten forscht, wird in den gleichen Akten auf zutiefst von der europäischen Kultur geprägte Rechtspraktiken stoßen. Und wer sich für die verschiedenen Rechtsräume innerhalb Spanisch-Amerikas interessiert, wird ebenfalls keinen Mangel an Material haben. Die eigentliche Herausforderung besteht darin, diese verschiedenen Perspektiven zusammenzubringen. Dazu einen Beitrag zu leisten, war das Ziel der vorliegenden Arbeit.

Anhang

Abstract in English

The papal missionary mandate legitimized the Iberian conquest of America. For this, though, the Church expected the Spanish crown not only to christianize the indigenous people, but also to protect them from the heretical ideas of the Lutheran Reformation. This is where the Inquisition came in. As Spaniards showed very little interest in the new "sect", the Holy Office turned its gaze to foreign Protestants entering the New World as sailors, merchants or pirates.

Against this backdrop, the present study examines the legal practices at the Inquisition Tribunals in Mexico City, Lima and Cartagena de Indias. The book identifies the specific characteristics of the fight against Protestantism in the New World and reveals the inquisitorial strategies of exclusion, inclusion and dissimulation.

Grafiken

Grafik 1: Inquisitionsprozesse gegen englische Protestanten (1561–1648): Denunziationen von Dritten
Grafik 2: Inquisitionsprozesse gegen englische Protestanten (1561–1648): Denunziationen von Dritten und Selbstdenunziationen
Grafik 3: Inquisitionsprozesse gegen englische Protestanten (1561–1648): Total Denunziationen

Abkürzungsverzeichnis

AGI   Archivo General de Indias, Sevilla
AGN   Archivo General de la Nación, Mexiko-Stadt
AGS   Archivo General de Simancas, Simancas

AHN   Archivo Histórico Nacional, Madrid
BNE   Biblioteca Nacional de España, Madrid
exp.   expediente
fol.   folio
JCBL   John Carter Brown Library, Providence (RI)
leg.   legajo
lib.   libro
PARES   Portal de Archivos Españoles (URL: http://pares.mcu.es/)
RAH   Real Academia de la Historia, Madrid
vol.   volumen
WIC   Niederländische Westindische Kompanie

Glossar

abjuración:	Abschwörung der religiösen Vergehen
abjuración de levi:	Abschwörung bei leichtem Häresieverdacht
abjuración de vehementi:	Abschwörung bei starkem Häresieverdacht
abjuración formal:	Abschwörung bei bewiesenem Häresieverdacht
abogado:	Verteidiger
absolución ad cautelam:	Vorsorgliche Absolution bei möglichen religiösen Vergehen; Freispruch unter Vorbehalt
absolución de la instancia:	Freispruch unter Vorbehalt wegen Mangel an Beweisen
absolución total:	Freispruch ohne Vorbehalt
alumbrado:	Anhänger einer christlichen, dem Mystizismus zugewandten Bewegung
armada de barlovento:	Spanische Verteidigungsflotte, die vorwiegend in der Karibik und im Golf von Mexiko tätig war
asiento de negros:	Vertrag, mit dem die spanische Krone einer dritten Partei das Monopol auf die Einfuhr von Sklaven zusicherte
audiencia:	Hier: Sitzung an einem Inquisitionstribunal
Audiencia:	Siehe: *Real Audiencia*
auto:	Juristischer Beschluss
auto de fe:	Auch: Autodafé. Öffentliche Urteilsverkündigung und Zurschaustellung der durch die Inquisition Verurteilten
Bula de la Santa Cruzada:	Kreuzzugsbulle, deren Kauf mit religiösen Privilegien ver-

	bunden war
calificación:	Qualifizierung von Zeugenaussagen gegen einen mutmaßlichen Häretiker
calificador:	Für die *calificación* zuständiger theologischer Experte
carta acordada:	Rundschreiben des Inquisitionsrates an die Tribunale
Casa de la Contratación:	Für die Seefahrt und den Handel nach Spanisch-Amerika zuständige Kontrollbehörde
certificación:	Beglaubigung eines juristischen Aktes
comisario:	Vertreter der Inquisition in wichtigen Städten und Orten ohne Tribunal
composición:	Legalisierung eines Aufenthalts in den *Indias* mittels der Bezahlung einer Geldstrafe
Consejo de Estado:	Spanischer Staatsrat
Consejo de Indias:	Indienrat
consulta:	Konsultationen eines Kronrates an den König / die Königin
converso:	Bezeichnung für einen zum Katholizismus konvertierten Juden oder dessen Nachfahren
declaración:	Aussage
denuncia:	Denunziation
Derecho Indiano:	Auf Spanisch-Amerika bezogenes Recht
encomendero:	Inhaber einer *encomienda*
encomienda:	Von der Krone zugeteiltes Land und indigene Arbeitskraft
erasmista:	Anhänger der Lehren des Erasmus von Rotterdam
escándalo:	Lat. *scandalum*. Religiöser Skandal, der in der Öffentlichkeit Anstoß erregt
espontáneo:	Selbstdenunziant
expediente:	Archivakte
factor:	Verwalter eines Sklavenhandelsvertrags *(asiento de negros)*
familiar:	Laienhelfer der Inquisition
fiscal:	Ankläger
hereje formal:	Häretiker, der die katholische Doktrin wissentlich und anhaltend ablehnt
hereje material:	Häretiker, der aus Unwissenheit Glaubenssätze vertritt, die im Widerspruch zur katholischen Doktrin stehen

hereje nacional:	Christlich getaufte Ausländerin, die durch ihre Herkunft und Erziehung Glaubenssätze vertritt, die im Widerspruch zur katholischen Doktrin stehen
legajo:	Ungebundene Aktensammlung
libro:	Gebundene Aktensammlung
morisco:	Bezeichnung für einen zum Katholizismus konvertierten Muslim und dessen Nachfahren
naturaleza:	Bürgerrecht, das sich auf die Gemeinschaft eines Königreichs bezieht
petición:	Petition, Gesuch
plantas nuevas de la fe:	Neue Pflanzen des Glaubens. Bezeichnung für Indigene in Spanisch-Amerika
proposición:	Aussage, die im Widerspruch zur römisch-katholischen Doktrin steht
Real Audiencia:	Königliches Appellationsgericht, bezeichnet auch den geografischen Jurisdiktionsraum
Real Cédula:	Königliche Verfügung mit Rechtscharakter
reconciliación:	Wörtlich „Versöhnung". Bezeichnet die (Wieder-)Aufnahme in die Gemeinschaft der katholischen Kirche
relación de causa:	Summarischer Prozessbericht, der regelmäßig von den Tribunalen an den Inquisitionsrat geschickt wurde
relajación:	Die *relajación al brazo secular* (wörtlich „Auslieferung an den säkularen Arm") bezeichnet ein von der Inquisition getätigtes Todesurteil, das von der säkularen Gerichtsbarkeit umgesetzt wird
sambenito:	Büßerkleid, das von durch die Inquisition Verurteilten getragen werden musste
sub conditione:	Lat. Wörtlich „unter der Bedingung". Eine Taufe *sub conditione* erfolgt, wenn es Unsicherheiten bezüglich der Gültigkeit der Ersttaufe gibt
Suprema:	Kurzform für *Consejo de la Suprema y General Inquisición*, den Inquisitionsrat
vecindad:	Lokales Bürgerrecht
visita de navios:	Schiffsvisitation durch Vertreter der Inquisition
volumen:	Band (Bezeichnung für ein Aktenbündel)
voto:	Votum eines Stimmberechtigten zum Urteil in einem Inquisitionsprozess

Literaturverzeichnis

Ungedruckte Quellen

Archivo General de Indias, Sevilla
AGI, Contaduría, leg. 261
AGI, Escribanía, leg. 30
AGI, Filipinas, leg. 129
AGI, Indiferente General, leg. 738
AGI, Indiferente General, leg. 2791
AGI, Indiferente General, leg. 2810
AGI, Indiferente General, leg. 2842
AGI, Indiferente General, leg. 2844
AGI, México, leg. 278

AGI, Indiferente General, leg. 2777
AGI, Indiferente General, leg. 2799
AGI, Indiferente General, leg. 2841
AGI, Indiferente General, leg. 2843
AGI, Indiferente General, leg. 2845

Archivo General de la Nación, Mexiko-Stadt
AGN, Inquisición, vol. 263
AGN, Inquisición, vol. 306
AGN, Inquisición, vol. 337
AGN, Inquisición, vol. 353
AGN, Inquisición, vol. 368
AGN, Inquisición, vol. 418
AGN, Inquisición, vol. 471
AGN, Inquisición, vol. 518
AGN, Inquisición, vol. 578
AGN, Inquisición, vol. 667
AGN, Inquisición, vol. 692
AGN, Inquisición, vol. 721
AGN, Inquisición, vol. 843
AGN, Inquisición, vol. 1480
AGN, Inquisición, vol. 1485
AGN, Reales Cédulas originales, vol. 1

AGN, Inquisición, vol. 289
AGN, Inquisición, vol. 336
AGN, Inquisición, vol. 352
AGN, Inquisición, vol. 355
AGN, Inquisición, vol. 383
AGN, Inquisición, vol. 457
AGN, Inquisición, vol. 489
AGN, Inquisición, vol. 546
AGN, Inquisición, vol. 635
AGN, Inquisición, vol. 671
AGN, Inquisición, vol. 694
AGN, Inquisición, vol. 777
AGN, Inquisición, vol. 916
AGN, Inquisición, vol. 1483
AGN, Inquisición, vol. 1524

Archivo General de Simancas, Simancas
AGS, Estado, leg. 178
AGS, Estado, leg. 2138

AGS, Estado, leg. 634
AGS, Estado, leg. 2152

AGS, Estado, leg. 2534
AGS, Estado, leg. 6822

AGS, Estado, leg. 4005

Archivo Histórico Nacional, Madrid
Legajos

AHN, Inquisición, leg. 1599	AHN, Inquisición, leg. 1605
AHN, Inquisición, leg. 1618	AHN, Inquisición, leg. 1621
AHN, Inquisición, leg. 1622	AHN, Inquisición, leg. 1647
AHN, Inquisición, leg. 1649	AHN, Inquisición, leg. 1729
AHN, Inquisición, leg. 1730	AHN, Inquisición, leg. 1733
AHN, Inquisición, leg. 2140	AHN, Inquisición, leg. 2198
AHN, Inquisición, leg. 2199	AHN, Inquisición, leg. 2201
AHN, Inquisición, leg. 2209	AHN, Inquisición, leg. 2281
AHN, Inquisición, leg. 2286	AHN, Inquisición, leg. 2288
AHN, Inquisición, leg. 5345	AHN, Inquisición, leg. 5349

Libros

AHN, Inquisición, lib. 260	AHN, Inquisición, lib. 264
AHN, Inquisición, lib. 266	AHN, Inquisición, lib. 267
AHN, Inquisición, lib. 268	AHN, Inquisición, lib. 269
AHN, Inquisición, lib. 288	AHN, Inquisición, lib. 305
AHN, Inquisición, lib. 345	AHN, Inquisición, lib. 346
AHN, Inquisición, lib. 352	AHN, Inquisición, lib. 353
AHN, Inquisición, lib. 355	AHN, Inquisición, lib. 497
AHN, Inquisición, lib. 498	AHN, Inquisición, lib. 1008
AHN, Inquisición, lib. 1009	AHN, Inquisición, lib. 1011
AHN, Inquisición, lib. 1014	AHN, Inquisición, lib. 1016
AHN, Inquisición, lib. 1018	AHN, Inquisición, lib. 1019
AHN, Inquisición, lib. 1020[1]	AHN, Inquisición, lib. 1021[2]
AHN, Inquisición, lib. 1022	AHN, Inquisición, lib. 1023
AHN, Inquisición, lib. 1024	AHN, Inquisición, lib. 1025
AHN, Inquisición, lib. 1026	AHN, Inquisición, lib. 1027

---

1 Dieser Bestand findet sich transkribiert in SPLENDIANI/SÁNCHEZ BOHÓRQUEZ/LUQUE SALAZAR (1997), Cincuenta años 2.

2 Dieser Bestand findet sich transkribiert in SPLENDIANI/SÁNCHEZ BOHÓRQUEZ/LUQUE SALAZAR (1997), Cincuenta años 3.

AHN, Inquisición, lib. 1028
AHN, Inquisición, lib. 1030
AHN, Inquisición, lib. 1032
AHN, Inquisición, lib. 1034
AHN, Inquisición, lib. 1038
AHN, Inquisición, lib. 1040
AHN, Inquisición, lib. 1049
AHN, Inquisición, lib. 1051
AHN, Inquisición, lib. 1059
AHN, Inquisición, lib. 1062
AHN, Inquisición, lib. 1064
AHN, Inquisición, lib. 1067

AHN, Inquisición, lib. 1029
AHN, Inquisición, lib. 1031
AHN, Inquisición, lib. 1033
AHN, Inquisición, lib. 1037
AHN, Inquisición, lib. 1039
AHN, Inquisición, lib. 1047
AHN, Inquisición, lib. 1050
AHN, Inquisición, lib. 1052
AHN, Inquisición, lib. 1061
AHN, Inquisición, lib. 1063
AHN, Inquisición, lib. 1065

Biblioteca Nacional de España, Madrid
BNE, VE/27/34(1)

Real Academia de la Historia, Madrid
M-RAH 9/3644 (9)

Gedruckte Quellen

ABREU Y BERTODANO, José Antonio (Hg.): Colección de los tratados de paz de España. Reynado de Phelipe III. Parte I. Madrid 1740.
ALEXANDER VI.: The Bull Eximiae Devotionis (03.05.1493), in: Frances G. Davenport (Hg.): European Treaties Bearing on the History of the United States and its Dependencies 1 (to 1648). Clark (N.J.) 2004, S. 64–70.
ALEXANDER VI.: The Bull Inter Caetera (03.05.1493), in: Frances G. Davenport (Hg.): European Treaties Bearing on the History of the United States and its Dependencies 1 (to 1648). Clark (N.J.) 2004, S. 56–63.
ALEXANDER VI.: The Bull Inter Caetera (04.05.1493), in: Frances G. Davenport (Hg.): European Treaties Bearing on the History of the United States and its Dependencies 1 (to 1648). Clark (N.J.) 2004, S. 71–78.
ARCHIVO GENERAL DE LA NACIÓN: Libro primero de votos de la Inquisición de México. 1573–1600. Mexiko-Stadt 1949.
CALVO, Carlos (Hg.): Colección completa de los tratados, convenciones capitulaciones,

armisticios y otros actos diplomáticos de todos los estados de la America Latina comprendidos entre lo golfo de Méjico y el cabo de Hornos, desde el año de 1493 hasta nuestros días. Paris 1862.

Espinosa, Diego: Instructions of the Illustrious Lord Cardinal Don Diego de Espinosa, Inquisitor General, for the Establishment of the Inquisition in New Spain (18.08.1570), in: John F. Chuchiak (Hg.): The Inquisition in New Spain, 1536–1820. A Documentary History. Baltimore (MD) 2012, S. 82–91.

Eymerich, Nicolaus/Peña, Francisco: Le manuel des inquisiteurs. Hg. v. Luis Sala-Molins. Paris/Den Haag 1973.

Farvacques, François: Opuscula theologica ad veritatis, & charitatis stateram expensa. Lüttich 1680.

Fernández de Villalobos, Gabriel de: Estado eclesiástico, político y militar de la América (o grandeza de Indias). Hg. v. Javier Falcón Ramírez. Madrid 1990.

Hortop, Job: Viajes de Job Hortop, a quien Sir Juan Hawkings dejó en tierra …, in: Joaquín García Icazbalceta (Hg.): Relaciones de varios viajeros ingleses en la ciudad de México y otros lugares de la Nueva España, siglo XVI. Mexiko-Stadt 1963, S. 147–172.

Pérez Fernández, Isacio: El Anónimo de Yucay frente a Bartolomé de Las Casas. Edición crítica del parecer de Yucay (1571). Cuzco 1995.

Ramé, Louis: Relation VI., in: J. Baker (Hg.): A Complete History of the Inquisition in Portugal, Spain, Italy the East and West-Indies. In All Its Branches, from the Origin of it in the Year 1163, to Its Present State. Westminster 1736, S. 368–394.

Real Academia de la Historia (Hg.): Las Siete Partidas del Rey D. Alfonso el Savio. Tomo III. Madrid 1807.

Real Academia Española (Hg.): Diccionario de la lengua castellana 4 (G–N). Madrid 1734.

Simancas, Diego de: De catholicis institutionibus liber. Rom 1575.

Sinistrari, Ludovico Maria: De delictis, et poenis tractatus absolutissimus judicibus […]. Rom 1754 [1700].

S.N.: El Tratado de Londres, 28 de agosto de 1604, in: Jesús María Usunáriz Garayoa (Hg.): España y sus tratados internacionales, 1516–1700. Barañaín 2006, S. 239–249.

S.N.: La paz de Münster, 30 de enero de 1648, in: Jesús María Usunáriz Garayoa (Hg.): España y sus tratados internacionales, 1516–1700. Barañaín 2006, S. 310–328.

S.N.: La tregua de Amberes, 9 de abril de 1609, in: Jesús María Usunáriz Garayoa (Hg.): España y sus tratados internacionales, 1516–1700. Barañaín 2006, S. 257–266.

S.N.: Licencia a favor de don Baltazar Coymans (1685), in: David Marley (Hg.): Reales asientos y licencias para la introducción de esclavos negros a la América Española, 1676–1789. Edición facsimilar. Windsor (Ontario), Mexiko-Stadt 1985, S. 1r–8v.

S.N.: Minutes of the Council of the Indies (1685), in: Elizabeth Donnan (Hg.): Documents Illustrative of the History of the Slave Trade to America 1. Washington, D.C. 1930, S. 346–351.

S.N.: Pedro de León Portocarrero's Description of Lima, Peru, in: Kenneth Mills/William B. Taylor/Sandra Lauderdale Graham (Hgg.): Colonial Latin America. A Documentary History. Wilmington (DE) 2002, S. 185–195.

S.N.: Recopilación de leyes de los Reynos de las Indias 1. Madrid 1791 [1681].

S.N.: Report of the Council of the Inquisition to the King (13.04.1685), in: Elizabeth Donnan (Hg.): Documents Illustrative of the History of the Slave Trade to America 1. Washington, D.C. 1930, S. 338–339.

S.N.: The Council of the Indies to the King (05.03.1687), in: Elizabeth Donnan (Hg.): Documents Illustrative of the History of the Slave Trade to America 1. Washington, D.C. 1930, S. 357–359.

S.N.: Tratado de comercio y amistad ajustado entre las coronas de España y de la Gran Bretaña (09.12.1713), in: Alejandro del Cantillo (Hg.): Tratados, convenios y declaraciones de paz y de comercio desde el año de 1700 hasta el día. Madrid 1843, S. 127–153.

S.N.: Tratado de paz y amistad ajustado entre la corona de España y los Estados generales de las Provincias unidas de los Países Bajos, Utrecht, 26.06.1714, in: Alejandro del Cantillo (Hg.): Tratados, convenios y declaraciones de paz y de comercio desde el año de 1700 hasta el día. Madrid 1843, S. 154–162.

S.N.: Tratado del asiento de negros entre España e Inglaterra (26.03.1713), in: Alejandro del Cantillo (Hg.): Tratados, convenios y declaraciones de paz y de comercio desde el año de 1700 hasta el día. Madrid 1843, S. 58–69.

S.N.: Tratado entre España y Gran Bretaña (1667). Sevilla 1668, in: *Fondos digitales de la Universidad de Sevilla* (URL: http://fondosdigitales.us.es/fondos/libros/1900/1/tratado-para-la-conservacion-y-renovacion-de-paz-y-amistad-entre-las-coronas-de-espana-y-la-gran-bretana/, Zugriff am 15.10.2015).

S.N.: Tratado para la conservación y renovación de Paz y amistad entre las Coronas de España y la Gran Bretaña (1667). Sevilla 1668.

SPLENDIANI, Anna María/ARISTIZÁBAL GIRALDO, Tulio (Hg.): Proceso de beatificación y canonización de San Pedro Claver. Bogotá 2002.

SPLENDIANI, Anna María/SÁNCHEZ BOHÓRQUEZ, José Enrique/LUQUE SALAZAR, Emma Cecilia de (Hgg.): Cincuenta años de Inquisición en el Tribunal de Cartagena de Indias (1610–1660) 2: Índice general de los documentos, libro 1020, años 1610–1637. Bogotá 1997.

SPLENDIANI, Anna María/SÁNCHEZ BOHÓRQUEZ, José Enrique/LUQUE SALAZAR, Emma Cecilia de (Hgg.): Cincuenta años de Inquisición en el Tribunal de Cartagena de Indias (1610–1660) 3: Índice general de los documentos, libro 1021, años 1638–1660. Bogotá 1997.

SPLENDIANI, Anna María/SÁNCHEZ BOHÓRQUEZ, José Enrique/LUQUE SALAZAR, Emma Cecilia de (Hgg.): Cincuenta años de Inquisición en el Tribunal de Cartagena de Indias (1610–1660) 4: Glosario, índice onomástico, índice toponímico, índice de reos. Bogotá 1997.

TELLECHEA IDIGORAS, José Ignacio: Polémica molinosista en Sevilla. Documentos sobre el quietismo sevillano, in: Boletín de la Real Academia de la Historia 176 (1979), S. 97–137.

TORQUEMADA, Tomás: Instrucciones del Oficio de la Santa Inquisición (1484), in: Argüello, Gaspar Isidro de (Hg.): Instrucciones del Santo Oficio de la Inquisición, sumariamente, antiguas y nuevas. Madrid 1630, fol. 1r–12r.

VALDÉS, Fernando de: Compilación de las instrucciones del oficio de la Santa Inquisición (1561), in: Gaspar Isidro de Argüello (Hg.): Instrucciones del Santo Oficio de la Inquisición, sumariamente, antiguas y nuevas. Madrid 1630, fol. 27r–38v.

VAN BELLE, Pedro: Pertinent en waarachtig verhaal van alle de handelingen en directie van Pedro van Belle, ontrent den slavenhandel, ofte, het Assiento de Negros, eerst door D. Juan Barosso y Posso, bij zijn overlijden door D. Nicolas Porsio, en daar na door Balthasar Coijmans met den Koning van Spangien aangegaan, zoo in Spangien, de West-Indijes, als op Curaçao, etc. Rotterdam 1689.

Forschungsliteratur

ADAMS, Eleanor B.: The Franciscan Inquisition in Yucatán: French Seamen, 1560, in: The Americas 25 (1969), S. 331–359.

AGÜERO, Alejandro: Ley penal y cultura jurisdiccional. A propósito de una Real Cédula sobre armas cortas y su aplicación en Córdoba del Tucumán, segunda mitad del siglo XVIII, in: Revista de Historia del Derecho 35 (2007), S. 13–45.

ALBERRO, Solange: Inquisición y sociedad en México (1571–1700). Mexiko-Stadt 1988.

ALBERRO, Solange: Inquisition et société au Mexique (1571–1700). Mexiko-Stadt 1988.

ALLEN, Paul C.: Philip III and the Pax Hispanica, 1598–1621. The Failure of Grand Strategy. New Haven (CT) u.a. 2000.

ÁLVAREZ ALONSO, Fermina: Herejes ante la Inquisición de Cartagena de Indias, in: Revista de la Inquisición 6 (1997), S. 239–259.

ÁLVAREZ ALONSO, Fermina: La Inquisición en Cartagena de Indias durante el siglo XVII. Madrid 1999.

ÁLVAREZ ALONSO, Fermina: Panorámica de la actividad inquisitorial en Cartagena de Indias (siglo XVII), in: Agostino Borromeo (Hg.): L'inquisizione. Atti del Simposio internazionale, Città del Vaticano, 29–31 ottobre 1998. Vatikanstadt 2003, S. 275–289.

ANGHIE, Antony: Imperialism, Sovereignty, and the Making of International Law. Cambridge 2006.

AUGERON, Mickaël: Prêcher ou commercer? Marins et marchands huguenots en terres ibériques dans la seconde moitié du XVIe siècle, in: Mickaël Augeron/Didier Poton/Bertrand van Ruymbeke/Jean-Pierre Poussou (Hgg.): Les Huguenots et l'Atlantique. Paris 2009, S. 64–90.

BÁEZ CAMARGO, Gonzalo: Protestantes enjuiciados por la Inquisición en Iberoamérica. Mexiko-Stadt 1961.

BAKEWELL, Peter/HOLLER, Jacqueline: A History of Latin America to 1825. 3. Aufl. Malden (MA) 2010.

BARNADAS, Josep M.: The Catholic Church in Colonial Spanish America, in: Leslie Bethell (Hg.): The Cambridge History of Latin America 1. Colonial Latin America. Cambridge u.a. 1984, S. 511–539.

BASTIAN, Jean-Pierre: Geschichte des Protestantismus in Lateinamerika. 2. Aufl. Luzern 1995 [1990].

BECK VARELA, Laura: ¿El censor ineficaz? Una lectura histórico-jurídica del índice de libros prohibidos, in: Revista Jurídica Universidad Autónoma de Madrid 31 (2015), S. 71–89.

BENÍTEZ SÁNCHEZ-BLANCO, Rafael: L'Église et les morisques, in: Louis Cardaillac (Hg.): Les Morisques et l'Inquisition. Paris 1990, S. 65–80.

BENÍTEZ SÁNCHEZ-BLANCO, Rafael: Tríptico de la expulsión de los Moriscos. El triunfo de la razón de Estado. Montpellier 2012.

BENNASSAR, Bartolomé, et al.: L'inquisition espagnole, XVe-XIXe siècle. Paris 1979.

BENTON, Lauren A.: A Search for Sovereignty. Law and Geography in European Empires, 1400–1900. Cambridge 2010.

BERNECKER, Walther L./PIETSCHMANN, Horst: Geschichte Spaniens. Von der frühen Neuzeit bis zur Gegenwart. 4. Aufl. Stuttgart 2005.

BETHENCOURT, Francisco: The Inquisition. A Global History, 1478–1834. Cambridge 2009.

BIERSACK, Martin: Las prácticas de control sobre los extranjeros en el virreinato del Río de la Plata (1730–1809), in: Revista de Indias 76 (2016), S. 673–716.

BLACK, Christopher F.: Storia dell'Inquisizione in Italia. Tribunali, eretici, censura. Roma 2013.
BLÁZQUEZ MARTÍN, Diego: Herejía y traición. Las doctrinas de la persecución religiosa en el siglo XVI. Madrid 2001.
BLÁZQUEZ MIGUEL, Juan: La Inquisición en América. 1569–1820. Santo Domingo 1994.
BLÁZQUEZ MIGUEL, Juan: La Inquisición en Castilla-La Mancha. Madrid 1986.
BLÁZQUEZ MIGUEL, Juan: La Inquisición en Cataluña. El tribunal del Santo Oficio de Barcelona, 1487–1820. Toledo 1990.
BLÁZQUEZ MIGUEL, Juan: Madrid. Judíos, herejes y brujas. El Tribunal de Corte (1650–1820). Toledo 1990.
BLOCK, Kristen: Ordinary Lives in the Early Caribbean. Religion, Colonial Competition, and the Politics of Profit. Athen/London 2012.
BÖTTCHER, Nikolaus: Aufstieg und Fall eines atlantischen Handelsimperiums. Portugiesische Kaufleute und Sklavenhändler in Cartagena de Indias von 1580 bis zur Mitte des 17. Jahrhunderts. Frankfurt a.M. 1995.
BÖTTCHER, Nikolaus: Kontinuität und Brüche in Hispanoamerika. Wiesbaden 2013.
BRADLEY, Peter T.: The Lessons of the Dutch Blockade of Callao (1624), in: Revista de Historia de América (1977), S. 53–68.
BRADLEY, Peter T.: El Perú y el mundo exterior. Extranjeros, enemigos y herejes (siglos XVI–XVII), in: Revista de Indias 61 (2001), S. 651–671.
BRECHENMACHER, Thomas: Der Vatikan und die Juden. Geschichte einer unheiligen Beziehung vom 16. Jahrhundert bis zur Gegenwart. München 2005.
BRENDECKE, Arndt: Eine tiefe, frühe, neue Zeit. Anmerkungen zur *hidden agenda* der Frühneuzeitforschung, in: Andreas Höfele/Jan-Dirk Müller/Wulf Oesterreicher (Hgg.): Die Frühe Neuzeit. Revisionen einer Epoche. Berlin 2013, S. 29–45.
BRENDECKE, Arndt: Imperium und Empirie. Funktionen des Wissens in der spanischen Kolonialherrschaft. Köln 2009.
BRENDECKE, Arndt: Von Postulaten zu Praktiken: Eine Einführung, in: Arndt Brendecke (Hg.): Praktiken der Frühen Neuzeit. Akteure – Handlungen – Artefakte. Köln/Weimar/Wien 2015, S. 13–20.
BRIDENBAUGH, Carl/BRIDENBAUGH, Roberta: No Peace Beyond the Line. The English in the Caribbean. New York (NY) 1972.
BROMBER, Robert: Abandonados and afortunados. The Prosecution of Corsarios by the Mexican Inquisition, in: SEDERI 11 (2000), S. 301–312.
BURKHOLDER, Mark A.: An Empire Beyond Compare, in: Michael C. Meyer/William H. Beezley (Hgg.): The Oxford History of Mexico. New York (NY) 2000, S. 115–149.

CARRASCO PÉREZ ABREU, Ricardo de: El Tribunal de Corte de la Inquisición española del siglo XVII. Especialidades: su tratamiento a los extranjeros. Madrid 2008.
CASTAÑEDA DELGADO, Paulino/HERNÁNDEZ APARICIO, Pilar: La Inquisición de Lima 1 (1570–1635). Madrid 1989.
CASTAÑEDA DELGADO, Paulino/HERNÁNDEZ APARICIO, Pilar: La Inquisición de Lima 2 (1635–1696). Madrid 1995.
CASTAÑEDA DELGADO, Paulino/HERNÁNDEZ APARICIO, Pilar: Recapitulación general de la obra, in: René Millar Carvacho (Hg.): La Inquisición de Lima 3 (1697–1820). Madrid 1998, S. 469–490.
CASTELNAU, Charlotte de: Les étrangers protestants dans l'Espagne moderne (16e–17e siècles). Raison d'État et tolérance, in: Jean-Frédéric Schaub (Hg.): Recherche sur l'histoire de l'état dans le monde ibérique. (15e–20e siècle). Paris 1993, S. 143–162.
CAVAILLÉ, Jean-Pierre: Dis/simulations. Jules-César Vanini, François La Mothe Le Vayer, Gabriel Naudé, Louis Machon et Torquato Accetto. Religion, morale et politique au XVIIe siècle. Paris 2002.
CAVAILLÉ, Jean-Pierre: Pour une histoire de la dis/simulation – Per una storia della dis/simulazione, in: Les Dossiers du Grihl (online) (2009), S. 1–41 (URL: http://dossiers-grihl.revues.org/3666, Zugriff am 28.08.2015).
CHUCHIAK, John F.: Documents Concerning the Operations and Procedures of the Inquisition in New Spain, in: John F. Chuchiak (Hg.): The Inquisition in New Spain, 1536–1820. A Documentary History. Baltimore (MD) 2012, S. 107–201.
CHUCHIAK, John F.: Glossary, in: John F. Chuchiak (Hg.): The Inquisition in New Spain, 1536–1820. A Documentary History. Baltimore (MD) 2012, S. 343–355.
CHUCHIAK, John F.: Regulations Concerning the Tribunals of the Holy Office of the Inquisition, in: John F. Chuchiak (Hg.): The Inquisition in New Spain, 1536–1820. A Documentary History. Baltimore (MD) 2012, S. 57–104.
CHUCHIAK, John F.: The Holy Office of the Inquisition in New Spain (Mexico): An Introductory Study, in: John F. Chuchiak (Hg.): The Inquisition in New Spain, 1536–1820. A Documentary History. Baltimore (MD) 2012, S. 1–54.
CHUCHIAK, John F. (Hg.): The Inquisition in New Spain, 1536–1820. A Documentary History. Baltimore (MD) 2012.
CLINE, Sarah: William Lamport/Guillén de Lombardo (1611–1659). Mexico's Irish Would Be King, in: Karen Racine/Beatriz Mamigonian (Hgg.): The Human Tradition in the Atlantic World, 1500–1850. Lanham (MD) 2010, S. 43–56.
CONTRERAS, Jaime: El Santo Oficio de la Inquisición en Galicia, 1560–1700. Poder, sociedad y cultura. Madrid 1982.

CONTRERAS, Jaime/HENNINGSEN, Gustav: Forty-four Thousand Cases of the Spanish Inquisition (1540-1700): Analysis of a Historical Data Bank, in: Gustav Henningsen/John A. Tedeschi (Hgg.): The Inquisition in Early Modern Europe. Studies on Sources and Methods. DeKalb (IL) 1986, S. 100-129.

COSTA, Pietro: Uno spatial turn per la storia del diritto?, in: Max Planck Institute for European Legal History: research paper series (2013), S. 1-30.

DAMLER, Daniel: Imperium contrahens. Eine Vertragsgeschichte des spanischen Weltreichs in der Renaissance. Stuttgart 2008.

DEDIEU, Jean-Pierre: Les quatre temps de l'Inquisition, in: Bartolomé Bennassar (Hg.): L'inquisition espagnole, XVe-XIXe siècle. Verviers 1983, S. 13-39.

DÖLEMEYER, Barbara: „Rechtsräume, Rechtskreise", in: Institut für Europäische Geschichte (Hg.): Europäische Geschichte Online 2010 (URL: http://ieg-ego.eu/de/threads/crossroads/rechtsraeume-rechtskreise/barbara-doelemeyer-rechtsraeume-rechtskreise, Zugriff am 29.03.2017).

DOMÍNGUEZ, Juan Pablo: Los progresos de la tolerancia en el mundo vistos desde la España del siglo XVIII, in: Hispanic Research Journal 15 (2014), S. 120-136.

DOMÍNGUEZ ORTIZ, Antonio: El primer esbozo de tolerancia religiosa en la España de los Austrias, in: Cuadernos de Historia Moderna y Contemporánea 2 (1981), S. 13-19.

DOMÍNGUEZ REBOIRAS, Fernando: La Inquisición española y los indios, in: Wulf Oesterreicher/Roland Schmidt-Riese (Hgg.): Esplendores y miserias de la evangelización de América. Antecedentes europeos y alteridad indígena. Berlin/New York (NY) 2010, S. 45-71.

DOMMANN, Monika: Autoren und Apparate. Die Geschichte des Copyrights im Medienwandel. Frankfurt a.M. 2014.

DONNAN, Elizabeth: Introduction, in: Elizabeth Donnan (Hg.): Documents Illustrative of the History of the Slave Trade to America 1. Washington, D.C. 1930, S. 1-121.

DÖRING, Jörg/THIELMANN, Tristan: Einleitung: Was lesen wir im Raume? Der Spatial Turn und das geheime Wissen der Geographen, in: Jörg Döring/Tristan Thielmann (Hgg.): Spatial Turn. Das Raumparadigma in den Kultur- und Sozialwissenschaften. Bielefeld 2009, S. 7-45.

DUVE, Thomas: Derecho canónico y la alteridad indígena. Los indios como neófitos, in: Wulf Oesterreicher/Roland Schmidt-Riese (Hgg.): Esplendores y miserias de la evangelización de América. Antecedentes europeos y alteridad indígena. Berlin/New York (NY) 2010, S. 73-94.

DUVE, Thomas: European Legal History – Global Perspectives. Working Paper for the Colloquium ‚European Normativity – Global Historical Perspectives' (Max Planck

Institute for European Legal History, September, 2nd-4th, 2013). Frankfurt a.M. 2013.

DUVE, Thomas: Mit der Autorität gegen die Autorität? Überlegungen zur heuristischen Kraft des Autoritätsbegriffs für die Neuere Privatrechtsgeschichte, in: Wulf Oesterreicher/Gerhard Regn/Winfried Schulze (Hgg.): Autorität der Form, Autorisierung, institutionelle Autorität. Münster 2003, S. 239-256.

DUVE, Thomas: Sonderrecht in der Frühen Neuzeit. Studien zum ius singulare und den privilegia miserabilium personarum, senum und indorum in Alter und Neuer Welt. Frankfurt a.M. 2008.

DUVE, Thomas: Von der Europäischen Rechtsgeschichte zu einer Rechtsgeschichte Europas in globalhistorischer Perspektive, in: Rechtsgeschichte. Zeitschrift des Max-Planck-Instituts für europäische Rechtsgeschichte 20 (2012), S. 18-71.

DUVIOLS, Pierre: La lutte contre les religions autochtones dans le Pérou colonial. L'extirpation de l'idolâtrie entre 1532 et 1660. Toulouse 2008 [1971].

EBERENZ, Rolf/TORRE, Mariela de la: Conversaciones estrechamente vigiladas. Interacción coloquial y español oral en las actas inquisitoriales de los siglos XV a XVII. Saragossa 2003.

EDELMAYER, Friedrich: Die spanische Monarchie der Katholischen Könige und der Habsburger (1474-1700), in: Peer Schmidt (Hg.): Kleine Geschichte Spaniens. Stuttgart 2002, S. 123-207.

EDWARDS, John: Was the Spanish Inquisition Truthful? The Origins of the Inquisition in Fifteenth Century Spain by B. Netanyahu; Conversos, Inquisition and the Expulsion of the Jews from Spain by Norman Roth, in: The Jewish Quarterly Review 87 (1997), S. 351-366.

EHLERS, Caspar: Rechtsräume. Ordnungsmuster im Europa des frühen Mittelalters. Berlin/Boston (MA) 2016.

ELLIOTT, John Huxtable: Empires of the Atlantic World. Britain and Spain in America, 1492-1830. New Haven (CT) u.a. 2006.

ESCANDELL BONET, Bartolomé: La peculiar estructura administrativa y funcional de la Inquisición española en las Indias, in: Bartolomé Escandell Bonet/Joaquín Pérez Villanueva (Hgg.): Historia de la Inquisición en España y América 2: Las estructuras del Santo Oficio. Madrid 1993, S. 633-665.

ESCANDELL BONET, Bartolomé/PÉREZ VILLANUEVA, Joaquín (Hgg.): Historia de la Inquisición en España y América 1: El conocimiento científico y el proceso histórico de la Institución (1478-1834). Madrid 1984.

ESCANDELL BONET, Bartolomé/PÉREZ VILLANUEVA, Joaquín (Hgg.): Historia de la Inquisición en España y América 2: Las estructuras del Santo Oficio. Madrid 1993.

Escandell Bonet, Bartolomé/Pérez Villanueva, Joaquín (Hgg.): Historia de la Inquisición en España y América 3: Temas y problemas. Madrid 2000.

Escobar Quevedo, Ricardo: Inquisición y judaizantes en América española (siglos XVI-XVII). Bogotá 2008.

Ethington, Philip J.: Placing the Past: ‚Groundwork' for a Spatial Theory of History, in: Rethinking History 11 (2007), S. 465-493.

Fajardo Spínola, Francisco: La actividad procesal del Santo Oficio. Algunas consideraciones sobre su estudio, in: Manuscrits 17 (1999), S. 97-117.

Fajardo Spínola, Francisco: Las conversiones de protestantes en Canarias. Siglos XVII y XVIII. Las Palmas 1996.

Fajardo Spínola, Francisco: Las víctimas del Santo Oficio. Tres siglos de actividad de la Inquisición de Canarias. Las Palmas 2003.

Falcón Ramírez, Javier: Estudio preliminar, in: Gabriel Fernández de Villalobos: Estado eclesiástico, político y militar de la América (o grandeza de Indias). Hg. v. Javier Falcón Ramírez. Madrid 1990, S. 11-72.

Fernández Durán, Reyes: La corona española y el tráfico de negros. Del monopolio al libre comercio. Madrid 2011.

Foucault, Michel: Die Wahrheit und die juristischen Formen. Übersetzt von Michael Bischoff. Frankfurt a.M. 2003.

Gacto Fernández, Enrique: Estudios jurídicos sobre la Inquisición española. Madrid 2012.

Galster, Ingrid: Aguirre oder Die Willkür der Nachwelt. Die Rebellion des baskischen Konquistadors Lope de Aguirre in Historiographie und Geschichtsfiktion (1561-1992). Frankfurt a.M. 1996.

Galván Rodríguez, Eduardo: ¿Puede el Rey cesar al Inquisidor General?, in: Revista de la Inquisición 17 (2013), S. 45-63.

García Molina Riquelme, Antonio M.: El régimen de penas y penitencias en el Tribunal de la Inquisición de México. Mexiko-Stadt 1999.

Garriga, Carlos: Orden jurídico y poder político en el Antiguo Régimen, in: Istor. Revista de historia internacional 16 (2004), S. 13-44.

Gaudin, Guillaume: Expulser les étrangers de la monarchie hispanique: un sujet épineux (1591-1625), in: Cahiers de Framespa 12 (2013), S. 1-50 (URL: http://framespa.revues.org/2085?lang=es, Zugriff am 23.10.2015).

Germeten, Nicole von: Violent Delights, Violent Ends. Sex, Race, and Honor in Colonial Cartagena de Indias. Albuquerque (NM) 2013.

Gilman, Stephen: The Spain of Fernando de Rojas. The Intellectual and Social Landscape of La Celestina. Princeton (NJ) 1972.

GINZBURG, Carlo: Il nicodemismo. Simulazione e dissimulazione religiosa nell'Europa del'500. Turin 1970.

GÓMEZ-CENTURIÓN JIMÉNEZ, Carlos: Pragmatismo económico y tolerancia religiosa: Los acuerdos Cobham-Alba de 1576, in: Cuadernos de Historia Moderna y Contemporánea 8 (1987), S. 57–81.

GÓMEZ PÉREZ, Carmen: El Consulado de Sevilla y la formación de las oligarquías en Cartagena de Indias a principios del siglo XVIII, in: Bibiano Torres Ramírez (Hg.): Andalucía y América en el siglo XVII. Actas de las IV Jornadas de Andalucía y América. Sevilla 1985, S. 329–348.

GRAF, Joël: „Herejes" versus „plantas nuevas": Die frühkoloniale Inquisitionspraxis gegenüber Indigenen in Spanisch-Amerika, in: Kerstin Hitzbleck/Thomas Schwitter (Hgg.): Die Erweiterung des ‚globalen' Raumes und der Fremdwahrnehmung vom Mittelalter zur Frühen Neuzeit. Basel 2015, S. 111–129.

GREENLEAF, Richard E.: La Inquisición en Nueva España. Siglo XVI. Mexiko-Stadt 1995 (1969).

GREENLEAF, Richard E.: North American Protestants and the Mexican Inquisition, 1765–1820, in: Journal of Church and State (1966), S. 186–199.

GREENLEAF, Richard E.: The Inquisition and the Indians of New Spain: A Study in Jurisdictional Confusion, in: The Americas 22 (1965), S. 138–166.

GREENLEAF, Richard E.: The Inquisition in Spanish Louisiana, 1762–18009, in: New Mexico Historical Review 50 (1975), S. 45–72.

GREENLEAF, Richard E.: The Mexican Inquisition and the Indians: Sources for the Ethnohistorian, in: The Americas 34 (1978), S. 315–344.

GREENLEAF, Richard E.: The Mexican Inquisition and the Masonic Movement, 1751–1820, in: New Mexico Historical Review 44 (1969), S. 93–117.

GREYERZ, Kaspar von, et al. (Hgg.): Interkonfessionalität – Transkonfessionalität – binnenkonfessionelle Pluralität. Neue Forschungen zur Konfessionalisierungsthese. Gütersloh 2003.

GRINGOIRE, Pedro: Protestantes enjuiciados por la Inquisición, in: Historia Mexicana 11 (1961), S. 161–179.

GRUNBERG, Bernard: Corsaires français et ‚Luthéranisme' au Mexique en 1560, in: Martine Acerra/Guy Martinière (Hgg.): Coligny, les Protestants et la mer. Paris 1997, S. 81–89.

GUIBOVICH PÉREZ, Pedro: Censura, libros e Inquisición en el Perú colonial, 1570–1754. Sevilla 2003.

GUIBOVICH PÉREZ, Pedro: La Inquisición y la censura de libros en el Perú virreinal (1570–1813). Lima 2000.

HAHN, Alois: Von der Erforschung der Säkularisierung zur Erforschung von Prozessen der Dechristianisierung und der Rechristianisierung im neuzeitlichen Europa, in: Hartmut Lehmann (Hg.): Säkularisierung, Dechristianisierung, Rechristianisierung im neuzeitlichen Europa. Bilanz und Perspektiven der Forschung. Göttingen 1997, S. 9-31.

HALICZER, Stephen: Inquisition and Society in the Kingdom of Valencia (1478-1834). Berkeley (CA) u.a. 1990.

HALLIDAY, Paul D.: Law's Histories. Pluralisms, Pluralities, Diversity, in: Lauren A. Benton/Richard J. Ross (Hgg.): Legal Pluralism and Empires, 1500-1850. New York (NY) 2013, S. 261-277.

HAMPE MARTÍNEZ, Teodoro: La Inquisición peruana en Chile: catálogo de los documentos, in: Teodoro Hampe Martínez (Hg.): Santo Oficio e historia colonial. Aproximaciones al tribunal e la Inquisición de Lima (1570-1820). Lima 1998, S. 143-212.

HENNINGSEN, Gustav/TEDESCHI, John A. (Hgg.): The Inquisition in Early Modern Europe. Studies on Sources and Methods. DeKalb (IL) 1986.

HERRERO SÁNCHEZ, Manuel: El acercamiento hispano-neerlandés (1648-1678). Madrid 2000.

HERRERO SÁNCHEZ, Manuel/POGGIO GHILARDUCCI, Eleonora: El impacto de la Tregua en las comunidades extranjeras. Una visión comparada entre Castilla y Nueva España, in: Bernardo J. García García/Manuel Herrero Sánchez/Alain Hugon (Hgg.): El arte de la prudencia. La tregua de los Doce Años en la Europa de los Pacificadores. Madrid 2012, S. 249-293.

HERZOG, Tamar: Can You Tell a Spaniard When You See One?: „Us" and „Them" in the Early Modern Iberian Atlantic, in: Pedro Cardim (Hg.): Polycentric Monarchies. How Did Early Modern Spain and Portugal Achieve and Maintain a Global Hegemony? Brighton/Portland (OR) 2012, S. 147-161.

HERZOG, Tamar: Defining Nations. Immigrants and Citizens in Early Modern Spain and Spanish America. London/New Haven (CT) 2003.

HERZOG, Tamar: Frontiers of Possession. Spain and Portugal in Europe and the Americas. Cambridge (MA) 2015.

HODLER, Beat: Protestant Self-Perception and the Problem of *Scandalum*: a Sketch, in: Bruce Gordon (Hg.): Protestant History and Identity in Sixteenth-Century Europe 1. The Medieval Inheritance. Aldershot, Brookfield (VT) 1996, S. 23-30.

HUERGA, Álvaro: El Tribunal de México en la época de Felipe II, in: Bartolomé Escandell Bonet/Joaquín Pérez Villanueva (Hgg.): Historia de la Inquisición en España y América 1: El conocimiento científico y el proceso histórico de la Institución (1478-1834). Madrid 1984, S. 937-969.

HUERGA, Álvaro: El Tribunal de México en la época de Felipe III (1598-1621), in: Bartolomé Escandell Bonet/Joaquín Pérez Villanueva (Hgg.): Historia de la Inquisición en España y América 1: El conocimiento científico y el proceso histórico de la Institución (1478-1834). Madrid 1984, S. 969-978.

HUERGA, Álvaro: La pre-Inquisición hispanoamericana (1516-1568), in: Bartolomé Escandell Bonet/Joaquín Pérez Villanueva (Hgg.): Historia de la Inquisición en España y América 1: El conocimiento científico y el proceso histórico de la Institución (1478-1834). Madrid 1984, S. 662-700.

ISRAEL, Jonathan I.: Diasporas Within a Diaspora. Jews, Crypto-Jews, and the World Maritime Empires (1540-1740). Leiden 2002.

ISRAEL, Jonathan I.: Race, Class and Politics in Colonial Mexico (1610-1670). London 1975.

ISRAEL, Jonathan I.: The Dutch Republic and the Hispanic World, 1606-1661. Oxford 1982.

ISRAEL, Jonathan I.: The Dutch Republic. 1477-1806: Its Rise, Greatness, and Fall. Oxford 1995.

KAMEN, Henry: Inquisition, Tolerance and Liberty in Eighteenth-Century Spain, in: Ole Peter Grell/Roy Porter (Hgg.): Toleration in Enlightenment Europe. Cambridge/New York (NY) 2000, S. 250-258.

KAMEN, Henry: Philip V of Spain. The King Who Reigned Twice. New Haven (CT) 2001.

KAMEN, Henry: The Spanish Inquisition. A Historical Revision. 4. Aufl. New Haven (CT) 2014.

KAMEN, Henry: Toleration and Dissent in Sixteenth-Century Spain: The Alternative Tradition, in: The Sixteenth Century Journal 19 (1988), S. 3-23.

KAPLAN, Benjamin J.: Divided by Faith. Religious Conflict and the Practice of Toleration in Early Modern Europe. Cambridge (MA)/London 2007.

KAUFMANN, Thomas: Einleitung: Transkonfessionalität, Interkonfessionalität, binnenkonfessionelle Pluralität – Neue Forschungen zur Konfessionalisierungsthese, in: Kaspar von Greyerz et al. (Hgg.): Interkonfessionalität – Transkonfessionalität – binnenkonfessionelle Pluralität. Neue Forschungen zur Konfessionalisierungsthese. Gütersloh 2003, S. 9-15.

KEMPE, Michael: Fluch der Weltmeere. Piraterie, Völkerrecht und internationale Beziehungen 1500-1900. Frankfurt a.M. u.a. 2010.

KLOOSTER, Wim: Illicit Riches. Dutch Trade in the Caribbean, 1648-1795. Leiden 1998.

KLOR ALVA, J. Jorge de: Colonizing Souls: The Failure of the Indian Inquisition and the Rise of Penitential Discipline, in: Mary Elizabeth Perry/Anne J. Cruz (Hgg.): Cultural Encounters. The Impact of the Inquisition in Spain and the New World. Berkeley (CA) 1991, S. 3-22.

KOERNER, Bernhard (Hg.): Niedersächisches Geschlechterbuch 3. Görlitz 1936.

KONETZKE, Richard: La legislación sobre inmigración de extranjeros en América durante la época colonial, in: Revista internacional de sociología 3 (1945), S. 269-299.

LANE, Kris E.: Pillaging the Empire. Global Piracy on the High Seas, 1500-1750. Abingdon, New York (NY) 2015 [1998].

LEA, Henry Charles: The Inquisition in the Spanish Dependencies. Sicily, Naples, Sardinia, Milan, The Canaries, Mexico, Peru, New Granada. New York (NY) 1908.

LESAFFER, Randall: Peace Treaties and the Formation of International Law, in: Bardo Fassbender/Anne Peters (Hgg.): Oxford Handbook of the History of International Law. New York (NY) 2012, S. 71-94.

LEVAGGI, Abelardo (Hg.): La Inquisición en Hispanoamérica. Buenos Aires 1997.

LEWIN, Boleslao: La Inquisición en Hispanoamérica. Judíos, protestantes y patriotas. Buenos Aires 1962.

LOOMIE, Albert J.: Toleration and Diplomacy. The Religious Issue in Anglo-Spanish Relations, 1603-1605. Philadelphia (PA) 1963.

LÓPEZ BELINCHÓN, Bernardo J.: Olivares contra los portugueses. Inquisición, conversos y guerra económica, in: Bartolomé Escandell Bonet/Joaquín Pérez Villanueva (Hgg.): Historia de la Inquisición en España y América 3: Temas y problemas. Madrid 2000, S. 499-530.

LYNCH, John: Bourbon Spain, 1700-1808. Oxford/Cambridge (MA) 1989.

LYNCH, John: The Hispanic World in Crisis and Change, 1598-1700. Oxford/Cambridge (MA) 1992.

LYNN, Kimberly: Between Court and Confessional. The Politics of Spanish Inquisitors. New York (NY) 2013.

MANZ, Volker: Fremde und Gemeinwohl. Integration und Ausgrenzung in Spanien im Übergang vom Ancien Régime zum frühen Nationalstaat. Stuttgart 2006.

MAQUEDA ABREU, Consuelo: Estado, Iglesia e Inquisición en Indias. Un permanente conflicto. Madrid 2000.

MARLEY, David: Adrian Boot, a Dutch Engineer in Colonial New Spain (1614-1637), in: Canadian Journal of Netherlandic Studies 4 (1984), S. 74-77.

MARLEY, David: Pirates and Engineers. Dutch and Flemish Adventurers in New Spain (1607-1697). Windsor 1992.

MARTÍNEZ PEÑAS, Leandro: El confesor del rey en el Antiguo Régimen. Madrid 2007.

MATHEUS, Ricarda: Konversionen in Rom in der Frühen Neuzeit. Das Ospizio dei Convertendi 1673-1750. Berlin 2012.

MATHEUS, Ricarda: Mobilität und Konversion. Überlegungen aus römischer Perspektive, in: Quellen und Forschungen aus italienischen Archiven und Bibliotheken 85 (2005), S. 170-213.

MATTINGLY, Garrett: No Peace Beyond What Line?, in: Transactions of the Royal Historical Society 13 (1963), S. 145-162.

MAYER, Alicia: Lutero en el paraíso. La Nueva España en el espejo del reformador alemán. Mexiko-Stadt 2008.

MAYER, Thomas F.: The Roman Inquisition. A Papal Bureaucracy and Its Laws in the Age of Galileo. Philadelphia (PA) 2013.

MEDINA, José Toribio: El Tribunal del Santo Oficio de la Inquisición en las Islas Filipinas. Santiago de Chile 1899.

MEDINA, José Toribio: Historia del Tribunal del Santo Oficio de la Inquisición en México. Mexiko-Stadt 1952 [1905].

MEDINA, José Toribio: Historia del Tribunal del Santo Oficio de la Inquisición de Lima (1569-1820). Santiago de Chile 1887.

MEDINA, José Toribio: Historia del Tribunal del Santo Oficio de la Inquisición en Chile. Buenos Aires 1945 [1890].

MEDINA, José Toribio: La Inquisición en Cartagena de Indias. Santiago de Chile 1899.

MEDINA, José Toribio: La primitiva Inquisición americana (1493-1569). Estudio histórico 1. Santiago de Chile 1914.

MEDINA, José Toribio: La primitiva Inquisición americana (1493-1569). Estudio histórico 2. Santiago de Chile 1914.

MEYER, Christoph H.F.: Das Publicum als Instrument spätmittelalterlicher Justiz, in: Martin Kintzinger/Bernd Schneidmüller (Hgg.): Politische Öffentlichkeit im Spätmittelalter. Ostfildern 2011, S. 87-145.

MILLAR CARVACHO, Rene: Artikel „Lima", in: Adriano Prosperi (Hg.): Dizionario storico dell'Inquisizione 2. Pisa 2010, S. 906-907.

MILLAR CARVACHO, René: El archivo del Santo Oficio de Lima y la documentación inquisitorial existente en Chile, in: Revista de la Inquisición 6 (1997), S. 101-116.

MILLAR CARVACHO, René: El Real Fisco o caja de receptoría entre 1698 y 1808, in: René Millar Carvacho (Hg.): La Inquisición de Lima 3 (1697-1820). Madrid 1998, S. 165-274.

MILLAR CARVACHO, René: Inquisición y sociedad en el virreinato peruano. Estudios sobre el tribunal de la Inquisición de Lima. Santiago de Chile/Lima 1998.

MILLAR CARVACHO, René: Judaísmo y protestantismo, in: René Millar Carvacho (Hg.): La Inquisición de Lima 3 (1697-1820). Madrid 1998, S. 401-410.

MILLAR CARVACHO, René: La actividad represiva 1696-1818. Fases, in: René Millar Carvacho (Hg.): La Inquisición de Lima 3 (1697-1820). Madrid 1998, S. 311-344.

MILLAR CARVACHO, René: Los inquisidores, in: René Millar Carvacho (Hg.): La Inquisición de Lima 3 (1697–1820). Madrid 1998, S. 5–33.

MILLAR CARVACHO, René: La Inquisición de Lima. Rasgos de su identidad, in: Agostino Borromeo (Hg.): L'inquisizione. Atti del Simposio internazionale, Città del Vaticano, 29–31 ottobre 1998. Vatikanstadt 2003, S. 251–274.

MILLAR CARVACHO, René: Otros delitos, in: René Millar Carvacho (Hg.): La Inquisición de Lima 3 (1697–1820). Madrid 1998, S. 411–450.

MONTER, E. William: Frontiers of Heresy. The Spanish Inquisition from the Basque Lands to Sicily. Cambridge/New York (NY) 2002 [1990].

MORA MÉRIDA, José Luis: Kirche und Mission, in: Horst Pietschmann (Hg.): Handbuch der Geschichte Lateinamerikas 1. Mittel-, Südamerika und die Karibik bis 1760. Stuttgart 1994, S. 376–400.

MÖRNER, Magnus: Die sozialen Strukturen im Wandel, in: Horst Pietschmann (Hg.): Handbuch der Geschichte Lateinamerikas 1. Mittel-, Südamerika und die Karibik bis 1760. Stuttgart 1994, S. 454–504.

MÜLLER-MALL, Sabine: Legal Spaces. Towards a Topological Thinking of Law. Heidelberg u.a. 2013.

NAPOLI, Paolo: Naissance de la police moderne. Pouvoir, normes, société. Paris 2003.

NESVIG, Martin Austin: Ideology and Inquisition. The World of the Censors in Early Mexico. New Haven (CT) 2009.

NESVIG, Martin Austin: The Inquisitorial Deputy on Witches, in: Martin Austin Nesvig (Hg.): Forgotten Franciscans. Writings from an Inquisitional Theorist, a Heretic, and an Inquisitional Deputy. University Park (PA) 2011, S. 79–101.

NETANYAHU, Benzion: The Origins of the Inquisition in Fifteenth Century Spain. New York (NY) 1995.

NUNN, Charles F.: Foreign Immigrants in Early Bourbon Mexico, 1700–1760. Cambridge/London/New York (NY) 1979.

OESTMANN, Peter: Normengeschichte, Wissenschaftsgeschichte und Praxisgeschichte. Drei Blickwinkel auf das Recht der Vergangenheit, in: Max Planck Institute for European Legal History: research paper series (2014), S. 1–10.

OEXLE, Otto Gerhard: Was ist eine historische Quelle?, in: Rechtsgeschichte. Zeitschrift des Max-Planck-Instituts für europäische Rechtsgeschichte 4 (2004), S. 165–186.

O'MALLEY, Gregory E.: Final Passages. The Intercolonial Slave Trade of British America, 1619–1807. Chapel Hill (NC) 2014.

ORTIZ BERENGUER, Ana María: La doctrina jurídica sobre la excomunión, desde el siglo XVI al „Codex Iuris Canonici", in: Cuadernos doctorales: Derecho Canónico, Derecho eclesiástico del Estado 13 (1995–1996), S. 479–528.

Pacheco, Juan Manuel: Los jesuitas en Colombia 3 (1696-1767). Bogotá 1989.

Pagden, Anthony: The Oxford History of the British Empire 1: The Struggle for Legitimacy and the Image of Empire in the Atlantic to c. 1700, in: Nicholas Canny (Hg.): The Origins of Empire. British Overseas Enterprise to the Close of the Seventeenth Century. Oxford 1998, S. 34-54.

Panizo Santos, Ignacio: Aproximación a la documentación judicial inquisitorial conservada en el Archivo Histórico Nacional, in: Cuadernos de Historia Moderna 39 (2014), S. 255-275.

Parker, Geoffrey: Imprudent King. A New Life of Philip II. New Haven (CT) u.a. 2014.

Parker, Geoffrey: The Grand Strategy of Philip II. New Haven (CT)/London 1998.

Pelizaeus, Ludolf: Die Iberische Halbinsel und die Kolonien zwischen Konfessionalisierung und Sonderweg, in: Thomas Brockmann/Dieter J. Weiß (Hgg.): Das Konfessionalisierungsparadigma – Leistungen, Probleme, Grenzen. Münster 2013, S. 203-220.

Pérez Marchand, Monelisa Lina: Dos etapas ideológicas del siglo 18 en México a través de los papeles de la Inquisición. Mexiko-Stadt 1945.

Pérez Villanueva, Joaquín: La ampliación del dispositivo: fundación del Tribunal de Cartagena de Indias, in: Bartolomé Escandell Bonet/Joaquín Pérez Villanueva (Hgg.): Historia de la Inquisición en España y América 1: El conocimiento científico y el proceso histórico de la Institución (1478-1834). Madrid 1984, S. 984-995.

Perry, Mary Elizabeth/Cruz, Anne J. (Hgg.): Cultural Encounters. The Impact of the Inquisition in Spain and the New World. Berkeley (CA) 1991.

Piazza, Rosalba: Artikel „Messico", in: Adriano Prosperi (Hg.): Dizionario storico dell'Inquisizione 2. Pisa 2010, S. 1037-1040.

Picazo Muntaner, Antoni: Rivalidades en las redes de poder de Manila: El golpe contra el gobernador Diego de Salcedo, in: El Futuro del Pasado 4 (2013), S. 375-388.

Pieper, Renate: Die demographische Entwicklung, in: Horst Pietschmann (Hg.): Handbuch der Geschichte Lateinamerikas 1. Mittel-, Südamerika und die Karibik bis 1760. Stuttgart 1994, S. 313-328.

Pietsch, Andreas/Stollberg-Rilinger, Barbara (Hgg.): Konfessionelle Ambiguität. Uneindeutigkeit und Verstellung als religiöse Praxis in der Frühen Neuzeit. Gütersloh 2013.

Pietschmann, Horst: Die politisch-administrative Organisation, in: Horst Pietschmann (Hg.): Handbuch der Geschichte Lateinamerikas 1. Mittel-, Südamerika und die Karibik bis 1760. Stuttgart 1994, S. 328-364.

Pinto Crespo, Virgilio: Los depósitos de papeles inquisitoriales. Archivo nacionales españoles, in: Bartolomé Escandell Bonet/Joaquín Pérez Villanueva (Hgg.): Historia de la Inquisición en España y América 1: El conocimiento científico y el proceso histórico de la Institución (1478-1834). Madrid 1984, S. 58-78.

POETTERING, Jorun: Handel, Nation und Religion. Kaufleute zwischen Hamburg und Portugal im 17. Jahrhundert. Göttingen/Bristol (CT) 2013.

POGGIO GHILARDUCCI, Eleonora: Garder la foi dans le cœur. Nicodémistes en Nouvelle Espagne (1597-1601), in: Paola Domingo/Hélène Vignaux (Hgg.): Arts et sociétés en Amérique latine. La transgression dans tous ses états. Paris 2009, S. 29-46.

POGGIO GHILARDUCCI, Eleonora: La migración de europeos septentrionales a la Nueva España a través de los documentos inquisitoriales a finales del siglo XVI y principios del XVII, in: Fernando Navarro Antolín (Hg.): Orbis incognitvs: avisos y legajos del Nuevo Mundo: homenaje al profesor Luis Navarro García 2. Huelva 2007, S. 469-477.

POGGIO GHILARDUCCI, Eleonora: Las composiciones de extranjeros en la Nueva España, 1595-1700, in: Cuadernos de Historia Moderna y Contemporánea 10 (2011), S. 177-193.

POOLE, Stafford: Juan de Ovando. Governing the Spanish Empire in the Reign of Phillip II. Norman (OK) 2004.

POSTMA, Johannes: The Dutch in the Atlantic Slave Trade, 1600-1815. Cambridge/New York (NY) 1990.

PRIEN, Hans-Jürgen: Christianity in Latin America. Leiden 2013.

PRIEN, Hans-Jürgen: Las Bulas Alejandrinas de 1493, in: Bernd Schröter/Karin Schüller (Hgg.): Tordesillas y sus consecuencias. La política de las grandes potencias europeas respecto a América Latina (1494-1898). Frankfurt a.M. 1995, S. 11-28.

PROSPERI, Adriano (Hg.): Dizionario storico dell'Inquisizione. 4 Bde. Pisa 2010.

PROSPERI, Adriano: El inquisidor como confesor, in: Studia Historica. Historia Moderna 13 (1995), S. 61-85.

PRÖVE, Ralf: Reichweiten und Grenzen der Konfessionalisierung am Beispiel der frühneuzeitlichen Militärgesellschaft, in: Kaspar von Greyerz et al. (Hgg.): Interkonfessionalität – Transkonfessionalität – binnenkonfessionelle Pluralität. Neue Forschungen zur Konfessionalisierungsthese. Gütersloh 2003, S. 73-90.

RAWLINGS, Helen: The Spanish Inquisition. Malden (MA) 2006.

RECKWITZ, Andreas: Grundelemente einer Theorie sozialer Praktiken. Eine sozialtheoretische Perspektiv, in: Zeitschrift für Soziologie 32 (2003), S. 282-301.

RECKWITZ, Andreas: Toward a Theory of Social Practices. A Development in Culturalist Theorizing, in: European Journal of Social Theory 5 (2002), S. 243-263.

REINHARDT, Heinrich J.F.: Artikel „Dissimulation", in: Axel von Campenhausen et al. (Hgg.): Lexikon für Kirchen- und Staatskirchenrecht 1. Paderborn 2000, S. 460-461.

REISSMANN, Martin: Die hamburgische Kaufmannschaft des 17. Jahrhunderts in sozialgeschichtlicher Sicht. Hamburg 1975.

Rey Fajardo, José del: Los jesuitas en Venezuela 5: Las misiones germen de la nacionalidad. Caracas 2007.

Roca, María J.: Der Toleranzbegriff im kanonischen Recht, in: Zeitschrift der Savigny-Stiftung für Rechtsgeschichte (Kanonistische Abteilung) 90 (2004), S. 548-561.

Rodríguez Besné, José Ramón: El Consejo de la Suprema Inquisición. Madrid 2000.

Rodríguez González, Roberto Carlos: La diversidad cristiana en Canarias, in: Francisco Díez de Velasco (Hg.): Religiones entre continentes. Minorías religiosas en Canarias. Barcelona 2008, S. 43-113.

Roldán Paz, Lorena: Política „versus" religión: intereses enfrentados alrededor de la presencia extranjera en la España del Antiguo Régimen (Málaga, siglo XVII), in: Baética. Estudios de arte, geografía e historia 28 (2006), S. 503-524.

Rubio Esteban, Julián María: Los ideales hispanos en la tregua de 1609 y en el momento actual. Valladolid 1937.

Ruiz Martínez, Herlinda: Corsarios franceses juzgados como herejes luteranos por la Inquisición en Iberoamérica, 1560-1574. Tesis de Maestría. Morelia 2011.

Sales Colín, Ostwald: Apuntes para el estudio de la presencia „holandesa" en la Nueva España: una perspectiva mexicano-filipina, 1600-1650, in: Laura Pérez Rosales/Arjen van der Sluis (Hgg.): Memorias e historias compartidas. Intercambios culturales, relaciones comerciales y diplomáticas entre México y los Países Bajos, siglos XVI-XX. Mexiko-Stadt 2009, S. 149-176.

Salyer, John C.: Algunos aspectos del tratado de paz entre Inglaterra y España del año 1604, in: S.N. (Hg.): Simancas, estudios de historia moderna 1. Valladolid 1950, S. 371-382.

Sánchez Bohórquez, José Enrique: Judíos y protestantes: La herejía en la jurisdicción de la Inquisición de Cartagena de Indias, in: María Begoña Villar García/Pilar Pezzi Cristóbal (Hgg.): Los extranjeros en la España moderna. Actas del I Coloquio Internacional celebrado en Málaga del 28 al 30 de noviembre de 2002. Malaga 2003, S. 711-719.

Scelle, Georges: La traite négrière aux Indes de Castile, contrats et traités d'assiento 1. Paris 1906.

Scelle, Georges: La traite négrière aux Indes de Castile, contrats et traités d'assiento. 2 Bde. Paris 1906.

Schäfer, Ernst: Beiträge zur Geschichte des spanischen Protestantismus und der Inquisition im sechzehnten Jahrhundert. 3 Bde. Gütersloh 1902.

Scheuner, Ulrich: Staatsräson und religiöse Einheit des Staates. Zur Religionspolitik in Deutschland im Zeitalter der Glaubenskämpfe, in: Roman Schnur (Hg.): Staatsräson. Studien zur Geschichte eines politischen Begriffs. Berlin 1975, S. 363-405.

SCHLÖGEL, Karl: Im Raume lesen wir die Zeit. Über Zivilisationsgeschichte und Geopolitik. München u.a. 2003.

SCHMIDT, Benjamin: Innocence Abroad. The Dutch Imagination and the New World, 1570-1670. Cambridge 2001.

SCHMIDT, Heinrich Richard: Inquisition im Reformiertentum? Die Bekämpfung von Täufern und Pietisten in Bern, in: Albrecht Burkardt/Gerd Schwerhoff/Dieter R. Bauer (Hgg.): Tribunal der Barbaren? Deutschland und die Inquisition in der Frühen Neuzeit. Konstanz 2012, S. 335-358.

SCHMIDT, Peter: Fernhandel und römische Inquisition. „Interkulturelles Management" im konfessionellen Zeitalter, in: Hubert Wolf (Hg.): Inquisition, Index, Zensur. Wissenskulturen der Neuzeit im Widerstreit. Paderborn 2001, S. 105-120.

SCHMITT, Casey Sylvia: A Tale of Two Port Cities. Contraband Trade, the Asiento Contract, and Conflict in the Early Modern Caribbean. Masterarbeit. Utah (UT) 2011.

SCHWARTZ, Stuart B.: All Can Be Saved. Religious Tolerance and Salvation in the Iberian Atlantic World. New Haven (CT) 2008.

SCHWERHOFF, Gerd: Die Inquisition. Ketzerverfolgung in Mittelalter und Neuzeit. München 2004.

SENNING, Calvin F.: Piracy, Politics, and Plunder under James I: The Voyage of the „Pearl" and Its Aftermath, 1611-1615, in: Huntington Library Quarterly 46 (1983), S. 187-222.

SIEBENHÜNER, Kim: Ehe, Konversion und Inquisition im frühneuzeitlichen Italien, in: Monika Mommertz/Claudia Opitz (Hgg.): Das Geschlecht des Glaubens. Religiöse Kulturen Europas zwischen Mittelalter und Moderne. Frankfurt a.M. 2008, S. 180-200.

SILVERBLATT, Irene Marsha: Modern Inquisitions. Peru and the Colonial Origins of the Civilized World. Durham (NC) 2004.

SLUITER, Engel: Dutch-Spanish Rivalry in the Caribbean Area, 1594-1609, in: The Hispanic American Historical Review 28 (1948), S. 165-196.

SNYDER, Jon R.: Dissimulation and the Culture of Secrecy in Early Modern Europe. Berkeley (CA) 2009.

SORSBY, Victoria Gardner: British Trade with Spanish America under the Asiento (1713-1740). Diss., University College London. London 1975.

SPLENDIANI, Anna María/SÁNCHEZ BOHÓRQUEZ, José Enrique/LUQUE SALAZAR, Emma Cecilia de (Hgg.): Cincuenta años de Inquisición en el Tribunal de Cartagena de Indias (1610-1660) 1: De la Roma medieval a la Cartagena colonial: El Santo Oficio de la Inquisición. Bogotá 1997.

STAHLBERG, Dagmar/SCZESNY, Sabine: Effekte des generischen Maskulinums und alternativer Sprachformen auf den gedanklichen Einbezug von Frauen, in: Psychologische Rundschau 52 (2001), S. 131-140.

STOLLBERG-RILINGER, Barbara: Europa im Jahrhundert der Aufklärung. Stuttgart 2000.

STOLS, Alexander: The Haarlem Printer Cornelio Adriano César Tried before the Mexican Inquisition 1598, in: Sape van der Woude (Hg.): Studia bibliographica in honorem Herman de la Fontaine Verwey. Amsterdam 1966, S. 356-363.

STOLS, Eddy: Artesanos, mercaderes y religiosos flamencos en el México virreinal, in: Laura Pérez Rosales/Arjen van der Sluis (Hgg.): Memorias e historias compartidas. Intercambios culturales, relaciones comerciales y diplomáticas entre México y los Países Bajos, siglos XVI-XX. Mexiko-Stadt 2009, S. 19-40.

STOLS, Eddy: De Spaanse Brabanders of de handelsbetrekkingen der zuidelijke Nederlanden met de Iberische wereld, 1598-1648. Brüssel 1971.

STOLS, Eddy: Nederlanders en de Inquisitie in Nieuw-Spanje, in: Peter Jan Rietbergen et al. (Hgg.): Tussen twee culturen. De Nederlanden en de iberische wereld, 1550-1800. Nimwegen 1988, S. 199-222.

STORRS, Christopher: The Role of Religion in Spanish Foreign Policy in the Reign of Carlos II (1665-1700), in: David Onnekink (Hg.): War and Religion after Westphalia, 1648-1713. Politics and Culture in North-Western Europe, 1650-1720. Farnham/Burlington (VT) 2009, S. 25-46.

STRADLING, Robert A.: Philip IV and the Government of Spain 1621-1665. Cambridge 2002 [1988].

TARDIEU, Jean-Pierre: L'Inquisition de Lima et les hérétiques étrangers. XVIe-XVIIe siècles. Paris 1995.

TARDIEU, Jean-Pierre: Un proyecto utópico de manumisión de los cimarrones del „palenque de los montes de Cartagena" en 1682, in: Claudia Mosquera Rosero-Labbé/Mauricio Pardo/Odile Hoffmann (Hgg.): Afrodescendientes en las Américas. Trayectorias sociales e identitarias: 150 años de la abolición de la esclavitud en Colombia. Bogotá 2002, S. 169-180.

TAU ANZOÁTEGUI, Víctor: Casuismo y sistema. Indagación histórica sobre el espíritu del derecho indiano. Buenos Aires 1992.

TAU ANZOÁTEGUI, Víctor: La disimulación en el Derecho Indiano, in: Feliciano Barrios Pintado (Hg.): Derecho y administración pública en las Indias hispánicas. Actas del XII Congreso internacional de historia del derecho indiano 2. Cuenca 2002, S. 1733-1752.

TAU ANZOÁTEGUI, Víctor: La ley „se obedece pero no se cumple". En torno a la suplicación de las leyes en el Derecho indiano, in: Víctor Tau Anzoátegui (Hg.): La ley en

América hispana. Del Descubrimiento a la Emancipación. Buenos Aires 1992, S. 67–143.

Tau Anzoátegui, Víctor: Una defensa de los extranjeros en el Buenos Aires de 1743, in: Víctor Tau Anzoátegui (Hg.): La ley en América hispana. Del Descubrimiento a la Emancipación. Buenos Aires 1992, S. 277–291.

Tedeschi, John A.: The Dispersed Archives of the Roman Inquisition, in: Gustav Henningsen/John A. Tedeschi (Hgg.): The Inquisition in Early Modern Europe. Studies on Sources and Methods. DeKalb (IL) 1986, S. 13–32.

Tejado Fernández, Manuel: Procedimiento seguido por la Inquisición Americana con los herejes extranjeros, in: Revista de Indias 26 (1946), S. 827–839.

Thomas, Werner: La represión del protestantismo en España, 1517–1648. Löwen 2001.

Thomas, Werner: Los protestantes y la Inquisición en España en tiempos de Reforma y Contrareforma. Löwen 2001.

Thomas, Werner: The Treaty of London, the Twelve Years Truce and Religious Toleration in Spain and the Netherlands, 1598–1621, in: Randall Lesaffer (Hg.): The Twelve Years Truce. Peace, Truce, War and Law in the Low Countries at the Turn of the 17th Century. Leiden 2014, S. 277–297.

Tomaselli, Sylvana: Intolerance, the Virtue of Princes and Radicals, in: Ole Peter Grell/Roy Porter (Hgg.): Toleration in Enlightenment Europe. Cambridge/New York (NY) 2000, S. 86–101.

Torres Puga, Gabriel: Inquisidores en pie de guerra, in: Historia Mexicana 59 (2009), S. 281–325.

Traslosheros, Jorge E.: El tribunal eclesiástico y los indios en el Arzobispado de México, hasta 1630, in: Historia Mexicana 51 (2002), S. 485–516

Usunáriz Garayoa, Jesús María (Hg.): España y sus tratados internacionales, 1516–1700. Barañaín 2006.

Valente, Michaela: Un sondaggio sulla prassi cattolica del nicodemismo. „Che li scolari tedeschi si debbano tollerare a vivere luteranamente, in secreto però", in: Susanna Peyronel Rambaldi (Hg.): Cinquant'anni di storiografia italiana sulla riforma e i movimenti ereticali in Italia, 1950–2000. Turin 2002, S. 175–216.

Vasallo, Jaqueline: El miedo a los „herejes luteranos". Córdoba del Tucumán, 1806–1807, in: Anuario (Facultad de Derecho y Ciencias Sociales, Universidad Nacional de Córdoba) 11 (2008), S. 477–491.

Vasallo Mosconi, Jaqueline: Los archivos de la Inquisición hispanoamericana como instrumentos de control y eficiencia, in: Revista del Archivo Nacional (Costa Rica) 72 (2008), S. 187–198.

Vega Franco, Marisa: El tráfico de esclavos con América. Asientos de Grillo y Lomelín, 1663–1674. Sevilla 1984.

Vicuña Mackenna, Benjamín: Francisco Moyen, o, Los horrores de la Inquisición en América. Santiago de Chile 1895.

Vilar, Juan B.: Los protestantes españoles: La doble lucha por la libertad durante el primer franquismo (1939–1953), in: Anales de Historia Contemporánea 17 (2001), S. 253–299.

Vila Vilar, Enriqueta: Extranjeros en Cartagena, 1593–1630, in: Jahrbuch für Geschichte von Staat, Wirtschaft und Gesellschaft Lateinamerikas 16 (1979), S. 147–184.

Vose, Robin: Introduction to Inquisitorial Manuals. Hesburgh Libraries of Notre Dame, Department of Rare Books and Special Collections, 2010 (URL: https://inquisition.library.nd.edu/genre/RBSC-INQ:Inquisitorial_manuals/essays/RBSC-INQ:ESSAY_InquisitorialManuals, Zugriff am 23.06.2015).

Weber, Klaus: Deutsche Kaufleute im Atlantikhandel (1680–1830). Unternehmen und Familien in Hamburg, Cádiz und Bordeaux. München 2004.

Weber, Wolfgang E. J.: Staatsräson und konfessionelle Toleranz. Bemerkungen zum Beitrag des politischen Denkens zur Friedensstiftung 1648, in: Johannes Burkhardt/Stephanie Haberer (Hgg.): Das Friedensfest. Augsburg und die Entwicklung einer neuzeitlichen Toleranz-, Friedens- und Festkultur. Berlin 2000, S. 166–205.

Weller, Thomas: Eine schwarze Legende? Zum Umgang mit religiöser Differenz im frühneuzeitlichen Spanien, in: Johannes Paulmann/Matthias Schnettger/Thomas Weller (Hgg.): Unversöhnte Verschiedenheit. Verfahren zur Bewältigung religiös-konfessioneller Differenz in der europäischen Neuzeit. Göttingen/Bristol (CT) 2016, S. 41–63.

Weller, Thomas: Heuchelei und Häresie. Religiöse Minderheiten und katholische Mehrheitsgesellschaft im frühneuzeitlichen Spanien, in: Arndt Brendecke (Hg.): Praktiken der Frühen Neuzeit. Akteure – Handlungen – Artefakte. Köln/Weimar/Wien 2015, S. 585–595.

Weller, Thomas: Trading Goods – Trading Faith? Religious Conflict and Commercial Interests in Early Modern Spain, in: Inga Mai Groote/Isabel Karremann/Cornel Zwierlein (Hgg.): Forgetting Faith? Negotiating Confessional Conflict in Early Modern Europe. Berlin 2012, S. 221–239.

Weller, Thomas: Ungleiche Partner: Die diplomatischen Beziehungen zwischen der Hanse und der spanischen Monarchie im 16. und 17. Jahrhundert, in: Hillard von Thiessen/Christian Windler (Hgg.): Akteure der Außenbeziehungen. Netzwerke und Interkulturalität im historischen Wandel. Köln/Weimar/Wien 2010, S. 341–356.

Weller, Thomas: Vom Kaufmann zum protestantischen Märtyrer: Johann Avontroot

(1559-1633), in: Thomas Weller/Henning P. Jürgens (Hgg.): Religion und Mobilität. Zum Verhältnis von raumbezogener Mobilität und religiöser Identitätsbildung im frühneuzeitlichen Europa. Göttingen 2010, S. 293-321.

WENDLAND, Andreas: Geistlicher Sachverstand im frühneuzeitlichen Spanien: Die *juntas de teólogos* unter Olivares (1623-1643), in: Luise Schorn-Schütte/Sven Tode (Hgg.): Debatten über die Legitimation von Herrschaft. Politische Sprachen in der Frühen Neuzeit. Berlin 2006, S. 143-158.

WILLIAMS, Robert A.: The American Indian in Western Legal Thought. The Discourses of Conquest. New York (NY)/London 1990.

WILLIAMSON, James Alexander: Hawkins of Plymouth. A New History of Sir John Hawkins and of the other Members of his Family Prominent in Tudor England. 2. Aufl. London 1969.

WRIGHT, Irene A.: The Coymans Asiento (1685-1689), in: Bijdragen voor Vaderlandsche Geschiedenis en Oudheidkunde 6 (1924), S. 23-62.

ZAGORIN, Perez: Ways of Lying. Dissimulation, Persecution, and Conformity in Early Modern Europe. Cambridge (MA)/London 1990.